9급 공무원 시험대비 **개정판**

박문각 공무원 기출문제

진가영 영어

진가영 편저

New Trend
단기합격 길라잡이

- 2025 출제 기조 전환 1차, 2차 예시 문제 반영
- 국가직 및 지방직 9급 총 15개년 기출 반영 및 기출 변형
- 국가직·지방직·서울시 7급 중요 기출 반영 및 기출 변형
- 서울시·국회직·경찰직 9급 중요 기출 반영 및 기출 변형

반한다 기출
문법·어휘&생활영어

동영상 강의 www.pmg.co.kr

PREFACE

머리말

수험생들에게 최고의 문법 학습서가 될
합격까지, 반드시 한 번에 다잡는다!
New Trend 진가영 영어 반한다 기출 문법·어휘 & 생활영어를 펴내며...

안녕하세요, 여러분들의 단기합격 길라잡이 진가영입니다. 모든 수험생이 알고 있듯이 공무원 시험에서 기출문제의 중요성은 아무리 강조해도 지나치지 않습니다. 하지만 기출문제를 반드시 한 번에 다잡아 합격까지 이어지게 하기 위해서는 기출문제를 푸는 데서 그치는 것이 아니라 기출을 통해서 배운 이론을 다시 한 번 정리하고 실전 문제에 이론을 적용하는 훈련을 하는 것이 중요합니다. 또한 실전 기출문제 풀이를 통해서 앞으로 출제 가능성이 있는 문제들의 유형과 패턴을 분석하여 출제 알고리즘을 파악해서 다음 시험을 대비하시는 것이 매우 중요합니다. 즉, 기출문제는 단순히 문제를 풀고 분석해서 내용 아는 것을 넘어서 기출 되는 문제의 유형과 답이 되는 패턴 등을 배울 수 있고 알게 해주는 소중한 자료이므로 문제만 풀고 넘기는 것이 아니라 반드시 출제 경향을 파악하고 출제 알고리즘을 익혀야 합니다.

여러분들의 이러한 중요한 학습 과정을 돕기 위해서 나온 교재가 바로 "박문각 공무원 New Trend 진가영 영어 반한다 기출 문법·어휘 & 생활영어"이고, 다음과 같은 장점이 있습니다.

01 문법 기출문제는 영역별로 구분하여 학습자가 배운 이론을 체계적으로 문제에 적용해 볼 수 있도록 구성하였다.

02 영역별 핵심정리를 할 수 있도록 하는 별도의 장을 마련하여 해당 영역에 대한 확실한 정리가 가능하도록 구성하였다.

03 문제를 푸는 데 필요한 요긴한 팁들은 '찐 tip'을 통해 배울 수 있도록 구성하였다.

04 문법 기출문제 해설은 정답 해설과 오답 해설을 구분하고 선지당 출제영역을 제시함으로써 자신의 약점을 제대로 파악할 수 있도록 구성하였다.

05 어휘 기출문제는 어휘에 대한 상세한 해설과 더불어 중요한 핵심 어휘들을 체계적으로 정리함으로써 출제 가능성이 있는 어휘들을 정리할 수 있도록 구성하였다.

06 생활영어 기출문제는 적은 양의 문제를 통해 출제 기조 전환 대비를 효과적으로 할 수 있도록 구성하였다.

이 교재의 좋은 점들을 잘 활용하신다면 방대한 영어 기출에서 벗어나 시험에 (최)빈출되는 문법과 어휘 그리고 생활영어의 출제 알고리즘을 확실하게 배워, 감으로 문제를 찍는 것이 아니라 정확한 출제 포인트와 단서를 통해 확신을 가지고 문제를 풀 수 있게 될 것입니다. 또한 저자 직강을 통해 여러분들이 이 교재를 효율적으로 활용하신다면 합격까지 한 번에 다 잡게 될 것입니다.

매일 조금씩 합격하는 길로 나아가고 있으니 매일 자신의 공부 상태와 내용을 잘 점검하여 원하시는 바를 이루시길 바랍니다.
이 **"박문각 공무원 New Trend 진가영 영어 반한다 기출 문법·어휘 & 생활영어"**에 진심으로 반하셔서 꼭 빠른 합격을 이루시길 항상 응원합니다!

Dreams come true!

꿈은 반드시 이루어진다!

진심을 다해 가르치는 영어 - 진가영

2025 출제 기조 전환

① 2025년도 출제 기조 전환 "핵심 내용"

"지식암기 위주에서 현장 직무 중심으로 9급 공무원 시험의 출제 기조가 바뀐다"

인사혁신처가 출제하는 9급 공무원 시험 국어·영어 과목의 출제 기조가 2025년부터 전면 전환됩니다. 인사혁신처 처장은 '2023년 업무보고'에서 발표했던 인사처가 출제하는 9급 공무원 시험의 '출제 기조 전환'을 2025년부터 본격 추진한다고 밝혔습니다.

'출제 기조 전환'의 핵심내용은 지식암기 위주로 출제되고 있는 현행 9급 공무원 시험 국어·영어 과목의 출제 기조를 직무능력 중심으로 바꾸고, 민간 채용과의 호환성을 강화하는 것입니다. 현장 직무 중심의 평가를 위해 영어 과목에서는 실제 업무수행에 필요한 실용적인 영어능력을 검증하고자 합니다. 특히 영어 과목에서는 실제 활용도가 높은 어휘를 주로 물어보고 어법의 암기를 덜 요구하는 방식이고, 전자메일과 안내문 등 업무 현장에서 접할 수 있는 소재와 형식을 적극 활용한 문제들로 구성될 것으로 보입니다.

이를 바탕으로 인사혁신처는 종합적 사고력과 실용적 능력을 평가하게 되는 출제 기조 전환으로 공직에 더 적합한 인재를 선발할 수 있고, 공무원과 민간부문 채용시험 간 호환성 제고로 청년들의 시험 준비 부담이 감소되고 우수한 인재가 공직에 보다 더 지원할 것으로 기대하고 있습니다.

② 2025년 "현명한" 신경향 공무원 영어 학습 전략

신경향 어휘 학습

출제 기조 전환 전에는 유의어 유형을 많이 물어보고 단순 암기로 인하여 문제 푸는 시간 또한 절약할 수 있었습니다. 하지만 2025년 출제 기조 전환 예시문제를 보면 어휘는 빈칸 유형으로만 구성된 것으로 보아 **제시문의 맥락을 고려하고 정확한 단서를 찾은 후에 빈칸 안에 어떤 어휘가 적절한 것인지 찾는 훈련과 연습**이 반드시 필요합니다.

신경향 문법 학습

출제 기조 전환 전에는 문법 문제들이 박스형, 문장형, 영작형으로만 구성되었지만 출제 기조 전환 발표 중 일부인 민간 채용과의 호환성을 강화하는 취지로 **TOEIC, TEPS 시험에서 잘 나오는 빈칸 유형이 문법 문제로 새로 추가되었습니다.** 이런 유형들은 기존의 유형들과 확실하게 다른 접근법으로 문제를 풀어야 하므로 **문법 파트별로 체계적인 이론 정리와 더불어 다양한 문제들을 많이 풀어보고 문제 풀이 전략을 정확하고 확실하게 배워야 합니다.**

신경향 독해 학습

출제 기조 전환 전에는 1지문 1문제로 구성되고 각 선지들이 지문에 맞는지, 안 맞는지만 판단하기만 하면 되었지만 **2025년 출제 기조 전환 예시문제를 보면 독해 유형에 세트형이 2문제**로 구성되어 있습니다. 세트형이라고 난도가 더 올라갔다고 보기는 어렵지만 **다소 생소한 형식의 문제 유형이 출제되면 수험생들이 당황하기가 쉬우므로 신유형 독해 문제인 전자메일과 안내문, 홈페이지 게시글 등의 형식들에 대한 체계적인 학습을 통해 빠르고 정확하게 푸는 전략을 체화시켜야 합니다.** 이와 같은 형식으로 단일 지문으로 구성되기도 하니 특히 많은 훈련이 필요한 영역입니다.

구성과 특징

1 문법 기출문제는 영역별로 구분하여 학습자가 배운 이론을 체계적으로 문제에 적용해 볼 수 있도록 구성하였다.

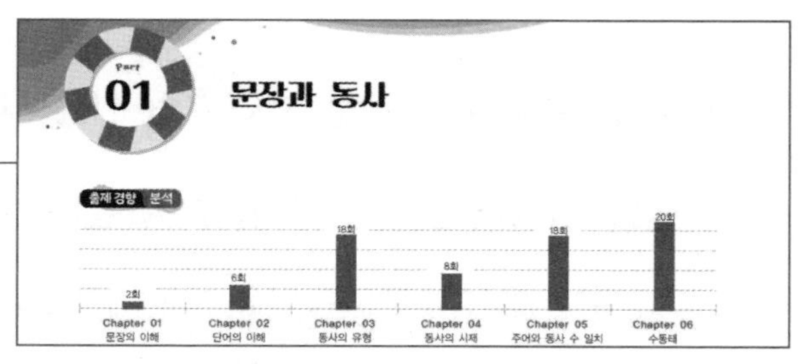

2 영역별 핵심정리를 할 수 있도록 하는 별도의 장을 마련하여 해당 영역에 대한 확실한 정리가 가능하도록 구성하였다.

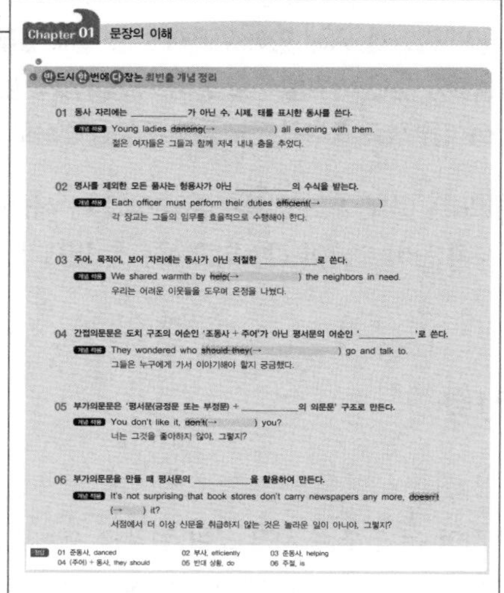

3 문제를 푸는 데 필요한 요긴한 팁들은 '찐 tip'을 통해 배울 수 있도록 구성하였다.

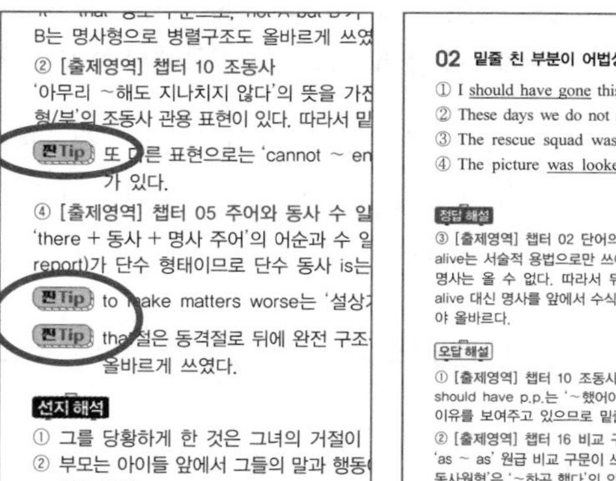

4 문법 기출문제 해설은 정답 해설과 오답 해설을 구분하고 선지당 출제영역을 제시함으로써 자신의 약점을 제대로 파악할 수 있도록 구성하였다.

5 어휘 기출문제는 어휘에 대한 상세한 해설과 더불어 중요한 핵심 어휘들을 체계적으로 정리함으로써 출제 가능성이 있는 어휘들을 정리할 수 있도록 구성하였다.

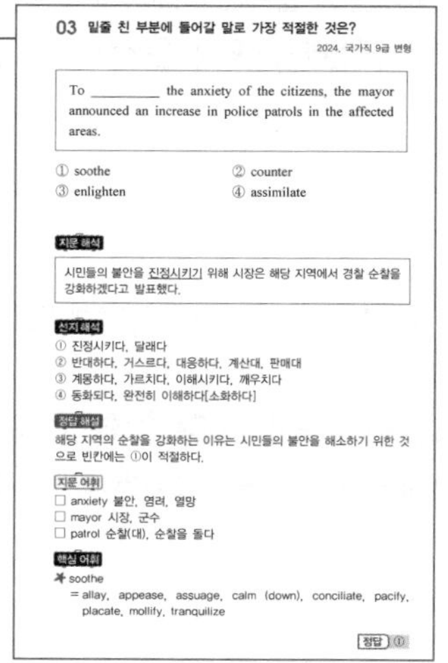

6 생활영어 기출문제는 적은 양의 문제를 통해 출제 기조 전환 대비를 효과적으로 할 수 있도록 구성하였다.

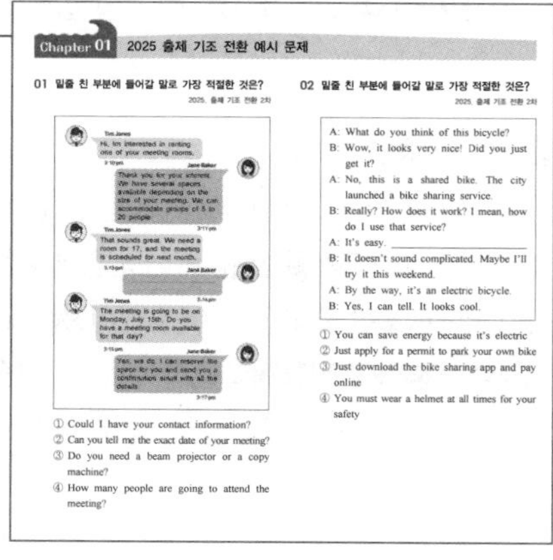

후기

가영쌤과 점수 수직 상승을 만들어 낸 "생생한" 수강후기

★★★★★ 충남 교행 수석 영어 100점

김**

가영쌤의 커리는 기본적으로 반복을 거듭해서 확실하게 기억하고 또 여러 방향으로 적용하면서 어떤 식으로 문제로 변형되어 나와도 확실하게 캐치할 수 있게 만드는 방향으로 진행됩니다. 특히 여러 번 강조해서 배우는, 자주 출제되는 중요한 내용들은 계속 따로 자료를 만들고, 또 특강으로도 계속 또 반복해서 빠짐없이 떠 먹여 주기까지 합니다. 따라가려고 노력만 하면 보상을 받을 수 있는 그런 시간을 보낼 수 있는 강의라고 생각합니다. 가영쌤은 또, 더 재밌는 강의를 위해 매번 좀 웃긴 거를 많이 준비해 오시는 것 같은 모습이 보이는데 많은 정성과 노력을 기울이고 계시다는 걸 느낄 수 있는 시간들이었습니다.

★★★★★ 우정직 수석 합격 영어 85점

박*태

영어 선생님을 고를 때 가영쌤을 추천하는 이유는 먼저 탄탄한 커리큘럼과 숙제 관리, 그리고 문법 교재가 너무너무 좋습니다! 콤팩트한 책에 있을 내용 다 있고, 문판왕이나 동형모의고사 등 문풀 수업과의 연계도 잘 되어있습니다. 그리고 매주 실강 수업 때 나오는 ox 숙제를 계속 반복해야 문법 출제 포인트가 무엇인지 익숙해집니다. 또한, 가영쌤의 어휘책 구성도 좋았고, 매 수업 전에 테스트를 하기 때문에 미리 공부해가야 하는 게 실력 향상에 도움이 되었습니다. 덕분에 이번 문제 풀이 소요시간, 24분, 동형 때는 달성해보지 못했던 최고기록입니다. 가영쌤 I cannot thank you enough!!

★★★★★ 2024 일반행정직 영어 100점

**선

영어 100점은 진짜 운이라고 생각했는데 선생님 만나고 나서 이게 진짜 실력으로 된다는 걸 알았어요. 단어 미친 반복으로 겨우 다 외우고 문법도 단판승 3시간 너무 좋았고 독해는 그 200제가 정말 좋았어요. 제가 국가직 영어 35분 걸려서 정말 선생님도 찾아뵈고 걱정 많이 했는데 이번 지방직은 20분 컷해서 정말 좋았어요. 언제나 감사합니다!!

★★★★★ 2024 일반행정직 영어 95점

**경

공시 시작하고 가영쌤을 만나서 영어 공부도 즐겁게 할 수 있었고 95점이라는 고득점도 해볼 수 있었고 항상 최선을 다하시는 모습을 보면서 많이 본받아야겠다 생각했습니다. 나태해질 때마다 쌤을 보면서 힘을 얻었고 앞으로도 제가 많이 존경하고 진심으로 응원할 영원한 제 1타 강사 가영쌤♥ 건강 잘 챙기시고 곧 태어날 아이와 가족들 또 주변 사람들과 행복한 순간만 앞으로 더 가득하시면 좋겠어요♥ 서울 가게 되면 인사드리러 꼭 갈게요!! 쌤이랑 함께한 시간들 항상 소중했어요♥ I cannot thank you enough♥

★★★★★ 2024년 사회복지직 영어 95점

**화

I cannot thank you enough♥ 시험을 준비하면서 나름의 소소한 목표 중 하나가 영어 시험을 잘 봐서 가영쌤한테 제가 먼저 올해 영어 잘 봤다고 연락드리는 거였는데, 드디어 그 목표를 이룰 수 있게 되어서 너무 기뻐요! 처음 박문각 와서 하프 들었을 때 3,4개 맞기도 하고 그랬던 적이 있었는데~ 쌤과 열심히 함께 달렸더니 95점이라는 이런 좋은 점수를 받았습니다. 영어는 제 발목을 잡는 과목 중 하나여서 처음부터 끝까지 긴장을 놓지 않고 제일 큰 비중을 두고 공부한 과목이었습니다. 이번 지방직에서 단어, 문법, 생활영어까지 쌤과 함께 공부했던 범위 내에서 계속 반복하며 공부했던 부분들이라 신속하고 정확하게 풀 수 있어시간 절약을 했던 것 같아요! 다 가영쌤과 함께한 덕분이에요!

CURRICULUM

커리큘럼

2025 출제 기조 전환 대비 단기합격 커리큘럼 영상

2025년
신경향(New Trend)
정규 커리큘럼

합격을 위한 필수 과정

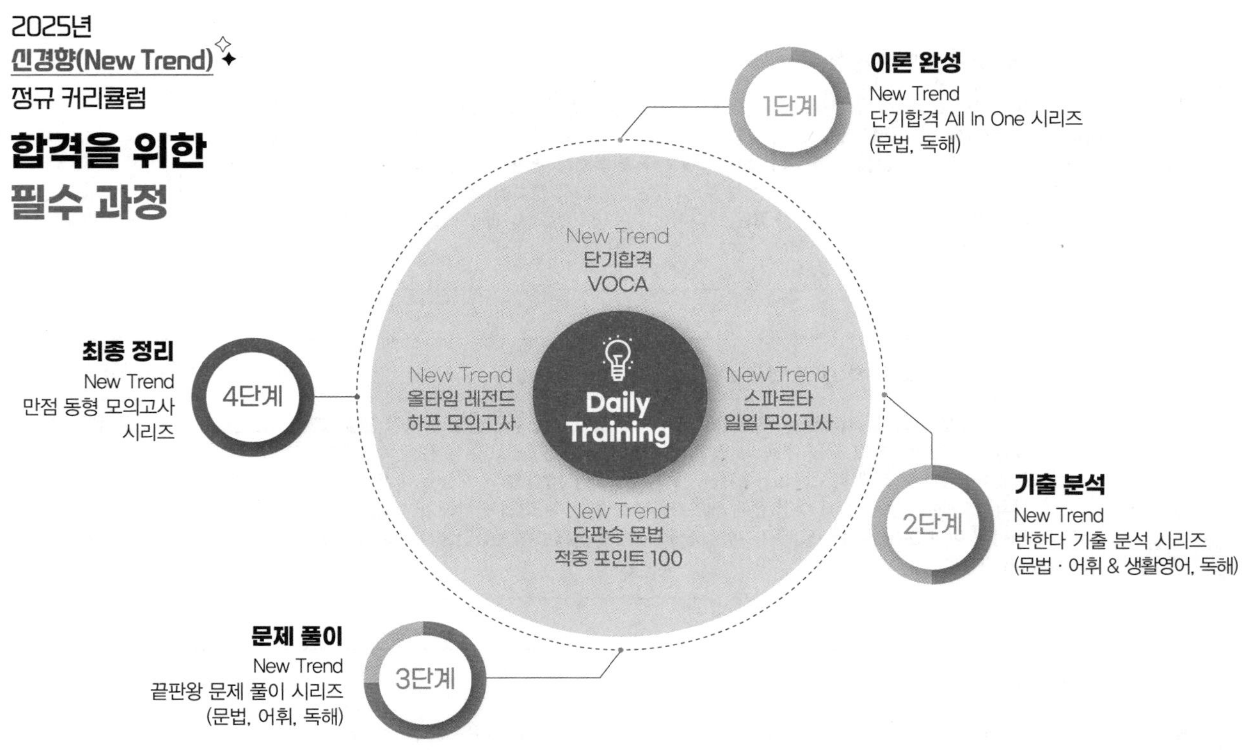

2025년
신경향(New Trend)
보완 커리큘럼

합격을 위한 선택 과정

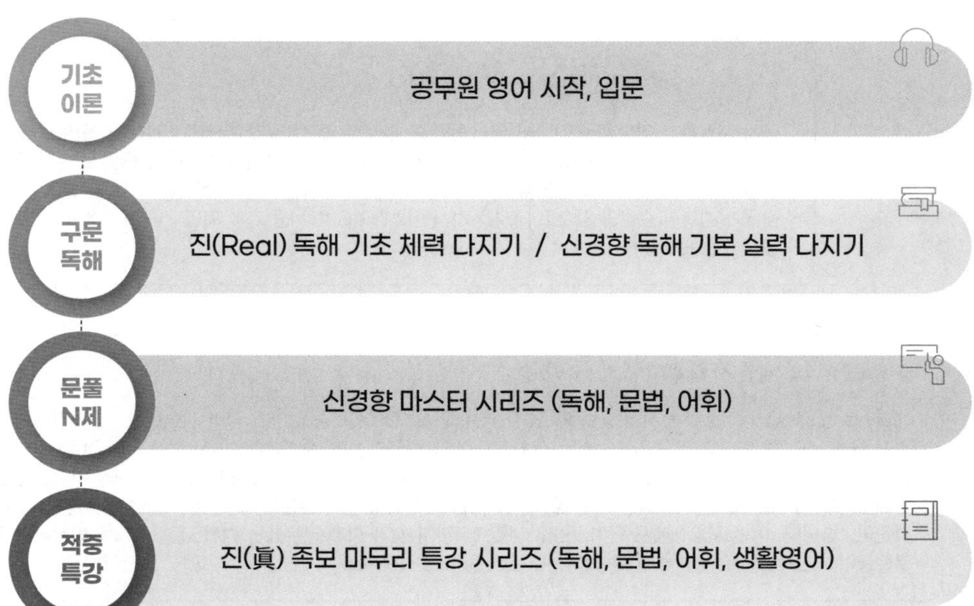

CONTENTS

차례

기출 문법·어휘 & 생활영어

문법

CONTENTS

차례

정답 및 해설

문법

PART 01 문장과 동사

PART 02 준동사

PART 03 조동사와 조동사를 활용한 구문

PART 04 연결어

PART 05 비교

어휘 & 생활영어

PART 01 어휘

PART 02 생활영어

진가영 영어
반한다 기출
기출 문법·어휘 & 생활영어

진가영 영어연구소 | cafe.naver.com/easyenglish7

문법

PART 01 문장과 동사

PART 02 준동사

PART 03 조동사와 조동사를 활용한 구문

PART 04 연결어

PART 05 비교

문장과 동사

출제 경향 분석

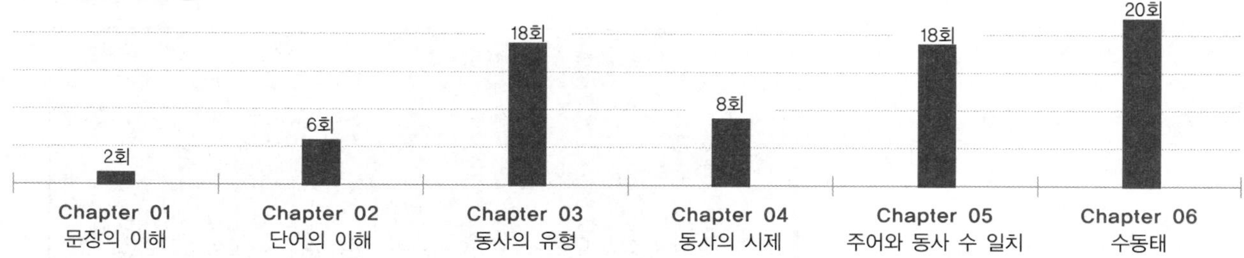

출제 내용 점검

Chapter 01 문장의 이해

1	문장의 구성요소와 8품사	
2	구와 절, 문장이 길어지는 이유	
3	어순이 중요한 간접의문문	
4	주절의 주어 동사가 중요한 부가의문문	

Chapter 02 단어의 이해

5	단어의 8품사	
6	가산 명사의 종류와 특징	
7	불가산 명사의 종류와 특징	
8	주의해야 할 명사의 복수형	
9	관사의 종류와 생략	
10	격에 따른 인칭대명사	
11	재귀대명사의 2가지 용법	
12	지시대명사 this와 that	
13	부정대명사의 활용	
14	형용사와 부사의 차이	
15	주의해야 할 형용사	
16	수량 형용사와 명사의 수 일치	
17	어순에 주의해야 할 형용사와 부사	
18	혼동하기 쉬운 부사	

Chapter 03 동사의 유형

19	주어만 있으면 완전한 1형식 자동사	
20	주격 보어가 필요한 2형식 자동사	
21	전치사가 필요 없는 대표 3형식 타동사	
22	4형식으로 착각하기 쉬운 3형식 타동사	
23	목적어 뒤에 특정 전치사를 수반하는 3형식 타동사	
24	목적어를 두 개 취하는 4형식 수여동사	
25	to부정사를 목적보어로 취하는 대표 5형식 타동사	
26	5형식 사역동사의 목적격 보어	
27	5형식 지각동사의 목적격 보어	
28	분사를 목적격 보어로 취하는 5형식 동사	
29	명사나 형용사를 목적격 보어로 취하는 5형식 동사	
30	'말하다' 동사의 구분	
31	혼동하기 쉬운 자동사와 타동사	
32	의미와 구조에 주의해야 할 타동사	

Chapter 04 동사의 시제

33	과거 시간을 나타내는 부사와 과거시제	
34	완료시제와 잘 쓰이는 시간 부사	
35	미래를 대신하는 현재시제	
36	진행형 불가 동사	
37	시제의 일치와 예외	
38	시제 관련 표현	

Chapter 05 주어와 동사의 수 일치

39	현재시제 동사와 be동사의 수 일치	
40	상관접속사와 수 일치	
41	부분을 나타내는 명사와 수 일치	
42	A and B와 수 일치	
43	혼동하기 쉬운 주어와 동사 수 일치	
44	주어 자리에서 반드시 단수 취급 또는 복수 취급하는 특정 표현	

Chapter 06 수동태

45	능동태와 수동태의 차이	
46	수동태 불가 동사	
47	다양한 3형식 동사와 수동태 구조	
48	4형식 수여동사와 수동태 구조	
49	5형식 동사와 수동태 구조	
50	전치사에 유의해야 할 수동태	

나의 약점 확인

영역	점수	영역	점수
Chapter 01 문장의 이해	/ 2문항	Chapter 04 동사의 시제	/ 8문항
Chapter 02 동사의 유형	/ 6문항	Chapter 05 주어와 동사 수 일치	/ 18문항
Chapter 03 동사의 유형	/ 18문항	Chapter 06 수동태	/ 20문항

나의 약점 보완

문제 풀이 전략

Q 밑줄 친 부분 중 어법상 옳지 않은 것은? 2025. 출제 기조 전환 2차

We have already ① arrived in a digitized world. Digitization affects not only traditional IT companies, but companies across the board, in all sectors. New and changed business models ② are emerged: cars ③ are being shared via apps, languages learned online, and music streamed. But industry is changing too: 3D printers make parts for machines, robots assemble them, and entire factories are intelligently ④ connected with one another.

정답 해설

② [출제 영역] 챕터 03 동사의 유형
emerge는 '나타나다'의 뜻인 1형식 자동사로 수동태 구조로는 쓸 수 없다. 따라서 are emerged 대신 have emerged 또는 are emerging으로 써야 올바르다.

오답 해설

챕터 03 동사의 유형 02번 문제 참고

Step ① 밑줄 친 부분 출제 영역 확인하기
Step ② 출제 포인트에 따른 선지 O, X 확인하기
Step ③ 소거법으로 정답 고르기

We have already ① arrived in a digitized world. Digitization affects not only traditional IT companies, but companies across the board, in all sectors. New and changed business models ✓ ~~are emerged~~(→ have emerged 또는 are emerging) : cars ③ are being shared via apps, languages learned online, and music streamed. But industry is changing too: 3D printers make parts for machines, robots assemble them, and entire factories are intelligently ④ connected with one another.

Chapter 01 문장의 이해

반드시 한번에 다잡는 최빈출 개념 정리

01 동사 자리에는 ___________가 아닌 수, 시제, 태를 표시한 동사를 쓴다.

개념 적용 Young ladies ~~dancing~~(→) all evening with them.
젊은 여자들은 그들과 함께 저녁 내내 춤을 추었다.

02 명사를 제외한 모든 품사는 형용사가 아닌 ___________의 수식을 받는다.

개념 적용 Each officer must perform their duties ~~efficient~~(→)
각 장교는 그들의 임무를 효율적으로 수행해야 한다.

03 주어, 목적어, 보어 자리에는 동사가 아닌 적절한 ___________로 쓴다.

개념 적용 We shared warmth by ~~help~~(→) the neighbors in need.
우리는 어려운 이웃들을 도우며 온정을 나눴다.

04 간접의문문은 도치 구조의 어순인 '조동사 + 주어'가 아닌 평서문의 어순인 '___________'로 쓴다.

개념 적용 They wondered who ~~should they~~(→) go and talk to.
그들은 누구에게 가서 이야기해야 할지 궁금했다.

05 부가의문문은 '평서문(긍정문 또는 부정문) + ___________의 의문문' 구조로 만든다.

개념 적용 You don't like it, ~~don't~~(→) you?
너는 그것을 좋아하지 않아, 그렇지?

06 부가의문문을 만들 때 평서문의 ___________을 활용하여 만든다.

개념 적용 It's not surprising that book stores don't carry newspapers any more, ~~doesn't~~ (→) it?
서점에서 더 이상 신문을 취급하지 않는 것은 놀라운 일이 아니야, 그렇지?

정답
01 준동사, danced　02 부사, efficiently　03 준동사, helping
04 (주어) + 동사, they should　05 반대 상황, do　06 주절, is

01 밑줄 친 부분 중 어법상 옳지 않은 것은?

2021. 지방직 9급 변형

① Fire following an earthquake is of special interest to the insurance industry.
② Word processors were considered to be the ultimate tool for a typist in the past.
③ Elements of income in a cash forecast will be vary according to the company's circumstances.
④ The world's first digital camera was created by Steve Sasson at Eastman Kodak in 1975.

02 밑줄 친 부분 중 어법상 옳은 것은?

2020. 국가직 9급 변형

① The traffic of a big city is busier than those of a small city.
② I'll think of you when I'll be lying on the beach next week.
③ Raisins were once an expensive food, and only the wealth ate them.
④ The intensity of a color is related to how much gray the color contains.

Chapter 02 단어의 이해

반드시 한 번에 다 잡는 최빈출 개념 정리

01 형용사가 나오면 부사 자리인지 확인하고 완전한 문장 구조가 나온 후에는 __________가 아닌 ________로 수식한다.

개념 적용 She speaks three languages ~~fluent~~(→).
그녀는 3개 국어를 유창하게 구사한다.

02 서술적 용법으로만 쓰이는 형용사는 asleep, __________, __________, __________은 명사 앞에 쓸 수 없다.

개념 적용 Her voice awoke the ~~asleep~~(→) child.
그녀의 목소리에 자고 있던 아이가 잠이 깼다.

03 부정부사와 전체를 의미하는 표현이 쓰일 때 __________을 의미하므로 해석에 주의한다.

개념 적용 Wealth is ~~not~~(→) synonymous with happiness.
부가 행복과 반드시 아주 밀접한 것은 아니다.

04 혼동하기 쉬운 부사는 형태와 __________를 확인한다.

개념 적용 We ~~hard~~(→) know each other.
우리는 서로 거의 잘 모른다.

05 불가산 명사는 부정관사나 수사와 함께 쓰이지 않고 __________형을 만들 수 없다. 불가산 명사는 __________ 취급하고 __________ 동사로 일치시킨다.

개념 적용 New ~~equipments~~(→) ~~were~~(→) installed at the third floor of our building.
새로운 장비는 빌딩 3층에 설치되었다.

06 __________는 앞에 나온 명사와 성과 수 일치를 확인하고 격에 따라 올바른 형태로 써야한다.

개념 적용 The Earth will not be able to satisfy the food needs of all ~~their~~(→) inhabitants.
지구는 모든 주민들의 식량 수요를 충족시킬 수 없을 것이다.

정답
01 형용사, 부사, fluently
02 alike, afraid, alive, sleeping
03 부분 부정, not necessarily
04 의미, hardly
05 복수, 단수, 단수, equipment, was
06 인칭대명사, its

01 밑줄 친 부분 중 어법상 옳지 않은 것은?

2024. 국가직 9급

① Despite the belief that the quality of older houses is superior to ② those of modern houses, the foundations of most pre-20th-century houses are dramatically shallow ③ compared to today's, and have only stood the test of time due to the flexibility of ④ their timber framework or the lime mortar between bricks and stones.

02 밑줄 친 부분이 어법상 옳지 않은 것은?

2023. 지방직 9급

① I should have gone this morning, but I was feeling a bit ill.

② These days we do not save as much money as we used to.

③ The rescue squad was happy to discover an alive man.

④ The picture was looked at carefully by the art critic.

03 밑줄 친 부분 중 어법상 옳지 않은 것은?

2017. 지방직 9급 변형

① It was not her refusal but her rudeness that perplexed him.

② Parents cannot be too careful about their words and actions before their children.

③ More doctors were required to tend sick and wounded.

④ To make matters worse, there is a report that another typhoon will arrive soon.

04 밑줄 친 부분 중 어법상 옳지 않은 것은?

2013. 지방직 9급 변형

① George has not completed the assignment yet, and Mark hasn't either.

② My sister was upset last night because she had to do too many homeworks.

③ If he had taken more money out of the bank, he could have bought the shoes.

④ It was so quiet in the room that I could hear the leaves being blown off the trees outside.

05 밑줄 친 부분 중 어법상 옳지 않은 것은?

2019. 국가직 9급 변형

① The country with the most person computers changes from time to time.

② What happened to my lovely grandson last summer was amazing.

③ Wooden spoons are excellent toys for children, and so are plastic bottles.

④ I have been doing this work ever since I retired.

06 밑줄 친 부분 중 어법상 옳지 않은 것은?

2019. 국가직 9급 변형

① The new teacher I told you about is originally from Peru.

② I called him five minutes shy of midnight on an urgent matter.

③ What appeared to be a shark was lurking behind the coral reef.

④ She reached the mountain summit with her 16-years-old friend on Sunday.

Chapter 03 동사의 유형

반드시 한 번에 다 잡는 최빈출 개념 정리

01 1형식 자동사는 ____________를 취하지 않으며 ____________구조로 쓸 수 없다.

개념 적용 He wants to ~~go the documents through~~(→ ____________).
그는 서류를 검토하기를 원한다.

개념 적용 The meeting will ~~be taken place~~(→ ____________) next week.
회의는 다음 주에 열릴 것이다.

02 감각 동사를 포함한 2형식 자동사의 주격 보어로 ____________는 쓸 수 없다.

개념 적용 Your baby looks lovely and ~~happily~~(→ ____________).
당신의 아기는 사랑스럽고 행복해 보인다.

03 대표 3형식 타동사는 ____________ 없이 바로 목적어를 수반할 수 있다.

개념 적용 You must obey ~~to your parents~~(→ ____________).
당신은 부모님 말씀에 순종해야 한다.

04 4형식 수여동사를 3형식으로 전환할 때 간접목적어 앞에 쓰이는 ____________에 주의한다.

개념 적용 The service will offer many programs ~~about~~(→ ____________) children.
이 서비스는 어린이들에게 많은 프로그램을 제공할 것입니다.

05 5형식 지각동사와 사역동사는 목적어와 목적격 보어가 능동의 의미 관계인 경우 목적격 보어 자리에 ____________를 쓴다.

개념 적용 This dress makes me ~~to look~~(→ ____________) fat.
이 원피스는 나를 뚱뚱해 보이게 한다.

06 5형식 타동사는 목적어와 목적격 보어가 수동의 의미 관계인 경우에는 목적보어 자리에 ____________를 쓴다. 단 let은 ____________를 쓴다.

개념 적용 I want this car ~~to fix~~(→ ____________) without delay.
나는 이 차를 지체 없이 수리하고 싶다.

정답 01 목적어, 수동태, go through the documents, take place 02 부사, happy
03 전치사, your parents 04 전치사, to 05 원형부정사, look 06 과거분사, be p.p., fixed

01 밑줄 친 부분 중 어법상 옳지 않은 것은?

2025. 출제 기조 전환 2차

We have already ① arrived in a digitized world. Digitization affects not only traditional IT companies, but companies across the board, in all sectors. New and changed business models ② are emerged: cars ③ are being shared via apps, languages learned online, and music streamed. But industry is changing too: 3D printers make parts for machines, robots assemble them, and entire factories are intelligently ④ connected with one another.

02 밑줄 친 부분 중 어법상 옳지 않은 것은?

2024. 지방직 9급 변형

① He found it exciting to work here.

② She mentioned me that she would be leaving early.

③ I didn't want him to come.

④ A more skillful and experienced teacher would have treated him otherwise.

03 밑줄 친 부분 중 어법상 옳지 않은 것은?

2023. 국가직 9급 변형

① All assignments are expected to be turned in on time.

② Hardly had I closed my eyes when I began to think of her.

③ The broker recommended that she buy the stocks immediately.

④ A woman with the tip of a pencil stuck in her head has finally had it remove.

04 밑줄 친 부분 중 어법상 옳지 않은 것은?

2012. 국가직 9급 변형

① We had much snow yesterday, which caused lots of people slip on the road.

② The arrangements were agreed on at the meeting last year.

③ I got scared when I saw the truck closing up on me.

④ I walked out of the front door without looking back.

05 밑줄 친 부분 중 어법상 옳지 않은 것은?

2019. 지방직 7급

Yawning is ① catching. One person's yawn can trigger yawning among an entire group. People who are more empathic are believed to be more ② easily influenced to yawn by others' yawns; brain imaging studies have shown that ③ when humans watch other people yawn, brain areas known to be involved in social function are activated. Even dogs yawn in response to seeing their owners or even strangers ④ to yawn, and contagious yawning has been noted in other animals as well.

06 밑줄 친 부분 중 어법상 옳은 것은?

2017. 지방직 9급 하반기

Last week I was sick with the flu. When my father ① heard me sneezing and coughing, he opened my bedroom door to ask me ② that I needed anything. I was really happy to see his kind and caring face, but there wasn't ③ anything he could do it to ④ make the flu to go away.

07 밑줄 친 부분 중 어법상 옳지 않은 것은?

2018. 지방직 7급

According to a recent report, three quarters of Airbnb listings in New York City were illegal. It also ① founded that commercial operators — not the middle- class New Yorkers in the ads — were making millions renting spaces exclusively to Airbnb guests. In a letter sent to ② elected officials last week, Airbnb said that most of its local ③ hosts — 87 percent — were residents who rented their spaces infrequently "to pay their bills and ④ stay in their homes."

08 밑줄 친 부분 중 어법상 옳지 않은 것은?

2017. 서울시 사회복지직 9급 변형

① We asked to him to do this job.
② They stole everything but the television.
③ Is drinking water while eating good for you?
④ That said, it is still a religious festival.

09 밑줄 친 부분 중 어법상 옳지 않은 것은?

2021. 지방직 9급 변형

① The police authorities had the woman arrested for attacking her neighbor.

② Don't let me distracted by the noise you make.

③ Please let me know the result as soon as possible.

④ He had the students phone strangers and ask them to donate money.

10 밑줄 친 부분 중 어법상 옳지 않은 것은?

2021. 지방직 9급 변형

① His novels are hard to read.

② It is no use trying to persuade the students.

③ My house is painted every five years.

④ As I went out for work, I saw a family moved in upstairs.

11 밑줄 친 부분 중 어법상 옳은 것은?

2016. 국가직 9급

① As the old saying go, you are what you eat. The foods you eat ② obvious affect your body's performance. They may also influence how your brain handles tasks. If your brain handles them well, you think more clearly, and you are more emotionally stable. The right food can ③ help you being concentrated, keep you motivated, sharpen your memory, speed your reaction time, reduce stress, and perhaps ④ even prevent your brain from aging.

12 밑줄 친 부분 중 어법상 옳지 않은 것은?

2020. 국가직 9급 변형

① Human beings quickly adapt themselves to the environment.

② She had no choice but to give up her goal because of the accident.

③ The company prohibited him from promoting to vice-president.

④ It is easy to assemble and take apart the toy car.

13 밑줄 친 부분 중 어법상 옳은 것은?

2013. 국가직 9급 변형

① Few living things are linked together as intimately than bees and flowers.
② My father would not company us to the place where they were staying, but insisted on me going.
③ The situation in Iraq looked so serious that it seemed as if the Third World War might break out at any time.
④ According to a recent report, the number of sugar that Americans consume does not vary significantly from year to year.

14 밑줄 친 부분 중 어법상 옳지 않은 것은?

2019. 지방직 9급 변형

① This is my number just in case you would like to call me.
② I am busy preparing for a trip to Europe.
③ She has married to her husband for more than two decades.
④ I should buy a book for my son to read.

15 밑줄 친 부분 중 어법상 가장 옳지 않은 것은?

2019. 서울시 9급 6월

Inventor Elias Howe attributed the discovery of the sewing machine ① for a dream ② in which he was captured by cannibals. He noticed as they danced around him ③ that there were holes at the tips of spears, and he realized this was the design feature he needed ④ to solve his problem.

16 밑줄 친 부분 중 어법상 옳지 않은 것은?

2017. 서울시 9급 변형

① John promised Mary that he would clean his room.
② John told Mary that he would leave early.
③ John believed Mary that she would be happy.
④ John reminded Mary that she should get there early.

17 밑줄 친 부분 중 어법상 가장 옳지 않은 것은?

2018. 서울시 9급 6월

Blue Planet II, a nature documentary ① produced by the BBC, left viewers ② heartbroken after showing the extent ③ to which plastic ④ affects on the ocean.

18 다음 문장에서 어법상 가장 적절한 것은?

2018. 경찰 1차

- The police officer approached ㉠ to the suspected murderer.
- Your baby looks ㉡ lovely.
- He will explain ㉢ us how he could pass the test.
- He was ㉣ disappointing with the result of the test.

① ㉠　② ㉡
③ ㉢　④ ㉣

Chapter 04 동사의 시제

반드시 한번에 다잡는 최빈출 개념 정리

01 명백한 과거를 나타내는 과거 시간 부사가 나오면 ___________를 확인한다.

개념 적용 My mother ~~has undergone~~(→) major surgery last year.
우리 어머니께서는 작년에 대수술을 받으셨다.

02 완료 시제와 잘 쓰이는 시간 부사는 ___________ 시제 동사를 확인한다.

개념 적용 I ~~have waited~~(→) for an hour before he appeared.
나는 그가 나타나기 전에 한 시간을 기다렸다.

03 시간과 조건 부사절에서는 ___________의 내용을 ___________시제로 대신한다.

개념 적용 She will be waiting for me when my flight ~~will arrive~~(→) this evening.
오늘 저녁에 내가 탄 비행기가 도착하면 그녀가 나를 기다리고 있을 것이다.

04 상태, 인식, 감각, 소유 동사는 ___________으로 쓸 수 없다.

개념 적용 The contents of shipwrecks ~~are belonging to~~(→) the state.
난파선의 내용물은 국가 소유이다.

05 '~하자마자 …했다'라는 시제 관련 표현에서 주절은 ___________시제, 종속절은 ___________시제를 확인한다.

개념 적용 She had hardly come home when she ~~starts~~(→) to complain.
그녀는 집에 돌아오자마자 불평을 늘어놓기 시작했다.

06 '~한 지 시간이 …지났다'라는 시제 관용 표현은 ___________시제 또는 ___________시제를 쓴다.

개념 적용 It ~~was~~(→) three years since I moved to this house.
내가 이 집으로 이사 온 지 3년이 되었다.

정답
01 과거시제 동사, underwent　02 완료, had waited　03 미래, 현재, arrives
04 진행형, belong to　05 과거 완료, 과거, started　06 현재, 현재 완료, is / has been

01 밑줄 친 부분에 들어갈 말로 가장 적절한 것은?

2025. 출제 기조 전환 1차

> By the time she ____________ her degree, she will have acquired valuable knowledge on her field of study.

① will have finished
② is finishing
③ will finish
④ finishes

02 밑줄 친 부분 중 어법상 옳은 것은?

2021. 국가직 9급 변형

① This guide book tells you where should you visit in Hong Kong.
② I was born in Taiwan, but I have lived in Korea since I started work.
③ The novel was so excited that I lost track of time and missed the bus.
④ It's not surprising that book stores don't carry newspapers any more, doesn't it?

03 밑줄 친 부분 중 어법상 옳지 않은 것은?

2015. 국가직 9급 변형

① He had his political enemies imprisoned.
② There can be no true liberty unless there is economic liberty.
③ I look forward to doing business with you as soon as possible.
④ When he left his hometown thirty years ago, little does he dream that he could never see it again.

04 다음 글의 ㉠, ㉡에서 어법에 맞는 표현을 골라 가장 올바르게 짝지은 것은?

2014. 경찰 2차

> For the last fifty years, advances in chemistry ㉠ brought / have brought many positive changes to the American lifestyle. ㉡ Most / Almost people have simply trusted the government and corporationsto ensure the safety of the new product.

	㉠	㉡
①	brought	Almost
②	brought	Most
③	have brought	Almost
④	have brought	Most

05 밑줄 친 부분 중 어법상 옳은 것은?

2013. 국가직 9급 변형

① The house which they have lived for 10 years was badly damaged by the storm.
② It was not until when he failed the math test that he decided to study hard.
③ We had nothing to eat left in the refrigerator, we had to eat out last night.
④ We were enough fortunate to visit the Grand Canyon, which has much beautiful landscape.

06 다음 빈칸에 들어갈 표현으로 가장 적절한 것은?

2018. 경찰 2차

> Maggie will be waiting for me when my flight ______________ this evening.

① will arrive
② is arrived
③ arrives
④ will have arrived

07 다음 밑줄 친 부분 중 어법상 가장 적절한 것은?

2018. 경찰 3차

① The game was watching outside the stadium on a huge screen.
② We will never get to the meeting unless the train leaves within five minutes.
③ With sunshine streamed through the window, Hugh found it impossible to sleep.
④ The water which she fell was freezing cold.

08 밑줄 친 부분 중 어법상 옳은 것은?

2018. 지방직 9급 변형

① He went to the station a few days ago to see off his friend.
② The spoiled boy made it believe he didn't hear his father calling.
③ I have never been to Buffalo, so I am looking forward to go there.
④ I have not read today's newspaper yet. Is there anything interested in it?

Chapter 05 주어와 동사 수 일치

반드시 한 번에 다 잡는 최빈출 개념 정리

01 __________시제 동사 또는 __________가 나오고 주어와 동사가 멀리 떨어져 있는 경우에는 수 일치에 주의한다.

개념 적용 Another way to speed up the process ~~are~~(→   ) to make the shift to a new system.
그 과정의 속도를 올리는 또 다른 방법은 새로운 시스템으로 전환하는 것이다.

02 주어 자리에 both A and B를 제외한 상관 접속사는 __________에 수 일치한다.

개념 적용 Neither she nor I ~~has~~(→   ) any plan for the weekend.
그녀도 나도 주말에 아무런 계획이 없다.

03 부분을 나타내는 명사가 나오면 __________ 뒤에 명사를 확인해서 동사와 수 일치한다.

개념 적용 Most of the houses ~~is~~(→   ) out of our price bracket.
그 집들은 대부분이 우리의 가격대를 넘어선다.

04 단일 개념을 의미하는 A and B는 __________ 동사와 수 일치를 확인한다.

개념 적용 Trial and error ~~are~~(→   ) a fundamental method of problem solving.
시행착오는 문제 해결의 근본적인 방법이다.

05 주어 자리에 __________와 many가 쓰인다면 동사의 수 일치를 주의한다.

개념 적용 The number of accidents ~~are~~(→   ) proportionate to the increased volume of traffic.
사고 건수는 늘어나는 교통량에 비례한다.

06 __________와 __________은 단수 동사와 수 일치를 확인한다.

개념 적용 Whether it is a good plan or not ~~are~~(→   ) a matter for argument.
그것이 좋은 계획인지 아닌지는 논쟁의 여지가 있다.

정답 01 현재, be동사, is 02 B, have 03 of, are 04 단수, is 05 number, is 06 명사구, 명사절, is

01 밑줄 친 부분 중 어법상 옳지 않은 것은?

2025. 출제 기조 전환 1차

You may conclude that knowledge of the sound systems, word patterns, and sentence structures ① <u>are</u> sufficient to help a student ② <u>become</u> competent in a language. Yet we have ③ <u>all</u> worked with language learners who understand English structurally but still have difficulty ④ <u>communicating</u>.

02 밑줄 친 부분 중 어법상 옳은 것은?

2024. 국가직 9급 변형

① We are glad that <u>the number of</u> applicants is increasing.
② I <u>have received</u> the last e-mail from him two years ago.
③ The bed <u>which</u> he slept last night was quite comfortable.
④ They exchanged <u>New Year's greetings each other</u> on screen.

03 밑줄 친 부분 중 어법상 옳지 않은 것은?

2023. 국가직 9급

While advances in transplant technology have made ① <u>it</u> possible to extend the life of individuals with end-stage organ disease, it is argued ② <u>that</u> the biomedical view of organ transplantation as a bounded event, which ends once a heart or kidney is successfully replaced, ③ <u>conceal</u> the complex and dynamic process that more ④ <u>accurately</u> represents the experience of receiving an organ.

04 밑줄 친 부분 중 어법상 가장 적절하지 않은 것은?

2020. 경찰 1차 변형

① I'm feeling sick. I <u>shouldn't have eaten</u> so much.
② Most of the suggestions made at the meeting <u>was</u> not very practical.
③ <u>Providing</u> the room is clean, I don't mind which hotel we stay at.
④ <u>We'd been</u> playing tennis for about half an hour when it started to rain heavily.

05 밑줄 친 부분에 들어갈 가장 적절한 것은?

2014. 지방직 9급

> A tenth of the automobiles in this district ___________ alone stolen last year.

① was
② had been
③ were
④ have been

06 밑줄 친 부분 중 어법상 가장 옳지 않은 것은?

2017. 경찰 2차

> ① Creating the electrical energy also creates environmental problems. We can't give up electricity, but we can control the ways we use ② it. We can use alternative sources of energy that ③ is not as harmful to the environment as those which we are presently ④ using.

07 밑줄 친 부분 중 어법상 옳은 것은?

2014. 지방직 9급 변형

① Many a careless walker was killed in the street.
② Each officer must perform their duties efficient.
③ However you may try hard, you cannot carry it out.
④ German shepherd dogs are smart, alert, and loyalty.

08 밑줄 친 부분 중 어법상 옳은 것은?

2012. 지방직 9급 변형

① Without plants to eat, animals must leave from their habitat.
② He arrived with Owen, who was weak and exhaust.
③ This team usually work late on Fridays.
④ Beside literature, we have to study history and philosophy.

09 밑줄 친 부분 중 어법상 옳지 않은 것은?

2012. 지방직 7급

> The number of people ① taking cruises ② continue to rise and ③ so does the number of complaints about cruise lines. Sufficient ④ information is still missing.

10 밑줄 친 부분 중 어법상 옳지 않은 것은?

2015. 지방직 7급

> The immune system in our bodies ① fights the bacteria and viruses which cause diseases. Therefore, whether or not we are likely to get various diseases ② depend on how well our immune system works. Biologists used to ③ think that the immune system was a separate, independent part of our body, but recently they ④ have found that our brain can affect our immune system. This discovery indicates that there may be a connection between emotional factors and illness.

11 다음 밑줄 친 부분 중 어법상 옳지 않은 것은?

2022. 국가직 9급

To find a good starting point, one must return to the year 1800 during ① <u>which</u> the first modern electric battery was developed. Italian Alessandro Volta found that a combination of silver, copper, and zinc ② <u>were</u> ideal for producing an electrical current. The enhanced design, ③ <u>called</u> a Voltaic pile, was made by stacking some discs made from these metals between discs made of cardboard soaked in sea water. There was ④ <u>such</u> talk about Volta's work that he was requested to conduct a demonstration before the Emperor Napoleon himself.

12 밑줄 친 부분 중 어법상 가장 옳지 않은 것은?

2017. 서울시 9급 변형

The idea that justice ① <u>in allocating</u> access to a university has ② <u>something</u> to do with the goods that ③ <u>universities properly</u> pursue ④ <u>explain why</u> selling admission is unjust.

13 밑줄 친 부분 중 어법상 가장 적절하지 않은 것은?

2018. 경찰 3차

If properly stored, broccoli will stay ① <u>fresh</u> for up to four days. The best way to store fresh bunches is to refrigerate them in an open plastic bag in the vegetable compartment, ② <u>which</u> will give them the right balance of humidity and air, and help preserve the vitamin C content. Don't wash the broccoli before ③ <u>storing</u> it since moisture on its surface ④ <u>encourage</u> the growth of mold.

14 밑줄 친 부분 중 어법상 가장 옳지 않은 것은?

2016. 서울시 9급

He acknowledged that ① <u>the number</u> of Koreans were forced ② <u>into</u> labor ③ <u>under harsh conditions</u> in some of the locations ④ <u>during the 1940's</u>.

15 밑줄 친 부분 중 어법상 가장 옳지 않은 것은?

2019. 서울시 9급 6월

Squid, octopuses, and cuttlefish are all ① types of cephalopods. ② Each of these animals has special cells under its skin that ③ contains pigment, a colored liquid. A cephalopod can move these cells toward or away from its skin. This allows it ④ to change the pattern and color of its appearance.

16 밑줄 친 부분 중 어법상 가장 옳지 않은 것은?

2018. 서울시 9급 6월

I'm ① pleased that I have enough clothes with me. American men are generally bigger than Japanese men so ② it's very difficult to find clothes in Chicago that ③ fits me. ④ What is a medium size in Japan is a small size here.

17 밑줄 친 부분 중 어법상 옳지 않은 것은?

2013. 지방직 9급 변형

① They are the largest animals ever to evolve on Earth, larger by far than the dinosaurs.
② She didn't like the term Native American any more than my mother did.
③ Three-quarters of what we absorb in the way of information about nature comes into our brains via our eyes.
④ The number of doctors study hard in order that they can keep abreast of all the latest developments in medicine.

18 밑줄 친 부분 중 어법상 옳지 않은 것은?

2020. 지방직 9급

Elizabeth Taylor had an eye for beautiful jewels and over the years amassed some amazing pieces, once ① declaring "a girl can always have more diamonds." In 2011, her finest jewels were sold by Christie's at an evening auction ② that brought in $115.9 million. Among her most prized possessions sold during the evening sale ③ were a 1961 bejeweled timepiece by Bulgari. Designed as a serpent to coil around the wrist, with its head and tail ④ covered with diamonds and having two hypnotic emerald eyes, a discreet mechanism opens its fierce jaws to reveal a tiny quartz watch.

Chapter 06 수동태

반드시 한 번에 다 잡는 최빈출 개념 정리

01 사물이 주어 자리에 나오는 경우 ______________ 구조로 잘 쓰인다.

개념 적용 This conference ~~holds~~(→) to stimulate student's interests in global warming.

이 학회는 지구온난화에 대한 학생들의 관심을 고취시키기 위해 열린다.

02 ____________, ____________ 자동사는 능동의 의미만 가능하고 수동태 구조는 불가능하므로 능동태 구조로 쓰였는지 확인한다.

개념 적용 The plane ~~was disappeared~~(→) behind a cloud.

비행기는 구름 뒤로 사라졌다.

03 3형식 타동사구의 수동태 구조에서는 ____________에 주의한다.

개념 적용 She ~~was run~~(→) and killed by a truck.

그녀는 트럭에 치여 숨졌다.

04 5형식 타동사의 수동태 구조 be p.p. 뒤에는 ____________가 올바른 형태로 남아있는지 확인한다.

개념 적용 All children should be encouraged ~~realizing~~(→) their full potential.

모든 아동들이 자신의 잠재력을 충분히 발휘할 수 있도록 격려해야 한다.

05 지각동사와 사역동사가 수동태가 될 때 목적보어였던 원형부정사를 ____________로 쓴다.

개념 적용 He was seen ~~enter~~(→) the building.

그가 그 건물에 들어가는 것이 목격되었다.

06 ____________에 주의할 수동태 표현들이 있으므로 ____________를 확인한다.

개념 적용 She was known ~~as~~(→) the quickness of her wit.

그녀는 두뇌 회전이 빠른 것으로 유명했다.

정답
01 수동태(be + p.p.), is held　02 1형식, 2형식, disappeared　03 전치사, was run over
04 목적보어, to realize　05 to부정사, to enter　06 전치사, 전치사, for

01 밑줄 친 부분에 들어갈 말로 가장 적절한 것은?

2025. 출제 기조 전환 2차

Overpopulation may have played a key role: too much exploitation of the rain-forest ecosystem, on which the Maya depended for food, as well as water shortages, seems to ______________________ the collapse.

① contribute to
② be contributed to
③ have contributed to
④ have been contributed to

02 밑줄 친 부분 중 어법상 옳지 않은 것은?

2022. 지방직 9급 변형

① He asked me why I kept coming back day after day.
② Toys children wanted all year long has recently discarded.
③ She is someone who is always ready to lend a helping hand.
④ Insects are often attracted by scents that aren't obvious to us.

03 밑줄 친 부분 중 어법상 옳지 않은 것은?

2019. 지방직 9급

Each year, more than 270,000 pedestrians ① lose their lives on the world's roads. Many leave their homes as they would on any given day never ② to return. Globally, pedestrians constitute 22% of all road traffic fatalities, and in some countries this proportion is ③ as high as two thirds of all road traffic deaths. Millions of pedestrians are non-fatally ④ injuring — some of whom are left with permanent disabilities. These incidents cause much suffering and grief as well as economic hardship.

04 밑줄 친 부분 중 어법상 옳지 않은 것은?

2018. 국가직 9급

It would be difficult ① to imagine life without the beauty and richness of forests. But scientists warn we cannot take our forest for ② granted. By some estimates, deforestation ③ has been resulted in the loss of as much as eighty percent of the natural forests of the world. Currently, deforestation is a global problem, ④ affecting wilderness regions such as the temperate rainforests of the Pacific.

05 밑줄 친 부분 중 어법상 옳은 것은?

2022. 국가직 9급 변형

① A horse should be fed according to its individual needs and the nature of its work.
② My hat was blown off by the wind while walking down a narrow street.
③ She has known primarily as a political cartoonist throughout her career.
④ Even young children like to be complimented for a job done good.

06 밑줄 친 부분 중 어법상 옳지 않은 것은?

2015. 국가직 9급 변형

① Despite searching for every job opening possible, he could not find a suitable job.
② The best way to find out if you can trust somebody is to trust that person.
③ Taste sensitivity is largely influenced by food intake and body weight of individuals.
④ Parents are responsible for providing the right environment for their children to grow and learn in.

07 밑줄 친 부분 중 어법상 옳지 않은 것은?

2011. 지방직 9급 변형

① I will go out if the rain stops.
② I will be finished it if you come home.
③ I had waited for an hour before he appeared.
④ He will graduate from college in three years.

08 밑줄 친 부분 중 어법상 옳지 않은 것은?

2015. 서울시 7급

> Innovation, business is now learning, is likely ① to find ② wherever bright and eager ③ people think ④ they can find it.

09 밑줄 친 부분 중 어법상 옳지 않은 것은?

2015. 국가직 9급 변형

① The main reason I stopped smoking was that all my friends had already stopped smoking.
② That a husband understands a wife does not mean they are necessarily compatible.
③ The package, having been wrong addressed, reached him late and damaged.
④ She wants her husband to buy two dozen eggs on his way home.

10 밑줄 친 부분 중 어법상 옳지 않은 것은?

2010. 지방직 9급 변형

① This handbag is fake. It can't be expensive.
② In Korea, a presidential election held every five years.
③ This surface cleans easily.
④ I think it impossible to hand in the paper by tomorrow.

11 밑줄 친 부분 중 어법상 옳은 것은?

2017. 지방직 9급 하반기 변형

① Top software companies are finding increasingly challenging to stay ahead.
② A small town seems to be preferable than a big city for raising children.
③ She destined to live a life of serving others.
④ A week's holiday has been promised to all the office workers.

12 밑줄 친 부분 중 어법상 옳지 않은 것은?

2017. 지방직 7급

> In countries where religion ① has been closely identified with ② a people's culture, as in Hinduism and Islam, religious education has been essential ③ to be maintained the society and ④ its traditions.

13 밑줄 친 부분 중 어법상 옳지 않은 것은?

2017. 지방직 7급

A graph of monthly climatological data ① shows the warmest, coolest, wettest and driest times. Also, weekends are ② highlighting on the graph to help you quickly locate the weekend weather ③ should you have activities ④ planned.

14 밑줄 친 부분 중 어법상 가장 옳지 않은 것은?

2017. 서울시 7급 6월

Plastics ① are artificial, or human-made materials ② that consist of polymers — long molecules ③ made of smaller molecules joined in chains. Not all polymers are artificial — wood and cotton are types of a natural polymer called cellulose, but they are not considered plastics because they cannot ④ melt and mold.

15 밑줄 친 부분 중 어법상 옳지 않은 것은?

2014. 국가직 7급

The Netherlands now ① becomes the only country in the world to allow the mercy killing of patients, though there are some strict conditions. ② Those who want medical assistance to die ③ must be undergone unbearable suffering. Doctor and patient must also agree there is no hope of remission. And ④ a second physician must be consulted.

16 밑줄 친 부분 중 어법상 옳지 않은 것은?

2014. 지방직 7급 변형

① This law shall be come into force on the 1st of June.
② I thought too much of his talent.
③ They all looked up to him as their leader.
④ I must work harder to make up for the results of my last term examination.

17 다음 빈칸에 들어갈 표현으로 가장 적절한 것은?

2018. 경찰 2차

> Usually, people who have been adopted ________________ have access to their files.

① do not allow
② are not allowed to
③ has not been allowed
④ is not allowed to

18 밑줄 친 부분 중 어법상 옳지 않은 것은?

2013. 서울시 7급 변형

① Maria was awarded first prize.
② 250 dollars was fined to him.
③ English wasn't taught there.
④ Our solutions were explained to him.
⑤ Nash was considered a genius.

19 밑줄 친 부분 중 어법상 옳지 않은 것은?

2014. 국가직 7급

> ① Unable to do anything or go anywhere while my car ② was repairing at my mechanic's garage, I suddenly ③ came to the realization that I had become ④ overly dependent on machines and gadgets.

20 밑줄 친 부분 중 어법상 옳지 않은 것은?

2019. 국가직 9급

> A myth is a narrative that embodies — and in some cases ① helps to explain — the religious, philosophical, moral, and political values of a culture. Through tales of gods and supernatural beings, myths ② try to make sense of occurrences in the natural world. Contrary to popular usage, myth does not mean "falsehood." In the broadest sense, myths are stories — usually whole groups of stories — ③ that can be true or partly true as well as false; regardless of their degree of accuracy, however, myths frequently express the deepest beliefs of a culture. According to this definition, the Iliad and the Odyssey, the Koran, and the Old and New Testaments can all ④ refer to as myths.

MEMO

준동사

출제 경향 분석

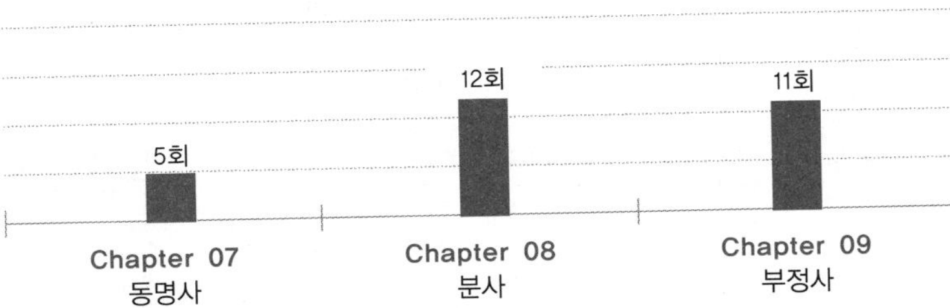

출제 내용 점검

Chapter 07 동명사

51	동명사의 명사 역할	
52	동명사의 동사적 성질	
53	암기해야 할 동명사 표현	

Chapter 08 분사

54	분사 판별법[현재분사 VS 과거분사]	
55	감정 분사와 분사형 형용사	
56	여러 가지 분사구문	
57	분사의 동사적 성질	
58	분사를 활용한 표현 및 구문	

Chapter 09 부정사

59	원형부정사의 용법과 관용 표현	
60	to부정사의 명사적 역할	
61	to부정사의 형용사적 역할	
62	to부정사의 부사적 역할	
63	to부정사의 동사적 성질	
64	to부정사의 관용 구문	

나의 약점 확인

영역	점수
Chapter 07 동명사	/ 5문항
Chapter 08 분사	/ 12문항
Chapter 09 부정사	/ 11문항

나의 약점 보완

문제 풀이 전략

Q 밑줄 친 부분 중 어법상 옳지 않은 것은? 2025. 출제 기조 전환 1차

Beyond the cars and traffic jams, she said it took a while to ① get used to have so many people in one place, ② all of whom were moving so fast. "There are only 18 million people in Australia ③ spread out over an entire country," she said, "compared to more than six million people in ④ the state of Massachusetts alone.

정답 해설

① [출제 영역] 챕터 07 동명사
'~에 익숙하다'의 뜻으로 쓰일 때는 'get used to (동)명사'의 전치사 to를 포함한 동명사 표현으로 쓸 수 있다. 따라서 have 대신 having으로 써야 올바르다.

오답 해설

챕터 07 동명사 01번 문제 참고

Step 1 밑줄 친 부분 출제 영역 확인하기
Step 2 출제 포인트에 따른 선지 O, X 확인하기
Step 3 소거법으로 정답 고르기

Beyond the cars and traffic jams, she said it took a while to ① get used to ~~have~~(→ having) so many people in one place, ② all of whom were moving so fast. "There are only 18 million people in Australia ③ spread out over an entire country," she said, "compared to more than six million people in ④ the state of Massachusetts alone.

Chapter 07 동명사

반드시 한 번에 다 잡는 최빈출 개념 정리

01 동명사 주어는 ___________ 취급하므로 ___________ 동사와 수 일치한다.

개념 적용 Creating the electrical energy ~~create~~(→ ___________) environmental problems.
전기 에너지를 만드는 것은 환경 문제를 야기한다.

02 동명사는 특정 타동사 뒤에서 ___________ 역할을 한다.

개념 적용 I successfully completed ~~to write~~(→ ___________) the book.
나는 성공적으로 그 책을 쓰는 것을 끝마쳤다.

03 ___________ 뒤에는 to부정사가 아닌 동명사가 목적어 역할을 한다.

개념 적용 We shared warmth by ~~to help~~(→ ___________) the neighbors in need.
우리는 불우이웃을 도우며 훈훈한 정을 나눴다.

04 동명사의 주어는 ___________ 또는 ___________으로 동명사 앞에 쓴다.

개념 적용 ~~She~~(→ ___________) being honest is known to everybody.
그녀의 솔직함은 모든 사람들에게 알려져 있다.

05 본동사의 시제보다 동명사의 시제가 더 앞설 때는 단순형 동명사가 아닌 ___________ 동명사로 쓴다.

개념 적용 I'm sure of her ~~being~~(→ ___________) honest when young.
나는 그녀가 젊었을 때 정직했다고 확신한다.

06 ___________ 표현은 해석이 중요한 영작 문제로 자주 출제되므로 반드시 암기한다.

개념 적용 They are on the verge ~~to sign~~(→ ___________) a new contract.
그들은 새로운 계약서에 서명을 하기 직전에 있다.

정답 01 단수, 단수, creates 02 목적어, writing 03 전치사, helping 04 소유격, 목적격, Her
05 완료형, having been 06 동명사 관용, of signing

01 밑줄 친 부분 중 어법상 옳지 않은 것은?

2025. 출제 기조 전환 1차

Beyond the cars and traffic jams, she said it took a while to ① get used to have so many people in one place, ② all of whom were moving so fast. "There are only 18 million people in Australia ③ spread out over an entire country," she said, "compared to more than six million people in ④ the state of Massachusetts alone.

02 밑줄 친 부분 중 어법상 옳은 것은?

2016. 지방직 9급 변형

① That place is fantastic whether you like swimming or to walk.
② She suggested going out for dinner after the meeting.
③ The dancer that I told you about her is coming to town.
④ If she had taken the medicine last night, she would have been better today.

03 밑줄 친 부분 중 어법상 옳지 않은 것은?

2012. 지방직 9급

A mutual aid group is a place ① where an individual brings a problem and asks for assistance. As the group members offer help to the individual with the problem, they are also helping ② themselves. Each group member can make associations to a similar ③ concern. This is one of the important ways in which ④ give help in a mutual aid group is a form of self-help.

04 밑줄 친 부분 중 어법상 옳은 것은?

2018. 경찰 3차 변형

① Yusoo is considering applying for the company.
② The police station provided commodities with refugees.
③ The judge ordered that the prisoner was remanded.
④ He dived deeply into the water.

05 밑줄 친 부분 중 어법상 가장 적절한 것은?

2021. 경찰 2차 변형

① All the vehicles need repairing.
② The immediate security threat has been disappeared.
③ You must enter the password to gain an access to the network.
④ Seohee agreed to accompany with her father on a trip to France.

Chapter 08 분사

반드시 한 번에 다 잡는 최빈출 개념 정리

01 ________ 나 ________ 역할을 하는 현재분사 또는 과거분사가 나오면 어떤 분사가 적절한지 분사 판별법을 통해 확인한다.

개념 적용 The man ~~run~~(→ ________) with a dog is my uncle.
개와 함께 달리고 있는 남자는 나의 삼촌이다.

02 분사의 수식을 받는 명사가 ________ 현재분사로 수식하고, 분사의 수식을 받는 명사가 ________ 과거분사로 수식한다.

개념 적용 ~~Seeing~~(→ ________) from a distance, it is indistinguishable from its environment.
먼 거리에서 보여질 때, 그것은 주변환경과 구별이 안 된다.

03 ________ 는 현재분사로 쓸지 과거분사로 쓸지 판단한다.

개념 적용 In summary, this was a ~~disappointed~~(→ ________) performance.
요컨대 이것은 실망스러운 공연이었다.

04 분사구문이 나오면 분사의 ________ 를 올바르게 썼는지 먼저 확인한다.

개념 적용 ~~Being~~(→ ________) out of order, we sent for a mechanic.
기계가 고장 나서 우리는 기계공을 부르러 보냈다.

05 '시간 · 조건 · 양보 접속사 + 분사구문'에서는 ________ 가 올바르게 쓰였는지 확인한다.

개념 적용 Although ~~made~~(→ ________) a mistake, he could be respected as a good teacher.
비록 실수했지만, 그는 좋은 선생님으로 존경받을 수 있었다.

06 ________ 의 다양한 표현을 암기하고 올바르게 썼는지 판단한다.

개념 적용 We'll have the party outside, weather ~~permitted~~(→ ________)
날씨가 괜찮으면, 우리는 밖에서 파티할 것이다.

정답
01 형용사, 부사, running
02 행동하면, 행동을 당하면, Seen
03 감정동사, disappointing
04 의미상 주어, The machine being
05 분사, making
06 분사구문, permitting

01 밑줄 친 부분 중 어법상 옳지 않은 것은?

2023. 지방직 9급 변형

① We were made <u>touching</u> with his speech.
② Apart from <u>its cost</u>, the plan was a good one.
③ They watched the sunset while <u>drinking</u> hot tea.
④ His past experience made him <u>suited</u> for the project.

02 밑줄 친 부분 중 어법상 옳지 않은 것은?

2011. 국가직 9급

The Aztecs believed that chocolate ① <u>made people intelligent</u>. Today, we do not believe this. But chocolate has a special chemical ② <u>calling phenylethylamine</u>. This is the same chemical ③ <u>the body makes</u> when a person is in love. Which do you prefer — ④ <u>eating</u> chocolate or being in love?

03 밑줄 친 부분 중 어법상 옳지 않은 것은?

2022. 국가직 9급 변형

① <u>Having drunk</u> three cups of coffee, she can't fall asleep.
② <u>Being a kind person</u>, she is loved by everyone.
③ <u>All things considered</u>, she is the best-qualified person for the position.
④ Sitting with the legs <u>crossing</u> for a long period can raise blood pressure.

04 밑줄 친 부분 중 어법상 옳지 않은 것은?

2014. 국가직 9급 변형

① She does not like going outdoor, <u>not to mention</u> mountain climbing.
② She is more beautiful <u>than any other girl</u> in the class.
③ The country is a small one with the three quarters of the land <u>surrounding</u> by the sea.
④ <u>A number of</u> students are studying very hard to get a job after their graduation.

05 밑줄 친 부분 중 어법상 옳지 않은 것은?

2018. 지방직 9급 변형

① All of the information <u>was</u> false.
② Thomas should have <u>apologized</u> earlier.
③ The movie <u>had already started</u> when we arrived.
④ <u>Being cold outside</u>, I boiled some water to have tea.

06 밑줄 친 부분 중 어법상 옳지 않은 것은?

2012. 국가직 9급

A man who ① <u>shoplifted</u> from the Woolworth's store in Shanton in 1952 recently sent the shop an anonymous letter of apology. In it, he said, "I ② <u>have been guilt-ridden</u> all these days." The item he ③ <u>stole</u> was a two dollar toy. He enclosed a money order ④ <u>paid back</u> the two dollars with interest.

07 밑줄 친 부분 중 어법상 옳지 않은 것은?

2015. 지방직 7급 변형

① <u>Covering</u> with confusion, he left the conference room.
② <u>Walking</u> along the road, he tripped over the root of a tree.
③ <u>With her eyes wide open</u>, she stared at the man.
④ <u>Waving</u> goodbye, she got on the train.

08 밑줄 친 부분 중 어법상 옳지 않은 것은?

2019. 국가직 9급

Domesticated animals are the earliest and most effective 'machines' ① <u>available</u> to humans. They take the strain off the human back and arms. ② <u>Utilizing</u> with other techniques, animals can raise human living standards very considerably, both as supplementary foodstuffs (protein in meat and milk) and as machines ③ <u>to carry</u> burdens, lift water, and grind grain. Since they are so obviously ④ <u>of great benefit</u>, we might expect to find that over the centuries humans would increase the number and quality of the animals they kept. Surprisingly, this has not usually been the case.

09 밑줄 친 부분 중 어법상 옳지 않은 것은?

2020. 지방직 7급

Sports utility vehicles are ① more expensive and use more gas than most cars. But TV ② commercials show them ③ climbing rocky mountain roads and crossing rivers, which seems ④ excited to many people.

10 밑줄 친 부분 중 어법상 옳지 않은 것은?

2010. 국가직 9급

I ① looked forward to this visit more than one ② would think, ③ considered I was flying seven hundred miles to sit alongside a ④ dying man. But I seemed to slip into a time warp when I visited Morrie, and I liked myself better when I was there.

11 밑줄 친 부분 중 어법상 옳은 것은?

2014. 국가직 9급

Compared to newspapers, magazines are not necessarily up-to-the-minute, since they do not appear every day, but weekly, monthly, or even less frequently. Even externally they are different from newspapers, mainly because magazines ① resemble like a book. The paper is thicker, photos are more colorful, and most of the articles are relatively long. The reader experiences much more background information and greater detail. There are also weekly news magazines, ② which reports on a number of topics, but most of the magazines are specialized to attract various consumers. For example, there are ③ women's magazines cover fashion, cosmetics, and recipes as well as youth magazines about celebrities. Other magazines are directed toward, for example, computer users, sports fans, ④ those interested in the arts, and many other small groups.

12 밑줄 친 부분 중 어법상 옳지 않은 것은?

2018. 국가직 9급

Focus means ① getting stuff done. A lot of people have great ideas but don't act on them. For me, the definition of an entrepreneur, for instance, is someone who can combine innovation and ingenuity with the ability to execute that new idea. Some people think that the central dichotomy in life is whether you're positive or negative about the issues ② that interest or concern you. There's a lot of attention ③ paying to this question of whether it's better to have an optimistic or pessimistic lens. I think the better question to ask is whether you are going to do something about it or just ④ let life pass you by.

Chapter 09 부정사

반드시 한번에 다 잡는 최빈출 개념 정리

01 to부정사는 특정 타동사 뒤에서 ____________ 역할을 한다.

개념 적용 He managed ~~finishing~~(→) the book before the library closed.
그는 도서관이 문을 닫기 전에 가까스로 책을 다 읽었다.

02 to부정사가 형용사 역할을 할 때 ____________에 주의할 표현이 있으므로 확인한다.

개념 적용 Have you purchased a house ~~to live~~(→) after you get married?
결혼해서 살 집은 마련했어요?

03 to부정사의 의미상 주어는 for 목적격으로 쓰지만 인성 형용사를 포함한 구문에서는 의미상 주어를 ____________으로 쓴다.

개념 적용 It was careless ~~for her~~(→) to take the wrong bus.
그녀가 버스를 잘못 탄 것은 부주의했다.

04 본동사의 시제보다 to부정사의 시제가 더 앞설 때는 단순형 to부정사를 ____________으로 쓴다.

개념 적용 He claims ~~to be~~(→) robbed yesterday.
그는 어제 도둑을 맞았다고 주장한다.

05 'too 형용사/부사 to부정사'구문에서 to부정사의 목적어와 그 절의 주어가 같을 때 to부정사 뒤의 목적어는 ____________.

개념 적용 This opportunity is too good for me ~~to miss it~~(→).
이 기회는 놓치기에는 나에게 너무 좋은 것이다.

06 'enough to부정사'는 형용사와 부사를 ____________수식한다.

개념 적용 He's ~~enough old~~(→) to take care of himself.
그는 스스로를 돌볼 만큼 나이가 들었다.

정답 01 목적어, to finish 02 전치사, to live in 03 of 목적격, of her 04 완료형, to have been
05 생략한다, to miss 06 후치, old enough

01 밑줄 친 부분 중 어법상 옳지 않은 것은?

2022. 지방직 9급 변형

① I cannot afford <u>wasting</u> even one cent.
② The smile soon <u>faded</u> from her face.
③ She had no alternative but <u>to resign</u>.
④ I'm aiming <u>to start</u> my own business in five years.

03 밑줄 친 부분 중 어법상 옳은 것은?

2016. 지방직 9급 변형

① The poor woman couldn't afford <u>to get</u> a smartphone.
② I am used <u>to get up</u> early everyday.
③ The number of fires that occur in the city <u>are</u> growing every year.
④ Bill supposes that Mary is married, <u>isn't he</u>?

02 밑줄 친 부분 중 어법상 옳지 않은 것은?

2020. 지방직 9급 변형

① I regret <u>to tell</u> you that I lost your key.
② His experience at the hospital was worse than <u>hers</u>.
③ It reminds me <u>of the memories</u> of the past 24 years.
④ I like people <u>who</u> look me in the eye when I have a conversation.

04 밑줄 친 부분 중 어법상 옳지 않은 것은?

2017. 국가직 9급 변형

① Only after the meeting <u>did he recognize</u> the seriousness of the financial crisis.
② The minister insisted that a bridge <u>be constructed</u> over the river to solve the traffic problem.
③ <u>As difficult</u> a task as it was, Linda did her best to complete it.
④ He was <u>so distracted</u> by a text message to know that he was going over the speed limit.

05 밑줄 친 부분 중 어법상 옳지 않은 것은?

2013. 지방직 7급

Wisdom enables us to take information and knowledge and ① use them to make good decisions. On a personal level, my mother finished only the fifth grade, ② was widowed in the heart of the depression and had six children ③ very young to work. Obviously she needed wisdom to use the knowledge she had ④ to make the right decisions to raise her family successfully.

06 밑줄 친 부분 중 어법상 옳지 않은 것은?

2014. 지방직 7급 변형

① The bag was too heavy for me to lift it.
② So ridiculous did she look that everybody burst out laughing.
③ He was seen to come out of the house.
④ I can't get that child to go to bed.

07 다음 빈칸에 들어갈 말로 가장 적절한 것은?

2011. 경찰 2차

Living in the buildings on his construction site, over 1000 workers ____________ in one basement.

① used to sleep
② are used to sleep
③ to be sleeping
④ sleeping

08 밑줄 친 부분 중 어법상 옳은 것은?

2016. 국가직 7급 변형

① Time always takes a little to tune in on a professor's style.
② I'm used to waiting until the last minute and staying up all night.
③ The math question was too tough for the student to answer it.
④ Too many hours of hard work really tired of me.

09 밑줄 친 부분 중 어법상 옳지 않은 것은?

2011. 국가직 9급 변형

① He is the last person <u>to deceive</u> you.

② He would much rather make a compromise <u>than fight</u> with his fists.

③ Frescoes are so familiar a feature of Italian churches that they are easy to <u>take it for granted</u>.

④ <u>Even though</u> he didn't go to college, he is a very knowledgeable man.

10 밑줄 친 부분 중 어법상 옳지 않은 것은?

2011. 국가직 9급 변형

① I couldn't finish the exam <u>because</u> I ran out of time.

② It is much more difficult than you'd expect <u>to break</u> a habit.

③ Most people <u>have</u> a strong dislike to excessive violence on TV.

④ Blessed is the man who is too busy to worry in the day and too tired <u>of lying</u> awake at night.

11 밑줄 친 부분 중 어법상 옳지 않은 것은?

2013. 국가직 7급

A final way to organize an essay is to ① <u>proceeding</u> from relatively simple concepts to more complex ones. By starting with generally ② <u>accepted</u> evidence, you establish rapport with your readers and assure them that the essay is ③ <u>firmly</u> grounded in shared experience. In contrast, if you open with difficult material, you risk ④ <u>confusing</u> your audience.

조동사와 조동사를 활용한 구문

출제 경향 분석

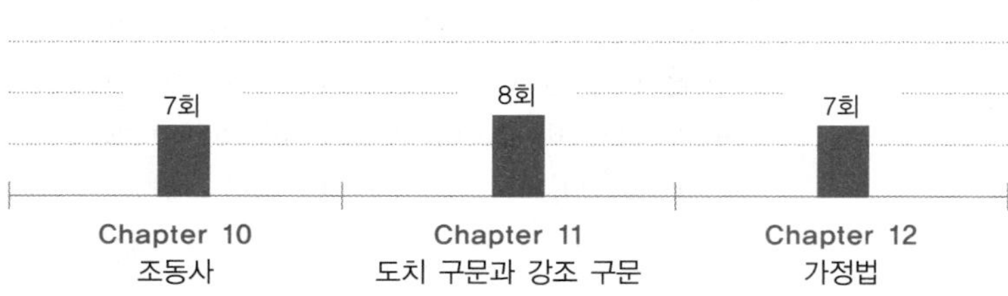

출제 내용 점검

Chapter 10 조동사

65	조동사 뒤의 동사원형과 조동사의 부정형	
66	조동사 should의 3가지 용법과 생략 구조	
67	주의해야 할 조동사와 조동사 관용 표현	

Chapter 11 도치 구문과 강조 구문

68	부정부사와 도치 구문	
69	다양한 도치 구문	
70	양보 도치 구문과 장소 방향 도치 구문	
71	강조 구문과 강조를 위한 표현	

Chapter 12 가정법

72	가정법 미래 공식	
73	가정법 과거 공식	
74	가정법 과거완료 공식	
75	혼합 가정법 공식	
76	if 생략 후 도치된 가정법	
77	기타 가정법	

나의 약점 확인

영역	점수
Chapter 10 조동사	/ 7문항
Chapter 11 도치 구문과 강조 구문	/ 8문항
Chapter 12 가정법	/ 7문항

나의 약점 보완

문제풀이 전략

Q 밑줄 친 부분이 어법상 옳지 않은 것은? 2022. 지방직 9급 변형

① No sooner I have finishing the meal than I started feeling hungry again.
② She will have to pay the bill sooner or later.
③ Reading is to the mind what exercise is to the body.
④ He studied medicine at university but ended up working for an accounting firm.

정답 해설

① [출제 영역] 챕터 11 도치 구문과 강조 구문
'~하자마자 ~했다'의 뜻을 가진 구문으로는 'No sooner had 주어 p.p. than 주어+과거시제 동사'의 도치 표현이 있다. 따라서 'No sooner I have finishing' 대신 'No sooner had I finished'로 써야 올바르다.

찐Tip 이와 같은 뜻을 가진 구문으로 '주어 had no sooner p.p. than 주어+과거시제 동사'의 정치 표현이 있다.

오답 해설

챕터 11 도치 구문과 강조 구문 01번 문제 참고

Step ① 밑줄 친 부분 출제 영역 확인하기
Step ② 출제 포인트에 따른 선지 O, X 확인하기
Step ③ 소거법으로 정답 고르기

✓ No sooner ~~I have finishing~~(→ had I finished) the meal than I started feeling hungry again.
② She will have to pay the bill sooner or later.
③ Reading is to the mind what exercise is to the body.
④ He studied medicine at university but ended up working for an accounting firm.

Chapter 10 조동사

반드시 한번에 다잡는 최빈출 개념 정리

01 주장 · 요구 · 명령 · 제안 · 충고 동사의 목적어로 that절이 쓰일 때 that절의 동사는 '________'으로 쓴다.

개념 적용 He ordered that the work ~~was~~(→ ________) done.
그는 그 일을 해내라고 명령했다.

02 It be 이성적 판단 형용사 that절 구조에서는 that절의 동사는 '________'으로 쓴다.

개념 적용 It is important that he ~~attends~~(→ ________) every day.
그가 매일 출석하는 것이 중요하다.

03 「조동사 have p.p.」 구조는 ________을 올바르게 썼는지 확인해야 한다.

개념 적용 It ~~should~~(→ ________) have rained last night.
어젯밤에 틀림없이 비가 왔을 것이다.

04 'need not'에서 need는 조동사이므로 'need not' 뒤에는 ________을 쓴다.

개념 적용 Business letters need not ~~to be~~(→ ________) formal and impersonal.
사업상의 편지라고 해서 딱딱하고 인간미 없게 쓸 필요는 없다.

05 'cannot ~ too 형용사/부사'는 '________'라는 의미이다.

개념 적용 We cannot be ~~careful~~(→ ________) in the choice of books.
우리는 책을 선택하는 데는 아무리 주의해도 지나치지 않다.

06 'cannot (help/choose) but 동사원형은 '________'라는 의미이다.

개념 적용 In the age of globalization, we cannot but ~~to study~~(→ ________) foreign languages.
세계화 시대에 우리는 외국어를 공부하지 않을 수 없다.

정답
01 (should) 동사원형, should be / be
02 (should) 동사원형, should attend / attend
03 해석, must
04 동사원형, be
05 아무리 ~해도 지나치지 않다, too careful
06 ~할 수밖에 없다, ~하지 않을 수 없다, study

01 다음 빈칸에 들어갈 말로 가장 적절한 것은?

2013. 경찰 1차

> Because Oriental ideas of woman's subordination to man prevailed in those days, she _________ meet with men on an equal basis.

① did dare not
② dared not
③ dared not to
④ did dare not to

02 밑줄 친 부분 중 어법상 옳은 것은?

2016. 국가직 9급 변형

① Jessica is a much careless person who makes little effort to improve her knowledge.
② But he will come or not is not certain.
③ The police demanded that she not leave the country for the time being.
④ The more a hotel is expensiver, the better its service is.

03 밑줄 친 부분 중 어법상 옳은 것은?

2012. 국가직 9급 변형

① She felt that she was good swimmer as he was, if not better.
② This phenomenon has described so often as to need no further clichés on the subject.
③ What surprised us most was the fact that he said that he had hardly never arrived at work late.
④ Even before Mr. Kay announced his movement to another company, the manager insisted that we begin advertising for a new accountant.

04 밑줄 친 부분 중 어법상 옳은 것은?

2020. 국가직 9급 변형

① Several problems have raised due to the new members.
② The committee commanded that construction of the building cease.
③ They had to fight against winds that will blow over 40 miles an hour.
④ The seeds of most plants are survived by harsh weather.

05 밑줄 친 부분 중 어법상 옳지 않은 것은?

2016. 지방직 9급 변형

① I'd rather relax at home than <u>going</u> to the movies tonight.
② The police are very unwilling <u>to interfere</u> in family problems.
③ It's no use <u>worrying</u> about past events over which you have no control.
④ I misplace my keys <u>so often</u> that my secretary carries spare ones for me.

06 밑줄 친 부분 중 어법상 옳지 않은 것은?

2017. 국가직 9급 변형

① Please come to the headquarters as soon as you <u>receive</u> this letter.
② I ought to <u>have formed</u> a habit of reading in my boyhood.
③ <u>Having been</u> abroad for ten years, he can speak English very fluently.
④ Had I given up the project at that time, I <u>should have achieved</u> such a splendid.

07 밑줄 친 부분 중 어법상 옳은 것은?

2021. 경찰 2차 변형

① It is essential that every employee <u>wear</u> protective gear.
② No one would ask him to work late, <u>much more</u> force him to do that.
③ <u>As discussing</u> in the meeting, the new policies will bring significant benefits.
④ A CEO visited the factory <u>which</u> most of the company's products are manufactured.

Part 03

Chapter 11 도치 구문과 강조 구문

반드시 한번에 다 잡는 최빈출 개념 정리

01 부정부사가 ___________ 처음이나 절 처음에 위치하면 「조동사 + 주어」 도치 구조를 확인한다.

개념 적용 No longer ~~he could~~(→) distinguish between illusion and reality.
그는 더 이상 착각과 현실을 구별할 수가 없었다.

02 부정부사는 다른 ___________와 겹쳐 쓰지 않는다.

개념 적용 I ~~can't hardly~~(→) make myself understood in English.
나는 영어로 의사소통할 수 없다.

03 so와 neither를 포함한 도치 구문에서 so는 __________과 호응, neither는 부정문과 호응한다. 이때, 조동사는 앞에 나온 동사의 종류와 시제에 따라 결정되고 뒤에 나온 주어와 수 일치한다.

개념 적용 Prices have gone up, and so ~~does~~(→) the price of education.
가격은 올라가고 그로 인해 교육비도 올라가고 있다.

04 'Only+부사(부사구, 부사절)'가 문장 처음이나 절 처음에 위치하면 __________ 도치 구조를 확인한다.

개념 적용 Only when he needs something ~~he looks~~(→) for me.
그는 아쉬울 때만 나를 찾는다.

05 ___________ 양보 도치 구문은 여러 가지로 쓰일 수 있으므로 주의한다.

개념 적용 ~~A woman~~(→) as she was, she was brave.
그녀는 여자이지만 용감했다.

06 장소와 방향 부사구가 문장 처음에 쓰일 경우 '1형식 자동사+주어'로 도치되고 _________를 확인한다.

개념 적용 On the map ~~is~~(→) many symbols that show national boundaries.
지도에는 국경선을 보여주는 많은 기호들이 있다.

정답 01 문장, could he 02 부정부사, can't 03 긍정문, has 04 '조동사+주어', does he look 05 As, Woman 06 수 일치, are

01 밑줄 친 부분 중 어법상 옳지 않은 것은?

2022. 지방직 9급 변형

① No sooner I have finishing the meal than I started feeling hungry again.
② She will have to pay the bill sooner or later.
③ Reading is to the mind what exercise is to the body.
④ He studied medicine at university but ended up working for an accounting firm.

02 밑줄 친 부분 중 어법상 가장 적절하지 않은 것은?

2020. 경찰 1차 변형

① No sooner had he seen me than he ran away.
② Little I dreamed that he had told me a lie.
③ Written in plain English, the book has been read by many people.
④ When I met her for the first time, I couldn't help but fall in love with her.

03 밑줄 친 부분 중 어법상 옳은 것은?

2017. 지방직 9급 변형

① The oceans contain many forms of life that has not yet been discovered.
② The rings of Saturn are so distant to be seen from Earth without a telescope.
③ The Aswan High Dam has been protected Egypt from the famines of its neighboring countries.
④ Included in this series is "The Enchanted Horse," among other famous children's stories.

04 밑줄 친 부분 중 어법상 옳은 것은?

2017. 국가직 9급 변형

① They didn't believe his story, and neither did I.
② The sport in that I am most interested is soccer.
③ Jamie learned from the book that World War I had broken out in 1914.
④ Two factors have made scientists difficult to determine the number of species on Earth.

05 밑줄 친 부분 중 어법상 옳지 않은 것은?

2015. 지방직 9급 변형

① She regrets not having worked harder in her youth.

② He is a man of both experience and knowledge.

③ Anger is a normal and healthy emotion.

④ Under no circumstances you should not leave here.

06 밑줄 친 부분 중 어법상 옳지 않은 것은?

2021. 국가직 9급 변형

① I look forward to receive your reply as soon as possible.

② He said he would rise my salary because I worked hard.

③ His plan for the smart city was worth considered.

④ Cindy loved playing the piano, and so did her son.

07 밑줄 친 부분 중 어법상 옳지 않은 것은?

2017. 국가직 9급 변형

① A few words caught in passing set me thinking.

② Hardly did she enter the house when someone turned on the light.

③ We drove on to the hotel, from whose balcony we could look down at the town.

④ The homeless usually have great difficulty getting a job, so they are losing their hope.

08 밑줄 친 부분 중 어법상 옳지 않은 것은?

2011. 국가직 7급

A few weeks earlier I had awoken just after dawn to find the bed beside me ① empty. I got up and found Jenny sitting in her bathrobe at the glass table on the screened porch of our little bungalow, bent over the newspaper with a pen in her hand. There was ② nothing unusual about the scene. Not only ③ were the Palm Beach Post our local paper, it was also the source of half of our household income. We were a two-newspaper-career couple. Jenny worked as a feature writer in the Post's "Accent" section; I was a news reporter at the ④ competing paper in the area, the South Florida Sun-Sentinel, based an hour south in Fort Lauderdale.

Chapter 12 가정법

반드시 한 번에 다 잡는 최빈출 개념 정리

01 「if + 주어 + should 동사원형」 또는 「if + 주어 + were to부정사」가 나오면 가정법 ________를 의미하므로 주절의 동사가 올바르게 쓰였는지 확인해야 한다.

개념 적용 If you were to ever see it, you ~~will~~(→) think you were in heaven.
만일 여러분이 그것을 언젠가 보시게 되면, 아마 천국에 와있는 느낌일 거예요.

02 「if+ 주어 + 과거 동사」가 나오면 가정법 ________를 의미하고 「주어 + would/should/could/might 동사원형」이 올바르게 쓰였는지 확인해야 한다.

개념 적용 If I were in your shoes, I would ~~have resigned~~(→) immediately.
내가 당신이라면, 즉시 사임하겠어요.

03 「if + 주어 + had p.p.」가 나오면 가정법 ________를 의미하고 「주어 + would/should/could/might have p.p.」가 올바르게 쓰였는지 확인해야 한다.

개념 적용 If I ~~have~~(→) the advertisement in time, I would have applied for the job.
만약에 내가 그 광고를 제때 봤더라면, 그 직장에 지원을 했을 것이다.

04 if절에 과거 시간 부사와 주절에 ________ 부사가 쓰였다면 혼합 가정법 공식을 확인해야 한다

개념 적용 If she had started earlier, he would ~~have been~~(→) here now.
만약 그녀가 더 일찍 출발했더라면, 지금 여기에 있을 텐데.

05 「________ 주어 ~」, 「________ + 주어」, 「________ + 주어」로 시작한다면 if가 생략된 가정법이므로 가정법 공식을 확인해야 한다.

개념 적용 Had education ~~focus~~(→) on creativity, they could have become great artists.
교육이 창의력에 초점을 맞추었더라면, 그들은 훌륭한 예술가가 될 수도 있었을 것이다.

06 ________를 사용하지 않는 여러 가지 가정법 표현의 형태가 올바르게 쓰였는지 확인한다.

개념 적용 It is high time that we ~~start~~(→) a campaign for the environment.
이제는 우리가 환경 운동을 시작해야 할 때입니다.

정답 01 미래, would 02 과거, resign 03 과거 완료, had seen 04 현재 시간, be
05 Were, Should, Had , focused 06 if, started / should start

01 밑줄 친 부분 중 어법상 옳은 것은?

2018. 지방직 9급 변형

① Please contact to me at the email address I gave you last week.
② Were it not for water, all living creatures on earth would be extinct.
③ The laptop allows people who is away from their offices to continue to work.
④ The more they attempted to explain their mistakes, the worst their story sounded.

02 밑줄 친 부분 중 어법상 옳은 것은?

2011. 국가직 9급 변형

① She objects to be asked out by people at work.
② I have no idea where is the nearest bank around here.
③ Tom, one of my best friends, were born in April 4th, 1985.
④ Had they followed my order, they would not have been punished.

03 밑줄 친 부분 중 어법상 옳지 않은 것은?

2012. 지방직 9급 변형

① He speaks English fluently as if he were an American.
② What if we should fail?
③ If it rains tomorrow, I'll just stay at home.
④ If it had not been for Newton, the law of gravitation would not be discovered.

04 밑줄 친 부분 중 어법상 옳은 것은?

2021. 경찰 1차 변형

① Should you have any questions, please feel free to contact me.
② You would rather stay at home than to go with her.
③ The team manager didn't like the plan, so did the rest of the staff.
④ He met many people during his trip, some of them became his friends.

05 밑줄 친 부분 중 어법상 옳지 않은 것은?

2010. 지방직 9급

Many studies ① have shown the life-saving value of safety belts. When accidents ② occur, most serious injuries and deaths are ③ caused by people being thrown from their seats. About 40 percent of those killed in bygone accidents ④ would be saved if wearing safety belts.

06 밑줄 친 부분 중 어법상 가장 옳은 것은?

2018. 서울시 9급 3월 변형

① If the item should not be delivered tomorrow, they would complain about it.
② He was more skillful than any other baseball players in his class.
③ Hardly has the violinist finished his performance before the audience stood up and applauded.
④ Bakers have been made come out, asking for promoting wheat consumption.

07 밑줄 친 부분 중 어법상 옳은 것은?

2015. 지방직 9급 변형

① She supposed to phone me last night, but she didn't.
② I have been knowing Jose since I was seven.
③ You'd better to go now or you'll be late.
④ Sarah would be offended if I didn't go to her party.

MEMO

연결어

출제 경향 분석

출제 내용 점검

Chapter 13 접속사

78	등위접속사와 병치 구조	
79	명사절 접속사의 구분과 특징	
80	부사절 접속사의 구분과 특징	
81	주의해야 할 부사절 접속사	

Chapter 14 관계사

82	관계대명사의 선행사와 문장 구조	
83	「전치사 + 관계대명사」 완전 구조	
84	관계대명사 주의 사항	
85	유사관계대명사 as, but, than	
86	관계부사의 선행사와 완전 구조	
87	관계사, 의문사, 복합관계사의 구분	

Chapter 15 전치사

88	전치사와 명사 목적어	
89	주의해야 할 전치사	

나의 약점 확인

영역	점수
Chapter 13 접속사	/ 17문항
Chapter 14 관계사	/ 11문항
Chapter 15 전치사	/ 4문항

나의 약점 보완

문제 풀이 전략

Q 밑줄 친 부분 중 어법상 옳지 않은 것은? 2025. 출제 기조 전환 2차

It seems to me that any international organization ① designed to keep the peace must have the power not merely to talk ② but also to act. Indeed, I see this ③ as the central theme of any progress towards an international community ④ which war is avoided not by chance but by design.

정답 해설

④ [출제 영역] 챕터 14 관계사

which는 관계대명사로, 완전한 절 'war is avoided'를 이끌 수 없다. 완전한 절을 이끌 수 있는 것은 '관계부사' 또는 '전치사 + 관계대명사'이다. 따라서 which 대신 where 또는 in which로 써야 올바르다.

오답 해설

챕터 14 관계사 01번 문제 참고

Step ① 밑줄 친 부분 출제 영역 확인하기

Step ② 출제 포인트에 따른 선지 O, X 확인하기

Step ③ 소거법으로 정답 고르기

It seems to me that any international organization ① designed to keep the peace must have the power not merely to talk ② but also to act. Indeed, I see this ③ as the central theme of any progress towards an international community ④ ~~which~~(→ in which 또는 where) war is avoided not by chance but by design.

Chapter 13 접속사

반드시 한 번에 다 잡는 최빈출 개념 정리

01 등위접속사(and, but, or)가 나오면 ____________ 구조를 확인해야 한다.

개념 적용 He packed up their possessions slowly and ~~deliberate~~(→).
그는 그들의 소지품들을 천천히 신중하게 꾸렸다.

02 명사절 접속사 __________은 완전 구조를 취하고 명사절 접속사 __________은 불완전 구조를 취한다.

개념 적용 ~~That~~(→) you say doesn't make any sense to me.
네가 하는 말을 나는 이해할 수가 없다.

03 주의해야 할 ____________ 접속사가 나오면 올바르게 쓰였는지 확인한다.

개념 적용 He was on full alert lest similar problems ~~are~~(→) posed again.
그는 또 다시 비슷한 문제가 생기지 않도록 촉각을 곤두세웠다.

04 ____________는 동사를 포함한 절을 이끌고 ____________는 명사를 추가한다.

개념 적용 Her voice was shaking ~~though~~(→) all her efforts to control it.
목소리가 떨리지 않게 하려고 무진 애를 썼는데도 불구하고 그녀는 목소리가 떨렸다.

05 명사절 접속사 ___________는 '~인지, ~일지'라는 의미로 쓰이며 ___________ 자리에 모두 쓰인다.

개념 적용 ~~If~~(→) it is a good plan or not is a matter for argument.
그것이 좋은 계획인지 아닌지는 논쟁의 여지가 있다.

06 명사절 접속사 ___________는 '~인지, ~일지'라는 의미로 쓰이며 ___________의 목적어 자리에만 쓰일 수 있다.

개념 적용 We didn't know ~~what~~(→) we should write or phone.
우리는 전화를 해야 할지 편지를 써야 할지 몰랐다.

정답 01 병치, deliberately 02 that, what, What 03 부사절, should be / be 04 접속사, 전치사, despite
05 Whether, 주어, 목적어, 보어, Whether 06 If, 타동사, if

01 밑줄 친 부분 중 어법상 옳지 않은 것은?

2024. 지방직 9급

One of the many ① virtues of the book you are reading ② is that it provides an entry point into Maps of Meaning, ③ which is a highly complex work ④ because of the author was working out his approach to psychology as he wrote it.

02 밑줄 친 부분 중 어법상 옳지 않은 것은?

2014. 국가직 7급 변형

① He lowered his voice for fear he should not be overheard.
② She would be the last person to go along with the plan.
③ Top executives are entitled to first class travel.
④ To work is one thing, and to make money is another.

03 밑줄 친 부분 중 어법상 옳지 않은 것은?

2021. 국가직 9급

Urban agriculture (UA) has long been dismissed as a fringe activity that has no place in cities; however, its potential is beginning to ① be realized. In fact, UA is about food self-reliance: it involves ② creating work and is a reaction to food insecurity, particularly for the poor. Contrary to ③ which many believe, UA is found in every city, where it is sometimes hidden, sometimes obvious. If one looks carefully, few spaces in a major city are unused. Valuable vacant land rarely sits idle and is often taken over — either formally, or informally — and made ④ productive.

04 밑줄 친 부분 중 어법상 옳지 않은 것은?

2015. 국가직 7급 변형

① It is important that you do it yourself rather than rely on others.
② My car, parked in front of the bank, was towed away for illegal parking.
③ I'll lend you with money provided you will pay me back by Saturday.
④ The game might have been played if the typhoon had not been approaching.

Part 04

05 밑줄 친 부분 중 어법상 옳은 것은?

2020. 지방직 9급 변형

① Of the billions of stars in the galaxy, how <u>much</u> are able to hatch life?
② The Christmas party was really <u>excited</u> and I totally lost track of time.
③ I must leave right now <u>because</u> I am starting work at noon today.
④ They used <u>to loving</u> books much more when they were younger.

06 밑줄 친 부분 중 어법상 옳지 않은 것은?

2010. 지방직 9급 변형

① Everything changed <u>afterwards</u> we left home.
② At the moment, <u>she's working</u> as an assistant in a bookstore.
③ I'm going to train hard <u>until</u> the marathon and then I'll relax.
④ This beautiful photo album is the perfect gift for <u>a newly-married couple</u>.

07 밑줄 친 부분 중 어법상 가장 옳지 않은 것은?

2017. 서울시 7급 변형

① What personality studies have shown <u>is that</u> openness to change declines with age.
② A collaborative space program could build greater understanding, promote world peace, and <u>improving</u> scientific knowledge.
③ More people may start <u>buying</u> reusable tote bags if they become cheaper.
④ Today, more people <u>are using</u> smart phones and tablet computers for business.

08 밑줄 친 부분 중 어법상 옳지 않은 것은?

2023. 지방직 9급

One reason for upsets in sports — ① <u>in which</u> the team ② <u>predicted</u> to win and supposedly superior to their opponents surprisingly loses the contest — is ③ <u>what</u> the superior team may not have perceived their opponents as ④ <u>threatening</u> to their continued success.

09 밑줄 친 부분 중 어법상 옳은 것은?

2019. 지방직 9급 변형

① The paper charged her with use the company's money for her own purposes.

② The investigation had to be handled with the utmost care lest suspicion be aroused.

③ Another way to speed up the process would be made the shift to a new system.

④ Burning fossil fuels is one of the lead cause of climate change.

10 밑줄 친 부분 중 어법상 옳지 않은 것은?

2013. 국가직 9급

Noise pollution ① is different from other forms of pollution in ② a number of ways. Noise is transient: once the pollution stops, the environment is free of it. This is not the case with air pollution, for example. We can measure the amount of chemicals ③ introduced into the air, ④ whereas is extremely difficult to monitor cumulative exposure to noise.

11 밑줄 친 부분 중 어법상 옳지 않은 것은?

2016. 지방직 7급 변형

① I made a chart so that you can understand it better.

② In case I'm not in my office, I'll let you know my mobile phone number.

③ Speaking of the election, I haven't decided who I'll vote for yet.

④ It's the same that you come here or I go there.

12 밑줄 친 부분 중 어법상 옳지 않은 것은?

2017. 지방직 9급 변형

① You might think that just eating a lot of vegetables will keep you perfectly healthy.

② Academic knowledge isn't always that leads you to make right decisions.

③ The fear of getting hurt didn't prevent him from engaging in reckless behaviors.

④ Julie's doctor told her to stop eating so many processed foods.

13 밑줄 친 부분 중 어법상 옳지 않은 것은?

2021. 국가직 9급 변형

① Rich <u>as if</u> you may be, you can't buy sincere friends.
② It was <u>such a beautiful meteor storm</u> that we watched it all night.
③ Her lack of a degree kept her <u>advancing</u>.
④ He has to write an essay on <u>if or not</u> the death penalty should be abolished.

14 밑줄 친 부분 중 어법상 옳은 것은?

2021. 지방직 9급 변형

① My sweet-natured daughter suddenly became <u>unpredictably</u>.
② She attempted a new method, and needless to say <u>had different results</u>.
③ <u>Upon arrived</u>, he took full advantage of the new environment.
④ He felt <u>enough comfortable to tell</u> me about something he wanted to do.

15 밑줄 친 부분 중 어법상 옳지 않은 것은?

2022. 지방직 9급 변형

① You can write on <u>both sides</u> of the paper.
② My home offers me a feeling of security, <u>warm</u>, and love.
③ <u>The number</u> of car accidents is on the rise.
④ Had I realized what you were intending to do, I <u>would have stopped</u> you.

16 밑줄 친 부분 중 어법상 옳지 않은 것은?

2016. 국가직 9급 변형

① My aunt didn't remember <u>meeting</u> her at the party.
② It took <u>me 40 years to write</u> my first book.
③ A strong wind blew my umbrella inside out <u>as I was walking home</u> from school.
④ It is not the strongest of the species, nor the most intelligent, <u>or</u> the one most responsive to change that survives to the end.

17 밑줄 친 부분 중 어법상 옳지 않은 것은?

2011. 지방직 9급

Yesterday at the swimming pool everything seemed ① <u>to go</u> wrong. Soon after I arrived, I sat on my sunglasses and broke them. But my worst moment came when I decided to climb up to the high diving tower to see ② <u>how</u> the view was like. ③ <u>Once</u> I was up there, I realized that my friends were looking at me because they thought I was going to dive. I decided I was too afraid to dive from that height. So I climbed down the ladder, feeling very ④ <u>embarrassed</u>.

Chapter 14 관계사

반드시 한번에 다 잡는 최빈출 개념 정리

01 관계대명사는 ________가 올바르게 쓰였는지 그리고 뒤의 문장 구조가 ________한지 확인해야 한다. 단, 소유격 관계대명사 whose는 ________ 절을 이끌기 때문에 주의해야 한다.

개념 적용 I don't like to speak ill of friends whom you are close ~~to them~~(→ ________).
당신이 가까이 하고 있는 친구들을 나쁘게 말하고 싶지 않다.

02 관계대명사 that은 ________ 용법으로 쓰일 수 없고 ________ 뒤에 쓸 수 없으므로 주의해야 한다.

개념 적용 My sister, ~~that~~(→ ________) lives in Chicago, has two sons.
누이는 시카고에서 사는데, 아들이 둘 있다.

03 「전치사 + 관계대명사」가 나오면 ________에 유의하고 뒤에 ________ 구조인지 확인해야 한다.

개념 적용 The position ~~in which~~(→ ________) you have applied has already been filled.
당신이 지원한 자리는 이미 채용되었다.

04 ________ 관계대명사 뒤에 동사는 선행사와 ________한다.

개념 적용 These planets are found near stars that ~~is~~(→ ________) similar to our Sun.
이 행성들은 우리의 태양과 유사한 별 가까이에서 발견된다.

05 유사관계대명사 but은 ________의 의미를 포함하고 있으므로 뒤에 ________ 표현을 쓰지 않는다.

개념 적용 There is no one but ~~doesn't have~~(→ ________) some faults.
실수를 하지 않는 사람은 아무도 없다.

06 관계부사는 ________에 따라 다르고 뒤에 ________ 구조를 이끈다.

개념 적용 We visited the house ~~which~~(→ ________) Shakespeare was born.
우리는 셰익스피어의 생가를 방문했다.

정답 01 선행사, 불완전, 완전한, to　02 계속적, 전치사, who　03 전치사, 완전, for which　04 주격, 수 일치, are
05 부정, 부정, has　06 선행사, 완전, where

01 밑줄 친 부분 중 어법상 옳지 않은 것은?

2025. 출제 기조 전환 2차

It seems to me that any international organization ① designed to keep the peace must have the power not merely to talk ② but also to act. Indeed, I see this ③ as the central theme of any progress towards an international community ④ which war is avoided not by chance but by design.

02 밑줄 친 부분이 어법상 옳지 않은 것은?

2024. 지방직 9급

① You must plan not to spend too much on the project.

② My dog disappeared last month and hasn't been seen since.

③ I'm sad that the people who daughter I look after are moving away.

④ I bought a book on my trip, and it was twice as expensive as it was at home.

03 밑줄 친 부분 중 어법상 옳지 않은 것은?

2020. 지방직 9급 변형

① Since the warranty had expired, the repairs were not free of charge.

② A gift card will be given to whomever completes the questionnaire.

③ If I had asked for a vacation last month, I would be in Hawaii now.

④ His father suddenly passed away last year, and, what was worse, his mother became sick.

04 밑줄 친 부분 중 어법상 옳지 않은 것은?

2019. 지방직 7급 변형

① The woman who lives next door is a doctor.

② Have you ever been to London?

③ Please just do which I ordered.

④ The woman he fell in love with left him after a month.

05 밑줄 친 부분 중 어법상 옳지 않은 것은?

2011. 지방직 9급

Chile is a Latin American country ① where throughout most of the twentieth century ② was marked by a relatively advanced liberal democracy on the one hand and only moderate economic growth, ③ which forced it to become a food importer, ④ on the other.

06 밑줄 친 부분 중 어법상 옳지 않은 것은?

2018. 지방직 7급

Officials in the UAE, responding to an incident ① which an Emirati tourist was arrested in Ohio, cautioned Sunday that travelers from the Arab country should "refrain from ② wearing the national dress" in public places ③ while visiting the West "to ensure their safety" and said that women should abide by bans ④ on face veils in European countries, according to news reports from Dubai.

07 밑줄 친 부분 중 어법상 옳은 것은?

2014. 국가직 9급 변형

① While worked at a hospital, she saw her first air show.

② However weary you may be, you must do the project.

③ One of the exciting games I saw were the World Cup final in 2010.

④ It was the main entrance for that she was looking.

08 밑줄 친 부분 중 어법상 옳지 않은 것은?

2014. 지방직 7급

The United States national debt was relatively small ① until the Second World War, during ② when it grew ③ from $43 billion to $259 billion ④ in just five years.

09 밑줄 친 부분 중 어법상 가장 적절하지 않은 것은?

2021. 경찰 1차 변형

① They saw a house <u>which</u> windows were all broken.

② What do you say <u>to playing</u> basketball on Sunday morning?

③ <u>Despite</u> her poor health, she tries to live a happy life every day.

④ If it had not rained last night, the road <u>wouldn't be</u> muddy now.

10 밑줄 친 부분 중 어법상 옳지 않은 것은?

2018. 지방직 9급

I am writing in response to your request for a reference for Mrs. Ferrer. She has worked as my secretary ① <u>for the last three years</u> and has been an excellent employee. I believe that she meets all the requirements ② <u>mentioned</u> in your job description and indeed exceeds them in many ways. I have never had reason ③ <u>to doubt</u> her complete integrity. I would, therefore, recommend Mrs. Ferrer for the post ④ <u>what</u> you advertise.

11 다음 글의 (A), (B), (C)에서 어법상 옳은 것을 모두 고른 것은?

2015. 지방직 9급

Pattern books contain stories that make use of repeated phrases, refrains, and sometimes rhymes. In addition, pattern books frequently contain pictures (A) <u>that/what</u> may facilitate story comprehension. The predictable patterns allow beginning second language readers to become involved (B) <u>immediate/immediately</u> in a literacy event in their second language. Moreover, the use of pattern books (C) <u>meet/meets</u> the criteria for literacy scaffolds by modeling reading, by challenging students' current level of linguistic competence, and by assisting comprehension through the repetition of a simple sentence pattern.

	(A)	(B)	(C)
①	that	immediate	meet
②	what	immediately	meets
③	that	immediately	meets
④	what	immediate	meet

Chapter 15 전치사

반드시 한번에 다잡는 최빈출 개념 정리

01 전치사는 __________ 또는 __________를 목적어로 취하며 동사나 형용사는 전치사의 목적어가 될 수 없다.

개념 적용 The bank violated its policy by giving loans to ~~unemployed~~(→ __________).
그 은행은 실업자들에게 대출을 해줌으로써 정책을 위반했다.

02 주의해야 할 __________가 나오면 올바르게 쓰였는지 확인한다.

개념 적용 ~~Beside~~(→ __________) working as a doctor, he also writes novels in his spare time.
그는 의사로 일하는 외에 여가 시간에 소설도 쓴다.

03 '~동안'이라는 의미를 갖는 의미가 있는 전치사인 ______은 숫자 기간을 목적어로 취하고 ______은 어떠한 행동을 한 시점 명사를 목적어로 취한다.

개념 적용 My father was in the hospital ~~during~~(→ __________) six weeks.
나의 아버지께서는 6주 동안 병원에 계셨다.

04 '__________'라는 의미를 갖는 전치사에는 'regardless of, __________, without regard to'가 있다.

개념 적용 Everyone is treated equally, ~~irrespective~~(→ __________) race.
인종과 상관없이 모든 사람들이 동등한 대우를 받는다.

05 '______'라는 의미를 갖는 전치사인 by와 until은 함께 쓰인 동사에 주의한다. 특히, finish, complete, submit, hand in과 쓰이는 전치사는 ______이다.

개념 적용 Please complete the presentation slides ~~until~~(→ __________) Monday morning
월요일 아침까지 프리젠테이션 슬라이드를 완성해주세요.

06 ______는 전치사 또는 접속사로 쓰일 수 있지만 비슷한 의미가 있는 __________는 부사이므로 명사 또는 절을 이끌 수 없다.

개념 적용 I was delighted to see my mother ~~afterwards~~(→ __________) such a long time.
나는 참으로 오랜만에 어머니를 만나서 기뻤다.

정답
01 명사, 동명사, the unemployed
02 전치사, Besides
03 for, during, for
04 ~와 관계없이, irrespective of, irrespective of
05 ~까지, by, by
06 after, afterwards, after

01 밑줄 친 부분 중 어법상 옳지 않은 것은?

2023. 국가직 9급 변형

① My cat is three times as old as his.
② We have to finish the work until the end of this month.
③ She washes her hair every other day.
④ You had better take an umbrella in case it rains.

02 밑줄 친 부분 중 어법상 옳은 것은?

2015. 국가직 9급 변형

① China's imports of Russian oil skyrocketed by 36 percent in 2014.
② Sleeping has long been tied to improve memory among humans.
③ Last night, she nearly escaped from running over by a car.
④ The failure is reminiscent of the problems surrounded the causes of the fatal space shuttle disasters.

03 밑줄 친 부분 중 어법상 옳지 않은 것은?

2010. 국가직 9급

New York's Christmas is featured in many movies ① while this time of year, ② which means that this holiday is the most romantic and special in the Big Apple. ③ The colder it gets, the brighter the city becomes ④ with colorful lights and decorations.

04 밑줄 친 부분 중 어법상 옳지 않은 것은?

2012. 국가직 9급 변형

① I am on a tight budget so that I have only fifteen dollars to spend.
② His latest film is far more boring than his previous ones.
③ It's thoughtful of him to remember the names of every member in our firm.
④ I'd lost my front door key, and I had to smash a window by a brick to get in.

MEMO

비교

출제 경향 분석

12회

Chapter 16
비교 구문

출제 내용 점검

Chapter 16 비교 구문

90	원급 비교 구문	
91	비교급 비교 구문	
92	비교 대상 일치	
93	원급, 비교급, 최상급 강조 부사	
94	「The 비교급 ~, the 비교급 …」 구문	
95	라틴어 비교 구문과 전치사 to	
96	배수 비교 구문에서 배수사의 위치	
97	원급을 이용한 표현	
98	비교급을 이용한 표현	
99	최상급 구문	
100	원급과 비교급을 이용한 최상급 대용 표현	

나의 약점 확인

영역	점수
Chapter 16 비교 구문	/ 12문항

나의 약점 보완

문제풀이 전략

Q 밑줄 친 부분이 어법상 옳지 않은 것은? 2024. 국가직 9급

① They are not interested in reading poetry, still more in writing.
② Once confirmed, the order will be sent for delivery to your address.
③ Provided that the ferry leaves on time, we should arrive at the harbor by morning.
④ Foreign journalists hope to cover as much news as possible during their short stay in the capital.

정답 해설

① [출제 영역] 챕터 16 비교 구문
비교급을 이용한 표현으로 긍정문에는 much[still] more을 써야 하고, 부정문에는 much[still] less를 써야 한다. 따라서 해당 문장은 부정문이므로 not을 포함한 still more 대신 still less로 써야 올바르다.

오답 해설

챕터 16 비교 구문 01번 문제 참고

Step ① 밑줄 친 부분 출제 영역 확인하기
Step ② 출제 포인트에 따른 선지 O, X 확인하기
Step ③ 소거법으로 정답 고르기

① They are not interested in reading poetry, ~~still more~~(→ still less) in writing.
② Once confirmed, the order will be sent for delivery to your address.
③ Provided that the ferry leaves on time, we should arrive at the harbor by morning.
④ Foreign journalists hope to cover as much news as possible during their short stay in the capital.

Chapter 16 비교 구문

반드시 한번에 다 잡는 최빈출 개념 정리

01 원급 비교 구문은 '_______________'로 쓰고 비교급 비교 구문은 '_______'으로 쓴다.

개념 적용 She was not as beautiful ~~than~~(→) I had imagined.
그녀는 내가 상상했었던 것만큼 아름답지는 않았다.

02 비교 표현 뒤에 that과 those가 나오면 앞에 나온 비교 대상의 수에 따라 _______ 명사면 that을 쓰고, _______ 명사면 those를 쓴다.

개념 적용 The lives of dogs are much shorter than ~~that~~(→) of humans.
개의 삶은 인간의 삶보다 훨씬 더 짧다.

03 원급, 비교급, 최상급을 강조하는 _______가 올바르게 쓰였는지 확인한다.

개념 적용 Jobs nowadays are ~~very~~(→) more insecure than they were ten years ago.
오늘날에는 일자리가 십년 전보다 훨씬 더 불안정하다.

04 _______로 끝나는 라틴어 비교 표현은 접속사 than 대신 전치사 to를 쓴다.

개념 적용 Modern music is often considered inferior ~~than~~(→) that of the past.
현대 음악은 흔히 과거의 음악보다 못한 것으로 여겨진다.

05 「The 비교급 ~, the 비교급」 구문에서는 양쪽에 _______와 어순 그리고 최상급이나 원급이 아닌 비교급이 올바르게 쓰였는지 확인한다.

개념 적용 The more she thought about it, ~~more~~(→) depressed she became.
그녀는 그것에 대해 생각을 할수록 점점 더 우울해졌다.

06 최상급 표현은 _______해서 쓰지 않는다.

개념 적용 The ~~most easiest~~(→) way to prevent a cold is washing your hands often.
감기를 예방하는 가장 쉬운 방법은 손을 자주 씻는 것입니다.

정답 01 as 형용사/부사 원급 as, 비교급 than, as 02 단수, 복수, those 03 부사, much 04 -or, to
05 the, the more 06 중복, easiest

01 밑줄 친 부분이 어법상 옳지 않은 것은?

2024. 국가직 9급

① They are not interested in reading poetry, still more in writing.
② Once confirmed, the order will be sent for delivery to your address.
③ Provided that the ferry leaves on time, we should arrive at the harbor by morning.
④ Foreign journalists hope to cover as much news as possible during their short stay in the capital.

02 밑줄 친 부분 중 어법상 옳지 않은 것은?

2022. 국가직 9급 변형

① It is by no means easy for us to learn English in a short time.
② Nothing is more precious as time in our life.
③ Children cannot be too careful when crossing the street.
④ She easily believes what others say.

03 밑줄 친 부분 중 어법상 옳지 않은 것은?

2014. 서울시 9급

> My ① art history professors prefer Michelangelo's painting ② to viewing his sculpture, although Michelangelo ③ himself was ④ more proud of the ⑤ latter.

04 밑줄 친 부분 중 어법상 옳지 않은 것은?

2016. 국가직 7급 변형

① With many people ill, the meeting was cancelled.
② It is not so straightforward a problem as we expected.
③ How many bags are the students carrying on board with them?
④ No explanation was offered, still more an apology.

05 밑줄 친 부분 중 어법상 옳지 않은 것은?

2017. 지방직 9급 변형

① I made it a rule <u>to call</u> him two or three times a month.
② He grabbed me <u>by the arm</u> and asked for help.
③ <u>Owing to</u> the heavy rain, the river has risen by 120cm.
④ I prefer to stay home than <u>to going</u> out on a snowy day.

06 밑줄 친 부분 중 어법상 옳지 않은 것은?

2016. 지방직 9급 변형

① Can you <u>talk her out of</u> her foolish plan?
② I know no more than <u>you don't</u> about her mother.
③ His army <u>was outnumbered</u> almost two to one.
④ Two girls of an age are <u>not always</u> of a mind.

07 밑줄 친 부분 중 어법상 가장 옳지 않은 것은?

2019. 서울시 9급 6월

There is a more serious problem than ① <u>maintaining</u> the cities. As people become more comfortable working alone, they may become ② <u>less</u> social. It's ③ <u>easier</u> to stay home in comfortable exercise clothes or a bathrobe than ④ <u>getting</u> dressed for yet another business meeting!

08 밑줄 친 부분 중 어법상 옳지 않은 것은?

2015. 지방직 9급 변형

① Jane is not <u>as young as</u> she looks.
② It's easier to make a phone call than <u>to write</u> a letter.
③ You have more money <u>than I</u>.
④ Your son's hair is the same color <u>as you</u>.

09 밑줄 친 부분 중 어법상 가장 적절하지 않은 것은?

2021. 경찰 1차 변형

① She didn't turn on the light lest she should wake up her baby.
② Convinced that he made a mistake, he apologized to his customers.
③ We hope Mr. Park will run his department as efficient as he can.
④ Statistics show that about 50% of new businesses fail in their first year.

10 밑줄 친 부분 중 어법상 옳지 않은 것은?

2018. 국가직 9급 변형

① The speaker was not good at getting his ideas across to the audience.
② The traffic jams in Seoul are more serious than those in any other city in the world.
③ Making eye contact with the person you are speaking to is important in western countries.
④ It turns out that he was not so stingier as he was thought to be.

11 밑줄 친 부분 중 어법상 옳지 않은 것은?

2017. 지방직 9급 하반기 변형

① The budget is about 25% higher than originally expecting.
② There is a lot of work to be done for the system upgrade.
③ It will take at least a month, maybe longer to complete the project.
④ The head of the department, who receives twice the salary, has to take responsibility.

12 밑줄 친 부분 중 어법상 옳은 것은?

2017. 국가직 9급 하반기 변형

① My father was in the hospital during six weeks.
② The whole family is suffered from the flu.
③ She never so much as mentioned it.
④ She would like to be financial independent

진가영 영어

반한다 기출

기출 문법·어휘 & 생활영어

진가영 영어연구소 | cafe.naver.com/easyenglish7

어휘 & 생활영어

어휘

출제 경향 분석

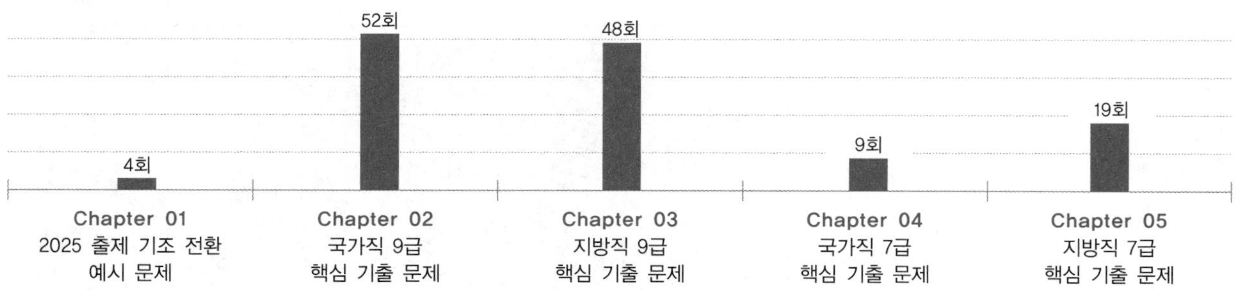

어휘 유형 문항 수

현행 9급 공무원 시험(법원직 제외)은 총 20문제로 출제되고 있다. 20문제 중에서 어휘 유형은 보통 4문항 또는 5문항 정도의 비중으로 문제들이 구성되고 있었지만, 인사혁신처가 제공한 출제 기조 전환 예시 문제 1차와 2차에서는 유의어 유형은 사라지고 빈칸 유형만 2문제로 고정되어 보여주고 있다. 인사혁신처에서 추가적으로 예시 문제들을 더 보여주기 전까지는 2025년 시험에서 어휘는 빈칸 유형 2문제로 고정될 것으로 예상된다.

출제되는 어휘

어휘의 정확한 범위를 단정 지을 수는 없지만 분명 공무원 시험에 출제되는 어휘의 범위를 예측할 수 있고 그 범위 내에서 크게 벗어나지 않는 선에서 출제되고 있다. 최근 출제되는 경향으로 종합해보면 어휘의 범위는 공무원 시험에서 기출된 어휘들과 중학교 또는 고등학교에서 다뤄지는 다소 평이한 어휘들 위주로 출제되고 있음을 판단할 수 있다. 특히, New Trend 단기합격 VOCA 교재는 이러한 출제 기조 전환 예시문제들의 경향을 반영하여 구성되어있기 때문에 사실상 New Trend 단기합격 VOCA를 성실하게 외우고 빈칸 유형 문제 풀이 연습을 꾸준히 해준다면 시험장에서 무난하게 어휘 문제를 맞힐 수 있다.

출제되는 유형

빈칸 유형은 말 그대로 빈칸에 들어갈 적절한 어휘를 고르는 문제이다. 단어 문제를 위한 빈칸 유형은 문장이 짧게 출제되기 때문에 긴 독해 지문에서 주어지는 빈칸 문제보다는 부담이 적은 편이다. 하지만, 유의어 유형보다는 빈칸 유형이 더 어려운 유형에 속하기 때문에 이 유형을 제대로 대비하기 위해서는 반드시 지문 속에 존재하는 단서를 찾아 정확하게 정답을 고르는 연습이 필요하다. 이때 기본이 되는 것은 구문 해석 실력이고 탄탄한 독해 실력을 갖추기 위해 반드시 '신독기(신경향 독해 기본 체력 다지기) 구문독해' 교재와 강의를 활용하여 구문 실력을 보완한다면 분명 빈칸 유형 문제도 큰 무리없이 정답을 맞힐 수 있을 것이다.

나의 약점 확인

영역	점수
Chapter 01 2025 출제 기조 전환 예시 문제	/ 4문항
Chapter 02 국가직 9급 핵심 기출문제	/ 52문항
Chapter 03 지방직 9급 핵심 기출문제	/ 48문항
Chapter 04 국가직 7급 핵심 기출문제	/ 9문항
Chapter 05 지방직 7급 핵심 기출문제	/ 19문항

나의 약점 보완

문제 풀이 전략

Q 밑줄 친 부분에 들어갈 말로 가장 적절한 것은? 2025. 출제 기조 전환 2차

In order to exhibit a large mural, the museum curators had to make sure they had ________ space.

① cosy ② stuffy
③ ample ④ cramped

정답 해설
대형 벽화를 전시하기 위해서는 충분한 공간이 필요하다는 문맥이 적절하므로 빈칸에는 ③이 적절하다.

Step ① 빈칸에서 요구하는 정보 확인하기
Step ② 단서에 따라 적절한 어휘 추론하기
Step ③ 소거법으로 정답 고르기

큰 벽화를 전시하기 위해, 박물관 큐레이터들은 충분한 공간을 확인해야 했다.

① 편안한, 아늑한, 기분 좋은 ② 답답한, 통풍이 되지 않는
③ 충분한, 풍만한 ④ 비좁은, 갑갑한

Chapter 01 2025 출제 기조 전환 예시 문제

01 밑줄 친 부분에 들어갈 말로 가장 적절한 것은?

2025. 출제 기조 전환 2차

In order to exhibit a large mural, the museum curators had to make sure they had _______ space.

① cozy ② stuffy
③ ample ④ cramped

02 밑줄 친 부분에 들어갈 말로 가장 적절한 것은?

2025. 출제 기조 전환 2차

Even though there are many problems that have to be solved, I want to emphasize that the safety of our citizens is our top _______.

① secret ② priority
③ solution ④ opportunity

03 밑줄 친 부분에 들어갈 말로 가장 적절한 것은?

2025. 출제 기조 전환 1차

Recently, increasingly _________ weather patterns, often referred to as "abnormal climate," have been observed around the world.

① irregular ② consistent
③ predictable ④ ineffective

04 밑줄 친 부분에 들어갈 말로 가장 적절한 것은?

2025. 출제 기조 전환 1차

Most economic theories assume that people act on a _________ basis; however, this doesn't account for the fact that they often rely on their emotions instead.

① temporary ② rational
③ voluntary ④ commercial

Chapter 02 국가직 9급 핵심 기출 문제

01 밑줄 친 부분에 들어갈 말로 가장 적절한 것은?

2024. 국가직 9급

> Obviously, no aspect of the language arts stands alone either in learning or in teaching. Listening, speaking, reading, writing, viewing, and visually representing are ____________.

① distinct ② distorted
③ interrelated ④ independent

02 밑줄 친 부분에 들어갈 말로 가장 적절한 것은?

2024. 국가직 9급

> The money was so cleverly _________ that we were forced to abandon our search for it.

① spent ② hidden
③ invested ④ delivered

03 밑줄 친 부분에 들어갈 말로 가장 적절한 것은?

2024. 국가직 9급 변형

> To _______ the anxiety of the citizens, the mayor announced an increase in police patrols in the affected areas.

① soothe ② counter
③ enlighten ④ assimilate

04 밑줄 친 부분에 들어갈 말로 가장 적절한 것은?

2024. 국가직 9급 변형

> Many people ____________ the dedication and effort required to achieve true mastery in any field, often believing it comes easily to those who succeed.

① discern ② dissatisfy
③ underline ④ underestimate

05 밑줄 친 부분에 들어갈 말로 가장 적절한 것은?

2024. 국가직 9급 변형

> Despite having prepared thoroughly for the presentation, she was still ____________ about how her ideas would be received by the audience.

① anxious ② fortunate
③ reputable ④ courageous

06 밑줄 친 부분에 들어갈 말로 가장 적절한 것은?

2023. 국가직 9급 변형

> Jane wanted to have a small wedding rather than a fancy one. Thus, she planned to invite her family and a few of her ______ friends to eat delicious food and have some pleasant moments.

① nosy ② intimate
③ outgoing ④ considerate

07 밑줄 친 부분에 들어갈 말로 가장 적절한 것은?

2023. 국가직 9급 변형

> Due to __________ disruptions in public transportation, the city implemented a plan to provide temporary shuttle services during peak hours.

① rapid　② constant
③ significant　④ intermittent

08 밑줄 친 부분에 들어갈 말로 가장 적절한 것은?

2023. 국가직 9급 변형

> Because of the pandemic, the company had to __________the plan to provide the workers with various training programs.

① elaborate　② release
③ mount　④ suspend

09 밑줄 친 부분에 들어갈 말로 가장 적절한 것은?

2023. 국가직 9급 변형

> The committee will not ________ any late submissions, so it's important to meet the deadline if you want your proposal to be considered.

① accept　② report
③ postpone　④ announce

10 밑줄 친 부분에 들어갈 말로 가장 적절한 것은?

2022. 국가직 9급 변형

> For years, detectives have been trying to __________ the mystery of the sudden disappearance of the twin brothers.

① solve　② create
③ imitate　④ meditate

11 밑줄 친 부분에 들어갈 말로 가장 적절한 것은?

2022. 국가직 9급

> Before the couple experienced parenthood, their four-bedroom house seemed unnecessarily _________.

① hidden　② luxurious
③ empty　④ solid

12 밑줄 친 부분에 들어갈 말로 가장 적절한 것은?

2022. 국가직 9급 변형

> The boss hit the __________ when he saw that we had already spent the entire budget in such a short period of time.

① sack　② road
③ book　④ roof

13 밑줄 친 부분에 들어갈 말로 가장 적절한 것은?

2022. 국가직 9급

> A mouse potato is the computer ＿＿＿＿＿ of television's couch potato: someone who tends to spend a great deal of leisure time in front of the computer in much the same way the couch potato does in front of the television.

① technician ② equivalent
③ network ④ simulation

14 밑줄 친 부분에 들어갈 말로 가장 적절한 것은?

2022. 국가직 9급 변형

> Mary decided to ＿＿＿＿＿ her Spanish before going to South America.

① review ② hear
③ defend ④ dismiss

15 밑줄 친 부분에 들어갈 말로 가장 적절한 것은?

2021. 국가직 9급 변형

> Cement, the fundamental ingredient in concrete, is made with a ＿＿＿＿＿ of calcium, silicon, aluminum, and iron.

① combination ② comparison
③ place ④ case

16 밑줄 친 부분에 들어갈 말로 가장 적절한 것은?

2021. 국가직 9급

> The influence of Jazz has been so ＿＿＿＿ that most popular music owes its stylistic roots to jazz.

① deceptive ② ubiquitous
③ persuasive ④ disastrous

17 밑줄 친 부분에 들어갈 말로 가장 적절한 것은?

2021. 국가직 9급 변형

> This novel is about the ＿＿＿＿ parents of an unruly teenager who quits school to start a business.

① callous ② annoyed
③ reputable ④ confident

18 밑줄 친 부분에 들어갈 말로 가장 적절한 것은?

2021. 국가직 9급 변형

> A group of young demonstrators attempted to ＿＿＿＿ into the police station.

① bump ② run
③ turn ④ break

19 밑줄 친 부분에 들어갈 말로 가장 적절한 것은?

2020. 국가직 9급

She was very ______ about her concerns during the meeting, not holding anything back.

① frank ② logical
③ implicit ④ passionate

20 밑줄 친 부분에 들어갈 말로 가장 적절한 것은?

2020. 국가직 9급 변형

The very bright neon sign was __________ from a mile away, so everyone looked at it.

① passive ② vaporous
③ dangerous ④ conspicuous

21 밑줄 친 부분에 들어갈 말로 가장 적절한 것은?

2020. 국가직 9급

He's the best person to tell you how to get there because he knows the city __________.

① eventually ② culturally
③ thoroughly ④ tentatively

22 밑줄 친 부분에 들어갈 말로 가장 적절한 것은?

2020. 국가직 9급 변형

The university decided to _____ Dr. Smith by naming the new research facility after him, recognizing his groundbreaking work in the field of medicine.

① honor ② compose
③ discard ④ join

23 밑줄 친 부분에 들어갈 말로 가장 적절한 것은?

2019. 국가직 9급 변형

Natural Gas World subscribers will receive accurate and reliable key facts and figures about what is going on in the industry, so they are fully able to ______ what concerns their business.

① discern ② strengthen
③ undermine ④ abandon

24 밑줄 친 부분에 들어갈 말로 가장 적절한 것은?

2019. 국가직 9급 변형

The film's special effects were incredibly ___________, creating a visually stunning experience that captivated the audience.

① overwhelmed ② impressive
③ depressed ④ optimistic

25 밑줄 친 부분에 들어갈 말로 가장 적절한 것은?

2019. 국가직 9급 변형

> Schooling is __________ for all children in the United States, but the age range for which school attendance is required varies from state to state.

① complementary ② enticing
③ mandatory ④ innovative

26 밑줄 친 부분에 들어갈 말로 가장 적절한 것은?

2019. 국가직 9급 변형

> Although the actress experienced much turmoil in her career, she never __________ to anyone that she was unhappy.

① disclosed ② exploded
③ abated ④ disappointed

27 밑줄 친 부분에 들어갈 말로 가장 적절한 것은?

2018. 국가직 9급 변형

> __________ neighborhoods often face challenges such as limited access to healthcare, poor infrastructure, and high unemployment rates.

① Itinerant ② Impoverished
③ Ravenous ④ Indigenous

28 밑줄 친 부분에 들어갈 말로 가장 적절한 것은?

2017. 국가직 9급

> I absolutely __________ the idea of staying up late at night.

① defended ② detested
③ confirmed ④ abandoned

29 밑줄 친 부분에 들어갈 말로 가장 적절한 것은?

2017. 국가직 9급

> I had an __________ feeling that I had seen this scene somewhere before.

① odd ② ongoing
③ obvious ④ offensive

30 밑줄 친 부분에 들어갈 말로 가장 적절한 것은?

2017. 국가직 9급 변형

> The plant is able to __________ extreme temperatures, making it suitable for various climates.

① modify ② record
③ tolerate ④ evaluate

31 밑줄 친 부분에 들어갈 말로 가장 적절한 것은?

2016. 국가직 9급

> The campaign to eliminate pollution will prove ________ unless it has the understanding and full cooperation of the public.

① enticing ② enhanced
③ fertile ④ futile

32 밑줄 친 부분에 들어갈 말로 가장 적절한 것은?

2016. 국가직 9급

> It was personal. Why did you have to ______?

① hurry ② interfere
③ sniff ④ resign

33 밑줄 친 부분에 들어갈 말로 가장 적절한 것은?

2016. 국가직 9급

> Newton made __________ contributions to mathematics, optics, and mechanical physics.

① mediocre ② suggestive
③ unprecedented ④ provocative

34 밑줄 친 부분에 들어갈 말로 가장 적절한 것은?

2015. 국가직 9급

> The young knight was so ________ at being called a coward that he charged forward with his sword in hand.

① aloof ② incensed
③ unbiased ④ unpretentious

35 밑줄 친 부분에 들어갈 말로 가장 적절한 것은?

2015. 국가직 9급 변형

> Back in the mid-1970s, an American computer scientist called John Holland ______ upon the idea of using the theory of evolution to solve notoriously difficult problems in science.

① look ② depend
③ put ④ hit

36 밑줄 친 부분에 들어갈 말로 가장 적절한 것은?

2015. 국가직 9급 변형

> He took out a picture from his drawer and kissed it with deep reverence, folded it __________ in a white silk kerchief, and placed it inside his shirt next to his heart.

① carefully ② hurriedly
③ decisively ④ delightfully

37 밑줄 친 부분에 들어갈 말로 가장 적절한 것은?

2015. 국가직 9급

After the surgery, the patient began to feel better almost ____________, which was a positive sign of recovery.

① immediately ② punctually
③ hesitantly ④ periodically

38 밑줄 친 부분에 들어갈 말로 가장 적절한 것은?

2014. 국가직 9급

Before she traveled to Mexico last winter, she needed to __________ her Spanish because she had not practiced it since college.

① make up to ② brush up on
③ shun away from ④ come down with

39 밑줄 친 부분에 들어갈 말로 가장 적절한 것은?

2014. 국가직 9급 변형

The doctor will ___________ the patient thoroughly to determine the cause of their symptoms.

① examine ② distribute
③ discard ④ pursue

40 밑줄 친 부분에 들어갈 말로 가장 적절한 것은?

2014. 국가직 9급 변형

The gymnast's __________ skills during the Olympics led to a new world record.

① faultless ② unreliable
③ gutless ④ unscientific

41 밑줄 친 부분에 들어갈 말로 가장 적절한 것은?

2013. 국가직 9급

Visa okay assists the Australian travel industry, corporations and government, and individuals by ____________ the entire visa advice and visa issuance process. Visa okay minimizes the complexity and time delays associated with applying for and obtaining travel visas.

① appreciating ② aggravating
③ meditating ④ facilitating

42 밑줄 친 부분에 들어갈 말로 가장 적절한 것은?

2013. 국가직 9급

Given our awesome capacities for rationalization and self- deception, most of us are going to measure ourselves __________: I was honest with that blind passenger because I'm a wonder person. I cheated the sighted one because she probably has too much money anyway.

① harshly ② leniently
③ honestly ④ thankfully

43 밑줄 친 부분에 들어갈 말로 가장 적절한 것은?

2013. 국가직 9급 변형

In Korea, the eldest son tends to take _____ a lot of responsibility.

① over ② down
③ on ④ off

44 밑줄 친 부분에 들어갈 말로 가장 적절한 것은?

2013. 국가직 9급 변형

In order to ________ the budget shortfall, the company implemented a series of cost-cutting measures.

① conceive ② review
③ solve ④ pose

45 밑줄 친 부분에 들어갈 말로 가장 적절한 것은?

2012. 국가직 9급 변형

His ___________ view on his academic performance prevented him from recognizing the need for improvement and achieving better results.

① scornful ② simulated
③ complacent ④ condescending

46 밑줄 친 부분에 들어갈 말로 가장 적절한 것은?

2012. 국가직 9급

The usual way of coping with taboo words and notions is to develop euphemisms and circumlocutions. Hundreds of words and phrases have emerged to express basic biological functions, and talk about __________ has its own linguistics world. English examples include “to pass on,” “to snuff the candle,” and “to go aloft.”

① death ② defeat
③ anxiety ④ frustration

47 밑줄 친 부분에 들어갈 말로 가장 적절한 것은?

2012. 국가직 9급 변형

The enjoyment of life, pleasure, is the natural object of all human efforts. Nature, however, also wants us to help one another to enjoy life. She’s equally anxious for the welfare of every member of the species. So she tells us to make quite sure that we don’t pursue our own interests at the __________ of other people’s.

① discretion ② mercy
③ end ④ expense

48 밑줄 친 부분에 들어갈 말로 가장 적절한 것은?

2011. 국가직 9급 변형

> The new policy introduced by the government was highly ____________, sparking heated debates among politicians and the public.

① manageable ② reconcilable
③ augmentative ④ controversial

49 밑줄 친 부분에 들어갈 말로 가장 적절한 것은?

2011. 국가직 9급 변형

> To avoid death duty, the man made ________ the greater part of his property to his only son as soon as he retired.

① up ② over
③ out ④ against

50 밑줄 친 부분에 들어갈 말로 가장 적절한 것은?

2011. 국가직 9급

> In general terms, tablet PC refers to a slate-shaped mobile computer device, equipped with a touchscreen or stylus to operate the computer. Tablet PCs are often used where normal notebooks are impractical or __________, or do not provide the needed functionality.

① unwieldy ② inconclusive
③ exclusive ④ unprecedented

51 다음 밑줄 친 부분에 들어갈 말로 가장 적절한 것은?

2010. 국가직 9급

> Sarah frequently hurts others when she criticizes their work because she is so ____________.

① reserved ② wordy
③ retrospective ④ outspoken

52 다음 문장의 빈칸에 들어갈 말로 가장 적절한 것은?

2010. 국가직 9급

> The executives should estimate their debt-to-income ratios to see whether they run the risk of becoming __________.

① insolvent ② inverted
③ distracted ④ decoded

Chapter 03 지방직 9급 핵심 기출 문제

01 밑줄 친 부분에 들어갈 말로 가장 적절한 것은?

2024. 지방직 9급

> While Shakespeare's comedies share many similarities, they also differ __________ from one another.

① softly ② markedly
③ marginally ④ indiscernibly

02 밑줄 친 부분에 들어갈 말로 가장 적절한 것은?

2024. 지방직 9급

> Jane poured out the strong, dark tea and ________ it with milk.

① washed ② diluted
③ connected ④ fermented

03 밑줄 친 부분에 들어갈 말로 가장 적절한 것은?

2024. 지방직 9급 변형

> The survey results were skewed because some responses were accidentally __________ during data collection.

① excluded ② supported
③ submitted ④ authorized

04 밑줄 친 부분에 들어갈 말로 가장 적절한 것은?

2024. 지방직 9급

> If you ________ that we are planning a surprise party, Dad will never stop asking you questions.

① reveal ② observe
③ believe ④ posses

05 밑줄 친 부분에 들어갈 말로 가장 적절한 것은?

2024. 지방직 9급

> Automatic doors in supermarkets __________ the entry and exit of customers with bags or shopping carts.

① ignore ② forgive
③ facilitate ④ exaggerate

06 밑줄 친 부분에 들어갈 말로 가장 적절한 것은?

2023. 지방직 9급 변형

> After the failure of the first experiment, the team made adjustments and achieved success in the __________ trials.

① required ② subsequent
③ advanced ④ supplementary

07 밑줄 친 부분에 들어갈 말로 가장 적절한 것은?

2023. 지방직 9급

> Folkways are customs that members of a group are expected to follow to show ________ to others. For example, saying "excuse me" when you sneeze is an American folkway.

① charity ② humility
③ boldness ④ courtesy

08 밑줄 친 부분에 들어갈 말로 가장 적절한 것은?

2023. 지방직 9급

> These children have been ______ on a diet of healthy food.

① raised ② advised
③ observed ④ dumped

09 밑줄 친 부분에 들어갈 말로 가장 적절한 것은?

2023. 지방직 9급 변형

> The company chose to ________ its strict dress code, allowing employees to dress more casually.

① abolish ② consent
③ criticize ④ justify

10 밑줄 친 부분에 들어갈 말로 가장 적절한 것은?

2023. 지방직 9급

> Voters demanded that there should be greater ____________ in the election process so that they could see and understand it.

① deception ② flexibility
③ competition ④ transparency

11 밑줄 친 부분에 들어갈 말로 가장 적절한 것은?

2022. 지방직 9급

> School teachers have to be ________ to cope with different ability levels of the students.

① strong ② adaptable
③ honest ④ passionate

12 밑줄 친 부분에 들어갈 말로 가장 적절한 것은?

2022. 지방직 9급

> Crop yields __________, improving in some areas and falling in others.

① vary ② decline
③ expand ④ include

13 밑줄 친 부분에 들어갈 말로 가장 적절한 것은?

2021. 지방직 9급 변형

The __________ he received from helping others was far greater than any financial reward he could have earned.

① liveliness ② confidence
③ tranquility ④ gratification

14 밑줄 친 부분에 들어갈 말로 가장 적절한 것은?

2021. 지방직 9급

Globalization leads more countries to open their markets, allowing them to trade goods and services freely at a lower cost with greater __________.

① extinction ② depression
③ efficiency ④ caution

15 밑줄 친 부분에 들어갈 말로 가장 적절한 것은?

2021. 지방직 9급

We're familiar with the costs of burnout: Energy, motivation, productivity, engagement, and commitment can all take a hit, at work and at home. And many of the __________ are fairly intuitive: Regularly unplug. Reduce unnecessary meetings. Exercise. Schedule small breaks during the day. Take vacations even if you think you can't afford to be away from work, because you can't afford not to be away now and then.

① fixes ② damages
③ prizes ④ complications

16 밑줄 친 부분에 들어갈 말로 가장 적절한 것은?

2021. 지방직 9급 변형

The government is seeking ways to soothe salaried workers over their increased tax burdens arising from a new tax settlement system. During his meeting with the presidential aides last Monday, the President __________ for those present to open up more communication channels with the public.

① accounted ② called
③ compensated ④ applied

17 밑줄 친 부분에 들어갈 말로 가장 적절한 것은?

2021. 지방직 9급 변형

> A student who was struggling with math took some time to ________ complex math concepts.

① encompass ② intrude
③ inspect ④ apprehend

18 밑줄 친 부분에 들어갈 말로 가장 적절한 것은?

2020. 지방직 9급

> The issue with plastic bottles is that they're not ________, so when the temperatures begin to rise, your water will also heat up.

① sanitary ② insulated
③ recyclable ④ waterproof

19 밑줄 친 부분에 들어갈 말로 가장 적절한 것은?

2020. 지방직 9급 변형

> The new green space was designed to ________ the effects of urban heat islands in the city.

① complement ② accelerate
③ calculate ④ alleviate

20 밑줄 친 부분에 들어갈 말로 가장 적절한 것은?

2020. 지방직 9급 변형

> The cruel sights ________ off thoughts that otherwise wouldn't have entered her mind.

① gave ② touched
③ made ④ cut

21 밑줄 친 부분에 들어갈 말로 가장 적절한 것은?

2020. 지방직 9급 변형

> People with a lot of caution tend to ______ the slightest bit of dangerous behavior.

① shun ② warn
③ punish ④ imitate

22 밑줄 친 부분에 들어갈 말로 가장 적절한 것은?

2019. 지방직 9급 변형

> Archaeologists used special tools to carefully ________ fossils embedded in rocks to study.

① excavate ② pack
③ erase ④ celebrate

23 밑줄 친 부분에 들어갈 말로 가장 적절한 것은?

2019. 지방직 9급 변형

> The new medication helped make her symptoms more ___________, allowing her to resume daily activities.

① utter ② scary
③ occasional ④ manageable

24 밑줄 친 부분에 들어갈 말로 가장 적절한 것은?

2019. 지방직 9급 변형

> Time does seem to slow to a trickle during a boring afternoon lecture and race when the brain is _________ in something highly entertaining.

① engaged ② stuck
③ located ④ engrossed

25 밑줄 친 부분에 들어갈 말로 가장 적절한 것은?

2019. 지방직 9급 변형

> During the orientation, new employees watched the company's internal video to ________ themselves with the office layout.

① acquaint ② inspire
③ endow ④ avoid

26 밑줄 친 부분에 들어갈 말로 가장 적절한 것은?

2018. 지방직 9급

> The ___________ duty of the physician is to do no harm. Everything else — even healing — must take second place.

① paramount ② sworn
③ successful ④ mysterious

27 밑줄 친 부분에 들어갈 말로 가장 적절한 것은?

2018. 지방직 9급 변형

> After completing the marathon, she was completely ___________ and could hardly even stand.

① ambitious ② afraid
③ exhausted ④ sad

28 밑줄 친 부분에 들어갈 말로 가장 적절한 것은?

2018. 지방직 9급

> The student who finds the state-of-the-art approach ___________ learns less than he or she might have learned by the old methods.

① humorous ② friendly
③ convenient ④ intimidating

29 밑줄 친 부분에 들어갈 말로 가장 적절한 것은?

2017. 지방직 9급

> Our main dish did not have much flavor, but I made it more ＿＿＿＿＿ by adding condiments.

① palatable ② dissolvable
③ potable ④ susceptible

30 밑줄 친 부분에 들어갈 말로 가장 적절한 것은?

2016. 지방직 9급

> The two cultures were so utterly ＿＿＿＿＿ that she found it hard to adapt from one to the other.

① overlapped ② equivalent
③ associative ④ disparate

31 밑줄 친 부분에 들어갈 말로 가장 적절한 것은?

2016. 지방직 9급

> Penicillin can have an ＿＿＿＿＿ effect on a person who is allergic to it.

① affirmative ② aloof
③ adverse ④ allusive

32 밑줄 친 부분에 들어갈 말로 가장 적절한 것은?

2016. 지방직 9급

> Last year, I had a great opportunity to do this performance with the staff responsible for ＿＿＿＿＿ art events at the theater.

① turning into ② doing without
③ putting on ④ giving up

33 밑줄 친 부분에 공통으로 들어갈 말로 가장 적절한 것은?

2016. 지방직 9급 변형

> • The psychologist used a new test to ＿＿＿＿ for overall personality development of students.
> • Snacks ＿＿＿＿＿ for 25% to 30% of daily energy intake among adolescents.

① stand ② allow
③ account ④ apologize

34 밑줄 친 부분에 들어갈 말로 가장 적절한 것은?

2015. 지방직 9급 변형

> You should ＿＿＿＿ personal information from the report to protect privacy.

① trace ② exclude
③ instruct ④ examine

35 밑줄 친 부분에 들어갈 말로 가장 적절한 것은?

2015. 지방직 9급 변형

> The government introduced tax cuts to ________ the economic pressure on citizens.

① relieve ② accumulate
③ provoke ④ accelerate

36 밑줄 친 부분에 들어갈 말로 가장 적절한 것은?

2015. 지방직 9급 변형

> She has always been __________, choosing to save money rather than spend it on unnecessary items.

① stray ② thrifty
③ wealthy ④ stingy

37 밑줄 친 부분에 들어갈 말로 가장 적절한 것은?

2015. 지방직 9급 변형

> The ________ parents forced their children to participate in all activities, giving them no freedom to choose.

① thrilled ② brave
③ timid ④ pushy

38 밑줄 친 부분에 들어갈 말로 가장 적절한 것은?

2014. 지방직 9급 변형

> The company often tries exaggerated marketing strategies because of its ___________ greed for profits.

① infallible ② aesthetic
③ adolescent ④ insatiable

39 밑줄 친 부분에 들어갈 말로 가장 적절한 것은?

2014. 지방직 9급

> If you are someone who is ___________, you tend to keep your feelings hidden and do not like to show other people what you really think.

① reserved ② loquacious
③ eloquent ④ confident

40 밑줄 친 부분에 들어갈 말로 가장 적절한 것은?

2014. 지방직 9급 변형

> A preliminary meeting will _________ the official conference to finalize the agenda.

① pacify ② precede
③ presume ④ provoke

41 밑줄 친 부분에 들어갈 말로 가장 적절한 것은?

2013. 지방직 9급

Every street or every store is now filled with cell phone users, ranging in age from eight to eighty. However, if we consider rapidly developing technology, an alternative apparatus might replace the cell phone soon and make it _________.

① obsolete ② extensive
③ prevalent ④ competent

42 밑줄 친 부분에 들어갈 말로 가장 적절한 것은?

2012. 지방직 9급

A ____________ gene is one that produces a particular characteristic regardless of whether a person has only one of these genes from one parent, or two of them.

① offensive ② dominant
③ proficient ④ turbulent

43 밑줄 친 부분에 들어갈 말로 가장 적절한 것은?

2012. 지방직 9급 변형

Diligence and _________ are common traits found in successful people.

① concern ② anguish
③ solicitude ④ temperance

44 밑줄 친 부분에 공통으로 들어갈 표현으로 가장 적절한 것은?

2011. 지방직 9급

- At the funeral, family members gave _______ to their emotions and cried openly.
- The result should in no _______ be seen as a defeat for the government.
- European companies are putting their money into Asia in a big _______.

① way ② hand
③ sense ④ view

45 밑줄 친 부분에 들어갈 말로 가장 적절한 것은?

2011. 지방직 9급 변형

One of the most beguiling aspects of cyberspace is that it offers the ability to connect with others in foreign countries while also providing __________.

① hospitality ② sightseeing
③ disrespect ④ anonymity

46 밑줄 친 부분에 들어갈 말로 가장 적절한 것은?

2011. 지방직 9급 변형

The monument was decided to be restored and __________ protected to preserve its historical value and continue to show it to future generations.

① permanently ② temporarily
③ comparatively ④ tentatively

47 밑줄 친 부분에 들어갈 말로 가장 적절한 것은?

2010. 지방직 9급 변형

> Fast-food franchises have been very successful in the U.S. Part of the appeal is the ________. At the major hamburger or chicken franchises, people know what the food is going to taste like, wherever they buy it.

① profitability ② predictability
③ feasibility ④ sustainability

48 밑줄 친 곳에 공통으로 들어갈 단어로 가장 적절한 것은?

2010. 지방직 9급

> • She thought she just had a ________ of flu.
> • At university he wrote a bit, did a ________ of acting, and indulged in internal college politics.
> • The dishes he produces all have a personal ________.

① touch ② pain
③ symptom ④ case

Chapter 04 국가직 7급 핵심 기출 문제

01 밑줄 친 부분에 들어갈 말로 가장 적절한 것은?

2016. 국가직 7급

> Most people acknowledge that being ethical means being fair and reasonable and not being ________.

① greedy ② altruistic
③ weary ④ skeptical

02 밑줄 친 부분에 들어갈 말로 가장 적절한 것은?

2016. 국가직 7급

> Reforms enacted in some states have already taken effect, whereas in other states, reforms legislation is ________.

① pending ② hasty
③ precise ④ divisible

03 밑줄 친 부분에 들어갈 말로 가장 적절한 것은?

2014. 국가직 7급 변형

> The relationship between a teacher and a student is ________ to that of a coach and an athlete, with both providing guidance and support.

① delicate ② weird
③ analogous ④ novel

04 밑줄 친 부분에 공통으로 들어갈 말로 가장 적절한 것은?

2014. 국가직 7급

> • Many experts criticized the TV and radio networks as being too biased to ________ the race fairly.
> • I got these tires from your guys two months ago. Will the warranty ________ the cost of the repair?

① cover ② cast
③ charge ④ claim

05 밑줄 친 부분에 들어갈 말로 가장 적절한 것은?

2013. 국가직 7급

> United Nations envoys are dispatched to areas of tension around the world to assist in ________ crises and brokering negotiated settlements to conflicts. Civilian-led "political missions" are deployed to the field with mandates to encourage dialogue and cooperation within and between nations, or to promote reconciliation and democratic governance in societies rebuilding after civil wars.

① deluding ② defusing
③ desponding ④ degenerating

06 밑줄 친 부분에 들어갈 말로 가장 적절한 것은?

2013. 국가직 7급 변형

> There was a ________ light in the sky that no one could explain.

① strange ② challenging
③ depressive ④ demanding

07 밑줄 친 부분에 들어갈 말로 가장 적절한 것은?

2012. 국가직 7급 변형

> She always looks for __________ solutions to problems rather than theoretical ones.

① conciliatory ② practical
③ compassionate ④ perverse

08 밑줄 친 부분에 들어갈 말로 가장 적절한 것은?

2011. 국가직 7급

> By measuring the directions to planets at different parts of their orbits, the Greeks were able to give fair __________ of the ratios of distances to the sun and planets.

① destinations ② maximization
③ multiplication ④ approximations

09 밑줄 친 부분에 들어갈 말로 가장 적절한 것은?

2010. 국가직 7급 변형

> The pain in his leg was so __________ that he had to be taken to the hospital immediately.

① unbearable ② conscientious
③ loud ④ bizarre

Chapter 05 지방직 7급 핵심 기출 문제

01 밑줄 친 부분에 들어갈 말로 가장 적절한 것은?

2020. 지방직 7급

A recurring knee injury may have _________ his chance of winning the tournament.

① impaired ② enhanced
③ regulated ④ refurbished

02 밑줄 친 부분에 들어갈 말로 가장 적절한 것은?

2020. 지방직 7급 변형

They organized an ___________ dinner at their house when their friends visited unexpectedly.

① informal ② luxurious
③ omnivorous ④ impromptu

03 밑줄 친 부분에 들어갈 말로 가장 적절한 것은?

2019. 지방직 7급

No one is very comfortable making a large investment while the currency values __________ almost daily.

① fluctuate ② linger
③ duplicate ④ depreciate

04 밑줄 친 부분에 들어갈 말로 가장 적절한 것은?

2019. 지방직 7급

Knowing the odds of side effects and making sure to get periodic checkups that would pick up an _________ reaction, I chose to focus on the drugs' potential benefits.

① adverse ② favorable
③ addictive ④ mild

05 밑줄 친 부분에 들어갈 말로 가장 적절한 것은?

2019. 지방직 7급 변형

The investor has announced that it will now _________ investments from businesses that continue to fail.

① devise ② unfold
③ withdraw ④ reinforce

06 밑줄 친 부분에 들어갈 말로 가장 적절한 것은?

2018. 지방직 7급 변형

The valley is too _________ for adults to swim in, but perfect for small children to play.

① complex ② polite
③ shallow ④ inclusive

07 밑줄 친 부분에 들어갈 말로 가장 적절한 것은?

2018. 지방직 7급 변형

Unlike those who do it temporarily, her ________ commitment to environmental protection has inspired many to take action.

① temporary ② delicate
③ enduring ④ disgraceful

08 밑줄 친 부분에 들어갈 말로 가장 적절한 것은?

2017. 지방직 7급 변형

To ________ the new vehicle from surveillance drones, it was painted in a color similar to the road.

① clone ② detain
③ camouflage ④ domesticate

09 밑줄 친 부분에 들어갈 말로 가장 적절한 것은?

2017. 지방직 7급 변형

People often enjoy short film summaries that ________ the content of a lengthy movie into just 10 minutes.

① encapsulate ② compare
③ attribute ④ idealize

10 밑줄 친 부분에 들어갈 말로 가장 적절한 것은?

2017. 지방직 7급 변형

The international treaty aims to ________ the production and use of landmines to maintain global peace.

① proscribe ② aggregate
③ interrogate ④ enliven

11 밑줄 친 부분에 들어갈 말로 가장 적절한 것은?

2015. 지방직 7급 변형

The laws of physics are considered ________, as they apply universally and do not change over time.

① immutable ② provisional
③ drastic ④ irresponsible

12 밑줄 친 부분에 들어갈 말로 가장 적절한 것은?

2015. 지방직 7급 변형

The ________ shopper knew exactly when to discount in order to save as much money as possible.

① canny ② prestigious
③ impudent ④ curious

13 밑줄 친 부분에 들어갈 말로 가장 적절한 것은?

2013. 지방직 7급 변형

She felt that lying to her friends was _________, even if it was meant to protect their feelings.

① impeccable ② drastic
③ scrupulous ④ immoral

14 밑줄 친 부분에 들어갈 말로 가장 적절한 것은?

2013. 지방직 7급 변형

The hotel staff made sure to _________ essential supplies, including towels and toiletries, for the guests every day.

① erect ② replenish
③ draft ④ drain

15 밑줄 친 부분에 들어갈 말로 가장 적절한 것은?

2010. 지방직 7급 변형

She tried to stay awake, but the ________ effect of the medication was too strong.

① creaky ② drowsy
③ husky ④ rough

16 밑줄 친 부분에 들어갈 말로 가장 적절한 것은?

2010. 지방직 7급

In recent years, the US Environmental Protection Agency (EPA) has argued that many carcinogens that are known to have a one-in-a-million chance of inducing cancer may be categorized as "chemicals that pose a minimal hazard." In other words, their risk is considered __________.

① colossal ② negligible
③ consequential ④ malignant

17 밑줄 친 부분에 들어갈 말로 가장 적절한 것은?

2010. 지방직 7급

> Recently, a businessman in our community was convicted of __________ large sums of money from his clients many of whom had lost their entire savings.

① yielding ② abhorring
③ embezzling ④ expounding

18 밑줄 친 부분에 들어갈 말로 가장 적절한 것은?

2009. 지방직 7급

> Isabel's cancer has been in ________ for several years now — long enough for most people to have trouble remembering the dark period when she was gravely ill.

① recession ② concession
③ remission ④ predicament

19 밑줄 친 부분에 들어갈 말로 가장 적절한 것은?

2008. 지방직 7급 변형

> Lovejoy, the hero of Jonathan Gash's mystery novels is an antiques dealer who gives the reader advice on how to tell ________ antiques from the real thing.

① priceless ② spurious
③ ingenuous ④ versatile

MEMO

생활영어

출제 경향 분석

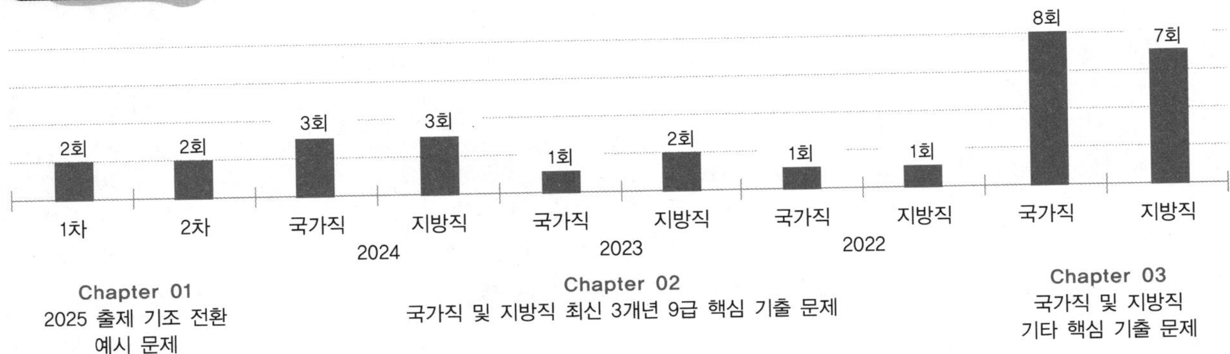

생활영어 유형 문항 수

현행 9급 공무원 시험(법원직 제외)은 총 20문제로 출제되고 있다. 20문제 중에서 생활영어 유형은 기존 시험 체제에서는 항상 2가지(빈칸 유형, 짧은 대화 유형) 유형으로 총 3문항으로 구성되고 있었지만, 최근 24년도 국가직, 지방직 시험에서는 짧은 대화 유형은 사라지고 빈칸 유형만 총 3문제로 출제되었다. 또한 인사혁신처가 제공한 출제 기조 전환 예시 문제 1차와 2차에서도 마찬가지로 짧은 대화 유형 없이 빈칸 유형만 2문제씩 출제되고 그중 1문제는 토익 유형처럼 그림 이미지를 넣어 출제되었다. 인사혁신처에서 추가적으로 예시 문제들을 더 보여주기 전까지는 내년 시험에서 생활영어는 빈칸 유형 2문제(1문제는 그림 이미지)로 고정될 것으로 예상된다.

출제되는 유형

대화 속 빈칸에 들어갈 알맞은 내용을 묻는 문제 유형
주로 글의 중심 내용과 빈칸 앞 문장과 뒤 문장에서 결정적인 단서가 제공됨.

나의 약점 확인

영역	점수
Chapter 01 2025 출제 기조 전환 예시 문제	/ 4문항
Chapter 02 국가직 및 지방직 최신 3개년 9급 핵심 기출 문제	/ 11문항
Chapter 03 국가직 및 지방직 기타 핵심 기출 문제	/ 15문항

나의 약점 보완

문제 풀이 전략

01 해석만 하면 되는 평이하고 쉬운 문제

2025. 출제 기조 전환 2차

B: Really? How does it work? I mean, how do I use that service?
정말? 어떻게 작동하는 거야? 내 말은, 그 서비스를 어떻게 이용하는 거야?
A: It's easy. Just download the bike sharing app and pay online.
쉬워. 자전거 공유 앱을 다운로드하고 온라인으로 결제하면 돼.
B: It doesn't sound complicated. Maybe I'll try it this weekend
복잡하지 않은 것 같네. 아마 이번 주말에 시도해 볼 수 있을 거 같아.

02 헷갈리는 선지들로 인해 맥락 파악을 통한 정확한 정답 찾기를 요구하는 문제

2025. 출제 기조 전환 2차

Tim Jones: That sounds great. We need a room for 17, and the meeting is scheduled for next month.
좋습니다. 17명을 위한 방이 필요하며, 회의는 다음 달에 예정되어 있습니다.
Jane Baker: Can you tell me the exact date of your meeting?
회의의 정확한 날짜를 말씀해 주실 수 있나요?
Tim Jones: The meeting is going to be on Monday, July 15th. Do you have a meeting room available for that day?
회의는 7월 15일 월요일에 열릴 예정입니다. 그날에 회의실이 있나요?

헷갈리는 선지 How many people are going to attend the meeting?

Chapter 01 2025 출제 기조 전환 예시 문제

01 밑줄 친 부분에 들어갈 말로 가장 적절한 것은?

2025. 출제 기조 전환 2차

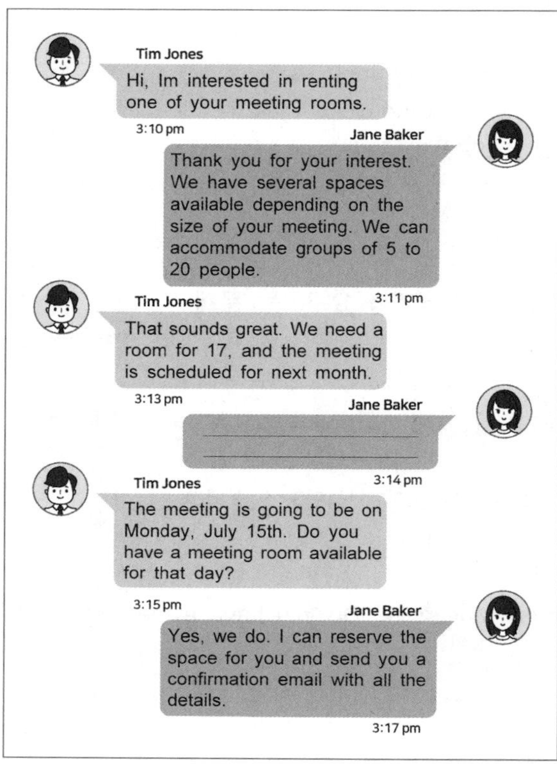

Tim Jones
Hi, Im interested in renting one of your meeting rooms.
3:10 pm
Jane Baker
Thank you for your interest. We have several spaces available depending on the size of your meeting. We can accommodate groups of 5 to 20 people.
Tim Jones
3:11 pm
That sounds great. We need a room for 17, and the meeting is scheduled for next month.
3:13 pm
Jane Baker
Tim Jones
3:14 pm
The meeting is going to be on Monday, July 15th. Do you have a meeting room available for that day?
3:15 pm
Jane Baker
Yes, we do. I can reserve the space for you and send you a confirmation email with all the details.
3:17 pm

① Could I have your contact information?
② Can you tell me the exact date of your meeting?
③ Do you need a beam projector or a copy machine?
④ How many people are going to attend the meeting?

02 밑줄 친 부분에 들어갈 말로 가장 적절한 것은?

2025. 출제 기조 전환 2차

A: What do you think of this bicycle?
B: Wow, it looks very nice! Did you just get it?
A: No, this is a shared bike. The city launched a bike sharing service.
B: Really? How does it work? I mean, how do I use that service?
A: It's easy. ______________________
B: It doesn't sound complicated. Maybe I'll try it this weekend.
A: By the way, it's an electric bicycle.
B: Yes, I can tell. It looks cool.

① You can save energy because it's electric
② Just apply for a permit to park your own bike
③ Just download the bike sharing app and pay online
④ You must wear a helmet at all times for your safety

03 밑줄 친 부분에 들어갈 말로 가장 적절한 것은?

2025. 출제 기조 전환 1차

A: Hello. I'd like to book a flight from Seoul to Oakland.
B: Okay. Do you have any specific dates in mind?
A: Yes. I am planning to leave on May 2nd and return on May 14th.
B: Okay, I found one that fits your schedule. What class would you like to book?
A: Economy class is good enough for me.
B: Any preference on your seating?
A: ______________________
B: Great. Your flight is now booked.

① Yes. I'd like to upgrade to business class.
② No. I'd like to buy a one-way ticket.
③ No. I don't have any luggage.
④ Yes. I want an aisle seat.

04 밑줄 친 부분에 들어갈 말로 가장 적절한 것은?

2025. 출제 기조 전환 1차

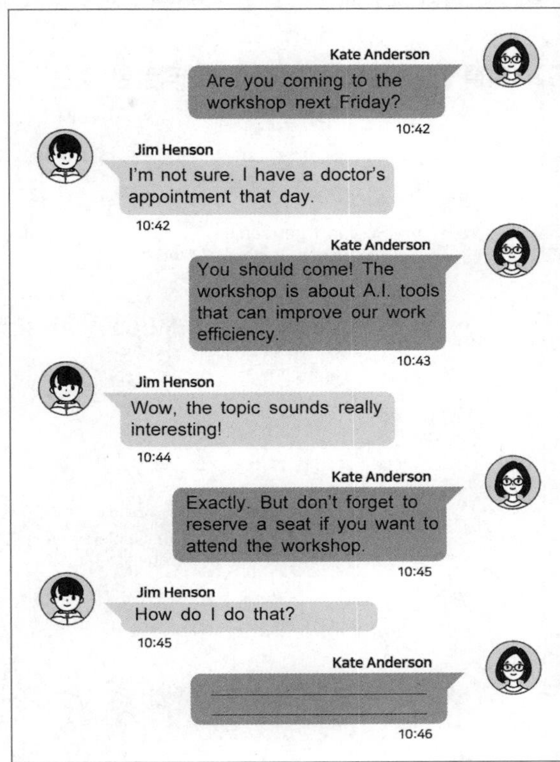

Kate Anderson
Are you coming to the workshop next Friday?
10:42
Jim Henson
I'm not sure. I have a doctor's appointment that day.
10:42
Kate Anderson
You should come! The workshop is about A.I. tools that can improve our work efficiency.
10:43
Jim Henson
Wow, the topic sounds really interesting!
10:44
Kate Anderson
Exactly. But don't forget to reserve a seat if you want to attend the workshop.
10:45
Jim Henson
How do I do that?
10:45
Kate Anderson
10:46

① You need to bring your own laptop.
② I already have a reservation.
③ Follow the instructions on the bulletin board.
④ You should call the doctor's office for an appointment.

Chapter 02 국가직 및 지방직 최신 3개년 9급 핵심 기출문제

01 밑줄 친 부분에 들어갈 말로 적절한 것은?

2024. 국가직 9급

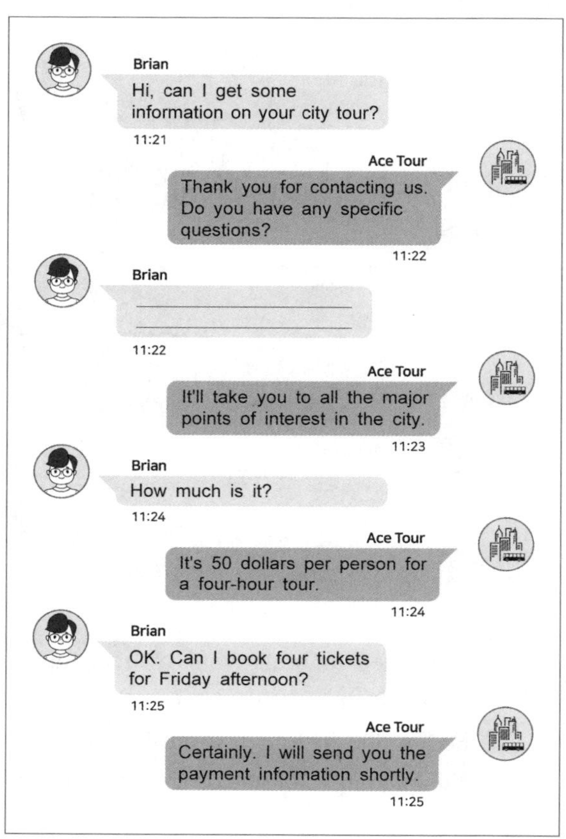

Brian
Hi, can I get some information on your city tour?
11:21
Ace Tour
Thank you for contacting us. Do you have any specific questions?
11:22
Brian
____
11:22
Ace Tour
It'll take you to all the major points of interest in the city.
11:23
Brian
How much is it?
11:24
Ace Tour
It's 50 dollars per person for a four-hour tour.
11:24
Brian
OK. Can I book four tickets for Friday afternoon?
11:25
Ace Tour
Certainly. I will send you the payment information shortly.
11:25

① How long is the tour?
② What does the city tour include?
③ Do you have a list of tour packages?
④ Can you recommend a good tour guide book?

02 밑줄 친 부분에 들어갈 말로 적절한 것은?

2024. 국가직 9급

A: Thank you. We appreciate your order.
B: You are welcome. Could you send the goods by air freight? We need them fast.
A: Sure. We'll send them to your department right away.
B: Okay. I hope we can get the goods early next week.
A: If everything goes as planned, you'll get them by Monday.
B: Monday sounds good.
A: Please pay within 2 weeks. Air freight costs will be added on the invoice.
B: ______________________
A: I am afraid the free delivery service is no longer available

① I see. When will we be getting the invoice from you?
② Our department may not be able to pay within two weeks.
③ Can we send the payment to your business account on Monday?
④ Wait a minute. I thought the delivery costs were at your expense.

03 밑줄 친 부분에 들어갈 말로 적절한 것은?

2024. 국가직 9급

A: Have you found your phone?
B: Unfortunately, no. I'm still looking for it.
A: Have you contacted the subway's lost and found office?
B: ______________________.
A: If I were you, I would do that first.
B: Yeah, you are right. I'll check with the lost and found before buying a new phone.

① I went there to ask about the phone
② I stopped by the office this morning
③ I haven't done that yet, actually
④ I tried searching everywhere

04 밑줄 친 부분에 들어갈 말로 적절한 것은?

2024. 지방직 9급

A: Charles, I think we need more chairs for our upcoming event.
B: Really? I thought we already had enough chairs.
A: My manager told me that more than 350 people are coming.
B: ______________________
A: I agree. I am also a bit surprised.
B: Looks like I'll have to order more then. Thanks.

① I wonder if the manager is going to attend the event.
② I thought more than 350 people would be coming.
③ That's actually not a large number.
④ That's a lot more than I expected.

05 밑줄 친 부분에 들어갈 말로 적절한 것은?

2024. 지방직 9급

A: Can I get the document you referred to at the meeting yesterday?
B: Sure. What's the title of the document?
A: I can't remember its title, but it was about the community festival.
B: Oh, I know what you're talking about.
A: Great. Can you send it to me via email?
B: I don't have it with me. Mr. Park is in charge of the project, so he should have it.
A: ______________________
B: Good luck. Hope you get the document you want.

① Can you check if he is in the office?
② Mr. Park has sent the email to you again.
③ Are you coming to the community festival?
④ Thank you for letting me know. I'll contact him.

06 밑줄 친 부분에 들어갈 말로 적절한 것은?

2024. 지방직 9급

A: Hello, can I ask you a question about the presentation next Tuesday?
B: Do you mean the presentation about promoting the volunteer program?
A: Yes. Where is the presentation going to be?
B: Let me check. It is room 201.
A: I see. Can I use my laptop in the room?
B: Sure. We have a PC in the room, but you can use yours if you want.
A: ______________________________
B: We can meet in the room two hours before the presentation. Would that work for you?
A: Yes. Thank you very much!

① A computer technician was here an hour ago.
② When can I have a rehearsal for my presentation?
③ Should we recruit more volunteers for our program?
④ I don't feel comfortable leaving my laptop in the room.

07 밑줄 친 부분에 들어갈 말로 알맞은 것은?

2023. 국가직 9급

A: I'd like to go sightseeing downtown. Where do you think I should go?
B: I strongly suggest you visit the national art gallery.
A: Oh, that's a great idea. What else should I check out?
B: ______________________________
A: I don't have time for that. I need to meet a client at three.
B: Oh, I see. Why don't you visit the national park, then?
A: That sounds good. Thank you!

① This is the map that your client needs. Here you go.
② A guided tour to the river park. It takes all afternoon.
③ You should check it out as soon as possible.
④ The checkout time is three o'clock.

08 밑줄 친 부분에 들어갈 말로 가장 적절한 것은?

2023. 지방직 9급

> A: Pardon me, but could you give me a hand, please?
> B: ____________________
> A: I'm trying to find the Personnel Department. I have an appointment at 10.
> B: It's on the third floor.
> A: How can I get up there?
> B: Take the elevator around the corner.

① We have no idea how to handle this situation.
② Would you mind telling us who is in charge?
③ Yes. I could use some help around here.
④ Sure. Can I help you with anything?

09 밑줄 친 부분에 들어갈 말로 가장 적절한 것은?

2023. 지방직 9급

> A: You were the last one who left the office, weren't you?
> B: Yes. Is there any problem?
> A: I found the office lights and air conditioners on this morning.
> B: Really? Oh, no. Maybe I forgot to turn them off last night.
> A: Probably they were on all night.
> B: ____________________

① Don't worry. This machine is working fine.
② That's right. Everyone likes to work with you.
③ I'm sorry. I promise I'll be more careful from now on.
④ Too bad. You must be tired because you get off work too late.

10 밑줄 친 부분에 들어갈 말로 가장 적절한 것은?

2022. 국가직 9급

A: Hi there. May I help you?
B: Yes, I'm looking for a sweater.
A: Well, this one is the latest style from the fall collection. What do you think?
B: It's gorgeous. How much is it?
A: Let me check the price for you. It's $120.
B: ____________________
A: Then how about this sweater? It's from the last season, but it's on sale for $50.
B: Perfect! Let me try it on.

① I also need a pair of pants to go with it
② That jacket is the perfect gift for me
③ It's a little out of my price range
④ We are open until 7 p.m. on Saturdays

11 밑줄 친 부분에 들어갈 말로 가장 적절한 것은?

2022. 지방직 9급

A: Hey! How did your geography test go?
B: Not bad, thanks. I'm just glad that it's over! How about you? How did your science exam go?
A: Oh, it went really well. ____________ ____________. I owe you a treat for that.
B: It's my pleasure. So, do you feel like preparing for the math exam scheduled for next week?
A: Sure. Let's study together.
B: It sounds good. See you later.

① There's no sense in beating yourself up over this
② I never thought I would see you here
③ Actually, we were very disappointed
④ I can't thank you enough for helping me with it

Chapter 03 국가직 및 지방직 기타 핵심 기출문제

01 밑줄 친 부분에 들어갈 말로 가장 적절한 것은?

2021. 국가직 9급

A: Were you here last night?
B: Yes. I worked the closing shift. Why?
A: The kitchen was a mess this morning. There was food spattered on the stove, and the ice trays were not in the freezer.
B: I guess I forgot to go over the cleaning checklist.
A: You know how important a clean kitchen is.
B: I'm sorry. ______________________

① I won't let it happen again.
② Would you like your bill now?
③ That's why I forgot it yesterday.
④ I'll make sure you get the right order.

02 밑줄 친 부분에 들어갈 말로 가장 적절한 것은?

2021. 국가직 9급

A: Have you taken anything for your cold?
B: No, I just blow my nose a lot.
A: Have you tried nose spray?
B: ______________________
A: It works great.
B: No, thanks. I don't like to put anything in my nose, so I've never used it.

① Yes, but it didn't help.
② No, I don't like nose spray.
③ No, the pharmacy was closed.
④ Yeah, how much should I use?

03 밑줄 친 부분에 들어갈 말로 가장 적절한 것은?

2021. 지방직 9급

A: Did you have a nice weekend?
B: Yes, it was pretty good. We went to the movies.
A: Oh! What did you see?
B: Interstellar. It was really good.
A: Really? ______________________
B: The special effects. They were fantastic. I wouldn't mind seeing it again.

① What did you like the most about it?
② What's your favorite movie genre?
③ Was the film promoted internationally?
④ Was the movie very costly?

04 밑줄 친 부분에 들어갈 말로 가장 적절한 것은?

2020. 국가직 9급

A: Thank you for calling the Royal Point Hotel Reservations Department. My name is Sam. How may I help you?
B: Hello, I'd like to book a room.
A: We offer two room types: the deluxe room and the luxury suite.
B: ______________________?
A: For one, the suite is very large. In addition to a bedroom, it has a kitchen, living room and dining room.
B: It sounds expensive.
A: Well, it's $ 200 more per night.
B: In that case, I'll go with the deluxe room.

① Do you need anything else
② May I have the room number
③ What's the difference between them
④ Are pets allowed in the rooms

05 밑줄 친 부분에 들어갈 말로 가장 적절한 것은?

2020. 지방직 9급

> A: Oh, another one! So many junk emails!
> B: I know. I receive more than ten junk emails a day.
> A: Can we stop them from coming in?
> B: I don't think it's possible to block them completely.
> A: ______________________________?
> B: Well, you can set up a filter on the settings.
> A: A filter?
> B: Yeah. The filter can weed out some of the spam emails.

① Do you write emails often
② Isn't there anything we can do
③ How did you make this great filter
④ Can you help me set up an email account

06 밑줄 친 부분에 들어갈 말로 가장 적절한 것은?

2019. 국가직 9급

> A: Would you like to try some dim sum?
> B: Yes, thank you. They look delicious. What's inside?
> A: These have pork and chopped vegetables, and those have shrimps.
> B: And, um, ______________________?
> A: You pick one up with your chopsticks like this and dip it into the sauce. It's easy.
> B: Okay. I'll give it a try.

① how much are they
② how do I eat them
③ how spicy are they
④ how do you cook them

07 밑줄 친 부분에 들어갈 말로 가장 적절한 것은?

2019. 지방직 9급

> A: Hello. I need to exchange some money.
> B: Okay. What currency do you need?
> A: I need to convert dollars into pounds. What's the exchange rate?
> B: The exchange rate is 0.73 pounds for every dollar.
> A: Fine. Do you take a commission?
> B: Yes, we take a small commission of 4 dollars.
> A: ______________________________?
> B: We convert your currency back for free. Just bring your receipt with you.

① How much does this cost
② How should I pay for that
③ What's your buy-back policy
④ Do you take credit cards

08 밑줄 친 부분에 들어갈 말로 가장 적절한 것은?

2018. 지방직 9급

> A: My computer just shut down for no reason. I can't even turn it back on again.
> B: Did you try charging it? It might just be out of battery.
> A: Of course, I tried charging it.
> B: ______________________________
> A: I should do that, but I'm so lazy.

① I don't know how to fix your computer.
② Try visiting the nearest service center then.
③ Well, stop thinking about your problems and go to sleep.
④ My brother will try to fix your computer because he's a technician.

09 밑줄 친 부분에 들어갈 말로 가장 적절한 것은?

2018. 지방직 9급

A: Where do you want to go for our honeymoon?
B: Let's go to a place that neither of us has been to.
A: Then, why don't we go to Hawaii?
B: ______________________

① I've always wanted to go there.
② Isn't Korea a great place to live?
③ Great! My last trip there was amazing!
④ Oh, you must've been to Hawaii already.

10 밑줄 친 부분에 들어갈 말로 가장 적절한 것은?

2017. 국가직 9급

A: May I help you?
B: I bought this dress two days ago, but it's a bit big for me.
A: ______________________
B: Then I'd like to get a refund.
A: May I see your receipt, please?
B: Here you are.

① I'm sorry, but there's no smaller size.
② I feel like it fits you perfectly, though.
③ That dress sells really well in our store.
④ I'm sorry, but this purchase can't be refunded.

11 밑줄 친 부분에 들어갈 말로 가장 적절한 것은?

2017. 국가직 9급

A: Every time I use this home blood pressure monitor, I get a different reading. I think I'm doing it wrong. Can you show me how to use it correctly?
B: Yes, of course. First, you have to put the strap around your arm.
A: Like this? Am I doing this correctly?
B: That looks a little too tight.
A: Oh, how about now?
B: Now it looks a bit too loose. If it's too tight or too loose, you'll get an incorrect reading.
A: ______________________
B: Press the button now. You shouldn't move or speak.
A: I get it.
B: You should see your blood pressure on the screen in a few moments.

① I didn't see anything today.
② Oh, okay. What do I do next?
③ Right, I need to read the book.
④ Should I check out their website?

12 밑줄 친 부분에 들어갈 말로 가장 적절한 것은?

2017. 국가직 9급 하반기

Mary: Hi, James. How's it going?
James: Hello, Mary. What can I do for you today?
Mary: How can I arrange for this package to be delivered?
James: Why don't you talk to Bob in Customer Service?
Mary: ______________________

① Sure. I will deliver this package for you.
② OK. Let me take care of Bob's customers.
③ I will see you at the Customs office.
④ I tried calling his number, but no one is answering.

13 밑줄 친 부분에 들어갈 말로 가장 적절한 것은?

2017. 국가직 9급 하반기

A: Wow! Look at the long line. I'm sure we have to wait at least 30 minutes.
B: You're right. ______________________
A: That's a good idea. I want to ride the roller coaster.
B: It's not my cup of tea.
A: How about the Flume Ride then? It's fun and the line is not so long.
B: That sounds great! Let's go!

① Let's find seats for the magic show.
② Let's look for another ride.
③ Let's buy costumes for the parade.
④ Let's go to the lost and found.

14 밑줄 친 부분에 들어갈 말로 가장 적절한 것은?

2017. 지방직 9급

A: I just received a letter from one of my old high school buddies.
B: That's nice!
A: Well, actually it's been a long time since I heard from him.
B: To be honest, I've been out of touch with most of my old friends.
A: I know. It's really hard to maintain contact when people move around so much.
B: You're right. ____________________. But you're lucky to be back in touch with your buddy again.

① The days are getting longer
② People just drift apart
③ That's the funniest thing I've ever heard of
④ I start fuming whenever I hear his name

15 밑줄 친 부분에 들어갈 말로 가장 적절한 것은?

2017. 지방직 9급 하반기

A: How do you like your new neighborhood?
B: It's great for the most part. I love the clean air and the green environment.
A: Sounds like a lovely place to live.
B: Yes, but it's not without its drawbacks.
A: Like what?
B: For one, it doesn't have many different stores. For example, there's only one supermarket, so food is very expensive.
A: ______________________________
B: You're telling me. But thank goodness. The city is building a new shopping center now. Next year, we'll have more options.

① How many supermarkets are there?
② Are there a lot of places to shop there?
③ It looks like you have a problem.
④ I want to move to your neighborhood.

MEMO

진가영

주요 약력

現) 박문각 공무원 영어 온라인, 오프라인 대표교수
서강대학교 우수 졸업
서강대학교 영미어문 심화 전공
중등학교 정교사 2급 자격증
단기 공무원 영어 전문 강의(개인 운영)

주요 저서

New Trend 진가영 영어 단기합격 문법 All In One(박문각)
New Trend 진가영 영어 단기합격 독해 All In One(박문각)
New Trend 진가영 영어 단기합격 VOCA(박문각)
New Trend 진가영 영어 단판승 문법 적중 포인트 100(박문각)
New Trend 진가영 영어 반한다 기출 문법·어휘 & 생활영어(박문각)
New Trend 진가영 영어 반한다 기출 독해(박문각)
진가영 영어 신독기 구문독해(박문각)
진가영 영어 신경향 어휘 마스터(박문각)
진가영 영어 신경향 독해 마스터 시즌1(박문각)
진가영 영어 신경향 독해 마스터 시즌2(박문각)
진가영 영어 독해끝판왕[독판왕](박문각)
진가영 영어 문법끝판왕[문판왕](박문각)
진가영 영어 진독기 구문독해 시즌1(박문각)
진가영 영어 단판승 생활영어 적중 70(박문각)
진가영 영어 하프 모의고사(박문각)
2024 박문각 공무원 봉투모의고사(박문각)

진가영 영어 ✧✦ **반한다 기출 문법·어휘 & 생활영어**

초판 인쇄 2024. 9. 13. | **초판 발행** 2024. 9. 20. | **편저자** 진가영
발행인 박 용 | **발행처** (주)박문각출판 | **등록** 2015년 4월 29일 제2019-000137호
주소 06654 서울시 서초구 효령로 283 서경 B/D 4층 | **팩스** (02)584-2927
전화 교재 문의 (02)6466-7202

저자와의
협의하에
인지생략

정가 20,000원
ISBN 979-11-7262-209-1

꿈은 이루어진다

Dreams come true!

★★★★★ 철도경찰직 합격, 영어 95점 이**

저는 공부 마무리를 교수님의 단판승 문법 킬포인트 100이라는 강의로 했습니다. **잠깐 까먹었던 개념들이나 아직 살짝 헷갈렸던 개념들을 빠르게 정리하는 강의**였습니다. 마무리로 양을 늘리는 것이 아니라 아는 내용, **시험에 꼭 나오는 내용을 다시 한 번 꼼꼼히 짚고 넘어갈 수 있어 좋았습니다.** 또 마지막엔 안 그래도 짧은 단판승을 3시간으로 요약한 강의를 제공해 주셔서 시험 직전 마무리 공부에 정말 큰 도움을 받았습니다.

★★★★★ 충남 교행 수석 합격, 영어 100점 김**

매번 가영쌤이 고유명사처럼 Mr.판승을 애타게 부르짖으며 홍보하는 **존재감 넘치는 강의**입니다.

문법의 핵심 킬포인트를 **반복하며 확실하게 내 것으로 만들 수 있도록** 많은 노력을 기울여 주십니다. 기존에 확실히 배우고 넘어갔다 생각한 문법 포인트들도 어느 순간 기억 속에서 잘 안 꺼내지는 경우가 많은데 그런 상황을 해결하는 데 많은 도움을 줍니다. 더 확실하게 기억할 수 있게 매번 특강들을 통해서도 요점들을 반복하여 계속 언급해 주시기 때문에 수험생 입장에서는 **반복 회독하는 부분까지 그냥 떠먹여 주는 대로 받아먹으면 되는** 든든한 강의입니다.

★★★★★ 일반행정직 합격, 영어 95점 김**

가영쌤의 수업이 정말 좋았던 이유는 문법, 독해를 체계적으로 잘 가르쳐 주시고 매일매일 단어인증을 숙제로 내주셔서 의무감으로라도 단어를 꾸준히 외울 수 있도록 도와 주셨다는 점입니다!! 또, 엄청나게 지엽적인 문제들 위주로 가르쳐 주시기보다는 정말 시험에 나오는 것들, **출제 포인트를 딱 집어서 가르쳐 주셔서 시험장 가서도 '내가 어떤 출제 포인트에 집중하면 되겠다!'라는 부분을 알 수 있도록 도와 주셨습니다.** 가영쌤 400제, 동형, 단판승 **정말 최고입니다!!! 이 세 개의 커리만 제대로 따라가도 충분히 고득점 가능하다고 생각합니다.**

★★★★★ 사회복지직 합격, 영어 95점 강**

선생님은 자칫 지루할 수 있는 **문법 수업을 정말 쉽고 재미있고 어려운 부분까지 정확하게 다루어 주셨습니다!** 선생님의 단판승 요약서를 보고 선생님의 문법 특강 강좌에 참여하면서 선생님과 호흡하는 재미있는 수업을 하였고, 수업이 끝난 후에는 **어느 순간 리틀 가영(?)이 되어 선생님이 알려준 재밌는 암기법과 챈트들로 재미있게 문법을 푸는 제 자신을 발견하게 되었습니다.** 단판승 요약서를 활용한 문법 강의를 진행하여 수험생들에게 문법에 대한 두려움을 없애고 중요한 내용을 토가 나올 정도로 반복하여 시험이 가까워질 때는 완벽에 가깝게 암기하여 적용을 원활하게 잘할 수 있도록 좋은 강의를 진행해 주셨습니다.

2025년
신경향(New Trend)
정규 커리큘럼

합격을 위한 필수 과정

2025 출제 기조 전환 대비 단기합격 커리큘럼 영상

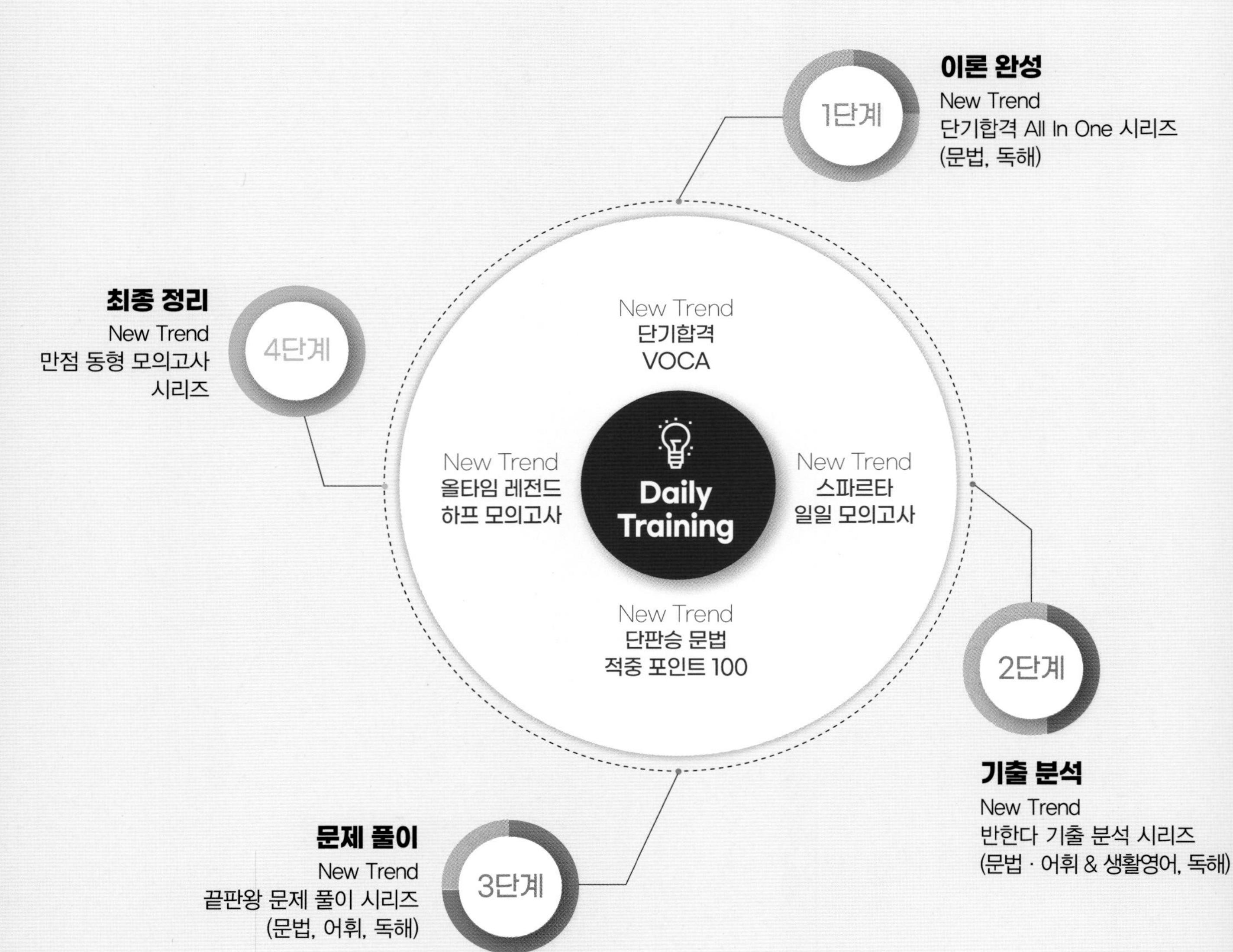

9급 공무원 시험대비 **개정판**

박문각 공무원

기출문제

브랜드만족 1위 박문각

2025

수석합격 2연속 배출

산출근거 후면표기

진가영 영어

진가영 편저

New Trend
단기합격 길라잡이

2025 출제 기조 전환 1차, 2차 예시 문제 반영

국가직 및 지방직 9급 총 15개년 기출 반영 및 기출 변형

국가직·지방직·서울시 7급 중요 기출 반영 및 기출 변형

서울시·국회직·경찰직 9급 중요 기출 반영 및 기출 변형

반한다 기출 문법·어휘&생활영어

정답 및 해설

동영상 강의 www.pmg.co.kr

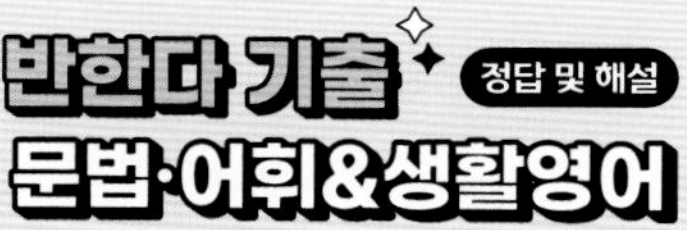
반한다 기출
정답 및 해설
문법·어휘&생활영어

9급 공무원 시험대비 **개정판**

박문각 공무원 기출문제

진가영 영어

진가영 편저

New Trend
단기합격 길라잡이

2025 출제 기조 전환 1차, 2차 예시 문제 반영

국가직 및 지방직 9급 총 15개년 기출 반영 및 기출 변형

국가직·지방직·서울시 7급 중요 기출 반영 및 기출 변형

서울시·국회직·경찰직 9급 중요 기출 반영 및 기출 변형

반한다 기출 문법·어휘&생활영어

정답 및 해설

동영상 강의 www.pmg.co.kr

진가영 영어
반한다 기출
기출 문법·어휘 & 생활영어

진가영 영어연구소 | cafe.naver.com/easyenglish7

문법
정답 및 해설

Part 01 문장과 동사 정답 및 해설

Chapter 01 문장의 이해

ANSWER

01 ③ 02 ④

01 밑줄 친 부분 중 어법상 옳지 않은 것은? 2021. 지방직 9급

① Fire following an earthquake is of special interest to the insurance industry.

② Word processors were considered to be the ultimate tool for a typist in the past.

③ Elements of income in a cash forecast will be vary according to the company's circumstances.

④ The world's first digital camera was created by Steve Sasson at Eastman Kodak in 1975.

정답 해설

③ [출제영역] 챕터 01 문장의 이해

문장에 동사가 2개 존재하기 위해서는 접속사가 필요하다. 밑줄 친 부분인은 be동사와 vary라는 동사가 2개 존재하기 때문에 옳지 않다. 문맥상 be동사를 쓰는 것보다 vary가 더 자연스러우므로 be vary 대신 be를 삭제한 vary로 써야 올바르다.

찐Tip vary는 '다르다, 달라지다'의 뜻의 1형식 자동사로 주로 쓰인다.

오답 해설

① [출제영역] 챕터 08 분사 & 05 주어와 동사 수 일치

명사 뒤의 현재분사와 과거분사는 명사를 수식하는 형용사적 용법으로서 모두 올 수 있지만 타동사 뒤에 목적어가 있으면 현재분사형으로, 목적어가 없으면 과거분사형으로 쓴다. 따라서 목적어(an earthquake)가 있으므로 현재분사로 올바르게 쓰였다. 또한 주어와 동사 사이에 수식어로 인해 주어와 동사가 멀리 떨어져 있으면 주어 동사 수 일치 확인도 필요하다. 주어는 Fire 단수형이므로 단수동사 is가 올바르게 쓰였다.

찐Tip of + 추상명사(of special interest)는 형용사 역할을 하므로 be동사의 보어자리에 올 수 있다.

② [출제영역] 챕터 06 수동태

consider은 '여기다, 간주하다'의 뜻을 가진 5형식 타동사로, 'consider + 목적어 + (as/to be) 명사/형용사' 구조를 취한다. 밑줄 친 부분은 수동태 형태인 'be considered + (to be) + 명사' 구조로 올바르게 쓰였다.

④ [출제영역] 챕터 06 수동태

'was created'는 수동태 구조로 타동사 create 뒤에 목적어가 없고 주어인 The world's first digital camera가 '창조되었다'라는 수동의 의미를 나타내고 있으므로 밑줄 친 부분은 올바르게 쓰였다.

선지 해석

① 지진 다음에 발생하는 화재는 보험 산업에 특별한 관심을 불러일으킨다.
② 과거에는 워드 프로세서가 타자 작업자에게 최고의 도구로 여겨졌다.
③ 현금 예측에서 소득의 요소는 회사의 상황에 따라 달라질 것이다.
④ 세계 최초의 디지털 카메라는 1975년에 Eastman Kodak의 Steve Sasson에 의해 만들어졌다.

정답 ③

02 밑줄 친 부분 중 어법상 옳은 것은? 2020. 국가직 9급

① The traffic of a big city is busier than those of a small city.

② I'll think of you when I'll be lying on the beach next week.

③ Raisins were once an expensive food, and only the wealth ate them.

④ The intensity of a color is related to how much gray the color contains.

정답 해설

④ [출제영역] 챕터 01 문장의 이해

의문사절은 명사절 5가지 중 하나로 주어, 목적어, 보어 자리에 올 수 있다. 'how + 형용사 + 명사 목적어 + 주어 + 동사'의 어순으로 밑줄 친 부분은 올바르게 쓰였다.

오답 해설

① [출제영역] 챕터 15 비교 구문

비교급 than 뒤에 that이나 those가 나오면 앞에 비교 대상의 명사가 단수인지 복수인지 확인이 반드시 필요하다. 단수면 that, 복수면 those로 받는다. 따라서 비교대상인 traffic은 단수이므로 복수인 those 대신 단수인 that으로 써야 올바르다.

② [출제영역] 챕터 04 동사의 시제

시간, 조건 부사절에서는 현재시제가 미래시제를 대신한다. 따라서 I'll be lying on 대신 I am lying on으로 써야 올바르다.

③ [출제영역] 챕터 02 단어의 이해

the wealth는 '富(부)'라는 뜻이고, 뒤에 ate라는 동사가 있는 것으로 보아 ate의 주어로 사람이 필요하므로 the wealth 대신 '부유한 사람들'을 뜻하는 the wealthy로 써야 올바르다.

찐Tip 'the 형용사'는 ~(인)한 사람들로 의미로 해석된다.

선지 해석

① 큰 도시의 교통은 작은 도시의 교통보다 더 바쁘다.
② 다음 주에 해변에 누워있을 때, 나는 당신을 생각할 것이다.
③ 과거에는 건포도는 비싼 음식으로, 부유한 사람들만이 그것을 먹었다.
④ 색상의 강도는 해당 색상이 얼마나 많은 회색을 포함하고 있는지와 관련이 있다.

정답 ④

Chapter 02 단어의 이해

ANSWER

01 ② 02 ③ 03 ③ 04 ② 05 ①
06 ④

01 밑줄 친 부분 중 어법상 옳지 않은 것은? 2024. 국가직 9급

① Despite the belief that the quality of older houses is superior to ② those of modern houses, the foundations of most pre-20th-century houses are dramatically shallow ③ compared to today's, and have only stood the test of time due to the flexibility of ④ their timber framework or the lime mortar between bricks and stones.

정답 해설

② [출제 영역] 챕터 02 단어의 이해
비교 표현(라틴어 비교급 superior to)인 뒤에 that이나 those가 나오면 앞에 나온 비교 대상의 수에 따라 단수 명사면 that을 쓰고, 복수 명사면 those를 쓴다. 따라서 단수 명사(the quality)를 받고 있다. 따라서 those 대신 that으로 써야 올바르다.

오답 해설

① [출제 영역] 챕터 13 접속사
접속사 뒤에는 동사를 포함한 절을 이끌고 전치사 뒤에는 명사가 와야 한다. 따라서 뒤에 명사 목적어(the belief)가 있다. 따라서 밑줄 친 부분은 올바르게 쓰였다.
③ [출제 영역] 챕터 08 분사
해당 문장에는 주어, 동사, 주격 보어가 있는 완전 구조이므로 밑줄 친 부분은 분사 자리임을 알 수 있다. 타동사가 목적어를 취하고 있지 않으므로 과거분사를 써야 한다. 따라서 밑줄 친 부분은 올바르게 쓰였다.
④ [출제 영역] 챕터 02 단어의 이해
인칭대명사는 앞에 나온 명사와 성과 수 일치를 확인해야 한다. 따라서 밑줄 친 부분은 복수 명사(most pre-20th-century houses)를 받고 있다. 따라서 밑줄 친 부분은 올바르게 쓰였다.

지문 해석

오래된 집들의 품질이 현대 집들보다 우수하다는 믿음에도 불구하고, 20세기 이전의 대부분의 집들의 토대는 현대의 토대에 비해 현저하게 얕으며 그것들의 목재 뼈대의 유연성이나 벽돌과 돌 사이의 모르타르 덕분에 세월의 시험을 견뎌왔을 뿐이다.

정답 ②

02 밑줄 친 부분이 어법상 옳지 않은 것은? 2023. 지방직 9급 변형

① I should have gone this morning, but I was feeling a bit ill.
② These days we do not save as much money as we used to.
③ The rescue squad was happy to discover an alive man.
④ The picture was looked at carefully by the art critic.

정답 해설

③ [출제영역] 챕터 02 단어의 이해
alive는 서술적 용법으로만 쓰이는 형용사로 보어 자리만 가능하고 뒤에 명사는 올 수 없다. 따라서 뒤에 man이라는 명사가 나오고 있으므로, alive 대신 명사를 앞에서 수식할 수 있는 형용사 live 또는 living으로 써야 올바르다.

오답 해설

① [출제영역] 챕터 10 조동사
should have p.p.는 '~했어야 했다'라는 의미로, but 다음에 가지못한 이유를 보여주고 있으므로 밑줄 친 부분은 올바르게 쓰였다.
② [출제영역] 챕터 16 비교 구문 & 챕터 09 부정사
'as ~ as' 원급 비교 구문이 쓰인 문장이다. '사람/사물 주어 + used to 동사원형'은 '~하곤 했다'의 의미로 쓰인다. 따라서 밑줄 친 부분은 올바르게 쓰였다.

찐Tip used to 뒤에 앞에 나온 save가 생략된 형태로 쓰였다.

④ [출제영역] 챕터 06 수동태
look은 2형식 자동사로 수동태 구조가 불가능하지만 look at은 '자동사 + 전치사' 구조로, 수동태 구조가 가능하다. 그림(The picture)이 미술 평론가(the art critic)에 의해 '보이는 것'이므로 수동태 was looked at은 올바르게 쓰였다.

선지 해석

① 나는 오늘 아침에 갔어야 했는데, 몸이 좀 안 좋았다.
② 요즘 우리는 예전에 했던 것만큼 많은 돈을 모으지 않는다.
③ 구조대는 살아 있는 남자를 발견해서 기뻐했다.
④ 그 그림은 미술 평론가에 의해 주의 깊게 관찰되었다.

정답 ③

03 밑줄 친 부분 중 어법상 옳지 않은 것은? 2017. 지방직 9급 변형

① It was not her refusal but her rudeness that perplexed him.
② Parents cannot be too careful about their words and actions before their children.
③ More doctors were required to tend sick and wounded.
④ To make matters worse, there is a report that another typhoon will arrive soon.

정답 해설

③ [출제영역] 챕터 02 단어의 이해
tend는 타동사로 목적어에 형용사를 취할 수 없다. 우리말로 봐도 '환자들과 부상자들'이므로 '~(인)한 사람들'의 표현하기 위해서는 'the 형용사'로 써야 한다. 따라서 sick and wounded 대신 the를 삽입한 the sick and the wounded로 써야 올바르다.

오답 해설

① [출제영역] 챕터 11 도치 구문과 강조 구문
'It ~ that' 강조 구문으로, 'not A but B'가 주어 자리에 위치해 있다. A와 B는 명사형으로 병렬구조도 올바르게 쓰였다.

② [출제영역] 챕터 10 조동사
'아무리 ~해도 지나치지 않다'의 뜻을 가진 구문으로는 'cannot ~ too 형/부'의 조동사 관용 표현이 있다. 따라서 밑줄 친 부분은 올바르게 쓰였다.

찐Tip 또 다른 표현으로는 'cannot ~ enough = cannot ~ over동사'가 있다.

④ [출제영역] 챕터 05 주어와 동사 수 일치
'there + 동사 + 명사 주어'의 어순과 수 일치 확인을 해야 한다. 주어(a report)가 단수 형태이므로 단수 동사 is는 올바르게 쓰였다.

찐Tip to make matters worse는 '설상가상으로'의 뜻으로 쓰인다.

찐Tip that절은 동격절로 뒤에 완전 구조를 취하고 있으므로 that 또한 올바르게 쓰였다.

선지 해석

① 그를 당황하게 한 것은 그녀의 거절이 아니라 그녀의 무례함이었다.
② 부모는 아이들 앞에서 그들의 말과 행동에 대해 아무리 신중해도 지나치지 않다.
③ 환자들과 부상자들을 돌보기 위해 더 많은 의사가 필요했다.
④ 설상가상으로, 또 다른 태풍이 곧 올 것이라는 보도가 있다.

정답 ③

04 밑줄 친 부분 중 어법상 옳지 않은 것은?

2013. 지방직 9급 변형

① George has not completed the assignment yet, and Mark <u>hasn't either</u>.
② My sister was upset last night because she had to do too <u>many homeworks</u>.
③ If he had taken more money out of the bank, he <u>could have bought</u> the shoes.
④ It was so quiet in the room that I could hear the leaves <u>being blown off</u> the trees outside.

정답 해설

② [출제영역] 챕터 02 단어의 이해
불가산 명사(homework)는 much 또는 little의 수식을 받고 부정관사 a(n)와 복수를 의미하는 -s를 쓰지 않는다. 따라서 many homeworks 대신 much homework로 써야 올바르다.

찐Tip 불가산 명사는 many 또는 few의 수식을 받을 수 없다.

오답 해설

① [출제영역] 챕터 02 단어의 이해
부정문에서 '또한'을 의미를 나타내는 not either은 올바르게 쓰였다.

③ [출제영역] 챕터 12 가정법
'if + 주어 + had p.p.'가 나오면 가정법 과거 완료를 의미하고 '주어 + would/should/could/might have p.p.'가 올바르게 쓰였는지 확인해야 한다. 따라서 밑줄 친 부분은 가정법 과거완료 공식으로 올바르게 쓰였다.

④ [출제영역] 챕터 08 분사
'so ~ that' 구조로 that 뒤에 완전 구조를 취해야 한다. 지각동사(hear)는 목적어와 목적보어의 관계가 수동이면 목적보어 자리에는 과거분사를 써야 한다. 따라서 being blown off는 올바르게 쓰였다.

선지 해석

① George는 아직 과제를 완료하지 못했고, Mark도 마찬가지였다.
② 내 여동생은 해야 할 숙제가 너무 많아서 어젯밤에 화가 났다.
③ 만약 그가 은행에서 더 많은 돈을 찾았더라면, 그는 신발을 살 수 있었을텐데.
④ 방 안이 너무 조용해서 나는 밖에서 나뭇잎이 떨어지는 소리도 들을 수 있었다.

정답 ②

05 밑줄 친 부분 중 어법상 옳지 않은 것은? 2019. 국가직 9급 변형

① The country with the most <u>person computers</u> changes from time to time.
② What happened to my lovely grandson last summer <u>was amazing</u>.
③ Wooden spoons are excellent toys for children, <u>and so are</u> plastic bottles.
④ I <u>have been doing</u> this work ever since I retired.

정답 해설

① [출제영역] 챕터 02 단어의 이해
명사(computers)를 수식할 수 있는 것은 명사가 아닌 형용사이다. 따라서 person 대신 personal로 써야 올바르다.

오답 해설

② [출제영역] 챕터 13 접속사 & 챕터 08 분사
what절 뒤에 주어가 없는 불완전 구조로 올바르게 쓰였고, what절은 단수 취급하므로 단수 동사 was도 올바르게 쓰였다. 감정동사는 감정을 유발한다는 의미를 전달하고 사물을 수식할 경우 현재분사형으로 쓴다. '손자에게 일어난 일이 놀라게 하는 것'으로 능동의 의미이므로 현재분사 amazing 또한 올바르게 쓰였다.

③ [출제영역] 챕터 11 도치 구문과 강조 구문
앞 문장이 긍정문일 경우에는 앞 문장에 대한 긍정 동의는 'and so 조동사 + 주어'를 사용한다. so는 부사이므로 반드시 절과 절을 이어주는 and가 반드시 필요하다. 앞이 be 동사면 so 뒤에도 be 동사를 사용해야 하므로 밑줄 친 부분은 올바르게 쓰였다.

④ [출제영역] 챕터 04 동사의 시제
'since 주어 + 과거시제 동사'의 완료시제를 나타내는 부사는 완료시제 동사를 확인한다. 문맥상 은퇴 이후 지금까지 계속 일을 했다는 의미이므로 현재완료 진행형 have been doing은 올바르게 쓰였다.

선지 해석

① 개인용 컴퓨터를 가장 많이 가지고 있는 나라는 종종 바뀐다.
② 지난 여름 나의 사랑스러운 손자에게 일어난 일은 놀라웠다.
③ 나무 숟가락은 아이들에게 매우 좋은 장난감이고 플라스틱 병 또한 그렇다.
④ 나는 은퇴 후부터 내내 이 일을 해 오고 있다.

정답 ①

06 **밑줄 친 부분 중 어법상 옳지 않은 것은?** 2019. 국가직 9급 변형

① The new teacher <u>I told you about</u> is originally from Peru.
② I called him five minutes <u>shy of midnight</u> on an urgent matter.
③ <u>What</u> appeared to be a shark was lurking behind the coral reef.
④ She reached the mountain summit with her <u>16-years-old friend</u> on Sunday.

정답 해설

④ [출제영역] 챕터 02 단어의 이해
단위를 나타내는 명사가 수사와 함께 또 다른 명사를 수식하는 형용사 역할을 할 때는 hyphen(-)을 사용하고 항상 단수형을 써야 한다. 따라서 years 대신 year로 써야 올바르다.

찐Tip 명사를 수식하지 않을 때는 복수형으로 쓴다.

찐Tip reach는 대표 3형식 타동사로 전치사 없이 목적어를 취할 수 있다.

오답 해설

① [출제영역] 챕터 03 동사의 유형 & 챕터 14 관계사
'A에게 B에 관해 말하다'의 뜻을 가진 구문으로는 'tell A about B'의 표현이 있다. about의 목적어 역할을 하는 목적격 관계대명사 whom이 teacher과 I told 사이에 생략된 상태로 쓰였다.

② [출제영역] 챕터 02 단어의 이해
'shy of + 명사'는 '명사가 부족한, 모자란'의 뜻으로 쓰인다. 따라서 밑줄 친 부분은 올바르게 쓰였다.

찐Tip call은 다양한 형식으로 쓰인다. 'call + 사람'의 3형식일 때는 '사람에게 전화하다'의 뜻으로, 'call + 명사 + 명사'의 5형식일 때는 '~을 ~라고 부르다'의 뜻으로 쓰인다.

③ [출제영역] 챕터 13 접속사
명사절 접속사 what은 앞에 명사가 없고 뒤에는 불완전 구조를 취한다. what절은 단수 취급하므로 단수동사 was도 올바르게 쓰였다.

선지 해석

① 제가 당신께 말씀드렸던 새로운 선생님은 원래 페루 출신입니다.
② 나는 긴급한 일로 자정이 5분 되기 전에 그에게 전화했다.
③ 상어로 보이는 것이 산호 뒤에 숨어 있었다.
④ 그녀는 일요일에 16세의 친구와 함께 산 정상에 올랐다.

정답 ④

Chapter 03 동사의 유형

ANSWER

01 ②	02 ②	03 ④	04 ①	05 ④
06 ①	07 ①	08 ①	09 ②	10 ④
11 ④	12 ③	13 ③	14 ③	15 ①
16 ③	17 ④	18 ②		

01 **밑줄 친 부분 중 어법상 옳지 않은 것은?** 2024. 지방직 9급 변형

① He found it <u>exciting</u> to work here.
② She <u>mentioned me</u> that she would be leaving early.
③ I didn't want him <u>to come</u>.
④ A more skillful and experienced teacher <u>would have treated</u> him otherwise.

정답 해설

② [출제 영역] 챕터 03 동사의 유형
mention은 '언급하다'의 뜻인 4형식으로 착각하기 쉬운 3형식 타동사이다. 따라서 목적어를 두개 취하는 4형식 구조로는 쓸 수 없다. 따라서 me 대신 to me로 써야 올바르다.

오답 해설

① [출제 영역] 챕터 02 단어의 이해
5형식 동사 find는 'find + 가목적어 it + 목적격 보어 + 진목적어 to부정사'의 구조로 쓸 수 있다. 감정을 유발시킨다는 의미이고, 주로 사물을 수식할 경우에는 현재분사 exciting로 써야 한다. 따라서 밑줄 친 부분은 올바르게 쓰였다.

③ [출제 영역] 챕터 03 동사의 유형
want를 5형식 구조로 쓸 때는 목적격 보어에 to부정사를 써야 한다. 따라서 밑줄 친 부분은 올바르게 쓰였다.

찐Tip want는 3형식 구조로도 쓰이지만, 'want that절'의 구조로는 쓸 수 없다.

④ [출제 영역] 챕터 12 가정법
과거 시점에 대한 반대 상황을 가정하고 있으므로 가정법 과거완료를 써야 한다. 가정법 과거 완료 공식인 '주어 + would/should/could/might have p.p.'의 형태로 써야 한다. 따라서 밑줄 친 부분은 올바르게 쓰였다.

선지 해석

① 그는 이곳에서 일하는 것이 흥미롭다는 것을 알았다
② 그녀는 나에게 일찍 떠날 것이라고 언급했다.
③ 나는 그가 오는 것을 원하지 않았다.
④ 좀 더 능숙하고 경험 많은 선생님이었다면 그를 달리 대했을 것이다.

정답 ②

02 밑줄 친 부분 중 어법상 옳지 않은 것은?

2025. 출제 기조 전환 2차

We have already ① arrived in a digitized world. Digitization affects not only traditional IT companies, but companies across the board, in all sectors. New and changed business models ② are emerged: cars ③ are being shared via apps, languages learned online, and music streamed. But industry is changing too: 3D printers make parts for machines, robots assemble them, and entire factories are intelligently ④ connected with one another.

정답 해설

② [출제 영역] 챕터 03 동사의 유형
emerge는 '나타나다'의 뜻인 1형식 자동사로 수동태 구조로는 쓸 수 없다. 따라서 are emerged 대신 emerge 또는 are emerging으로 써야 올바르다.

오답 해설

① [출제 영역] 챕터 03 동사의 유형
arrive는 '도착하다'의 뜻인 1형식 자동사로 수동태 구조로는 쓸 수 없다. '도시, 나라'와 같은 공간을 목적어로 취할 때는 전치사 in과 결합할 수 있다. 따라서 밑줄 친 부분은 올바르게 쓰였다.

③ [출제 영역] 챕터 06 수동태
'are being shared'는 진행형 수동태로, 주어(cars) 입장에서는 행위를 받는 입장이므로 수동태로 써야 한다. 따라서 밑줄 친 부분은 올바르게 쓰였다.

④ [출제 영역] 챕터 08 분사
주어(entire factories)가 서로 연결 되는 행위를 받는 입장이므로 수동의 과거분사로 써야 한다. 따라서 밑줄 친 부분은 올바르게 쓰였다.

지문 해석

우리는 이미 디지털화된 세상에 도달했다. 디지털화는 전통적인 IT 회사들뿐만 아니라 모든 분야의 회사들에 영향을 미친다. 새로운 및 변화된 비즈니스 모델이 등장하고 있다: 앱을 통해 자동차가 공유되고, 온라인으로 언어를 배우며, 음악이 스트리밍 되고 있다. 하지만 산업도 변하고 있다: 3D 프린터는 기계 부품을 만들고, 로봇이 이를 조립하며, 전체 공장이 서로 지능적으로 연결되고 있다.

정답 ②

03 밑줄 친 부분 중 어법상 옳지 않은 것은?

2023. 국가직 9급 변형

① All assignments are expected to be turned in on time.
② Hardly had I closed my eyes when I began to think of her.
③ The broker recommended that she buy the stocks immediately.
④ A woman with the tip of a pencil stuck in her head has finally had it remove.

정답 해설

④ [출제영역] 챕터 03 동사의 유형
사역동사 have는 목적어와 목적보어의 관계가 능동일 경우에는 원형부정사를, 수동일 경우에는 과거분사(p.p.)를 목적보어로 취한다. 여기서 it이 가리키는 것이 the tip of a pencil이고, the tip of a pencil은 '제거되어지는 것'이므로 remove 대신 과거분사 removed로 써야 올바르다.

오답 해설

① [출제영역] 챕터 06 수동태
사물이 주어 자리에 나오는 경우 수동태 'be p.p.' 구조로 잘 쓰인다. 수동태 구조에서 p.p. 자리에 위치하는 동사가 타동사이고 뒤에 목적어가 없는지도 확인한다. 따라서 밑줄 친 부분인 are expected와 전치사를 수반한 turn in(제출하다)도 be turned in으로 수동태로 올바르게 쓰였다.

② [출제영역] 챕터 04 동사의 시제
'~하자마자 ~했다'라는 의미의 시제관용구문은 'Hardly (Scarcely) + had 주어 p.p. + when(before) + 주어 + 과거동사'로 쓴다. 따라서 밑줄 친 부분은 올바르게 쓰였다.

③ [출제영역] 챕터 10 조동사
주장 · 요구 · 명령 · 제안 · 충고(recommend)동사 뒤에 that절의 동사는 '(should) 동사원형'으로 쓴다. 따라서 밑줄 친 부분인 buy는 올바르게 쓰였다.

찐Tip 이외 주장 · 요구 · 명령 · 제안 · 충고동사로는 insist, demand, ask, command, order, suggest 등이 있다.

선지 해석

① 모든 과제는 제시간에 제출될 것으로 예상된다.
② 나는 눈을 감자마자 그녀를 생각하기 시작했다.
③ 중개인은 그녀에게 즉시 주식을 사라고 권했다.
④ 머리에 연필 끝이 꽂힌 여자가 마침내 그것을 제거했다.

정답 ④

04 밑줄 친 부분 중 어법상 옳지 않은 것은?

2012. 국가직 9급 변형

① We had much snow yesterday, which caused lots of people slip on the road.
② The arrangements were agreed on at the meeting last year.
③ I got scared when I saw the truck closing up on me.
④ I walked out of the front door without looking back..

정답 해설

① [출제영역] 챕터 03 동사의 유형
'cause + 목적어 + to부정사(동사원형×)'의 구조를 취하므로 slip 대신 to slip으로 써야 올바르다.

찐Tip 콤마(,) + which 뒤에 주어 없는 불완전 구조는 올바르게 쓰였다.

오답 해설

② [출제영역] 챕터 06 수동태
다음 문장은 'agree on + 목적어'가 수동태 형태인 'be agreed on + 목적어 없음' 구조로 올바르게 쓰였다.

찐Tip '사물 주어 + be p.p.' 구조로 잘 쓰인다.

③ [출제영역] 챕터 03 동사의 유형
지각동사(see)의 목적보어 자리에는 to부정사가 아닌 원형부정사, 현재분사를 쓴다. 따라서 밑줄 친 부분인 closing은 올바르게 쓰였다.

찐Tip get은 대표 2형식 자동사로 주격 보어에 형용사가 온다.

④ [출제영역] 챕터 07 동명사
전치사 without 뒤에는 명사 또는 동명사를 쓴다. 따라서 밑줄 친 부분인 looking은 올바르게 쓰였다.

찐Tip walk는 '걷다'의 뜻을 가진 1형식 자동사로 쓰이면 수동태 형태(be p.p.)가 아닌 능동태 형태로만 쓸 수 있다.

선지 해석

① 어제 눈이 많이 와서 많은 사람들이 길에서 미끄러졌다.
② 그 협정들은 작년 회의에서 합의된 것이다.
③ 나는 트럭이 가까이 다가오는 것을 보고 겁에 질렸다.
④ 나는 뒤돌아보지 않고 앞문으로 걸어 나갔다.

정답 ①

05 밑줄 친 부분 중 어법상 옳지 않은 것은? 2019. 지방직 7급

Yawning is ① <u>catching</u>. One person's yawn can trigger yawning among an entire group. People who are more empathic are believed to be more ② <u>easily</u> influenced to yawn by others' yawns; brain imaging studies have shown that ③ <u>when</u> humans watch other people yawn, brain areas known to be involved in social function are activated. Even dogs yawn in response to seeing their owners or even strangers ④ <u>to yawn</u>, and contagious yawning has been noted in other animals as well.

정답 해설

④ [출제영역] 챕터 03 동사의 유형
지각동사(see)의 목적보어 자리에는 to부정사가 아닌 원형부정사, 현재분사를 쓴다. 따라서 to yawn 대신 yawn 또는 yawning으로 써야 올바르다.

찐Tip 이 문장에서 see는 동명사 seeing으로 쓰였다.

오답 해설

① [출제영역] 챕터 01 문장의 이해
catching은 '전염성이 있는, 매력적인'의 뜻을 가진 형용사로 역할을 한다. 따라서 밑줄 친 부분은 is의 보어자리에 올바르게 쓰였다.

② [출제영역] 챕터 02 단어의 이해
부사 easily가 과거분사 influenced를 수식하고 있으므로 밑줄 친 부분은 올바르게 쓰였다.

③ [출제영역] 챕터 13 접속사
부사절 접속사 when이 완전한 절 'humans watch other people yawn'을 이끌고 있으므로 밑줄 친 부분은 올바르게 쓰였다.

지문 해석

하품은 전염성이 있다. 한 사람의 하품이 그룹 전체의 사람들에게 하품을 유발할 수 있다. 공감이 강한 사람들이 다른 사람의 하품에 좀 더 쉽게 영향을 받는 것으로 여겨진다. 뇌 이미징 연구는 인간이 다른 사람들이 하품하는 것을 볼 때 사교적 기능에 연관된 뇌 영역이 활성화되는 것을 보여준다. 심지어 개들도 주인이나 심지어 낯선 사람들이 하품하는 것을 볼 때 하품하는 반응을 보이고 있고, 전염성이 있는 하품은 다른 동물들에서도 관찰되었다.

정답 ④

06 밑줄 친 부분 중 어법상 옳은 것은? 2017. 지방직 9급 하반기

Last week I was sick with the flu. When my father ① <u>heard me sneezing and coughing</u>, he opened my bedroom door to ask me ② <u>that I needed anything</u>. I was really happy to see his kind and caring face, but there wasn't ③ <u>anything he could do it</u> to ④ <u>make the flu to go away</u>.

정답 해설

① [출제영역] 챕터 03 동사의 유형
heard는 지각동사로 to부정사가 아닌 원형부정사, 현재분사 또는 과거분사를 목적보어로 취한다. 위 문장은 목적어와 목적보어의 관계가 능동이므로 목적보어를 원형부정사 또는 현재분사로 써야 한다. 따라서 목적보어 자리의 sneezeing and coughing은 현재분사 형태로 올바르게 쓰였다.

찐Tip 이외 지각동사로는 see, watch, notice, observe, feel, hear, listen to 등이 있다.

오답 해설

② [출제영역] 챕터 13 접속사
ask는 4형식 동사로 쓰일 경우 '~을 묻다'라는 의미로 쓰일 때 궁금한 내용을 나타내는 의문의 의미를 갖는 절을 직접목적어로 취한다. 따라서 '내가 무언가 필요한 것이 있는지 없는지를 물어봤다'라는 의미를 나타내기 위해 that 대신 whether 또는 if로 써야 올바르다.

찐Tip 명사절 접속사 if는 타동사 뒤의 목적어 자리에만 쓰인다.

③ [출제영역] 챕터 14 관계사
명사(anything) 뒤에 목적격 관계대명사 that이 생략된 형태로 쓰였다. 목적격 관계대명사 that절은 불완전 구조를 취해야하므로 동사 뒤에 목적어가 없어야 한다. 따라서 he could do it 대신 it을 삭제한 he could do로 써야 올바르다.

찐Tip 계속적 용법에서 쓰인 목적격 관계대명사는 생략될 수 없으므로 주의가 필요하다.

④ [출제영역] 챕터 03 동사의 유형
make는 사역동사로 to부정사가 아닌 원형부정사 또는 과거분사를 목적보어로 취한다. 위 문장은 목적어와 목적보어의 관계가 능동이므로 목적보어를 원형부정사로 써야 한다. 따라서 to go away 대신 go away로 써야 올바르다.

지문 해석

> 지난 주에 나는 독감으로 아팠다. 아버지가 내가 재채기와 기침하는 소리를 들었을 때, 내 방 문을 열어서 내가 무언가 필요한 것이 있는지 없는지를 물어봤다. 나는 그의 친절하고 배려심 있는 얼굴을 보게 되어 정말 기뻤지만, 독감을 낫게 하기 위해 그가 할 수 있는 것은 없었다.

정답 ①

07 밑줄 친 부분 중 어법상 옳지 않은 것은? 2018. 지방직 7급

> According to a recent report, three quarters of Airbnb listings in New York City were illegal. It also ① founded that commercial operators — not the middle- class New Yorkers in the ads — were making millions renting spaces exclusively to Airbnb guests. In a letter sent to ② elected officials last week, Airbnb said that most of its local ③ hosts — 87 percent — were residents who rented their spaces infrequently "to pay their bills and ④ stay in their homes."

정답 해설

① [출제영역] 챕터 03 동사의 유형
found(-founded-founded)는 '~을 설립하다'의 뜻으로, find(-found-found)는 '~을 찾다, 발견하다'의 뜻으로 쓰인다. 문맥상 find가 더 자연스럽다. 또한 사실이 발견되는 것이므로 수동의 형태(be p.p.)로 써야 한다. 따라서 founded 대신 was found로 써야 올바르다.

오답 해설

② [출제영역] 챕터 08 분사
elected는 명사 officials를 꾸며주고 있으므로 '선출된'을 의미하고 있는 과거분사 형태로 올바르게 쓰였다.

③ [출제영역] 챕터 05 주어와 동사 수 일치
host는 명사로 '주인'의 뜻으로 쓰이는데, 주어를 받는 동사가 were로 복수형이므로 주어도 복수 형태로 써야 한다. 따라서 hosts는 올바르게 쓰였다.

④ [출제영역] 챕터 13 접속사
등위접속사(and) 기준으로 앞의 to pay와 같이 병렬구조로 to say는 올바르게 쓰였다.

찐Tip to부정사로 나열되는 경우는 뒤에 to는 생략이 가능하다.

지문 해석

> 최근 보고서에 따르면, 뉴욕시의 Airbnb 리스트 중 4분의 3은 불법이었다. 이 보고서는 또한 상업 운영자들이 — 광고 속의 중산층 뉴욕 주민이 아닌 — 독점적으로 Airbnb 손님들에게 공간을 임대해주면서 수백만 달러를 벌고 있다는 것을 발견했다. 지난 주에 당선된 공무원들에게 보내진 편지에서 Airbnb는 그것의 지역 호스트들 중 대부분은 — 87% — "그들의 명세서를 지불하고 그들의 집에 머물기 위해" 그들의 공간을 드물게 대여해주는 거주자들이라고 밝혔다.

정답 ①

08 밑줄 친 부분 중 어법상 옳지 않은 것은?

2017. 서울시 사회복지직 9급 변형

① We asked to him to do this job.
② They stole everything but the television.
③ Is drinking water while eating good for you?
④ That said, it is still a religious festival.

정답 해설

① [출제영역] 챕터 03 동사의 유형
ask는 타동사로 전치사 없이 목적어를 바로 취한다. 따라서 to him 대신 him으로 써야 올바르다.

찐Tip ask A about B는 'A에게 B에 관하여 묻다'라는 뜻이다.

오답 해설

② [출제영역] 챕터 15 전치사
but은 전치사로 '~을 제외하고'의 의미로 올바르게 쓰였고, 전치사 뒤에 명사를 쓴 것 또한 올바르게 쓰였다.

③ [출제영역] 챕터 08 분사
시간 접속사 while 뒤에 -ing의 형태가 쓰인 분사구문이다. 주어(drinking water)가 단수형태이므로 단수 동사 is 또한 올바르게 쓰였다.

④ [출제영역] 챕터 02 단어의 이해
'그렇긴 하지만'의 의미로 쓰일 경우 'that said'로 표현할 수 있다. 따라서 밑줄 친 부분은 올바르게 쓰였다.

선지 해석

① 우리는 그에게 이 일을 하도록 요청했다.
② 그들은 TV 빼고는 모두 훔쳤다.
③ 식사할 때 물 마시는 게 좋니?
④ 그렇긴 하지만, 그것은 여전히 종교적 축제이다.

정답 ①

09 밑줄 친 부분 중 어법상 옳지 않은 것은? 2021. 지방직 9급 변형

① The police authorities had the woman arrested for attacking her neighbor.
② Don't let me distracted by the noise you make.
③ Please let me know the result as soon as possible.
④ He had the students phone strangers and ask them to donate money.

정답 해설

② [출제영역] 챕터 03 동사의 유형
사역동사 let은 목적어와 목적보어의 수동의 의미 관계를 갖는 경우에는 반드시 목적보어 자리에 과거분사(p.p.)가 아닌 be p.p.를 써야 한다. 따라서 distracted 대신 be distracted로 써야 올바르다.

오답 해설

① [출제영역] 챕터 03 동사의 유형
사역동사 have는 목적어와 목적보어의 관계가 수동일 경우에는 목적보어 자리에 과거분사(p.p.)를 써야 한다. 목적어(the woman)가 체포되는 것이므로 목적보어에 과거분사 arrested는 올바르게 쓰였다.
③ [출제영역] 챕터 03 동사의 유형
사역동사 let은 목적어와 목적보어의 관계가 능동일 경우에는 목적보어 자리에 원형부정사를 써야 한다. 따라서 밑줄 친 부분인 know는 올바르게 쓰였다.
④ [출제영역] 챕터 03 동사의 유형
사역동사 have는 목적어와 목적보어의 관계가 능동일 경우에는 목적보어 자리에 원형부정사를 써야하므로 밑줄 친 부분인 phone은 올바르게 쓰였고, ask는 5형식 타동사로 목적어와 목적보어의 관계가 능동일 경우에는 목적보어 자리에 to부정사를 써야하므로 to donate 또한 올바르게 쓰였다.

선지 해석

① 경찰 당국은 자신의 이웃을 공격했기 때문에 그 여성을 체포하도록 했다.
② 네가 내는 소음 때문에 내 집중력을 잃게 하지 말아라.
③ 가능한 한 빨리 제가 결과를 알도록 해주세요.
④ 그는 학생들에게 모르는 사람들에게 전화를 걸어 성금을 기부할 것을 부탁하도록 시켰다.

정답 ②

10 밑줄 친 부분 중 어법상 옳지 않은 것은? 2021. 지방직 9급 변형

① His novels are hard to read.
② It is no use trying to persuade the students.
③ My house is painted every five years.
④ As I went out for work, I saw a family moved in upstairs.

정답 해설

④ [출제영역] 챕터 03 동사의 유형
지각동사 see는 목적어와 목적보어의 관계가 능동일 경우에는 목적보어 자리에는 to부정사가 아닌 원형부정사, 현재분사를 써야 한다. 주어진 해석에 의하면 목적어인 '한 가족이 이사한다'는 능동의 의미 관계이기 때문에 수동을 의미하는 moved 대신 moving으로 써야 올바르다.

오답 해설

① [출제영역] 챕터 09 부정사
hard는 난이형용사로서 주어가 it이 아닌 것이 나오면 to부정사의 목적어가 주어 자리로 상승한 구문으로 난이형용사 다음에 나오는 to부정사 뒤에 목적어가 없어야 한다. 따라서 밑줄 친 부분은 올바르게 쓰였다.
② [출제영역] 챕터 07 동명사
'~해도 소용없다'의 의미로 쓰일 경우 'It is no use -ing'로 표현할 수 있다. 따라서 밑줄 친 부분은 올바르게 쓰였다.
③ [출제영역] 챕터 06 수동태
'사물 주어 + 타동사의 be p.p.'의 구조로 뒤에 목적어가 없으므로 올바르게 쓰였다.

찐Tip every 다음 기수(숫자)가 나오면 복수 명사로 써야하므로 밑줄 친 부분은 올바르게 쓰였다.

찐Tip every 다음 서수(순서)가 나오면 단수 명사로 써야 한다.

선지 해석

① 그의 소설들은 읽기가 어렵다.
② 학생들을 설득하려고 해 봐야 소용없다.
③ 나의 집은 5년마다 페인트칠 된다.
④ 내가 출근할 때 한 가족이 위층에 이사 오는 것을 보았다.

정답 ④

11 밑줄 친 부분 중 어법상 옳은 것은? 2016. 국가직 9급

① As the old saying go, you are what you eat. The foods you eat ② obvious affect your body's performance. They may also influence how your brain handles tasks. If your brain handles them well, you think more clearly, and you are more emotionally stable. The right food can ③ help you being concentrated, keep you motivated, sharpen your memory, speed your reaction time, reduce stress, and perhaps ④ even prevent your brain from aging.

정답 해설

④ [출제영역] 챕터 03 동사의 유형
'A가 ~하는 것을 막다'의 뜻을 가진 구문으로 금지, 방해동사 중 'prevent A from -ing'가 있다. 따라서 밑줄 친 부분은 올바르게 쓰였다.

오답 해설

① [출제영역] 챕터 05 주어와 동사 수 일치
as는 접속사이며 the old saying은 단수형태 주어이므로 동사도 단수동사로 써야하므로 go 대신 goes로 써야 올바르다.
② [출제영역] 챕터 02 단어의 이해
동사(affect)를 꾸며주는 것은 형용사가 아니라 부사이다. 따라서 형용사 obvious 대신 부사 obviously로 써야 올바르다.

③ [출제영역] 챕터 03 동사의 유형
help는 5형식으로 쓰일 경우 목적보어 자리에 원형부정사, to부정사를 써야 한다. 따라서 being concentrated 대신 concentrate 또는 to concentrate로 써야 올바르다.

지문 해석

속담에 따르면, 당신은 무엇을 먹느냐에 따라 당신의 모습이 달라진다. 당신이 먹는 음식은 분명히 당신의 신체 수행능력에 영향을 미친다. 그것들은 또한 뇌가 작업을 처리하는 방식에도 영향을 줄 수 있다. 뇌가 그 작업을 잘 처리한다면, 당신은 더 명확하게 생각하고 더 감정적으로 안정된다. 적절한 음식은 집중력을 높이고, 동기 부여를 유지하고, 기억력을 강화하고, 반응 시간을 빠르게 하고, 스트레스를 줄이며, 아마도 심지어 당신의 뇌가 노화되는 것도 막아줄 수도 있다.

정답 ④

12 밑줄 친 부분 중 어법상 옳지 않은 것은? 2020. 국가직 9급 변형

① Human beings quickly adapt <u>themselves</u> to the environment.
② She had no choice but <u>to give</u> up her goal because of the accident.
③ The company prohibited him from <u>promoting</u> to vice-president.
④ It is easy <u>to assemble and take apart</u> the toy car.

정답 해설

③ [출제영역] 챕터 03 동사의 유형
'A가 ~하는 것을 막다'의 뜻을 가진 구문으로 금지, 방해동사 중 'prohibit A from -ing'가 있다. 그가 부회장으로 '승진하는 것'을 막는 것이므로 수동형 동명사(being p.p.)형태로 써야한다. 따라서 능동형 동명사 promoting 대신 being promoted로 써야 올바르다.

오답 해설

① [출제영역] 챕터 02 단어의 유형
주어와 동일한 목적어는 인칭대명사가 아니라 재귀대명사로 써야한다. 따라서 밑줄 친 부분은 올바르게 쓰였다.

② [출제영역] 챕터 09 부정사
'~하지 않을 수 없다, ~할 수밖에 없다'의 뜻으로 쓰일 경우 'have no choice[option/alternative] but to부정사'로 표현할 수 있다. 따라서 밑줄 친 부분은 올바르게 쓰였다.

④ [출제영역] 챕터 09 부정사
난이 형용사(easy) 구문은 'It be동사 + 난이 형용사 + (for 목적어) + to부정사'의 구조로 쓰인다. 따라서 밑줄 친 부분은 올바르게 쓰였다.

선지 해석

① 인간은 환경에 자신을 빨리 적응시킨다.
② 그녀는 그 사고 때문에 그녀의 목표를 포기할 수밖에 없었다.
③ 그 회사는 그가 부회장으로 승진하는 것을 금했다.
④ 그 장난감 자동차를 조립하고 분리하는 것은 쉽다.

정답 ③

13 밑줄 친 부분 중 어법상 옳은 것은? 2013. 국가직 9급 변형

① Few living things are linked together as intimately <u>than</u> bees and flowers.
② My father would not <u>company</u> us to the place where they were staying, but insisted on me going.
③ The situation in Iraq looked <u>so serious that</u> it seemed as if the Third World War might break out at any time.
④ According to a recent report, <u>the number of</u> sugar that Americans consume does not vary significantly from year to year.

정답 해설

③ [출제영역] 챕터 03 동사의 유형
'so 형용사/부사 that 주어 + 동사' 완전 구조로 look은 2형식 동사인 감각동사로 주격보어 자리에 '형용사 또는 like 명사'를 써야 한다. 따라서 밑줄 친 부분은 올바르게 쓰였다.

찐Tip 'as if 주어 + 동사'는 '마치 ~인 것처럼'의 뜻으로 쓰인다.

오답 해설

① [출제영역] 챕터 15 비교 구문
원급 비교 구문에서 부사 as를 more로 쓰거나 접속사 as를 than으로 쓸 수 없다. 따라서 than 대신 as로 써야 올바르다.

찐Tip 원급 비교 구문 앞의 문장 구조가 완전하면 부사를 쓴다.

② [출제영역] 챕터 01 문장의 이해
목적어인 us 앞에는 명사가 아닌 동사가 필요하다. 따라서 명사 company 대신 동사 accompany로 써야 올바르다.

④ [출제영역] 챕터 02 단어의 이해
sugar는 불가산 명사이므로 the number of 대신 the amount of로 써야 올바르다.

선지 해석

① 벌과 꽃만큼 친밀하게 연결된 생물은 드물다.
② 내 아버지는 그들이 머무는 장소까지 우리를 동반하지는 않았지만, 내가 가야할 것을 주장했다.
③ 이라크의 상황이 매우 심각해 보여서 마치 제3차 세계 대전이 언제든지 발발할 것처럼 보였다.
④ 최근 보고서에 따르면, 미국인들이 섭취하는 설탕의 양은 해마다 크게 변하지 않는다.

정답 ③

14 밑줄 친 부분 중 어법상 옳지 않은 것은? 2019. 지방직 9급 변형

① This is my number just in case you <u>would like</u> to call me.
② I am busy <u>preparing</u> for a trip to Europe.
③ She <u>has married to</u> her husband for more than two decades.
④ I should buy a book <u>for my son to read</u>.

정답 해설

③ [출제영역] 챕터 03 동사의 유형
marry는 3형식 타동사이므로 전치사 없이 목적어를 수반하지만 수동태로 쓰일 경우에는 'be married to'의 구조로 써야 하므로 has married to 대신 has been married to로 써야 올바르다.

오답 해설

① [출제영역] 챕터 13 접속사
조건 부사절 접속사인 in case는 '~할 경우에 (대비하여)'라는 의미로 쓰이고 미래시제를 현재시제 동사로 대신하므로 밑줄 친 부분은 올바르게 쓰였다.

② [출제영역] 챕터 07 동명사
'~하느라 바쁘다'의 의미로 쓰일 경우 'be busy -ing'로 표현할 수 있다. 따라서 밑줄 친 부분은 올바르게 쓰였다.

④ [출제영역] 챕터 09 부정사
to부정사는 명사를 수식할 수 있고 to부정사의 의미상 주어는 'for + 명사'의 형태로 쓴다. 따라서 밑줄 친 부분인 for my son to read는 올바르게 쓰였다.

선지 해석

① 혹시 내게 전화하고 싶은 경우에 이게 내 번호야.
② 나는 유럽 여행을 준비하느라 바쁘다.
③ 그녀는 남편과 결혼한 지 20년 이상 되었다.
④ 나는 내 아들이 읽을 책을 한 권 사야 한다.

정답 ③

15 밑줄 친 부분 중 어법상 가장 옳지 않은 것은?

2019. 서울시 9급 6월

> Inventor Elias Howe attributed the discovery of the sewing machine ① <u>for</u> a dream ② <u>in which</u> he was captured by cannibals. He noticed as they danced around him ③ <u>that</u> there were holes at the tips of spears, and he realized this was the design feature he needed ④ <u>to solve</u> his problem.

정답 해설

① [출제영역] 챕터 03 동사의 유형
attribute는 3형식 타동사로, 'A를 B의 탓으로 돌리다'의 뜻을 가진 구문으로 'attribute A to B'가 있다. 따라서 for 대신 to로 써야 올바르다.

오답 해설

② [출제영역] 챕터 14 관계사
'전치사 + 관계대명사'가 나오면 전치사에 유의하고 뒤에 완전 구조인지 확인해야 한다. in which 뒤에 수동태 문장인 완전 구조가 올바르게 쓰였고, 꿈속에서의 내용이므로 전치사 in 또한 올바르게 쓰였다.

③ [출제영역] 챕터 13 접속사
동사 noticed 뒤에 that은 명사절 접속사로 목적어 역할을 하고 that 뒤에는 항상 완전 구조를 이끈다. 따라서 that 뒤에 완전 구조로 밑줄 친 부분은 올바르게 쓰였다.

찐Tip noticed와 that 사이에 as they danced around him은 부사절로 삽입된 것이다.

④ [출제영역] 챕터 09 부정사
to부정사는 부사 자리에서도 여러 가지 의미로 쓰일 수 있다. 따라서 밑줄 친 부분인 '~하기 위해서'의 뜻을 가진 부사적 용법으로 밑줄 친 부분은 올바르게 쓰였다.

지문 해석

> 발명가 Elias Howe는 재봉틀의 발견을 식인종에게 붙잡힌 꿈 덕분이라고 말했다. 그는 그들이 그의 주위에서 춤을 출 때 창 끝에 구멍이 있다는 것을 알아차렸고, 그는 이것이 자신의 문제를 해결하는 데 필요한 디자인적 특징이라는 것을 깨달았다.

정답 ①

16 밑줄 친 부분 중 어법상 옳지 않은 것은? 2017. 서울시 9급 변형

① John promised <u>Mary that he would clean his room</u>.
② John told <u>Mary that he would leave early</u>.
③ John believed <u>Mary that she would be happy</u>.
④ John reminded <u>Mary that she should get there early</u>.

정답 해설

③ [출제영역] 챕터 03 동사의 유형
believe는 뒤에 목적어(that절)만 쓰거나 'believe + 목적어 + to부정사'의 형태로 써야 한다. 따라서 John believed that Mary would be happy 또는 John believed Mary to be happy로 써야 올바르다.

찐Tip 'believe + 목적어 + that절'의 형태로는 쓸 수 없다.

오답 해설

① [출제영역] 챕터 03 동사의 유형
promise는 수여동사로 뒤에 that절을 직접목적어로 쓸 수 있다. 따라서 밑줄 친 부분은 올바르게 쓰였다.

② [출제영역] 챕터 03 동사의 유형
tell은 수여동사로 뒤에 that절을 직접목적어로 쓸 수 있다. 따라서 밑줄 친 부분은 올바르게 쓰였다.

④ [출제영역] 챕터 03 동사의 유형 & 챕터 08 분사
remind는 통고, 확신동사로 'remind + A(대상) that절'의 구조로 쓸 수 있다. 따라서 밑줄 친 부분은 올바르게 쓰였다.

선지 해석

① John은 Mary에게 그의 방을 청소할 것이라고 약속했다.
② John은 Mary에게 일찍 떠날 것이라고 말했다.
③ John은 Mary가 행복할 것이라고 믿었다.
④ John은 Mary에게 그곳에 일찍 도착해야 한다고 상기시켰다.

정답 ③

17 밑줄 친 부분 중 어법상 가장 옳지 않은 것은?

2018. 서울시 9급 6월

> *Blue Planet II*, a nature documentary ① produced by the BBC, left viewers ② heartbroken after showing the extent ③ to which plastic ④ affects on the ocean.

정답 해설

④ [출제영역] 챕터 03 동사의 유형
'전치사 + 관계대명사'가 나오면 전치사에 유의하고 뒤에 완전 구조인지 확인해야 한다. affect는 전치사에 주의할 3형식 타동사로 전치사를 쓰지 않고 목적어를 바로 써야하므로 affects on 대신 전치사 on을 삭제한 affects로 써야 올바르다.

오답 해설

① [출제영역] 챕터 08 분사
명사(a nature documentary) 뒤에 produece는 현재분사인지 과거분사인지 확인해야 한다. 문맥상 명사가 만들어지는 것의 수동의 의미이고 뒤에 목적어도 없으므로 과거분사(p.p.) 형태인 produeced는 올바르게 쓰였다.

② [출제영역] 챕터 03 동사의 유형
leave는 5형식 동사로 목적보어 자리에 분사나 형용사를 취할 수 있다. 목적어와 목적보어의 관계가 상태를 나타낼 때는 형용사 형태로도 올 수 있다. 따라서 밑줄 친 부분인 heartbroken은 올바르게 쓰였다.

③ [출제영역] 챕터 14 관계사
which 뒤에 완전 구조로 쓰이고 있으므로 관계대명사는 올 수가 없다. 따라서 관계부사 또는 '전치사 + 관계대명사'로 와야하고, extent는 to와 쓰이므로 전치사 to 또한 올바르게 쓰였다.

지문 해석

> BBC에서 제작한 자연 다큐멘터리인 *Blue Planet II*는 플라스틱이 바다에 어느정도의 범위까지 영향을 미치는지 보여준 후 시청자들을 심적으로 깊이 슬프게 만들었다.

정답 ④

18 다음 문장에서 어법상 가장 적절한 것은?

2018. 경찰 1차

> • The police officer approached ㉠ to the suspected murderer.
> • Your baby looks ㉡ lovely.
> • He will explain ㉢ us how he could pass the test.
> • He was ㉣ disappointing with the result of the test.

① ㉠ ② ㉡
③ ㉢ ④ ㉣

정답 해설

② [출제영역] 챕터 03 동사의 유형
감각동사 look은 2형식 동사로 주격 보어 자리에 '형용사 또는 like 명사'가 올 수 있다. 따라서 '명사 + -ly' 형태인 형용사 lovely는 올바르게 쓰였다.

찐Tip 부사는 '형용사 + -ly'형태로 나타내므로 주의가 필요하고 감각동사(look)를 포함한 2형식 동사의 주격 보어로 부사는 절대 올 수 없다.

오답 해설

① [출제영역] 챕터 03 동사의 유형
approach는 전치사가 필요없는 대표 3형식 타동사이다. 따라서 전치사 to를 삭제해야 올바르다.

③ [출제영역] 챕터 03 동사의 유형
explain은 4형식으로 착각하기 쉬운 3형식 타동사로 4형식 구조인 '간접목적어 + 직접목적어' 목적어 2개를 취할 수 없다. 따라서 us 대신 to us로 써야 올바르다.

④ [출제영역] 챕터 03 동사의 유형 & 챕터 08 분사
disappoint는 감정동사로 be동사 뒤에 보어로 쓰였다. 감정을 느낀다는 의미로 쓰이고 주로 사람을 수식할 경우에는 과거분사(p.p.) 형태로 써야 한다. 따라서 사람을 수식하고 있으므로 disappointing 대신 disappointed로 써야 올바르다.

지문 해석

> • 경찰관은 살인 용의자에게 다가갔다.
> • 당신의 아기는 사랑스러워 보인다.
> • 그는 우리에게 어떻게 시험을 통과했는지 설명할 것이다.
> • 그는 시험 결과에 실망했다.

정답 ②

Chapter 04 동사의 시제

ANSWER

01 ④	02 ②	03 ④	04 ④	05 ②
06 ③	07 ②	08 ①		

01 밑줄 친 부분에 들어갈 말로 가장 적절한 것은?

2025. 출제 기조 전환 1차

> By the time she ____________ her degree, she will have acquired valuable knowledge on her field of study.

① will have finished ② is finishing
③ will finish ④ finishes

정답 해설

④ [출제 영역] 챕터 04 동사의 시제
빈칸은 동사의 시제를 물어보는 문제이다. 시간의 부사절에서는 현재시제가 미래를 대신한다. 따라서 밑줄 친 부분에 들어갈 말로 가장 적절한 것은 'finishes'이다.

지문 해석

그녀는 학위를 마치고, 그녀는 공부 분야에서 귀중한 지식을 획득할 것이다.

정답 ④

02 밑줄 친 부분 중 어법상 옳은 것은? 2021. 국가직 9급 변형

① This guide book tells you where should you visit in Hong Kong.
② I was born in Taiwan, but I have lived in Korea since I started work.
③ The novel was so excited that I lost track of time and missed the bus.
④ It's not surprising that book stores don't carry newspapers any more, doesn't it?

정답 해설

② [출제영역] 챕터 04 동사의 시제
bear는 타동사로 '(아이를) 낳다'라는 뜻으로 쓰이고 뒤에 목적어가 없을 때 'be born'의 형태로 '태어나다'라는 의미로 쓰인다. 따라서 밑줄 친 부분인 was born은 올바르게 쓰였다.

찐Tip 'since 주어 + 과거시제 동사'는 주절에 현재완료 시제 동사와 함께 쓰이므로 주어진 문장에서 have lived 또한 올바르게 쓰였다.

오답 해설

① [출제영역] 챕터 01 문장의 이해
간접의문문의 어순은 '의문사 + (주어) + 동사'이므로 밑줄 친 부분인 4형식 동사인 tell의 직접목적어 자리에 쓰인 간접의문문의 어순을 where should you 대신 where you should로 써야 올바르다.
③ [출제영역] 챕터 08 분사
사물을 수식할 때 감정분사는 현재분사형으로 쓰므로 밑줄 친 부분인 'the novel'을 수식해 주는 감정분사는 excited 대신 exciting으로 써야 올바르다.
④ [출제영역] 챕터 01 문장의 이해
부가의문문은 평서문과 반대의 상황으로 만든다. 평서문이 부정문이기 때문에 부가의문문은 긍정으로 만들어야 한다. 또한 평서문의 동사에 맞춰서 부가의문문의 조동사를 써야 하므로 doesn't it 대신 is it으로 써야 올바르다.

선지 해석

① 이 안내서는 홍콩에서 어디를 방문해야 하는지 알려준다.
② 나는 대만에서 태어났지만, 일을 시작한 이후로 한국에 살았다.
③ 그 소설은 너무 재밌어서 시간 가는줄 몰랐고 버스를 놓쳤다.
④ 책 가게들이 더 이상 신문을 취급하지 않는 것은 놀라운 일이 아니야, 그렇지 않니?

정답 ②

03 밑줄 친 부분 중 어법상 옳지 않은 것은? 2015. 국가직 9급 변형

① He had his political enemies imprisoned.
② There can be no true liberty unless there is economic liberty.
③ I look forward to doing business with you as soon as possible.
④ When he left his hometown thirty years ago, little does he dream that he could never see it again.

정답 해설

④ [출제영역] 챕터 04 동사의 시제
'When 주어 과거동사'가 나오면 주절(접속사가 없는 주어 동사 부분)도 과거 관련 시제로 나와야 한다. 따라서 뒤에 현재동사 does 대신 과거동사 did로 써야 올바르다.

찐Tip 부정부사(little)가 문두에 나오면 '조동사+ 주어~'인 도치 구조를 취한다.

오답 해설

① [출제영역] 챕터 03 동사의 유형
사역동사 have는 목적어와 목적보어의 관계가 수동일 경우에는 목적보어 자리에 과거분사(p.p.)를 써야 한다. 목적어(his political enemies)가 투옥되는 것이므로 목적보어에 과거분사 imprisoned는 올바르게 쓰였다.
② [출제영역] 챕터 13 접속사
조건 부사절 접속사(unless)에서 주어 + 동사 완전 구조로 써야 하고 뒤에 부정어 표현은 나올 수 없다. 따라서 밑줄 친 부분은 올바르게 쓰였다.
③ [출제영역] 챕터 07 동명사
'~하기를 기대하다'의 뜻을 가진 구문으로 'look forward to -ing'가 있다. 따라서 밑줄 친 부분은 올바르게 쓰였다.

선지 해석

① 그는 자신의 정적들을 투옥시켰다.
② 경제적 자유가 없다면 진정한 자유가 있을 수 없다.
③ 나는 가능하면 빨리 당신과 거래할 수 있기를 바란다.
④ 30년 전 고향을 떠날 때, 그는 다시는 고향을 못 볼거라고 꿈에도 생각지 않았다.

정답 ④

04 다음 글의 ㉠, ㉡에서 어법에 맞는 표현을 골라 가장 올바르게 짝지은 것은?

2014. 경찰 2차

> For the last fifty years, advances in chemistry ㉠ brought / have brought many positive changes to the American lifestyle. ㉡ Most / Almost people have simply trusted the government and corporationsto ensure the safety of the new product.

	㉠	㉡
①	brought	Almost
②	brought	Most
③	have brought	Almost
④	have brought	Most

정답 해설

④ [출제영역] 챕터 04 동사의 시제

㉠ 'for 기간' 시간부사는 완료시제 동사를 확인한다. 따라서 현재완료시제 형태(have p.p.)인 have brought로 써야 올바르다.

㉡ most는 '대부분'을 뜻하는 형용사이고, almost는 '거의'를 뜻하는 부사이다. 명사(people)를 수식할 수 있는 것은 부사가 아닌 형용사이므로 Most로 써야 올바르다.

지문 해석

> 지난 50년 동안 화학 분야의 발전은 미국의 생활 방식에 많은 긍정적인 변화를 가져왔다. 대부분의 사람들은 신제품의 안전성을 보장하는 데 정부와 기업을 단순히 신뢰해 왔다.

정답 ④

05 밑줄 친 부분 중 어법상 옳은 것은?

2013. 국가직 9급 변형

① The house which they have lived for 10 years was badly damaged by the storm.

② It was not until when he failed the math test that he decided to study hard.

③ We had nothing to eat left in the refrigerator, we had to eat out last night.

④ We were enough fortunate to visit the Grand Canyon, which has much beautiful landscape.

정답 해설

② [출제영역] 챕터 04 동사의 시제

'~하고 나서야 (비로소) ~하다'의 뜻을 가진 구문으로 'It be + not until ~ + that 주어 + 동사'가 있다. 따라서 밑줄 친 부분은 올바르게 쓰였다.

오답 해설

① [출제영역] 챕터 14 관계사

관계대명사 which 뒤에 완전 구조를 취하므로 관계대명사 which 대신 in which 또는 where로 써야 올바르다.

③ [출제영역] 챕터 01 문장의 이해

절과 절은 연결하려면 접속사가 반드시 필요하다. 따라서 주어 동사와 주어 동사 사이 we had 앞에 접속사 so를 넣어야 올바르다.

④ [출제영역] 챕터 02 단어의 이해

부사 enough는 형용사나 부사를 후치 수식한다. 따라서 enough fortunate 대신 fortunate enough로 써야 올바르다.

찐Tip ,(콤마) 다음 that절은 올 수 없으므로 ,that 대신 ,which로 써야 올바르다.

선지 해석

① 그들이 10년간 살았던 집이 폭풍에 심하게 손상되었다.

② 수학 시험에 실패했을 때에서야 그는 공부를 열심히 하기로 결심했다.

③ 냉장고에 먹을 것이 하나도 남아있지 않아서, 어젯밤에 우리는 외식을 해야 했다.

④ 우리는 운이 좋게도 그랜드캐넌을 방문했는데, 거기에는 경치가 아름다운 곳이 많다.

정답 ②

06 다음 빈칸에 들어갈 표현으로 가장 적절한 것은?

2018. 경찰 2차

> Maggie will be waiting for me when my flight _______ this evening.

① will arrive
② is arrived
③ arrives
④ will have arrived

정답 해설

③ [출제영역] 챕터 04 동사의 시제

시간, 조건 부사절 접속사 다음에는 미래시제 대신 현재 동사로 쓴다. 또한 arrive는 왕래발착동사인 대표 1형식 자동사이므로 수동태로 쓸 수 없다. 따라서 arrives로 써야 올바르다.

지문 해석

> 오늘 저녁에 내 비행기가 도착할 때, Maggie는 나를 기다리고 있을 것이다.

정답 ③

07 다음 밑줄 친 부분 중 어법상 가장 적절한 것은?

2018. 경찰 3차

① The game was <u>watching</u> outside the stadium on a huge screen.
② We will never get to the meeting unless the train <u>leaves</u> within five minutes.
③ With sunshine <u>streamed</u> through the window, Hugh found it impossible to sleep.
④ The water which she <u>fell</u> was freezing cold.

정답 해설

② [출제영역] 챕터 04 동사의 시제
unless와 같은 조건 부사절 접속사 다음에는 미래시제 대신 현재 동사로 쓴다. 따라서 밑줄 친 부분인 leaves가 올바르게 쓰였다.

오답 해설

① [출제영역] 챕터 03 동사의 유형
지각동사 watch는 목적어와 목적보어의 관계가 수동일 경우에는 목적보어 자리에 과거분사(p.p.)를 써야 한다. 주어(the game)가 보여지는 것이므로 watching 대신 watched로 써야 올바르다.

찐Tip watch 뒤에 목적어가 없으므로 수동형(be p.p.)으로 쓴다.

③ [출제영역] 챕터 08 분사
with 분사구문으로 'with + 목적어' 다음 목적보어 자리에 능동(-ing)인지 수동(p.p.)인지 확인해야 한다. stream은 자동사이므로 수동태 형태로 쓸 수 없다. 따라서 streamed 대신 streaming으로 써야 올바르다.

④ [출제영역] 챕터 14 관계사
관계대명사 which는 불완전 구조를 취한다. fall은 '떨어지다'의 의미로 쓰일 때는 1형식 자동사이므로 fell 대신 전치사 into를 삽입한 fell into로 써야 불완전한 구조가 되어 올바르다.

선지 해석

① 경기는 경기장 밖에서 거대한 화면으로 시청되었다.
② 우리는 기차가 5분 안에 떠나지 않으면 회의에 도착하지 못할 것이다.
③ 창문을 통해 햇빛이 들어온 채로, Hugh는 자는 것이 불가능하다고 생각했다.
④ 그녀가 빠졌던 물은 얼음장 같이 차가웠다.

정답 ②

08 밑줄 친 부분 중 어법상 옳은 것은?

2018. 지방직 9급 변형

① He <u>went</u> to the station a few days ago to see off his friend.
② The spoiled boy <u>made it believe</u> he didn't hear his father calling.
③ I have never been to Buffalo, so I am looking forward <u>to go</u> there.
④ I have not read today's newspaper yet. Is there anything <u>interested</u> in it?

정답 해설

① [출제영역] 챕터 04 동사의 시제
'시간 ago'라는 명백한 과거를 나타내는 과거 시간 부사가 나오면 반드시 과거동사(went)를 확인한다. 따라서 밑줄 친 부분은 올바르게 쓰였다.

찐Tip see off는 '~를 배웅하다'의 뜻으로 쓰인다.

오답 해설

② [출제영역] 챕터 09 부정사
'~인 체하다'라는 표현은 make believe로 써야 한다. 따라서 made it believe 대신 made believe로 써야 올바르다.

찐Tip 'make it believe'는 없는 표현이다.

③ [출제영역] 챕터 07 동명사
'~하기를 기대하다'의 뜻을 가진 구문으로 'look forward to -ing'가 있다. 따라서 to go 대신 to going으로 써야 올바르다.

찐Tip have been to는 '~에 가본 적이 있다'의 뜻으로 쓰인다.

④ [출제영역] 챕터 08 분사
사물을 수식할 때 감정분사는 현재분사형으로 쓴다. 따라서 밑줄 친 부분인 'anything'을 수식해 주는 감정분사는 interested 대신 interesting으로 써야 올바르다.

선지 해석

① 그는 며칠 전에 친구를 배웅하기 위해 역으로 갔다.
② 버릇없는 그 소년은 아버지가 부르는 것을 못 들은 체했다.
③ 나는 버팔로에 가본 적이 없어서 그곳에 가기를 고대하고 있다.
④ 나는 아직 오늘 신문을 못 읽었어. 뭐 재미있는 것 있니?

정답 ①

Chapter 05 주어와 동사 수 일치

ANSWER

01 ①	02 ①	03 ③	04 ②	05 ③
06 ③	07 ①	08 ③	09 ②	10 ②
11 ②	12 ④	13 ④	14 ①	15 ③
16 ③	17 ④	18 ③		

01 밑줄 친 부분 중 어법상 옳지 않은 것은?

2025. 출제 기조 전환 1차

You may conclude that knowledge of the sound systems, word patterns, and sentence structures ① <u>are</u> sufficient to help a student ② <u>become</u> competent in a language. Yet we have ③ <u>all</u> worked with language learners who understand English structurally but still have difficulty ④ <u>communicating</u>.

정답 해설

① [출제 영역] 챕터 05 주어와 동사 수 일치
동사의 주어가 단수 명사(knowledge)이므로 단수 동사로 수 일치해야 한다. 따라서 are 대신 is로 써야 올바르다.

오답 해설

② [출제 영역] 챕터 03 동사의 유형
help의 목적보어로 원형 부정사와 to부정사가 올 수 있다. 따라서 밑줄 친 부분은 올바르게 쓰였다.

③ [출제 영역] 챕터 02 단어의 이해
all은 부사로 조동사 have 뒤에서 쓸 수 있다. 따라서 밑줄 친 부분은 올바르게 쓰였다.

④ [출제 영역] 챕터 07 동명사
'~하는 데 어려움을 겪다'의 뜻으로 쓰일 때는 'have difficulty[trouble, a hard time] -ing'의 동명사 관용 구문 표현으로 쓸 수 있다. 따라서 밑줄 친 부분을 올바르게 쓰였다.

지문 해석

사운드 시스템, 단어 패턴, 문장 구조는 언어에서 유능한 학생에게 유능한 사람이 될 수 있다는 결론을 내릴 수 있다. 그러나 우리는 모두 영어를 구조적으로 이해하지만 여전히 의사 소통하는 데 어려움을 겪는다.

정답 ①

02 밑줄 친 부분 중 어법상 옳은 것은? 2024. 국가직 9급 변형

① We are glad that <u>the number of</u> applicants is increasing.
② I <u>have received</u> the last e-mail from him two years ago.
③ The bed <u>which</u> he slept last night was quite comfortable.
④ They exchanged <u>New Year's greetings each other</u> on screen.

정답 해설

① [출제 영역] 챕터 05 주어와 동사 수 일치
the number of는 복수 명사와 단수 동사로 쓰고 '명사의 수'로 해석된다. 따라서 밑줄 친 부분은 올바르게 쓰였다.

오답 해설

② [출제 영역] 챕터 04 동사의 시제
시간 ago와 같은 명백한 과거를 나타내는 과거 시간 부사가 나오면 반드시 과거 동사를 확인해야 한다. 따라서 완료시제 have received 대신 과거시제 received로 써야 올바르다.

③ [출제 영역] 챕터 14 관계사
관계대명사 뒤의 문장 구조는 불완전 구조이어야 한다. 관계대명사 뒤에 1형식 자동사(slept)가 쓰여 완전한 구조이므로 관계대명사 which 대신 전치사 + 관계대명사인 in which 또는 관계부사 where로 써야 한다.

④ [출제 영역] 챕터 01 문장의 이해
해당 문장은 이미 주어, 동사, 목적어로 완전한 구조로 구성되어 있는데 뒤에 대명사(each other)가 나와 있으므로 부사구의 역할을 할 수 있도록 전명구(전치사 + 명사)로 바꿔줘야 한다. 따라서 밑줄 친 부분인 each other 앞에 with을 추가해야 한다.

선지 해석

① 지원자 수가 증가하고 있어서 우리는 기쁘다.
② 나는 2년 전에 그에게서 마지막 이메일을 받았다.
③ 어젯밤에 그가 잔 침대는 꽤 편안했다.
④ 그들은 영상으로 새해 인사를 교환했다.

정답 ①

03 밑줄 친 부분 중 어법상 옳지 않은 것은? 2023. 국가직 9급

While advances in transplant technology have made ① <u>it</u> possible to extend the life of individuals with end-stage organ disease, it is argued ② <u>that</u> the biomedical view of organ transplantation as a bounded event, which ends once a heart or kidney is successfully replaced, ③ <u>conceal</u> the complex and dynamic process that more ④ <u>accurately</u> represents the experience of receiving an organ.

정답 해설

③ [출제영역] 챕터 05 주어와 동사 수 일치
주어와 동사 사이에 있는 수식어는 주어와 동사 수 일치에 영향을 미치지 않는다. 따라서 주어는 단수 주어인 the biomedical view이므로 conceal 대신 단수 동사 conceals로 써야 올바르다.

찐Tip 최근에는 주어와 동사 사이에 많은 수식어를 넣어 긴 문장이 출제되므로 주어와 동사를 제대로 찾는 연습이 필요하다.

오답 해설

① [출제영역] 챕터 09 부정사
'5형식 동사(make) + 가목적어 it + 목적보어(형용사/명사) + (for 의미상 주어) + to부정사'의 구조로 to부정사를 받아주기 위한 가목적어 it이 있는지 반드시 확인해야 한다. 따라서 밑줄 친 부분은 올바르게 쓰였다.

찐Tip 이외 5형식 동사로는 believe, consider, find, think가 있다.

② [출제영역] 챕터 06 수동태
3형식 that절 구조의 수동태로 It be p.p. that절로 가주어 It과 진주어 that절은 올바르게 쓰였고, 명사절 접속사 that은 완전 구조를 수반하므로 뒤에 완전 구조가 온 것 또한 올바르게 쓰였다.

④ [출제영역] 챕터 02 단어의 이해
형용사와 부사를 구분하는 문제이다. 동사 represents를 수식하는 것은 형용사가 아닌 부사이다. 따라서 밑줄 친 부분인 부사 accurately는 올바르게 쓰였다.

지문 해석

이식 기술의 발전으로 장기 질환 말기인 환자들의 수명을 연장하는 것을 가능하게 했지만, 장기이식을 심장이나 신장이 성공적으로 교체되면 끝나는 제한적인 사건으로 보는 생물 의학적 관점이 장기를 이식받는 경험을 더 정확하게 나타내주는 복잡하고 역동적인 과정을 숨긴다는 주장이 제기되고 있다.

정답 ③

04 밑줄 친 부분 중 어법상 가장 적절하지 않은 것은?

2020. 경찰 1차 변형

① I'm feeling sick. I shouldn't have eaten so much.
② Most of the suggestions made at the meeting was not very practical.
③ Providing the room is clean, I don't mind which hotel we stay at.
④ We'd been playing tennis for about half an hour when it started to rain heavily.

정답 해설

② [출제영역] 챕터 05 주어와 동사 수 일치
'most of'는 뒤에 나오는 명사에 수 일치해야 한다. 뒤의 명사(the suggestions)가 복수 형태이므로 단수 동사 was 대신 복수 동사 were로 써야 올바르다.

찐Tip make는 명사(the suggestions)를 후치 수식하는 것으로 뒤에 목적어도 없고 문맥상 제안들이 만들어지는 것이므로 과거분사 made는 올바르게 쓰였다.

오답 해설

① [출제영역] 챕터 10 조동사
should have p.p.는 '~하지 말았어야 했다'의 뜻으로 과거에 대한 후회나 유감을 나타낸다. 따라서 문맥상 '많이 먹지말아야 했다'의 뜻이 자연스러우므로 밑줄 친 부분은 올바르게 쓰였다.
③ [출제영역] 챕터 13 접속사
Providing은 부사절 접속사로 S + V와 S + V를 연결해주는 역할을 한다. 따라서 밑줄 친 부분은 올바르게 쓰였다.
④ [출제영역] 챕터 04 동사의 시제
when 주어 + 과거시제 동사로 나왔기 때문에, 주절은 과거보다 앞선 시점을 표현하는 과거완료시제(had p.p.)를 쓸 수 있다. 따라서 밑줄 친 부분은 올바르게 쓰였다.

선지 해석

① 나 몸이 안 좋아. 그렇게 많이 먹지 말았어야 했어.
② 회의에서 제안된 대부분의 의견은 실용적이지 않았다.
③ 방이 깨끗하다면, 나는 어떤 호텔에서 머물러도 상관없다.
④ 우리는 테니스를 30분정도 치고 있었는데 비가 많이 오기 시작했다.

정답 ②

05 밑줄 친 부분에 들어갈 가장 적절한 것은?

2014. 지방직 9급

A tenth of the automobiles in this district ________ alone stolen last year.

① was
② had been
③ were
④ have been

정답 해설

③ [출제영역] 챕터 05 주어와 동사 수 일치
부분을 나타내는 명사가 나오면 of 뒤에 명사를 확인해서 동사와 수 일치한다. 따라서 분수 of 뒤에 명사(the automobiles)가 복수 형태이므로 복수 동사를 써야 하고, 'last year'은 과거 시간 부사로 단순 과거시제 동사와 쓰이므로 were이 가장 적절하다.

지문 해석

작년에 이 지역의 자동차 중 10분의 1이 도난당했다.

정답 ③

06 밑줄 친 부분 중 어법상 가장 옳지 않은 것은?

2017. 경찰 2차

① Creating the electrical energy also creates environmental problems. We can't give up electricity, but we can control the ways we use ② it. We can use alternative sources of energy that ③ is not as harmful to the environment as those which we are presently ④ using.

정답 해설

③ [출제영역] 챕터 05 주어와 동사 수 일치
주격 관계대명사가 이끄는 절의 동사는 선행사와 수 일치한다. 선행사(alternative sources)가 복수 형태이므로 단수 동사 is 대신 복수 동사 are로 써야 올바르다.

오답 해설

① [출제영역] 챕터 07 동명사
동명사는 문장의 주어로 쓸 수 있다. 따라서 creating은 올바르게 쓰였다.
② [출제영역] 챕터 02 단어의 이해
대명사 it은 앞 명사 electricity를 지칭하는 것으로 단수 형태이므로 단수 대명사 it은 올바르게 쓰였다.
④ [출제영역] 챕터 04 동사의 시제
현재진행형(am/are/is -ing) 구조로 using은 올바르게 쓰였다.

지문 해석

전기 에너지를 생성하는 것은 환경 문제를 야기한다. 우리는 전기를 포기할 수는 없지만, 우리는 그것을 사용하는 방식을 통제할 수 있다. 우리는 현재 사용하고 있는 것보다 환경에 덜 해로운 대체 에너지원을 사용할 수 있다.

정답 ③

07 밑줄 친 부분 중 어법상 옳은 것은? 2014. 지방직 9급 변형

① Many a careless walker was killed in the street.
② Each officer must perform their duties efficient.
③ However you may try hard, you cannot carry it out.
④ German shepherd dogs are smart, alert, and loyalty.

정답 해설

① [출제영역] 챕터 05 주어와 동사 수 일치
'many a 단수 명사'는 단수 동사와 수 일치가 올바르게 쓰였고, kill은 타동사로 뒤에 목적어가 없으므로 수동태(be p.p.) 또한 올바르게 쓰였다.

오답 해설

② [출제영역] 챕터 02 단어의 이해
완전한 문장 구조에서 동사를 수식해 주는 부사가 필요하므로 형용사 efficient 대신 부사 efficiently로 써야 올바르다.
③ [출제영역] 챕터 14 관계사
however는 형용사/부사와 쓰일 때는 'however + 형용사/부사 + 주어 + 동사' 구조를 쓴다. 따라서 However you may try hard 대신 However hard you may try로 써야 올바르다.

찐Tip 타동사와 부사로 구성된 이어 동사가 대명사 목적어를 취할 때 어순이 중요한데 '타동사 + 부사 + 대명사'가 아닌 '타동사 + 대명사 + 부사' 순서로 써야 하므로 'carry it out'은 올바르게 쓰였다.

④ [출제영역] 챕터 13 접속사
밑줄 친 부분인 등위접속사(and)를 기준으로 '형용사, 형용사, and 형용사'의 병렬 구조가 되어야 한다. 따라서 명사 loyalty 대신 형용사 loyal로 써야 올바르다.

선지 해석

① 부주의한 보행자들 중 많은 사람들이 길에서 사망했다.
② 각 관리자는 자신의 업무를 효율적으로 수행해야 한다.
③ 어떻게 노력하든, 그것을 이행할 수 없다.
④ German shepherd 개들은 똑똑하고, 경계심이 강하며, 충성스럽다.

정답 ①

08 밑줄 친 부분 중 어법상 옳은 것은? 2012. 지방직 9급 변형

① Without plants to eat, animals must leave from their habitat.
② He arrived with Owen, who was weak and exhaust.
③ This team usually work late on Fridays.
④ Beside literature, we have to study history and philosophy.

정답 해설

③ [출제영역] 챕터 05 주어와 동사 수 일치
team, committee, audience, family와 같은 집합명사는 해석상 집합명사에 관련된 사람들을 지칭하면 복수 동사를 써야한다. 따라서 문맥상 일을 하는 것은 팀의 구성원들, 즉 사람들이기 때문에 복수동사 work는 올바르게 쓰였다.

찐Tip team, committee, audience, family와 같은 집합명사는 해석상 집합 전체 개념을 지칭하면 단수 동사를 쓴다.

오답 해설

① [출제영역] 챕터 03 동사의 유형
leave는 '~을/를 떠나다'라는 뜻의 3형식 타동사로 전치사 없이 바로 목적어를 취할 수 있으므로 전치사에 주의한다. 따라서 leave from 대신 전치사 from을 삭제한 leave로 써야 올바르다.
② [출제영역] 챕터 03 동사의 유형 & 챕터 13 접속사
be 동사의 주격 보어로 형용사가 와야 한다. 따라서 등위접속사(and) 기준으로 형용사 weak와 병치구조를 맞춰서 동사 exhaust 대신 형용사 exhausted로 써야 올바르다.
④ [출제영역] 챕터 13 접속사
문맥상 '~외에'의 뜻이 자연스러우므로 Beside 대신 Besides로 써야 올바르다.

찐Tip beside는 '~옆에'의 뜻으로 쓰인다.

선지 해석

① 먹을 식물이 없다면, 동물들은 서식지를 떠나야 한다.
② 그는 약해지고 지친 Owen과 함께 도착했다.
③ 이 팀은 일반적으로 금요일에 늦게까지 일한다.
④ 문학 외에도, 우리는 역사와 철학을 공부해야 한다.

정답 ③

09 밑줄 친 부분 중 어법상 옳지 않은 것은? 2012. 지방직 7급

The number of people ① taking cruises ② continue to rise and ③ so does the number of complaints about cruise lines. Sufficient ④ information is still missing.

정답 해설

② [출제영역] 챕터 05 주어와 동사 수 일치
'the number of 복수 명사'가 주어 자리에 쓰일 때 단수 동사와 수 일치하므로 복수 동사 continue를 단수 동사 continues로 고쳐야 한다.

오답 해설

① [출제영역] 챕터 06 수동태
people이 크루즈 타는 것의 주체이므로 능동형 taking은 올바르게 쓰였다.
③ [출제영역] 챕터 11 도치 구문과 강조 구문
'S + V (긍정) ~, and so + 조동사 + 주어'의 구조는 '~도 그렇다'의 뜻으로 쓰인다. 따라서 밑줄 친 부분은 올바르게 쓰였다.
④ [출제영역] 챕터 02 단어의 이해
information은 대표적인 불가산 명사이므로 단수를 의미하는 a(n) 또는 복수(-s) 표시하지 않는다. 따라서 information은 올바르게 쓰였다.

지문 해석

크루즈를 타는 사람들의 수는 계속해서 증가하고 있으며, 그에 따라 크루즈 경로에 대한 불만의 수도 증가하고 있다. 충분한 정보가 아직 부족하다.

정답 ②

10 밑줄 친 부분 중 어법상 옳지 않은 것은? 2015. 지방직 7급

The immune system in our bodies ① fights the bacteria and viruses which cause diseases. Therefore, whether or not we are likely to get various diseases ② depend on how well our immune system works. Biologists used to ③ think that the immune system was a separate, independent part of our body, but recently they ④ have found that our brain can affect our immune system. This discovery indicates that there may be a connection between emotional factors and illness.

정답 해설

② [출제영역] 챕터 05 주어와 동사 수 일치
주어는 명사절인 'whether or not we are likely to get various diseases'이다. 명사절은 단수 취급하므로 복수 동사 depend 대신 단수 동사 depends로 써야 올바르다.

오답 해설

① [출제영역] 챕터 05 주어와 동사 수 일치
주어(The immune system)가 단수이므로 단수 동사 fights는 올바르게 쓰였다.

③ [출제영역] 챕터 09 부정사
used to는 '~ 하곤 했다'의 뜻으로 used to 뒤에는 동사원형을 써야 한다. 따라서 think는 올바르게 쓰였다.

④ [출제영역] 챕터 04 동사의 시제
recently의 시간 부사는 완료시제 동사와 잘 쓰인다. 따라서 have found는 올바르게 쓰였다.

지문 해석

우리 몸의 면역 체계는 질병을 일으키는 원인인 박테리아와 바이러스랑 싸운다. 따라서 우리가 다양한 질병에 걸릴지 말지는 우리의 면역 체계가 얼마나 잘 작동하는지에 따라 달려있다. 생물학자들은 예전에는 우리의 면역 체계가 우리 몸의 별개이고 독립된 부분인 것으로 생각했지만, 최근에 그들은 우리의 뇌가 우리의 면역 체계에 영향을 줄 수 있다는 것을 발견했다. 이 발견은 감정적 요인과 질병 간에 관계가 있을 수 있음을 보여준다.

정답 ②

11 다음 밑줄 친 부분 중 어법상 옳지 않은 것은? 2022. 국가직 9급

To find a good starting point, one must return to the year 1800 during ① which the first modern electric battery was developed. Italian Alessandro Volta found that a combination of silver, copper, and zinc ② were ideal for producing an electrical current. The enhanced design, ③ called a Voltaic pile, was made by stacking some discs made from these metals between discs made of cardboard soaked in sea water. There was ④ such talk about Volta's work that he was requested to conduct a demonstration before the Emperor Napoleon himself.

정답 해설

② [출제영역] 챕터 05 주어와 동사 수 일치
문장의 주어(a combination)가 단수 형태이므로 복수 동사 were 대신 단수 동사 was로 써야 올바르다.

오답 해설

① [출제영역] 챕터 14 관계사
during which는 '전치사 + 관계대명사'로 뒤에 주어와 동사 완전 구조를 취한다. which 뒤의 문장이 완전 구조이므로 밑줄 친 부분은 올바르게 쓰였다.

③ [출제영역] 챕터 08 분사
분사의 수식을 받는 명사가 행동을 당하는 수동의 의미인 경우에는 과거분사로 써야 한다. 따라서 주어(The enhanced design) 가 'a Voltaic pile'이라고 불리는 것이므로 과거분사 called는 올바르게 쓰였다.

④ [출제영역] 챕터 13 접속사
'such 명사 that절'은 '너무 ~해서 …하다'라는 의미로 밑줄 친 부분은 올바르게 쓰였다.

지문 해석

좋은 출발점을 찾기 위해서는, 최초의 현대식 전기 건전지가 개발된 1800년으로 돌아가야 한다. 이탈리아의 알레산드로 볼타(Alessandro Volta)는 은, 구리 및 아연의 조합이 전기 전류를 생성하기에 이상적이라는 것을 발견했다. 개선된 디자인인 "볼타 전지(a Voltaic pile)"는 이러한 금속으로 만든 디스크를 바닷물에 적셔진 골판지 디스크 사이에 쌓음으로써 만들어졌다. 볼타의 연구에 대한 이야기가 많았기 때문에 그는 황제 나폴레옹 앞에서 시연을 하도록 요청받았다.

정답 ②

12 밑줄 친 부분 중 어법상 가장 옳지 않은 것은?

2017. 서울시 9급 변형

> The idea that justice ① <u>in allocating</u> access to a university has ② <u>something</u> to do with the goods that ③ <u>universities properly</u> pursue ④ <u>explain why</u> selling admission is unjust.

정답 해설

④ [출제영역] 챕터 05 주어와 동사 수 일치
동사 explain의 주어는 동격 that절 앞에 The idea이다. 따라서 단수형태 명사와 수 일치해야 하므로 explain 대신 단수 동사 explains로 써야 올바르다.

오답 해설

① [출제영역] 챕터 07 동명사
전치사 in 뒤에는 동명사를 써야 한다. 따라서 동명사 allocating은 올바르게 쓰였다.

② [출제영역] 챕터 02 단어의 이해
'~와 관련[관계]이 있다'의 뜻으로 쓰일 때는 'have something to do with'의 표현으로 쓸 수 있다. 따라서 밑줄 친 부분은 올바르게 쓰였다.

③ [출제영역] 챕터 05 주어와 동사 수 일치 & 챕터 02 단어의 이해
관계대명사 that절의 동사 pursue는 명사(universities)와 수 일치해야 하므로 복수 형태로 올바르게 쓰였다. 또한 동사 pursue를 수식하는 부사 properly 또한 올바르게 쓰였다.

지문 해석

> 대학에 대한 접근을 배분하는 데 있어서 정의(공평)가 대학들이 올바르게 추구하는 가치와 관련이 있다는 생각은 대학 입학증을 판매하는 것이 왜 불공평한지를 설명해 준다.

정답 ④

13 밑줄 친 부분 중 어법상 가장 적절하지 않은 것은?

2018. 경찰 3차

> If properly stored, broccoli will stay ① <u>fresh</u> for up to four days. The best way to store fresh bunches is to refrigerate them in an open plastic bag in the vegetable compartment, ② <u>which</u> will give them the right balance of humidity and air, and help preserve the vitamin C content. Don't wash the broccoli before ③ <u>storing</u> it since moisture on its surface ④ <u>encourage</u> the growth of mold.

정답 해설

④ [출제영역] 챕터 05 주어와 동사 수 일치
문장의 주어(moisture on its surface)가 단수 주어이므로 복수 동사 encourage 대신 단수 동사 encourages로 써야 올바르다.

오답 해설

① [출제영역] 챕터 03 동사의 유형
stay는 대표 2형식 자동사로 주격 보어 자리에 형용사를 쓴다. 따라서 형용사 fresh는 올바르게 쓰였다.

② [출제영역] 챕터 14 관계사
명사(compartment) 뒤에 which는 관계대명사로 뒤의 문장 구조가 불완전 구조인지 확인해야 한다. 밑줄 친 부분인 which 뒤에 주어가 빠진 불완전 문장으로 올바르게 쓰였다.

③ [출제영역] 챕터 08 분사
접속사 before 뒤에 동사 store에 -ing가 붙은 형태로 분사구문이 되었다. 뒤에 목적어(it)가 있는 것으로 보아 능동 형태 storing은 올바르게 쓰였다.

지문 해석

> 적절하게 보관한다면, 브로콜리는 최대 4일 동안 신선하게 유지될 것이다. 신선한 송이들을 보관하는 가장 좋은 방법은 채소 칸에 개봉된 플라스틱 봉지에 넣어 냉장 보관하는 것이고 이렇게 하면 적절한 습도와 공기 균형을 유지할 수 있으며 비타민 C 함량을 보존하는 데 도움이 된다. 브로콜리를 보관하기 전에 씻지 마라. 왜냐하면 표면에 있는 수분은 곰팡이의 성장을 촉진시킬 수 있기 때문이다.

정답 ④

14 밑줄 친 부분 중 어법상 가장 옳지 않은 것은?

2016. 서울시 9급

> He acknowledged that ① <u>the number</u> of Koreans were forced ② <u>into</u> labor ③ <u>under harsh conditions</u> in some of the locations ④ <u>during the 1940's</u>.

정답 해설

① [출제영역] 챕터 05 주어와 동사 수 일치
the number of는 '명사의 수'라는 뜻으로 뒤에 단수 동사와 수 일치한다. 그러나 문장의 동사는 were인 것으로 보아 '많은 명사'를 뜻하는 a number of로 써야 한다. 따라서 the 대신 a로 써야 올바르다.

오답 해설

② [출제영역] 챕터 02 단어의 이해
'~하도록 억지로 강요받다'의 뜻을 의미하는 구문으로 'be forced into'는 올바르게 쓰였다.

③ [출제영역] 챕터 02 단어의 이해
'~의 조건하에서'의 뜻을 의미하는 구문으로 'under ~ conditions'은 올바르게 쓰였다.

④ [출제영역] 챕터 15 전치사
during은 어떤 상황이 발생하고 있는 때를 가리킬 때 쓰이고 for는 어떤 상황이 얼마나 오랜기간 계속되는지를 나타낼 때 쓴다. '1940년대'라는 상황이 발생하고 있는 때를 나타내기 위해 during the 1940's은 올바르게 쓰였다.

지문 해석

그는 1940년대 일부 지역에서 많은 한국인들이 억압적인 조건에서 강제로 일을 하도록 강요받았다는 것을 인정했다.

정답 ①

15 밑줄 친 부분 중 어법상 가장 옳지 않은 것은?

2019. 서울시 9급 6월

Squid, octopuses, and cuttlefish are all ① types of cephalopods. ② Each of these animals has special cells under its skin that ③ contains pigment, a colored liquid. A cephalopod can move these cells toward or away from its skin. This allows it ④ to change the pattern and color of its appearance.

정답 해설

③ [출제영역] 챕터 05 주어와 동사 수 일치
주격 관계대명사 that의 선행사가 its skin이 아니고 special cells이므로 special cells와 수 일치해야 한다. 따라서 단수 동사 contains 대신 복수 동사 contain으로 써야 올바르다.

오답 해설

① [출제영역] 챕터 02 단어의 이해
all과 함께 복수 형태인 types는 올바르게 쓰였다.

② [출제영역] 챕터 02 단어의 이해
'each of 복수 명사'는 단수 동사와 수 일치한다. 따라사 단수 동사 has와 수 일치하는 밑줄 친 부분의 each는 올바르게 쓰였다.

④ [출제영역] 챕터 03 동사의 유형
allow는 대표 5형식의 타동사로서 목적보어 자리에는 원형부정사가 아닌 to부정사 또는 과거분사를 취해야 한다. 따라서 to change는 올바르게 쓰였다.

지문 해석

오징어, 문어, 갑오징어는 모두 두족류의 유형이다. 이 동물 각각은 피부 아래에 색소를 포함하는 특별한 세포를 가지고 있다. 두족류는 이러한 세포들을 피부로부터 또는 피부로부터 멀어지게 할 수 있다. 이를 통해 그것의 모양과 색상의 패턴을 변화시킬 수 있다.

정답 ③

16 밑줄 친 부분 중 어법상 가장 옳지 않은 것은?

2018. 서울시 9급 6월

I'm ① pleased that I have enough clothes with me. American men are generally bigger than Japanese men so ② it's very difficult to find clothes in Chicago that ③ fits me. ④ What is a medium size in Japan is a small size here.

정답 해설

③ [출제영역] 챕터 05 주어와 동사 수 일치
'시카고에서 나에게 맞는 옷'이라는 해석이 맥락상 적절하므로 단수 동사 fits의 주어는 복수 명사인 clothes이다. 따라서 단수 동사 fits 대신 복수 동사 fit으로 써야 올바르다.

오답 해설

① [출제영역] 챕터 08 분사
please는 감정 동사로 주어인 I가 감정을 느낄 때는 과거분사로 써야 한다. 따라서 밑줄 친 pleased는 올바르게 쓰였다.

② [출제영역] 챕터 09 부정사
난이 형용사(difiicult) 구문은 'It be동사 + 난이 형용사 + (for 목적어) + to부정사'의 구조로 쓰인다. 따라서 밑줄 친 it's는 올바르게 쓰였다.

④ [출제영역] 챕터 13 접속사
명사절 접속사 what은 뒤에 불완전 구조를 취한다. 따라서 뒤에 주어가 빠진 불완전 구조가 나오므로 what은 올바르게 쓰였다.

지문 해석

나는 내가 충분한 옷을 가지고 있는 것에 만족하고 있다. 미국 남성들은 일반적으로 일본 남성들보다 크기 때문에 시카고에서 나에게 맞는 옷을 찾는 것은 매우 어렵다. 일본에서의 중간 크기는 여기에서는 작은 크기이다.

정답 ③

17 밑줄 친 부분 중 어법상 옳지 않은 것은? 2013. 지방직 9급 변형

① They are the largest animals ever to evolve on Earth, larger by far than the dinosaurs.

② She didn't like the term Native American any more than my mother did.

③ Three-quarters of what we absorb in the way of information about nature comes into our brains via our eyes.

④ The number of doctors study hard in order that they can keep abreast of all the latest developments in medicine.

정답 해설

④ [출제영역] 챕터 05 주어와 동사 수 일치
'많은 명사'의 뜻을 가진 구문으로는 'A number of + 복수 명사 + 복수 동사'의 표현이 있다. 따라서 The number of 대신 A number of로 써야 올바르다.

찐Tip 'The number of + 복수 명사 + 단수 동사'는 '명사의 수'의 뜻으로 쓰인다.

오답 해설

① [출제영역] 챕터 16 비교 구문
최상급 구문인 the largest와 강조 부사인 by far가 비교급 larger를 수식하고 있다. 따라서 밑줄 친 부분은 올바르게 쓰였다.

② [출제영역] 챕터 16 비교 구문
'~만큼 ~않다'의 뜻을 가진 구문으로 'not ~ any more than'의 양자부정 표현이 있다. 따라서 밑줄 친 부분은 올바르게 쓰였다.

찐Tip 양자부정 구문 than 뒤에 부정 표현(not)은 금지한다.

③ [출제영역] 챕터 05 주어와 동사 수 일치
Three-quarters 표현은 분수로 전치사 of를 취하면 뒤에 나오는 명사를 확인해서 동사와 수 일치한다. 따라서 전치사 of 뒤에 나오는 what절은 단수 취급하므로 동사도 단수 형태인 comes가 올바르게 쓰였다.

선지 해석

① 그들은 지구상에서 진화한 가장 큰 동물인데, 공룡보다 훨씬 크다.
② 그녀는 나의 엄마가 그랬던 것만큼이나 아메리카 원주민이라는 용어를 좋아하지 않았다.
③ 우리가 자연에 대해 정보로 받아들이는 것의 4분의 3은 눈을 통해 우리 뇌로 들어온다.
④ 많은 의사들이 의학에서의 모든 최신의 발전에 뒤떨어지지 않기 위해서 열심히 공부한다.

정답 ④

18 밑줄 친 부분 중 어법상 옳지 않은 것은? 2020. 지방직 9급

Elizabeth Taylor had an eye for beautiful jewels and over the years amassed some amazing pieces, once ① <u>declaring</u> "a girl can always have more diamonds." In 2011, her finest jewels were sold by Christie's at an evening auction ② <u>that</u> brought in $115.9 million. Among her most prized possessions sold during the evening sale ③ <u>were</u> a 1961 bejeweled timepiece by Bulgari. Designed as a serpent to coil around the wrist, with its head and tail ④ <u>covered</u> with diamonds and having two hypnotic emerald eyes, a discreet mechanism opens its fierce jaws to reveal a tiny quartz watch.

정답 해설

③ [출제영역] 챕터 11 도치 구문과 강조 구문
Among her most prized possessions라는 장소 부사가 나오고 be동사 + 주어가 도치되어 있으므로 be동사와 주어 수 일치를 확인한다. a 1961 bejeweled timepiece가 단수 주어이므로 복수 동사 were 대신 단수 동사 was로 써야 올바르다.

오답 해설

① [출제영역] 챕터 08 분사
동사 + -ing가 문법 문제에 나오면 동명사 또는 분사 문제인지 먼저 확인한다. 문장에는 이미 동사가 있고 일반적으로 동명사는 콤마를 수반하지 않으므로 declaring은 분사 자리이고 declare 뒤에 목적어가 있으므로 능동형 분사 declaring이 올바르게 쓰였다.

② [출제영역] 챕터 14 관계사
관계대명사는 선행사가 올바르게 쓰였는지 그리고 뒤의 문장 구조가 불완전한지 확인해야 한다. 앞에 나온 명사를 수식하고 있고 뒤에 주어가 없는 불완전 구조로 쓰였기 때문에 관계대명사 that은 올바르게 쓰였다.

④ [출제영역] 챕터 08 분사
with 분사구문으로 자동사면 -ing, 타동사 뒤에 목적어가 있으면 -ing, 타동사 뒤에 목적어가 없으면 p.p.로 쓴다. 타동사 cover 뒤에 목적가 없으므로 covered는 올바르게 쓰였다.

지문 해석

Elizabeth Taylor는 아름다운 보석들에 대한 안목을 가졌으며, 몇 년 동안 놀라운 보석들을 모으다가 한번은 "여자는 항상 더 많은 다이아몬드를 가질 수 있다"고 선언하기도 했다. 2011년에 그녀의 최고급 보석들이 1억 1590만 달러를 벌어들인 저녁 경매에서 Christie's에 의해 팔렸다. 저녁 경매 중 판매된 그녀의 가장 소중한 소유물 중 하나는 Bulgari가 1961년에 보석으로 만든 시계였다. 이 시계는 손목 주위로 감기는 뱀 모양으로 디자인되었으며, 머리와 꼬리가 다이아몬드로 덮여 있고 두 개의 매혹적인 에메랄드 눈이 있었고, 정교한 메커니즘으로 사나운 턱을 열어 작은 쿼츠 시계를 드러낸다.

정답 ③

Chapter 06 수동태

ANSWER

01 ③	02 ②	03 ④	04 ③	05 ①
06 ③	07 ②	08 ①	09 ③	10 ②
11 ④	12 ③	13 ②	14 ④	15 ③
16 ①	17 ②	18 ②	19 ②	20 ④

01 밑줄 친 부분에 들어갈 말로 가장 적절한 것은?

2025. 출제 기조 전환 2차

Overpopulation may have played a key role: too much exploitation of the rain-forest ecosystem, on which the Maya depended for food, as well as water shortages, seems to ______________ the collapse.

① contribute to
② be contributed to
③ have contributed to
④ have been contributed to

정답 해설

③ [출제 영역] 챕터 06 수동태
'contribute to'는 '기여하다'의 의미로, 능동태로 목적어를 취하는 동사이다. 현재 시점 기준에 과거에 사실에 대한 진술을 하고 있으므로 완료부정사로 표현해야 한다. 따라서 밑줄 친 부분에 들어갈 말로 가장 적절한 것은 'have contributed to'이다.

지문 해석

인구 과잉이 핵심적인 역할을 했을 수도 있다: 물 부족뿐만 아니라 마야족이 식량을 의존했던 열대 우림 생태계의 과도한 착취가 붕괴에 기여한 것으로 보인다.

정답 ③

02 밑줄 친 부분 중 어법상 옳지 않은 것은?

2022. 지방직 9급 변형

① He asked me <u>why I kept</u> coming back day after day.
② Toys children wanted all year long <u>has recently discarded</u>.
③ She is someone <u>who is</u> always ready to lend a helping hand.
④ Insects are often attracted by scents <u>that aren't</u> obvious to us.

정답 해설

② [출제영역] 챕터 06 수동태
목적격 관계대명사절의 수식을 받는 주어(Toys)가 복수이고 '버리는 행위'를 받는 입장이므로 수동태로 표현해야 한다. 따라서 'has recently discarded' 대신 'have recently been discarded'로 써야 올바르다.

오답 해설

① [출제영역] 챕터 01 문장의 이해
간접의문문에 대한 문제로, asked가 목적어 두 개를 취하고 있으며, why 다음의 어순이 '주어 동사'의 어순으로 올바르게 쓰였고, 과거시제도 일치하므로 밑줄 친 부분은 올바르게 쓰였다.

③ [출제영역] 챕터 05 주어와 동사 수 일치
문장의 주격 보어를 주격 관계대명사절(who is always ready to lend a helping hand)이 수식하는 구조로, 문장의 동사와 주격 관계대명사절의 동사가 각각 단수 명사를 수식하므로 단수 동사 is는 올바르게 쓰였다.

④ [출제영역] 챕터 05 주어와 동사 수 일치
전치사 by의 목적어(scents)를 주격 관계대명사절이 수식하는 문장의 구조로, 수식받는 명사가 복수 명사이므로 주격 관계대명사절의 동사는 복수 동사 are로 올바르게 쓰였다.

찐Tip attract는 타동사인데 뒤에 목적어가 없으므로 수동태 구조(be p.p.) 또한 올바르게 쓰였다.

선지 해석

① 그는 나에게 왜 매일 매일 돌아오는지를 물었다.
② 아이들이 일 년 내내 원했던 장난감들이 최근 버려졌다.
③ 그녀는 언제나 도움을 줄 준비가 되어 있는 사람이다.
④ 곤충들은 종종 우리에게 분명하지 않은 냄새에 이끌린다.

정답 ②

03 밑줄 친 부분 중 어법상 옳지 않은 것은?

2019. 지방직 9급

Each year, more than 270,000 pedestrians ① <u>lose</u> their lives on the world's roads. Many leave their homes as they would on any given day never ② <u>to return</u>. Globally, pedestrians constitute 22% of all road traffic fatalities, and in some countries this proportion is ③ <u>as high as</u> two thirds of all road traffic deaths. Millions of pedestrians are non-fatally ④ <u>injuring</u> — some of whom are left with permanent disabilities. These incidents cause much suffering and grief as well as economic hardship.

정답 해설

④ [출제영역] 챕터 06 수동태
injure은 타동사인데 뒤에 목적어가 없으므로 수동태 구조(be p.p.)로 써야 한다. 따라서 injurig 대신 injured로 써야 올바르다.

오답 해설

① [출제영역] 챕터 05 주어와 동사 수 일치
현재 동사는 주어와 수 일치를 해야한다. 문장의 주어(more than 270,000 pedestrians)가 복수이므로 복수 동사 lose는 올바르게 쓰였다.

② [출제영역] 챕터 09 부정사
'결국 ~하지 않게 되다'의 뜻을 가진 구문으로 'never to부정사'가 있다. 따라서 to return은 올바르게 쓰였다.

③ [출제영역] 챕터 16 비교 구문
'as 원급 as 비교 구문'으로 형용사/부사의 원급이 들어가야 한다. be동사의 보어 자리이므로 형용사 high는 올바르게 쓰였다.

지문 해석

매년, 전 세계 도로에서 270,000명 이상의 보행자가 목숨을 잃는다. 많은 사람들은 그들이 어떤 날이든 다시는 돌아오지 않을 것처럼 집을 떠난다. 전 세계적으로, 보행자는 전체 도로 교통 사망사고의 22%를 차지하며, 일부 국가에서는 이 비율이 도로 교통 사망사고의 3분의 2에 달하기도 한다. 수백만 명의 보행자가 치명적이지 않은 부상을 입었고, 일부는 영구적 장애를 가지기도 한다. 이러한 사건들은 경제적 어려움뿐만 아니라 고통과 슬픔을 초래한다.

정답 ④

04 밑줄 친 부분 중 어법상 옳지 않은 것은? 2018. 국가직 9급

It would be difficult ① to imagine life without the beauty and richness of forests. But scientists warn we cannot take our forest for ② granted. By some estimates, deforestation ③ has been resulted in the loss of as much as eighty percent of the natural forests of the world. Currently, deforestation is a global problem, ④ affecting wilderness regions such as the temperate rainforests of the Pacific.

정답 해설

③ [출제영역] 챕터 06 수동태
result in은 수동태 구조(be p.p.)로 쓰지 않는다. 따라서 'has been resulted in' 대신 'has resulted in'으로 써야 올바르다.

오답 해설

① [출제영역] 챕터 09 부정사
난이형용사(difficult) 구문은 'It be + 난이형용사 + to부정사'의 구조로 쓴다. 따라서 to imagine은 올바르게 쓰였다.

② [출제영역] 챕터 02 단어의 이해
'take 목적어 for granted'는 '목적어를 당연시 여기다'의 뜻으로 쓰인다. 따라서 밑줄 친 부분은 올바르게 쓰였다.

④ [출제영역] 챕터 08 분사
문장에 이미 주어 동사가 있고 동사원형에 -ing나 ed가 나온다면 분사 문제이고, 이때 타동사 뒤에 목적어가 나오면 능동형인 현재분사를 쓴다. 따라서 affecting은 올바르게 쓰였다.

지문 해석

숲의 아름다움과 풍부함이 없는 삶을 상상하는 것은 어려울 것이다. 하지만 과학자들은 우리가 숲을 당연한 것으로 생각해서는 안 된다고 경고한다. 어떤 추정에 따르면, 산림 벌채로 인해 세계의 자연 산림의 80%까지 손실되었다고 한다. 현재 산림 벌채는 태평양의 온대 우림과 같은 야생 지역에 영향을 미치는 전세계적인 문제이다.

정답 ③

05 밑줄 친 부분 중 어법상 옳은 것은? 2022. 국가직 9급 변형

① A horse should be fed according to its individual needs and the nature of its work.

② My hat was blown off by the wind while walking down a narrow street.

③ She has known primarily as a political cartoonist throughout her career.

④ Even young children like to be complimented for a job done good.

정답 해설

① [출제영역] 챕터 06 수동태
feed는 타동사로도 쓰일 수 있는데 뒤에 목적어가 없으므로 수동태 구조(be p.p.)가 올바르게 쓰였다. 또한 its도 앞에 나온 단수 명사(a horse)를 받고 있으므로 올바르게 쓰였다.

오답 해설

② [출제영역] 챕터 08 분사
분사구문의 주어가 따로 표시되지 않을 경우 분사구문의 주어는 문장의 주어와 일치한다. 밑줄 친 부분은 문장의 분사 walking의 주어가 따로 표시되어있지 않으므로 분사의 주어는 문장의 주어인 my hat이 되는데 해석상 '모자가 걷는'이라는 어색한 문장이 된다. 따라서 while walking 대신 while I was walking으로 써야 올바르다.

③ [출제영역] 챕터 06 수동태
know는 '~으로 알려지다'라는 뜻으로 쓰일 경우에는 'be known as'의 수동태 형태로 써야 한다. 따라서 has known 대신 has been known으로 써야 올바르다.

찐Tip 'be known for'은 '~로 알려져 있다'의 뜻으로, 'be known to'는 '~에게 알려져 있다'의 뜻으로 쓰인다. 전치사에 따라 의미가 달라지는 수동태이므로 주의가 필요하다

④ [출제영역] 챕터 02 단어의 이해
형용사인 good은 명사를 수식하거나 보어 자리에 쓰인다. done인 분사를 수식할 경우에는 부사를 써야 한다. 따라서 형용사 good 대신 부사 well로 써야 올바르다.

선지 해석

① 말은 개별적인 욕구와 하는 일의 성질에 따라 먹이가 주어져야 한다.
② 나는 좁은 길을 걷고 있을 때 바람에 내 모자가 날려갔다.
③ 그녀는 자신의 경력 동안 쭉 주로 정치 만화가로 알려져 왔다.
④ 심지어 어린 아이들도 잘한 일에 대해 칭찬받는 것을 좋아한다.

정답 ①

06 밑줄 친 부분 중 어법상 옳지 않은 것은? 2015. 국가직 9급 변형

① Despite searching for every job opening possible, he could not find a suitable job.
② The best way to find out if you can trust somebody is to trust that person.
③ Taste sensitivity is largely influenced by food intake and body weight of individuals.
④ Parents are responsible for providing the right environment for their children to grow and learn in.

정답 해설

③ [출제영역] 챕터 06 수동태
'be influenced by'는 '~에 의해 영향을 받다'의 뜻이고, 'influence + 목적어'는 '~에 영향을 미치다'의 뜻으로 쓰인다. 따라서 우리말이 '~에 의해 영향을 받다'가 아니라 '~에 영향을 미치다'이므로 is largely influenced by 대신 largely influences로 써야 올바르다.

오답 해설

① [출제영역] 챕터 15 전치사
despite는 전치사로 뒤에 명사 또는 동명사를 목적어로 취할 수 있다. 따라서 밑줄 친 부분은 올바르게 쓰였다.

찐Tip every 다음 단수 명사 또한 올바르게 쓰였다.

② [출제영역] 챕터 09 부정사
추상 명사를 to부정사가 수식할 때 to부정사는 동격의 의미를 지닌다. 따라서 to find out은 올바르게 쓰였다.

찐Tip if절은 find out의 목적어 역할을 하는 명사절이다.

④ [출제영역] 챕터 09 부정사
명사인 the right environment를 to부정사의 형용사 용법으로 수식하고 있고, to부정사 앞에 'for + 목적격'은 의미상의 주어로 쓰이고 있다. 따라서 밑줄 친 부분은 올바르게 쓰였다.

선지 해석

① 가능한 모든 일자리를 알아보았음에도 불구하고, 그는 적당한 일자리를 찾지 못했다.
② 당신이 누군가를 믿을 수 있는지 알아보는 최선책은 그 사람을 믿는 것이다.
③ 미각의 민감성은 개인의 음식 섭취와 체중에 크게 영향을 미친다.
④ 부모는 그들의 자녀가 성장하고 학습하는 데 알맞은 환경을 제공할 책임이 있다.

정답 ③

07 밑줄 친 부분 중 어법상 옳지 않은 것은? 2011. 지방직 9급 변형

① I will go out if the rain stops.
② I will be finished it if you come home.
③ I had waited for an hour before he appeared.
④ He will graduate from college in three years.

정답 해설

② [출제영역] 챕터 06 수동태
수동태 구조(be p.p.)는 뒤에 목적어가 없어야 한다. 목적어 it이 있는 것으로 보아 수동태 구조로는 올 수 없다. 문맥상 미래완료의 의미이므로 will be finished 대신 will have finished로 써야 올바르다.

오답 해설

① [출제영역] 챕터 04 동사의 시제
조건 부사절에서는 의미상 미래일지라도 현재시제가 미래를 대신한다. 따라서 현재시제 stops는 올바르게 쓰였다.

찐Tip 주절에는 미래면 미래시제를 그대로 쓴다.

③ [출제영역] 챕터 04 동사의 시제
그가 나타난 시점은 과거이고 그 전에 내가 기다렸다는 내용이므로 과거시제(appeared)와 과거완료시제(had waited)로 밑줄 친 부분은 올바르게 쓰였다.

④ [출제영역] 챕터 15 전치사
'~을 졸업하다'의 뜻으로 쓰일 때는 graduate와 특정 전치사 from과 같이 쓸 수 있다. 따라서 밑줄 친 부분은 올바르게 쓰였다.

찐Tip 전치사 in과 기간 표현이 같이 쓰이면 '기간 후에~'의 뜻으로 쓰여 미래시제와 잘 쓰인다.

선지 해석

① 비가 그치면 나는 외출할 것이다.
② 네가 집에 오면 나는 그것을 이미 끝냈을 것이다.
③ 내가 기다린 지 한 시간 만에 그가 나타났다.
④ 그는 3년 후에 대학을 졸업할 것이다.

정답 ②

08 밑줄 친 부분 중 어법상 옳지 않은 것은? 2015. 서울시 7급

Innovation, business is now learning, is likely ① to find ② wherever bright and eager ③ people think ④ they can find it.

정답 해설

① [출제영역] 챕터 06 수동태
주어(innovation)는 발견의 주체가 아닌 객체(대상)이므로 부정사 부분은 수동태로 써야 한다. 따라서 to find 대신 수동 형태인 to be found으로 써야 올바르다.

오답 해설

② [출제영역] 챕터 14 관계사
복합관계부사 wherever가 이끄는 양보의 부사절이다. 복합관계부사(wherever) 뒤에 완전 구조를 취하고 있으므로 올바르게 쓰였다.

③ [출제영역] 챕터 05 주어와 동사 수 일치
주어(people)가 복수이므로 복수 동사 think는 올바르게 쓰였다.

④ [출제영역] 챕터 02 단어의 이해
대명사가 나오면 앞명사를 확인해야 한다. they는 앞에 나온 bright and eager people을 가리키고 있다. 따라서 복수 형태 they는 올바르게 쓰였다.

지문 해석

기업에서 현재 배우고 있는 혁신은 밝고 열정적인 사람들이 그것을 찾을 수 있다고 생각하는 어디에서든 그것을 발견할 가능성이 높다.

정답 ①

09 밑줄 친 부분 중 어법상 옳지 않은 것은? 2015. 국가직 9급 변형

① The main reason I stopped smoking was that all my friends had already stopped smoking.

② That a husband understands a wife does not mean they are necessarily compatible.

③ The package, having been wrong addressed, reached him late and damaged.

④ She wants her husband to buy two dozen eggs on his way home.

정답 해설

③ [출제영역] 챕터 06 수동태
타동사 damage 뒤에 목적어가 없고 주어(package)가 손상된 것이므로 능동태 damaged 대신 수동태 was damaged로 써야 올바르다.

찐Tip wrong은 부사로도 사용될 수 있으나 형용사나 분사의 앞에서는 wrongly의 형태가 더 흔하게 쓰인다.

오답 해설

① [출제영역] 챕터 04 동사의 시제
그가 담배를 끊은 시점은 과거이고 그 전에 그의 친구들이 이미 담배를 끊었다는 내용이므로 과거시제(stopped)와 과거완료시제(had stopped)로 밑줄 친 부분은 올바르게 쓰였다.

② [출제영역] 챕터 01 문장의 이해
that 앞에 명사가 없고 'that + 주어 + 동사'인 완전 구조는 주어, 목적어, 보어 자리에서 명사 역할을 하고, 주어 자리에 that절이 오면 단수 취급한다. 따라서 밑줄 친 부분은 올바르게 쓰였다.

④ [출제영역] 챕터 03 동사의 유형 & 챕터 02 단어의 이해
want는 to부정사를 목적보어로 취하는 대표 5형식 타동사로 밑줄 친 부분은 올바르게 쓰였다.

찐Tip 구체적인 수는 '수사 + 단수 단위 명사 + 복수 명사'로 표현한다.

선지 해석

① 내가 담배를 끊은 주된 이유는 내 모든 친구들이 이미 담배를 끊은 상태였기 때문이었다.
② 남편이 아내를 이해한다는 것은 반드시 그들이 사이좋게 지낸다는 것을 의미하는 것은 아니다.
③ 잘못된 주소가 붙어있어서 소포가 늦게 도착하고 손상되었다.
④ 그녀는 남편이 집에 오는 길에 달걀 2다스를 사오기를 원한다.

정답 ③

10 밑줄 친 부분 중 어법상 옳지 않은 것은? 2010. 지방직 9급 변형

① This handbag is fake. It can't be expensive.

② In Korea, a presidential election held every five years.

③ This surface cleans easily.

④ I think it impossible to hand in the paper by tomorrow.

정답 해설

② [출제영역] 챕터 06 수동태
사물이 주어로 나오는 경우 수동태 구조(be p.p.)로 잘 쓰인다. 따라서 held 대신 is held로 써야 올바르다.

찐Tip be held는 '개최되다, 치러지다, 열리다'의 뜻으로 쓰인다.

찐Tip 'every + 기수(숫자) + 복수명사'는 '~마다'의 뜻으로 쓰인다.

오답 해설

① [출제영역] 챕터 02 단어의 이해
'~ 할 리가 없다'의 뜻을 가진 구문으로 'cannot 동사원형'의 표현은 올바르게 쓰였다.

③ [출제영역] 챕터 03 동사의 유형
clean은 타동사로 잘 쓰이지만, 자동사로 쓰이면 수동의 의미(닦이다)로 쓰이는 동사이다. 따라서 밑줄 친 부분은 올바르게 쓰였다.

④ [출제영역] 챕터 09 부정사
'think + it + 형용사/명사 + (for 목적어) to부정사'의 구조로 think 동사 뒤에는 it 이라는 가목적어를 쓰고 진목적어를 대신한다. 따라서 밑줄 친 부분은 올바르게 쓰였다.

선지 해석

① 이 가방은 가짜다. 비쌀 리가 없어.
② 한국에서는 대통령 선거가 5년에 한 번씩 치러진다.
③ 이 표면은 쉽게 닦인다.
④ 내일까지 논문을 제출하는 것은 불가능하다고 생각한다.

정답 ②

11 밑줄 친 부분 중 어법상 옳은 것은? 2017. 지방직 9급 하반기 변형

① Top software companies are finding increasingly challenging to stay ahead.

② A small town seems to be preferable than a big city for raising children.

③ She destined to live a life of serving others.

④ A week's holiday has been promised to all the office workers.

정답 해설

④ [출제영역] 챕터 06 수동태
promise는 타동사로 뒤에 목적어가 없으면 수동태(be p.p.) 구조로 쓴다. 따라서 밑줄 친 부분은 올바르게 쓰였다.

찐Tip 사물이 주어 자리에 나오는 경우 수동태(be p.p.) 구조로 잘 쓰인다.

오답 해설

① [출제영역] 챕터 09 부정사
'find + 형용사(목적보어) + to부정사(진목적어)'의 구조로는 쓸 수 없으므로 형용사 앞에 가목적어 it을 넣어 가목적어–진목적어 구문으로 써야 한다. 따라서 finding increasingly challenging to stay 대신 it을 넣은 finding it increasingly challenging to stay로 써야 올바르다.

찐Tip increasingly는 형용사(challenging)를 수식하는 역할로 부사로 올바르게 쓰였다.

② [출제영역] 챕터 16 비교 구문
'be preferable to'의 구조로 써야 한다. to를 than으로 쓰면 안된다. 따라서 than 대신 to로 써야 올바르다.

③ [출제영역] 챕터 06 수동태
destine은 '운명짓다'의 뜻으로 쓰이지만, '~할 운명이다'의 뜻으로 쓰일 때는 수동형인 'be destined to'의 형태로 주로 쓴다. 따라서 destined to 대신 is/was destined to로 써야 올바르다.

선지 해석

① 최고의 소프트웨어 회사들은 앞서 나가기가 점점 더 어려워지고 있다.
② 아이들을 키우기에는 대도시보다 작은 도시가 더 선호되는 것 같다.
③ 그녀는 다른 사람들을 돕는 삶을 살 운명이다.
④ 모든 직장인들에게 일주일의 휴가가 약속되었다.

정답 ④

12 밑줄 친 부분 중 어법상 옳지 않은 것은? 2017. 지방직 7급

In countries where religion ① has been closely identified with ② a people's culture, as in Hinduism and Islam, religious education has been essential ③ to be maintained the society and ④ its traditions.

정답 해설

③ [출제영역] 챕터 06 수동태
to be maintained 뒤에 목적어(the society and its traditions)가 있으므로 수동태가 아닌 능동태로 써야한다. 따라서 to be maintained 대신 to maintain 또는 to maintaining으로 써야 올바르다.

오답 해설

① [출제영역] 챕터 06 수동태 & 챕터 02 단어의 이해
identify 뒤에 목적어가 없으므로 수동태 형태로 올바르게 쓰였고, 과거분사(identified)를 수식하고 있으므로 부사(closely) 또한 올바르게 쓰였다.

② [출제영역] 챕터 02 단어의 이해
부정관사 a는 people's가 아닌 culture와 연결되므로 올바르게 쓰였다.

④ [출제영역] 챕터 02 단어의 이해
its는 단수 명사 the society를 받아주고 있으므로 올바르게 쓰였다.

지문 해석

힌두교와 이슬람교처럼 종교가 한 민족의 문화와 밀접하게 연결된 나라들에서 종교 교육은 사회와 그 전통을 유지하는 데 필수적이었다.

정답 ③

13 밑줄 친 부분 중 어법상 옳지 않은 것은? 2017. 지방직 7급

A graph of monthly climatological data ① shows the warmest, coolest, wettest and driest times. Also, weekends are ② highlighting on the graph to help you quickly locate the weekend weather ③ should you have activities ④ planned.

정답 해설

② [출제영역] 챕터 06 수동태
현재분사 뒤에 목적어가 없을뿐더러 weekends는 '강조하는 행위의 대상'이 되므로 highlighting 대신 수동의 의미를 전달하는 과거분사 highlighted로 써야 올바르다.

오답 해설

① [출제영역] 챕터 05 주어와 동사 수 일치
동사 show의 주어(A graph)는 단수 형태이므로 단수 동사 shows는 올바르게 쓰였다.

③ [출제영역] 챕터 12 가정법
'if 주어 should 동사원형'에서 if 생략 후 도치된 가정법으로 'should 주어 동사원형' 형태로 올바르게 쓰였다.

④ [출제영역] 챕터 03 동사의 유형
사역동사 have는 목적어와 목적보어의 관계가 수동일 경우에는 과거분사를 목적보어로 취한다. 따라서 목적어(activities)가 계획되어지는 것이고, planned 뒤에 목적어도 없으므로 밑줄 친 부분은 올바르게 쓰였다.

지문 해석

월별 기후학적 데이터의 그래프는 가장 따뜻하고 추운 시기, 가장 비가 많이 오는 시기와 가장 건조한 시기를 보여준다. 또한, 주말은 그래프 상에 강조되어 있어 주말에 활동이 계획되어 있다면 빠르게 주말 날씨를 찾을 수 있다.

정답 ②

14 밑줄 친 부분 중 어법상 가장 옳지 않은 것은?

2017. 서울시 7급 6월

Plastics ① are artificial, or human-made materials ② that consist of polymers — long molecules ③ made of smaller molecules joined in chains. Not all polymers are artificial — wood and cotton are types of a natural polymer called cellulose, but they are not considered plastics because they cannot ④ melt and mold.

정답 해설

④ [출제영역] 챕터 06 수동태
melt와 mold의 주어인 they는 wood와 cotton을 가리키는데 해석 상 주어와 동사의 관계가 능동이 아닌 수동의 관계이므로 melt and mold 대신 be melted and (be) molded로 써야 올바르다.

오답 해설

① [출제영역] 챕터 05 주어와 동사 수 일치
문장의 주어(plastics)가 복수 형태이므로 복수 동사 are은 올바르게 쓰였다.

② [출제영역] 챕터 14 관계사
관계대명사 that 앞에 사물명사(materials)는 올바르게 쓰였고, 뒤에는 주어가 없는 불완전한 구조를 취하고 있으므로 that은 올바르게 쓰였다.

③ [출제영역] 챕터 08 분사
명사를 수식하는 형용사 역할을 하는 과거분사 made는 뒤에 목적어가 없으므로 올바르게 쓰였다.

지문 해석

플라스틱은 작은 분자들이 연쇄로 결합해서 만들어진 고분자로 구성된 인공적이고 인간이 만든 물질이다. 모든 고분자가 인공적인 것은 아니다 — 나무와 면은 섬유소라는 자연 고분자의 일종이지만, 그것들은 녹이고 주조할 수 없기 때문에 플라스틱으로 간주되지 않는다.

정답 ④

15 밑줄 친 부분 중 어법상 옳지 않은 것은?

2014. 국가직 7급

The Netherlands now ① becomes the only country in the world to allow the mercy killing of patients, though there are some strict conditions. ② Those who want medical assistance to die ③ must be undergone unbearable suffering. Doctor and patient must also agree there is no hope of remission. And ④ a second physician must be consulted.

정답 해설

③ [출제영역] 챕터 06 수동태
동사(undergo) 다음에 목적어(unbearable suffering)가 있으므로 수동 형태인 must be undergone 대신 능동 형태인 must undergo로 써야 올바르다.

오답 해설

① [출제영역] 챕터 02 단어의 이해
국가명에 –s가 붙더라도 고유명사(불가산 명사)로 본다. 불가산 명사는 단수 취급하고 단수 동사로 일치시켜야 하므로 단수 동사 becomes는 올바르게 쓰였다.

② [출제영역] 챕터 05 주어와 동사 수 일치
those who는 '~하는 사람들'의 뜻하며 those는 복수를 가리키는 대명사로 복수 동사 want는 올바르게 쓰였다.

④ [출제영역] 챕터 02 단어의 이해
second 앞에 정관사 the를 붙일 경우 '(순서상으로) 두 번째의[둘째의]'라는 의미로 쓰이고 부정관사 a가 붙을 경우에는 '또 하나의, 다른'이라는 의미로 쓰이므로 밑줄 친 부분은 올바르게 쓰였다.

지문 해석

비록 몇 가지 엄격한 조건이 있긴 하지만 네덜란드는 세계에서 안락사를 허용하는 유일한 국가이다. 죽기 위해 의료 지원을 원하는 사람들은 견딜 수 없는 고통을 겪는 것이 틀림없다. 의사와 환자는 회복에 희망이 없다는 데 동의해야 한다. 그리고 다른 의사와 상담을 해야 한다.

정답 ③

16 밑줄 친 부분 중 어법상 옳지 않은 것은?

2014. 지방직 7급 변형

① This law shall be come into force on the 1st of June.
② I thought too much of his talent.
③ They all looked up to him as their leader.
④ I must work harder to make up for the results of my last term examination.

정답 해설

① [출제영역] 챕터 06 수동태
come은 자동사로 능동태로만 표현해야 한다. 따라서 be come 대신 come으로 써야 올바르다.

찐Tip 'come into force'는 '시행되다'의 뜻으로 쓰인다.

오답 해설

② [출제영역] 챕터 02 단어의 이해
'~을 중요시 여기다'의 뜻을 가진 구문으로 'think much of'의 표현은 올바르게 쓰였다.

③ [출제영역] 챕터 02 단어의 이해
'~을 존경하다, 우러러 보다'의 뜻을 가진 구문으로 'look up to'의 표현은 올바르게 쓰였다.

④ [출제영역] 챕터 02 단어의 이해
'~을 만회하다, 보상하다'의 뜻을 가진 구문으로 'make up for'의 표현은 올바르게 쓰였다.

선지 해석

① 이 법률은 6월 1일부터 시행된다.
② 나는 그의 재능을 너무 중요하게 생각하였다.
③ 그들 모두는 그를 그들의 지도자로서 우러러 보았다.
④ 나는 지난 학기의 시험 결과를 만회하기 위해서 더 열심히 공부해야 한다.

정답 ①

17 다음 빈칸에 들어갈 표현으로 가장 적절한 것은?

2018. 경찰 2차

> Usually, people who have been adopted _________ have access to their files.

① do not allow
② are not allowed to
③ has not been allowed
④ is not allowed to

정답 해설

② [출제영역] 챕터 06 수동태
allow는 to부정사를 목적보어로 취하는 대표 5형식 타동사로 수동태로 쓰일 경우 '목적어 be allowed to 부정사'로 표현한다. 밑줄 친 부분인 allow 뒤에 목적어가 없으므로 수동태로 써야 하고, 주어(people)가 복수 형태이므로 복수 동사로 써야 한다. 따라서 are not allowed to로 써야 올바르다.

오답 해설

① [출제영역] 챕터 06 수동태
allow 뒤에 목적어가 없으므로 능동태 표현은 올바르지 못하다.
③,④ [출제영역] 챕터 05 주어와 동사 수 일치
빈칸은 동사 자리로 복수 주어인 people과 수 일치하여 복수 동사를 써야 한다. 따라서 단수 동사인 has와 is 표현은 올바르지 못하다.

지문 해석

> 일반적으로, 입양된 사람들은 그들의 파일[정보]에 접근하도록 허용되지 않는다.

정답 ②

18 밑줄 친 부분 중 어법상 옳지 않은 것은?

2013. 서울시 7급 변형

① Maria was awarded first prize.
② 250 dollars was fined to him.
③ English wasn't taught there.
④ Our solutions were explained to him.
⑤ Nash was considered a genius.

정답 해설

② [출제영역] 챕터 06 수동태
fine(벌금을 부과하다)은 '주어 + fine + 사람 + 돈'으로 표현하며 수동태로는 '사람 be fined + 돈'의 구조로 표현한다. 따라서 250 dollars was fined to him 대신 He was fined 250 dollars로 써야 올바르다.

오답 해설

① [출제영역] 챕터 03 동사의 유형
'award + 간접목적어 + 직접목적어'의 능동태 구조가 수동태 구조로 전환되면 '간접목적어 + be awarded + 직접목적어' 또는 '직접목적어 + be awarded + to 간접목적어'로 쓸 수 있으므로 밑줄 친 부분은 올바르게 쓰였다.
③ [출제영역] 챕터 06 수동태
사물이 주어 자리에 나오는 경우 수동태(be p.p.) 구조로 잘 쓰인다. 밑줄 친 부분인 사물 주어인 English가 가르치는 행동을 하는 주체가 아닌, 행동을 당하는 대상이므로 수동태 구조로 올바르게 쓰였다.
④ [출제영역] 챕터 06 수동태
사물이 주어 자리에 나오는 경우 수동태(be p.p.) 구조로 잘 쓰인다. 밑줄 친 부분인 사물 주어인 our solutions가 설명하는 행동을 하는 주체가 아닌, 행동을 당하는 대상이므로 수동태 구조가 올바르게 쓰였다.
⑤ [출제영역] 챕터 06 수동태
consider는 5형식 타동사이고 타동사 뒤에 목적어가 없으면 수동태(be p.p.) 구조로 쓴다. 따라서 밑줄 친 부분은 올바르게 쓰였다.

선지 해석

① Maria가 1등상을 수상했다.
② 그에게 250달러의 벌금이 부과되었다.
③ 영어는 거기서 가르쳐지지 않았다.
④ 우리의 해결책이 그에게 설명되었다.
⑤ Nash는 천재로 여겨졌다.

정답 ②

19 밑줄 친 부분 중 어법상 옳지 않은 것을 고르시오.

2014. 국가직 7급

① Unable to do anything or go anywhere while my car ② was repairing at my mechanic's garage, I suddenly ③ came to the realization that I had become ④ overly dependent on machines and gadgets.

정답 해설

② [출제영역] 챕터 06 수동태
동사(repair)의 주어(my car)는 수리되는 것므로 수동태로 표현해야 한다. 따라서 was repairing 대신 was being repaired로 써야 올바르다.

오답 해설

① [출제영역] 챕터 08 분사
분사구문으로 앞에 Being이 생략된 상태로 형용사 주격 보어인 unable이 올바르게 쓰였고, 'be unable to부정사'는 '~을 할 수 없다'라는 의미의 표현이다.

③ [출제영역] 챕터 02 단어의 이해
'깨닫게 되다'의 뜻을 가진 구문으로 'come to the realization'의 표현은 올바르게 쓰였다.

④ [출제영역] 챕터 03 동사의 유형
become은 2형식 동사로 주격 보어에 형용사를 쓴다. 따라서 형용사(dependent)와 형용사를 수식하는 부사(overly)가 올바르게 쓰였다.

지문 해석

자동차가 정비소에서 수리되는 동안 아무것도 할 수 없거나 어디에도 갈 수 없자, 나는 내가 기계와 장비에 지나치게 의존하고 있다는 것을 갑자기 깨닫게 되었다.

정답 ②

20 밑줄 친 부분 중 어법상 옳지 않은 것을 고르시오.

2019. 국가직 9급

A myth is a narrative that embodies — and in some cases ① helps to explain — the religious, philosophical, moral, and political values of a culture. Through tales of gods and supernatural beings, myths ② try to make sense of occurrences in the natural world. Contrary to popular usage, myth does not mean "falsehood." In the broadest sense, myths are stories — usually whole groups of stories — ③ that can be true or partly true as well as false; regardless of their degree of accuracy, however, myths frequently express the deepest beliefs of a culture. According to this definition, the Iliad and the Odyssey, the Koran, and the Old and New Testaments can all ④ refer to as myths.

정답 해설

④ [출제영역] 챕터 06 수동태
'refer to A as B'는 'A를 B로 언급[지칭]하다'의 뜻으로 쓰인다. the Old and New Testaments는 언급되는 것이고, refer to 뒤에 목적어가 없으므로 수동태 구조(be p.p.)로 써야 한다. 따라서 refer to as 대신 be referred to as로 써야 올바르다.

오답 해설

① [출제영역] 챕터 05 주어와 동사 수 일치 & 챕터 03 동사의 유형
문장의 주어(a narrative)는 단수 형태이므로 단수 동사 helps는 올바르게 쓰였고, help는 to부정사를 목적어로 취할 수 있으므로 to explain 또한 올바르게 쓰였다.

② [출제영역] 챕터 05 주어와 동사 수 일치
문장의 주어(myths)는 복수 형태이므로 복수 동사 try는 올바르게 쓰였고, 'try to부정사'는 '~ 하려고 노력하다'의 뜻으로 쓰이므로 to make 또한 올바르게 쓰였다.

③ [출제영역] 챕터 14 관계사
관계대명사 that이 나오면 앞에 선행사를 확인하고 뒤는 불완전 구조인지 확인한다. that 뒤에 주어가 빠진 불완전 구조를 취하고 있으므로 밑줄 친 부분은 올바르게 쓰였다.

지문 해석

신화는 어떤 문화의 종교적, 철학적, 도덕적 그리고 정치적 가치를 — 경우에 따라 설명을 돕기 위해 — 담은 이야기다. 신들과 초자연적인 존재에 관한 이야기를 통해 신화는 자연 세계에서의 사건들을 이해하려고 노력한다. 일반적인 관례와는 반대로, 신화는 "거짓"을 의미하지 않는다. 가장 넓은 의미에서, 신화는 보통 진실이거나 부분적으로 진실이거나 거짓이 될 수 있는 이야기들 - 보통 여러 이야기들의 집합체 - 이다. 그러나 그들의 정확성 정도에 관계없이 신화는 종종 어떤 문화의 가장 깊은 신념을 표현한다. 이 정의에 따르면, 일리아드와 오디세이, 코란, 그리고 구약과 신약 성경은 모두 신화로 볼 수 있다.

정답 ④

Part 02 준동사 정답 및 해설

Chapter 07 동명사

ANSWER

01 ①	02 ②	03 ④	04 ①	05 ①

01 밑줄 친 부분 중 어법상 옳지 않은 것은?

2025. 출제 기조 전환 1차

Beyond the cars and traffic jams, she said it took a while to ① get used to have so many people in one place, ② all of whom were moving so fast. "There are only 18 million people in Australia ③ spread out over an entire country," she said, "compared to more than six million people in ④ the state of Massachusetts alone.

정답 해설

① [출제 영역] 챕터 07 동명사
'~에 익숙하다'의 뜻으로 쓰일 때는 'get used to (동)명사'의 전치사 to를 포함한 동명사 표현으로 쓸 수 있다. 따라서 have 대신 having으로 써야 올바르다.

오답 해설

② [출제 영역] 챕터 14 관계사
관계사의 계속적 용법으로 쓰인 all of whom은 and all of them와 같은 의미로 '접속사 + 대명사'의 의미인 목적격 관계대명사 whom은 올바르게 쓰였다.
③ [출제 영역] 챕터 08 분사
spread는 과거분사의 형태로 앞 부분의 'only 18 million people'를 수식하고 있으므로 밑줄 친 부분은 올바르게 쓰였다.
④ [출제 영역] 챕터 02 단어의 이해
alone은 형용사로 명사, 대명사 바로 뒤에서 그것을 수식하는 형태로 '다만, ~만, ~뿐'의 뜻으로 쓰인다. 따라서 밑줄 친 부분은 올바르게 쓰였다.

지문 해석

자동차와 교통체증을 넘어서, 한 장소에 이렇게 많은 사람들이 모두 빠르게 움직이는 것에 적응하는 데 시간이 걸렸다고 그녀는 말했다. "매사추세츠 주 한 곳에만 600만 명 이상의 사람들과 비교해 보았을 때 호주에는 전체 국가에 퍼져 있는 1800만 명의 사람들만이 있다"라고 그녀는 말했다.

정답 ①

02 밑줄 친 부분 중 어법상 옳은 것은?

2016. 지방직 9급 변형

① That place is fantastic whether you like swimming or to walk.
② She suggested going out for dinner after the meeting.
③ The dancer that I told you about her is coming to town.
④ If she had taken the medicine last night, she would have been better today.

정답 해설

② [출제영역] 챕터 07 동명사
suggest는 동명사만을 목적어로 취하는 3형식 타동사이다. 따라서 going은 올바르게 쓰였다.

오답 해설

① [출제영역] 챕터 07 동명사 & 챕터 13 접속사
like의 목적어로 '~하기를 좋아한다'를 의미할 때는 동명사를 취한다. 'whether A or B'의 구조로 등위접속사(or)를 기준으로 병치구조를 이뤄야 하므로 to walk 대신 walking으로 써야 올바르다.
③ [출제영역] 챕터 14 관계사
that 앞에 선행사가 있다면 that절은 주어나 목적어가 없는 불완전 구조로 써야 한다. her를 삭제하면 전치사(about) 뒤에 목적어가 없어서 불완전 구조가 되므로 I told you about her is 대신 I told you about is로 써야 올바르다.
④ [출제영역] 챕터 12 가정법
if절에 과거 시간 부사와 주절에 현재 시간 부사가 쓰였다면 혼합가정법 공식을 확인해야 한다. 혼합 가정법은 'if 주어 had p.p. 과거시간부사, 주어 + would/should/could/might 동사원형 now(today)'의 공식으로 쓴다. 문장의 last night과 today에 근거하여 혼합 가정법의 형태로 써야 하므로, would have been 대신 would be로 써야 올바르다.

선지 해석

① 그 장소는 당신이 수영을 좋아하든 걷기를 좋아하든 멋진 곳이다.
② 그녀는 회의 후 저녁에 외식하자고 제안했다.
③ 내가 당신에게 말한 그 댄서는 시내로 오고 있는 중이다.
④ 만약 그녀가 어젯밤 약을 먹었더라면, 오늘 더 좋아졌을텐데.

정답 ②

03 밑줄 친 부분 중 어법상 옳지 않은 것은? 2012. 지방직 9급

A mutual aid group is a place ① where an individual brings a problem and asks for assistance. As the group members offer help to the individual with the problem, they are also helping ② themselves. Each group member can make associations to a similar ③ concern. This is one of the important ways in which ④ give help in a mutual aid group is a form of self-help.

정답 해설

④ [출제영역] 챕터 07 동명사
in which(전치사 + 관계대명사) 뒤는 완전 구조를 취해야하므로 주어 자리의 동사는 명사 역할을 할 수 있는 동명사 또는 to부정사로 써야 한다. 따라서 give 대신 giving 또는 to give로 써야 올바르다.

오답 해설

① [출제영역] 챕터 14 관계사
where은 선행사(a place)를 수식하는 관계부사로 뒤는 완전 구조를 취하고 있으므로 올바르게 쓰였다.

② [출제영역] 챕터 02 단어의 이해
주어와 동일한 목적어는 인칭대명사가 아니라 재귀대명사로 써야 한다. 따라서 주어가 they이므로 재귀대명사 themselves는 올바르게 쓰였다.

③ [출제영역] 챕터 02 단어의 이해
concern은 동사로는 '영향을 미치다, 관련되다'의 뜻으로, 명사로는 '걱정, 염려 / 관심사, 일' 뜻으로 쓰인다. 문맥상 '걱정, 염려'의 뜻이 자연스러우므로 concern은 올바르게 쓰였다.

지문 해석

상호 원조 그룹은 한 개인이 문제를 가져오고 도움을 요청하는 곳이다. 그룹 구성원들이 문제를 가진 개인에게 도움을 제공함으로써 그들 역시 자신들을 돕는 것이다. 각 그룹 구성원은 비슷한 걱정으로 유대감을 형성할 수 있다. 이것은 상호 원조 그룹에서 도움을 주는 것이 일종의 자신을 돕는 형태가 되는 중요한 방법 중 하나이다.

정답 ④

04 밑줄 친 부분 중 어법상 옳은 것은? 2018. 경찰 3차 변형

① Yusoo is considering applying for the company.
② The police station provided commodities with refugees.
③ The judge ordered that the prisoner was remanded.
④ He dived deeply into the water.

정답 해설

① [출제영역] 챕터 07 동명사
'고려하다'를 의미하는 cosider은 동명사를 목적어로 취하는 특정 타동사이다. 따라서 동명사 형태인 applying for은 올바르게 쓰였다.

찐Tip apply for은 '~에 지원하다'의 뜻으로 쓰인다.

오답 해설

② [출제영역] 챕터 03 동사의 유형
공급 동사 provide는 'A에게 B를 제공하다'의 뜻으로 쓰일 때는 'provide A with B'로 표현한다. 따라서 '난민들(A)에게 생활필수품(B)을 제공했다'의 뜻으로 쓰이려면 'provided commodities with refugees' 대신 'provided refugees with commodities'로 써야 올바르다.

찐Tip 위와 같은 구문은 A와 B를 바꿔쓰는 것에 주의가 필요하다.

③ [출제영역] 챕터 10 조동사
명령 동사 order 뒤에서 that절의 동사는 (should) 동사원형으로 쓴다. 따라서 was remanded 대신 (should) be remanded로 써야 올바르다.

④ [출제영역] 챕터 02 단어의 이해
deeply는 '대단히, 몹시'를 의미하고, deep은 '깊은, 깊게'를 의미한다. 따라서 높낮이를 표현하는 깊이의 뜻으로 쓰이려면 deeply 대신 deep으로 써야 올바르다.

선지 해석

① 유수는 그 회사에 지원하는 것을 고려하고 있다.
② 그 경찰서는 난민들에게 생활필수품을 제공했다.
③ 판사는 죄수가 재구속되어야 한다고 명령했다.
④ 그는 물속으로 깊이 잠수했다.

정답 ①

05 밑줄 친 부분 중 어법상 가장 적절한 것은? 2021. 경찰 2차 변형

① All the vehicles need repairing.
② The immediate security threat has been disappeared.
③ You must enter the password to gain an access to the network.
④ Seohee agreed to accompany with her father on a trip to France.

정답 해설

① [출제영역] 챕터 07 동명사
need, want, deserve의 목적어가 수동의 의미로 해석될 경우에는 능동형 동명사(- ing)로 쓸 수 있다. 따라서 밑줄 친 부분은 올바르게 쓰였다.

찐Tip need Ring(= to be p.p.)는 수동의 의미를 나타낸다.

오답 해설

② [출제영역] 챕터 03 동사의 유형
disappear은 대표 1형식 자동사로 수동태 구조인 'be p.p.'로 쓸 수 없다. 따라서 has been disappeared 대신 has disappeared로 써야 올바르다.

③ [출제영역] 챕터 02 단어의 이해
access는 불가산 명사로 부정관사 a(n)와 복수를 의미하는 '-s'를 쓰지 않는다. 따라서 gain an access 대신 an을 삭제한 gain access로 써야 올바르다.

④ [출제영역] 챕터 03 동사의 유형
accompany는 전치사가 필요 없는 대표 3형식 타동사로 전치사 없이 바로 목적어(her fahter)를 취할 수 있다. 따라서 accompany with 대신 전치사 with을 삭제한 accompany로 써야 올바르다.

지문 해석

① 모든 차량들은 수리될 필요가 있다.
② 즉각적인 보안 위협은 사라졌다.
③ 네트워크에 접근하려면 비밀번호를 입력해야 한다.
④ Seohee는 아버지와 함께 프랑스 여행을 가기로 동의했다.

정답 ①

선지 해석

① 우리는 그의 연설에 감동하게 되었다.
② 비용은 차치하고 그 계획은 훌륭한 것이었다.
③ 그들은 뜨거운 차를 마시는 동안에 일몰을 보았다.
④ 과거 경력 덕분에 그는 그 프로젝트에 적합하였다.

정답 ①

Chapter 08 분사

ANSWER

01 ①	02 ②	03 ④	04 ③	05 ④
06 ④	07 ①	08 ②	09 ④	10 ③
11 ④	12 ③			

01 밑줄 친 부분 중 어법상 옳지 않은 것은? 2023. 지방직 9급 변형

① We were made touching with his speech.
② Apart from its cost, the plan was a good one.
③ They watched the sunset while drinking hot tea.
④ His past experience made him suited for the project.

정답 해설

① [출제영역] 챕터 08 분사
감정동사의 현재분사형은 감정을 유발하는 의미를 전달할 경우에 쓰이고, 과거분사형은 감정을 느끼는 의미를 전달할 경우에 쓰인다. 따라서 주어(We)가 '감동을 받는' 감정을 느끼는 의미이므로 현재분사 touching 대신 과거분사 touched로 써야 올바르다.

찐Tip 앞에 5형식 동사 make가 수동태(be made) 구조로 쓰였다.

오답 해설

② [출제영역] 챕터 15 전치사
전치사(from) 뒤에 명사나 동명사를 목적어로 취할 수 있다. 따라서 밑줄 친 부분인 명사 its cost는 올바르게 쓰였다.

찐Tip 전치사구 apart from은 '~은 차치하고, ~을 제외하고'의 뜻으로 쓰인다.

③ [출제영역] 챕터 08 분사
시간 접속사(while)가 이끄는 분사구문인데, 분사구문의 의미상 주어인 They가 '차를 마시는 것'이므로 능동의 현재분사 drinking은 올바르게 쓰였다.

찐Tip while 뒤에 'they were'이 생략되고 분사구문만 남은 형태이다.

④ [출제영역] 챕터 03 동사의 유형
사역동사(make)는 목적어와 목적보어의 관계가 능동일 때는 원형부정사를 수동일 때는 과거분사를 목적보어로 취한다. 그가 그 프로젝트에 적합하게 여겨졌다는 수동의 의미이므로 과거분사 suited는 올바르게 쓰였다.

02 밑줄 친 부분 중 어법상 옳지 않은 것은? 2011. 국가직 9급

> The Aztecs believed that chocolate ① made people intelligent. Today, we do not believe this. But chocolate has a special chemical ② calling phenylethylamine. This is the same chemical ③ the body makes when a person is in love. Which do you prefer — ④ eating chocolate or being in love?

정답 해설

② [출제영역] 챕터 08 분사
문장에 이미 동사가 있고 '동사 + ing'가 나온다면 분사 문제이다. call은 5형식 동사로 뒤에 목적가 없고 목적보어만 있으므로 수동관계임을 알 수 있다. 따라서 현재분사 calling 대신 과거분사 called로 써야 올바르다.

찐Tip 분사 자리에서 'called + 명사'는 '~라고 불리는'의 뜻으로 쓰인다.

오답 해설

① [출제영역] 챕터 03 동사의 유형
make는 5형식 동사로 'make + 명사 + 형용사 목적보어'로 쓸 수있다. 따라서 밑줄 친 부분은 올바르게 쓰였다.

③ [출제영역] 챕터 14 관계사
the body 앞에 목적격 관계대명사(which)가 생략된 구조로 'the body makes'가 앞 명사(the same chemical)를 꾸며주고 있다. 따라서 밑줄 친 부분은 올바르게 쓰였다.

④ [출제영역] 챕터 13 접속사
등위접속사(or) 기준으로 동명사 eating과 being은 병렬구조로 올바르게 쓰였다.

찐Tip prefer 뒤에서는 명사/동명사/to부정사 모두 쓸 수 있다.

지문 해석

> 아즈텍인들은 초콜릿이 사람들을 똑똑하게 만든다고 믿었다. 오늘날, 우리는 이것을 믿지 않는다. 그러나 초콜릿에는 페닐에틸아민이라고 불리는 특별한 화학 물질이 포함되어 있다. 이것은 사람이 사랑에 빠져있을 때 체내에서 생성되는 화학 물질과 동일하다. 당신은 어떤 것을 선호하는가 — 초콜릿을 먹는 것 아니면 사랑에 빠지는 것?

정답 ②

03 밑줄 친 부분 중 어법상 옳지 않은 것은? 2022. 국가직 9급 변경

① Having drunk three cups of coffee, she can't fall asleep.
② Being a kind person, she is loved by everyone.
③ All things considered, she is the best- qualified person for the position.
④ Sitting with the legs crossing for a long period can raise blood pressure.

정답 해설

④ [출제영역] 챕터 08 분사
전치사 with는 목적어와 목적보어를 수반하여 동시 동작을 나타내어 '~한 채로, ~하면서'라는 의미로 쓰인다. '다리를 꼰 채로'라는 뜻을 표현할 때는 with the legs crossed로 쓴다. 따라서 crossing 대신 crossed로 써야 올바르다.

오답 해설

① [출제영역] 챕터 08 분사
having p.p.는 완료형 분사로서 주절보다 더 먼저 발생함을 나타낼 때 쓰고 능동형이므로 타동사인 경우에 뒤에 목적어가 있을 때 사용 가능하다. 따라서 밑줄 친 부분은 올바르게 쓰였다.

② [출제영역] 챕터 08 분사
Being a kind person은 분사 구문이다. 문장의 주어는 she로 그녀가 친절하다는 능동의 의미로 능동형 분사 Being은 올바르게 쓰였다.

찐Tip Being은 생략할 수 있다.

③ [출제영역] 챕터 08 분사
'모든 것을 고려해볼 때'라는 의미를 가진 구문으로 'All things considered'의 분사 관용 구문표현이 있다. 따라서 밑줄 친 부분은 올바르게 쓰였다.

선지 해석

① 커피 세 잔을 마셨기 때문에, 그녀는 잠을 이룰 수 없다.
② 친절한 사람이어서, 그녀는 모든 이에게 사랑받는다.
③ 모든 점이 고려된다면, 그녀가 그 직위에 가장 적임인 사람이다.
④ 다리를 꼰 채로 오랫동안 앉아 있는 것은 혈압을 상승시킬 수 있다.

정답 ④

04 밑줄 친 부분 중 어법상 옳지 않은 것은? 2014. 국가직 9급 변형

① She does not like going outdoor, not to mention mountain climbing.
② She is more beautiful than any other girl in the class.
③ The country is a small one with the three quarters of the land surrounding by the sea.
④ A number of students are studying very hard to get a job after their graduation.

정답 해설

③ [출제영역] 챕터 08 분사
'with 분사구문'의 목적보어 형태를 물어보는 문제이다. with 뒤에 목적어(the three quarters of the land)와 목적보어(surround)가 수동의 의미 관계이므로 현재분사 surrounding 대신 과거분사 surrounded로 써야 올바르다.

오답 해설

① [출제영역] 챕터 09 부정사
'~은 말할 것도 없이'의 뜻을 가진 구문으로 'not to mention = not to speak of = to say nothing of = let alone'의 표현이 있다. 따라서 밑줄 친 부분은 올바르게 쓰였다.

② [출제영역] 챕터 16 비교 구문
비교급 than any other 단수 명사는 최상급 구문의 형태로 단수 명사 girl은 올바르게 쓰였다.

찐Tip 비교급 than all the other 뒤는 복수 명사를 쓴다.

④ [출제영역] 챕터 05 주어와 동사 수 일치
'A number of + 복수 명사 + 복수 동사'로 쓴다. 따라서 밑줄 친 부분은 올바르게 쓰였다.

찐Tip 'The number of + 복수 명사 + 단수 동사'로 쓴다.

선지 해석

① 그녀는 등산은 말할 것도 없고, 야외에 나가는 것을 좋아하지 않는다.
② 그녀는 학급에서 가장 예쁜 소녀이다.
③ 그 나라는 국토의 3/4이 바다로 둘러싸여 있는 소국이다.
④ 많은 학생들이 졸업 후 취직을 위해 열심히 공부한다.

정답 ③

05 밑줄 친 부분 중 어법상 옳지 않은 것은? 2018. 지방직 9급 변형

① All of the information was false.
② Thomas should have apologized earlier.
③ The movie had already started when we arrived.
④ Being cold outside, I boiled some water to have tea.

정답 해설

④ [출제영역] 챕터 08 분사
분사구문의 주어는 '날씨'이고, 주절의 주어는 'I' 이기 때문에 분사구문의 주어와 주절의 주어가 다를 때는 분사구문 앞에 따로 써야 한다. 따라서 날씨를 의미하는 it을 삽입해야 하므로 Being cold outside 대신 It being cold outside로 써야 올바르다.

오답 해설

① [출제영역] 챕터 02 단어의 이해
'all of 명사'는 명사에 수 일치한다. information은 불가산 명사로 항상 단수 취급하고 단수 동사로 일치시킨다. 따라서 단수 동사 was는 올바르게 쓰였다.

찐Tip 대표적인 불가산 명사로 equipment, furniture, evidence, homework, news, advice, money, machinery, clothing, merchandise, jewelry 등이 있다.

② [출제영역] 챕터 10 조동사
'~했어야 했다'라는 뜻을 가진 구문으로 should have p.p. 또는 ought to have p.p.의 표현이 있다. 따라서 밑줄 친 부분은 올바르게 쓰였다.
③ [출제영역] 챕터 04 동사의 시제
과거 시점을 나타내는 'when 주어 + 과거시제 동사'와 완료시제와 잘 쓰이는 already가 함께 쓰일 때 과거완료시제가 잘 쓰인다. 따라서 밑줄 친 부분은 올바르게 쓰였다.

찐Tip 완료시제의 경우 조동사(have/has/had)와 p.p.가 결합되어 하나의 동사를 이루는데 이때 부사가 위치한다면 조동사와 과거분사(p.p.) 사이에 위치한다.

선지 해석
① 모든 정보는 거짓이었다.
② 토마스는 더 일찍 사과했어야 했다.
③ 우리가 도착했을 때 영화는 이미 시작했었다.
④ 바깥 날씨가 추웠기 때문에 나는 차를 마시려 물을 끓였다.

정답 ④

06 밑줄 친 부분 중 어법상 옳지 않은 것은? 2012. 국가직 9급

A man who ① <u>shoplifted</u> from the Woolworth's store in Shanton in 1952 recently sent the shop an anonymous letter of apology. In it, he said, "I ② <u>have been guilt-ridden</u> all these days." The item he ③ <u>stole</u> was a two dollar toy. He enclosed a money order ④ <u>paid back</u> the two dollars with interest.

정답 해설
④ [출제영역] 챕터 08 분사
문장에 이미 '주어 + 동사'가 나와 있고 동사의 p.p.형이 나온다면 분사 문제이다. 타동사 뒤에 목적어(the two dollars)가 있으므로 현재분사로 써야 한다. 따라서 paid back 대신 paying back으로 써야 올바르다.

오답 해설
① [출제영역] 챕터 04 동사의 시제
명백한 과거를 나타내는 과거시간 부사(in 년도)가 나오면 과거시제로 쓴다. 따라서 shoplifted는 올바르게 쓰였다.
② [출제영역] 챕터 04 동사의 시제
guilt-ridden은 '죄의식에 고통받는'의 뜻으로 문맥상 과거시점부터 현재까지 행위가 계속되는 것으로 보아 현재완료시제(have p.p.)는 올바르게 쓰였다. 주어가 'I'이므로 동사 have 또한 올바르게 쓰였다.
③ [출제영역] 챕터 04 동사의 시제
he 앞에 목적격 관계대명사가 생략된 구조로 'he stole'이 앞 명사(the item)를 꾸며주고 있다. shoplifted가 과거시제로 쓰인 것으로 보아 stole 또한 과거시제로 올바르게 쓰였다.

지문 해석

1952년에 Shanton의 Woolworth's 상점에서 도둑질한 남성이 최근 익명의 사과 편지를 상점에 보냈다. 그 편지에서 그는 "나는 요즘 들어 죄책감에 고통받고 있다."라고 말했다. 그가 훔친 물건은 2달러짜리 장난감이었다. 그는 2달러에 이자까지 지불해서 우편을 보냈다.

정답 ④

07 밑줄 친 부분 중 어법상 옳지 않은 것은? 2015. 지방직 7급 변형

① <u>Covering</u> with confusion, he left the conference room.
② <u>Walking</u> along the road, he tripped over the root of a tree.
③ <u>With her eyes wide open</u>, she stared at the man.
④ <u>Waving</u> goodbye, she got on the train.

정답 해설
① [출제영역] 챕터 08 분사
해석상 타인을 혼란에 빠뜨린 것이 아니고 그가 혼란에 빠진 것이고 cover 뒤에 목적어도 없으므로 과거분사로 써야 한다. 따라서 현재분사 covering 대신 과거분사 covered로 써야 올바르다.

오답 해설
② [출제영역] 챕터 08 분사
해석상 그가 걷는 것으로 능동의 의미인 현재분사를 써야 한다. 따라서 walking은 올바르게 쓰였다.
③ [출제영역] 챕터 08 분사
'with 분사구문'으로 'with + 목적어 + 목적보어'의 형태로 목적보어 자리에 분사/형용사/전명구/부사가 올 수 있다. 따라서 형용사 open은 '눈을 뜬 채로'의 의미가 있으므로 올바르게 쓰였다.

찐Tip wide는 부사로 형용사(open)를 수식해주고 있고 wide open은 '크게 뜬'의 뜻으로 쓰인다.

④ [출제영역] 챕터 08 분사
문맥상 그녀가 직접 손을 흔드는 것으로 능동의 의미인 현재분사를 써야 한다. 따라서 waving은 올바르게 쓰였다.

선지 해석
① 그가 혼란에 빠진 채로 회의실을 떠났다.
② 길을 따라 걷다가 그는 나무뿌리에 걸려 넘어졌다.
③ 눈을 크게 뜬 채로 그녀는 그 남자를 응시했다.
④ 손을 흔들면서 그녀는 기차에 올랐다.

정답 ①

08 밑줄 친 부분 중 어법상 옳지 않은 것은?

2019. 국가직 9급

Domesticated animals are the earliest and most effective 'machines' ① available to humans. They take the strain off the human back and arms. ② Utilizing with other techniques, animals can raise human living standards very considerably, both as supplementary foodstuffs (protein in meat and milk) and as machines ③ to carry burdens, lift water, and grind grain. Since they are so obviously ④ of great benefit, we might expect to find that over the centuries humans would increase the number and quality of the animals they kept. Surprisingly, this has not usually been the case.

정답 해설

② [출제영역] 챕터 08 분사
문장에 이미 동사(raise)가 있고 '동사 + -ing'가 나오면 분사 문제이다. utilizing은 타동사로 뒤에 목적어가 없으므로 과거분사로 써야 한다. 따라서 Utilizing 대신 Utilized로 써야 올바르다.

오답 해설

① [출제영역] 챕터 02 단어의 이해
'형용사 + 전명구'는 명사(machines)를 후치 수식할 수 있다. 따라서 밑줄 친 부분은 올바르게 쓰였다.

③ [출제영역] 챕터 09 부정사
'명사 + to부정사'의 구조로 to carry는 앞에 나온 명사(machines)를 수식하는 형용사적 용법으로 올바르게 쓰였다.

④ [출제영역] 챕터 02 단어의 이해
'of + 추상명사'는 형용사로 쓸 수 있다. 'of great benefit'는 be동사의 주격 보어 역할로 올바르게 쓰였다.

지문 해석

가축화된 동물들은 사람이 접근 가능한 가장 오래되고 효과적인 '기계'이다. 이들은 인간의 등과 팔에 긴장을 덜어준다. 다른 기술들과 함께 활용함으로써, 동물들은 인간의 생활 수준을 매우 크게 향상시킬 수 있다. 그것은 보조 식품으로서 (육류와 우유에서 얻는 단백질과 같은) 그리고 짐을 나르거나 물을 들거나 곡물을 갈아내는 기계로서의 역할을 한다. 이들이 아주 분명히 큰 혜택을 제공하기 때문에, 우리는 여러 세기 동안 인간들이 기르는 동물의 수와 질을 증가시킬 것으로 기대할 수 있다. 하지만 놀랍게도, 이것은 일반적으로 그렇지 않았다.

정답 ②

09 밑줄 친 부분 중 어법상 옳지 않은 것은?

2020. 지방직 7급

Sports utility vehicles are ① more expensive and use more gas than most cars. But TV ② commercials show them ③ climbing rocky mountain roads and crossing rivers, which seems ④ excited to many people.

정답 해설

④ [출제영역] 챕터 08 분사
감정 동사는 감정을 유발한다는 의미를 전달하고 사물을 수식할 경우 현재분사로 쓴다. 따라서 excited 대신 exciting으로 써야 올바르다.

오답 해설

① [출제영역] 챕터 16 비교 구문
접속사 than과 상응하는 표현은 more이므로 올바르게 쓰였고, 비교급 비교 구문 앞의 문장 구조가 보어가 없는 불완전한 구조이므로 형용사 expensive 또한 올바르게 쓰였다.

② [출제영역] 챕터 05 주어와 동사 수 일치
뒤에 show가 복수 동사이므로 명사 또한 복수 형태로 써야 한다. 따라서 commercials는 올바르게 쓰였다.

③ [출제영역] 챕터 01 문장의 이해 & 챕터 13 접속사
등위접속사(and) 기준으로 수여동사 show의 직접목적어로 climbing은 crossing과 병렬 구조로 올바르게 쓰였다.

지문 해석

SUV는 대부분의 자동차들보다 더 비싸고 연료도 더 많이 사용한다. 그러나 TV 광고에서는 그들이 돌로 된 산길을 오르고 강을 건너는 것을 보여주며, 이는 많은 사람들에게 흥미로워 보인다.

정답 ④

10 밑줄 친 부분 중 어법상 옳지 않은 것은?

2010. 국가직 9급

I ① looked forward to this visit more than one ② would think, ③ considered I was flying seven hundred miles to sit alongside a ④ dying man. But I seemed to slip into a time warp when I visited Morrie, and I liked myself better when I was there.

정답 해설

③ [출제영역] 챕터 08 분사
consider 뒤에 목적어가 있으므로 현재분사로 써야 한다. 따라서 considered 대신 considering으로 써야 올바르다.

찐Tip '~을 고려[감안]하면'의 뜻을 가진 구문으로 'considering (that)'의 독립 분사 구문 표현이 있다.

오답 해설

① [출제영역] 챕터 07 동명사
'look forward to'에서 to는 전치사이므로 뒤에 명사/동명사를 쓴다. 뒤에 명사(this visit)가 있는 것으로 보아 밑줄 친 부분은 올바르게 쓰였다.

② [출제영역] 챕터 10 조동사
would는 추측의 의미로 쓰인 화법 조동사로 뒤에는 동사원형이 나온다. 따라서 밑줄 친 부분은 올바르게 쓰였다.

④ [출제영역] 챕터 08 분사
dying은 '죽어가는'의 뜻으로 진행의 의미로 쓰였고, 현재분사 형태로 명사를 꾸며 주고 있으므로 올바르게 쓰였다.

지문 해석

죽어가고 있는 남자 옆에 앉아서 7백 마일을 비행기 타고 간 것을 고려한다면, 나는 사람들이 생각하는 것보다 더 많이 이 방문을 기대했다. 그러나 나는 Morrie를 방문할 때 시간의 왜곡에 빠진 것 같았고, 그곳에 있었을 때 나 자신이 더 좋았다.

정답 ③

11 밑줄 친 부분 중 어법상 옳은 것은? 2014. 국가직 9급

Compared to newspapers, magazines are not necessarily up-to-the-minute, since they do not appear every day, but weekly, monthly, or even less frequently. Even externally they are different from newspapers, mainly because magazines ① resemble like a book. The paper is thicker, photos are more colorful, and most of the articles are relatively long. The reader experiences much more background information and greater detail. There are also weekly news magazines, ② which reports on a number of topics, but most of the magazines are specialized to attract various consumers. For example, there are ③ women's magazines cover fashion, cosmetics, and recipes as well as youth magazines about celebrities. Other magazines are directed toward, for example, computer users, sports fans, ④ those interested in the arts, and many other small groups.

정답 해설

④ [출제영역] 챕터 08 분사
interested in the arts가 those를 수식하여 '예술에 관심을 갖는 사람들'의 뜻으로 쓰인다. 감정 동사가 감정을 느낀다는 의미를 전달하고 사람을 수식할 경우 과거분사(interested)로 쓴다. 따라서 밑줄 친 부분은 올바르게 쓰였다.

오답 해설

① [출제영역] 챕터 03 동사의 유형
resemble은 대표 3형식 타동사로 전치사 없이 바로 목적어를 취한다. 따라서 resemble like a book 대신 전치사 like를 삭제한 resemble a book으로 써야 올바르다.

② [출제영역] 챕터 14 관계사
관계대명사 which가 수식하는 선행사(magazines)가 복수 형태이므로 관계대명사의 동사도 복수 형태로 써야 한다. 따라서 단수 동사 reports 대신 복수 동사 report로 써야 올바르다.

③ [출제영역] 챕터 08 분사
'there be 동사 + 주어'의 구조로 'there are women's magagzines'는 올바르게 쓰였으나, 뒤에 동사(cover)가 접속사 없이 바로 나왔으므로 동사를 앞에 나온 명사를 꾸며줄 수 있는 분사형태로 바꿔야 한다. 뒤에 목적어가 있으므로 cover 대신 covering으로 써야 올바르다.

지문 해석

신문과 비교해서 잡지는 매일이 아닌 주간, 월간, 심지어는 그보다 더 드물게 발행되기 때문에 반드시 최신 정보를 제공하지는 않는다. 잡지는 외부적으로도 주로 책과 비슷한 모습을 가지기 때문에 신문과 다르다. 종이가 두껍고, 사진은 더 다채롭고, 대부분의 기사는 비교적 길다. 독자는 훨씬 더 많은 배경 정보와 상세한 내용들을 경험한다. 다양한 주제에 관해 보도하는 주간 뉴스 잡지도 있지만, 대부분의 잡지는 다양한 소비자들을 유치하기 위해 특화되어 있다. 예를 들어, 유명인사에 관한 젊은이들 잡지뿐만 아니라 패션, 화장품, 레시피를 다루는 여성 잡지들도 있다. 또다른 잡지는 예를 들면 컴퓨터 사용자, 스포츠 팬, 예술에 관심이 있는 사람들과 같은 작은 그룹들을 대상으로 만들기도 한다.

정답 ④

12 밑줄 친 부분 중 어법상 옳지 않은 것은? 2018. 국가직 9급

Focus means ① getting stuff done. A lot of people have great ideas but don't act on them. For me, the definition of an entrepreneur, for instance, is someone who can combine innovation and ingenuity with the ability to execute that new idea. Some people think that the central dichotomy in life is whether you're positive or negative about the issues ② that interest or concern you. There's a lot of attention ③ paying to this question of whether it's better to have an optimistic or pessimistic lens. I think the better question to ask is whether you are going to do something about it or just ④ let life pass you by.

정답 해설

③ [출제영역] 챕터 08 분사
문장에 이미 주어 동사가 있고 '동사 + ing'가 나온다면 분사 문제이다. pay는 타동사로 뒤에 목적어가 없으므로 과거분사로 써야 한다. 따라서 paying 대신 paid로 써야 올바르다.

오답 해설

① [출제영역] 챕터 08 분사
get은 목적어와 목적보어가 수동의 의미 관계를 갖는 경우에는 과거분사로 써야 한다. 문맥상 stuff가 완성되는 것으로 수동의 의미이므로 과거분사(done)로 쓴다. 따라서 밑줄 친 부분은 올바르게 쓰였다.

찐Tip mean은 동명사를 목적어로 취하는 타동사이다.

② [출제영역] 챕터 05 주어와 동사 수 일치
관계대명사 that 뒤에 현재동사가 나오면 선행사와 수 일치를 확인해야 한다. 선행사(issues)는 복수이므로 interest와 concern은 복수동사로 올바르게 쓰였다.

④ [출제영역] 챕터 03 동사의 유형
등위접속사(or) 기준으로 to do와 let은 병렬구조로 올바르게 쓰였고, let은 사역동사로 목적어와 목적보어가 능동의 의미 관계를 갖는 경우에는 원형부정사로 써야 한다. 문맥상 life가 스쳐지나가는 것으로 능동의 의미이므로 원형부정사(paas by)로 쓴다. 따라서 밑줄 친 부분은 올바르게 쓰였다.

찐Tip pass by와 같은 이어동사에 부사는 타동사 + 대명사 + 부사(타대부) 순서로 쓴다.

찐Tip 사역동사 let은 목적어와 목적보어가 수동의 의미 관계를 갖는 경우에는 반드시 목적보어를 과거분사가 아닌 be p.p.의 수동태 형태로 쓴다.

지문 해석

집중은 일을 해내는 것을 의미한다. 많은 사람들은 훌륭한 아이디어를 갖고 있지만 그것을 행동하지는 않는다. 예를 들어, 나에게 있어서 기업가의 정의는 혁신과 창의성을 새로운 아이디어를 실행하는 능력과 결합할 수 있는 사람이다. 어떤 사람들은 인생에서 가장 중요한 이분법은 자신이 관심이 있거나 걱정하는 문제에 대해 긍정적인지 부정적인지에 따라 나뉜다고 생각한다. 낙관적인 시각과 비관적인 시각 둘 중 어떤 것을 가지는 게 더 나은지에 대한 이 질문에 많은 관심이 있다. 나는 물어 봐야할 더 나은 질문은 그것에 관한 어떤 것을 할 것인지 아니면 인생이 그냥 흘러가게 할 것인지라고 생각한다.

정답 ③

Chapter 09 부정사

ANSWER

01 ①	02 ①	03 ①	04 ④	05 ③
06 ①	07 ①	08 ②	09 ③	10 ④
11 ①				

01 밑줄 친 부분 중 어법상 옳지 않은 것은? 2022. 지방직 9급 변형

① I cannot afford <u>wasting</u> even one cent.
② The smile soon <u>faded</u> from her face.
③ She had no alternative but <u>to resign</u>.
④ I'm aiming <u>to start</u> my own business in five years.

정답 해설

① [출제영역] 챕터 09 부정사
afford는 to부정사를 목적어로 취하는 특정 3형식 타동사이다. 따라서 wasting 대신 to waste로 써야 올바르다.

오답 해설

② [출제영역] 챕터 03 동사의 유형
fade는 '사라지다'의 뜻인 자동사로 능동태로 표현해야 한다. 따라서 밑줄 친 부분은 올바르게 쓰였다.

③ [출제영역] 챕터 07 동명사
'~하지 않을 수 없다, ~할 수 밖에 없다'의 뜻을 가진 구문으로는 'have no choice[alternative] but to부정사'의 동명사 관용 표현이 있다. 따라서 밑줄 친 부분은 올바르게 쓰였다.

찐Tip 또 다른 표현으로는 'cannot but 동사원형 = cannot help 동명사'가 있다.

④ [출제영역] 챕터 04 동사의 시제
aim은 타동사로 목적어에 to부정사를 취할 수 있다. 따라서 to start는 올바르게 쓰였다.

찐Tip 동작동사는 진행시제와 잘 쓰인다.

선지 해석

① 나는 단 한 푼의 돈도 낭비할 수 없다.
② 그녀의 얼굴에서 미소가 곧 사라졌다.
③ 그녀는 사임하는 것 외에는 대안이 없었다.
④ 나는 5년 후에 내 사업을 시작할 작정이다.

정답 ①

02 밑줄 친 부분 중 어법상 옳지 않은 것은? 2020. 지방직 9급 변형

① I regret <u>to tell</u> you that I lost your key.
② His experience at the hospital was worse than <u>hers</u>.
③ It reminds me <u>of the memories</u> of the past 24 years.
④ I like people <u>who</u> look me in the eye when I have a conversation.

정답 해설

① [출제영역] 챕터 09 부정사
'~을 후회하다'의 뜻을 가진 구문으로는 'regret -ing'의 표현이 있다. 따라서 to tell 대신 telling으로 써야 올바르다.

찐Tip regret to부정사는 '~하게 되어 유감이다'의 뜻으로 쓰인다.

오답 해설

② [출제영역] 챕터 16 비교 구문
worse는 bad의 비교급으로 '비교급 than'의 비교 표현으로 올바르게 쓰였고, 비교 구문에서 비교 대상이 사물과 사물일 때는 소유대명사(hers)를 써야 한다. 따라서 밑줄 친 부분은 올바르게 쓰였다.

③ [출제영역] 챕터 03 동사의 유형
'통고, 확신' 동사 remind는 특정 전명구로 'A of 명사/A to 동사/A that절'을 쓸 수 있다. 따라서 밑줄 친 부분은 올바르게 쓰였다.

④ [출제영역] 챕터 14 관계사
관계대명사 who 앞에 사람 선행사이고 뒤에는 주어가 없는 불완전 구조를 취하고 있으므로 밑줄 친 부분은 올바르게 쓰였다.

찐Tip 'look('보다' 동사) + 사람 명사 + in the 신체 일부'의 구문으로 정관사 the는 올바르게 쓰였다.

선지 해석
① 나는 네 열쇠를 잃어버렸다고 네게 말한 것을 후회한다.
② 그 병원에서의 그의 경험은 그녀의 경험보다 더 나빴다.
③ 그것은 내게 지난 24년의 기억을 상기시켜준다.
④ 나는 대화할 때 내 눈을 보는 사람들을 좋아한다.

정답 ①

03 밑줄 친 부분 중 어법상 옳은 것은? 2016. 지방직 9급 변형

① The poor woman couldn't afford to get a smartphone.
② I am used to get up early everyday.
③ The number of fires that occur in the city are growing every year.
④ Bill supposes that Mary is married, isn't he?

정답 해설
① [출제영역] 챕터 09 부정사
'~할 여유가 있다(없다)'의 뜻을 가진 구문으로는 'can(not) afford to부정사'의 표현이 있다. 따라서 밑줄 친 부분은 올바르게 쓰였다.

오답 해설
② [출제영역] 챕터 07 동명사
'~에 익숙하다'의 뜻을 가진 구문으로는 '사람 주어 be used to 명사/동명사'의 표현이 있다. 전치사 to 뒤에는 동명사를 써야 한다. 따라서 to get up 대신 to getting up으로 써야 올바르다.
③ [출제영역] 챕터 05 주어와 동사 수 일치
the number of 복수 명사 뒤에는 단수 동사를 써야 한다. 따라서 복수 동사 are 대신 단수 동사 is로 써야 올바르다.

찐Tip a number of 복수 명사 뒤에는 복수 동사를 쓴다.

④ [출제영역] 챕터 01 문장의 이해
부가의문문의 형태를 물어보는 문제이다. 부가의문문의 동사는 평서문(주절)의 동사의 종류와 시제를 맞춘다. 주절의 동사가 일반동사(suppose)이므로 isn't 대신 doesn't로 써야 올바르다.

찐Tip 부가의문문은 평서문이 긍정이면 부정, 평서문이 부정이면 긍정의 부가의문문을 사용한다.

선지 해석
① 가난한 여성은 스마트폰을 살 여유가 없었다.
② 나는 매일 일찍 일어나는 것에 익숙하다.
③ 도시에서 발생하는 화재의 수가 매년 증가하고 있다.
④ 빌은 메리가 결혼했다고 생각하지, 그렇지 않니?

정답 ①

04 밑줄 친 부분 중 어법상 옳지 않은 것은? 2017. 국가직 9급 변형

① Only after the meeting did he recognize the seriousness of the financial crisis.
② The minister insisted that a bridge be constructed over the river to solve the traffic problem.
③ As difficult a task as it was, Linda did her best to complete it.
④ He was so distracted by a text message to know that he was going over the speed limit.

정답 해설
④ [출제영역] 챕터 09 부정사
'너무 ~해서 ~할 수 없다'의 뜻을 가진 구문으로는 'too 형용사/부사 to부정사 = so 형용사/부사 that 주어 cannot 동사원형'의 표현이 있다. 따라서 to부정사와 호응되기 위해서는 so distracted 대신 too distracted로 써야 올바르다.

찐Tip know 뒤에 that은 know의 목적어 역할을 하는 명사절 that이다.

오답 해설
① [출제영역] 챕터 11 도치 구문과 강조 구문
Only 부사(부사구, 부사절)를 포함한 도치구문으로 'only + 전치사 + 명사' 뒤에 '조동사 + 주어 + 동사원형'의 형태로 쓸 수 있다. 따라서 did he recognize는 올바르게 쓰였다.
② [출제영역] 챕터 10 조동사
주장동사(insist)의 that절의 동사는 '(should) 동사원형'으로 쓴다. 따라서 should가 생략된 be constructed는 올바르게 쓰였다.
③ [출제영역] 챕터 11 도치 구문과 강조 구문
as 양도 도치 구문은 '비록 ~라도'라는 양보의 의미로 쓰인다. as 양보부사절에는 'As 형용사 a 명사 + as 주어 + 2형식 동사'의 형태로 쓸 수 있다. 따라서 밑줄 친 부분은 올바르게 쓰였다.

선지 해석
① 그 회의 후에야 그는 금융 위기의 심각성을 알아차렸다.
② 장관은 교통문제를 해결하기 위해 강 위에 다리를 건설해야 한다고 주장했다.
③ 비록 그 일이 어려운 것이었지만, Linda는 그것을 끝내기 위해 최선을 다했다.
④ 그는 문자 메시지에 너무 정신이 팔려서 제한속도보다 빠르게 달리고 있다는 것을 몰랐다.

정답 ④

05 밑줄 친 부분 중 어법상 옳지 않은 것은? 2013. 지방직 7급

Wisdom enables us to take information and knowledge and ① use them to make good decisions. On a personal level, my mother finished only the fifth grade, ② was widowed in the heart of the depression and had six children ③ very young to work. Obviously she needed wisdom to use the knowledge she had ④ to make the right decisions to raise her family successfully.

정답 해설

③ [출제영역] 챕터 09 부정사
to부정사와 같이 쓰여, 강조 부정의 의미를 가지는 부사는 very가 아니라 too를 써야 한다. 따라서 very 대신 too로 써야 올바르다.

오답 해설

① [출제영역] 챕터 09 부정사 & 챕터 13 접속사
enable은 to부정사를 목적보어로 취하는 5형식 타동사이다. 등위접속사(and) 기준으로 to take와 to use는 병렬구조로 올바르게 쓰였다.

찐Tip 'to use'에서 to는 생략된 상태로 쓰였다.

② [출제영역] 챕터 06 수동태
수동태 구조에서 p.p.자리에 위치하는 동사가 타동사인지 뒤에 목적어가 없는지 확인해야 한다. widow는 타동사로 뒤에 목적어가 없으므로 수동태로 쓴다. 따라서 was widowed는 올바르게 쓰였다.

④ [출제영역] 챕터 09 부정사
to make는 목적(~하기 위해서)에 해당하는 to부정사의 부사적 용법으로 올바르게 쓰였다.

지문 해석

지혜는 우리가 정보와 지식을 받아들여 그것들을 활용하여 좋은 결정을 내릴 수 있게 해준다. 개인적으로, 나의 어머니는 오직 5학년까지만 마쳤고, 우울한 가운데 남편을 잃고 일을 하기에는 너무 어린 6명의 아이들이 있었다. 분명히 그녀는 자식들을 성공적으로 키우기 위해 올바른 결정을 내리기 위한 지식을 활용할 줄 아는 지혜가 필요했다.

정답 ③

06 밑줄 친 부분 중 어법상 옳지 않은 것은? 2014. 지방직 7급 변형

① The bag was too heavy for me to lift it.
② So ridiculous did she look that everybody burst out laughing.
③ He was seen to come out of the house.
④ I can't get that child to go to bed.

정답 해설

① [출제영역] 챕터 09 부정사
'too 형용사/부사 to부정사'구문에서 to부정사의 목적어와 그 절의 주어가 같을 때 to부정사 뒤의 목적어는 생략한다. the bag이 주어에 제시되어 있으므로 it을 쓴다면 중복 사용이 된다. 따라서 to lift it 대신 it을 삭제한 to lift로 써야 올바르다.

오답 해설

② [출제영역] 챕터 11 도치 구문과 강조 구문
문장 처음에 so 형용사로 시작되면 뒤는 도치 구조로 쓰였는지 확인한다. 'so 형용사 + 조동사 + 주어 + that절'의 형태로 쓴다. 따라서 did she look은 올바르게 쓰였다.

③ [출제영역] 챕터 06 수동태
지각동사가 수동태(be p.p.)로 쓰일 때는 목적보어였던 원형부정사는 to부정사로 전환해야 한다. 따라서 to come은 올바르게 쓰였다.

찐Tip 'be seen + 동사원형'으로는 쓸 수 없다.

④ [출제영역] 챕터 03 동사의 유형
get은 대표 5형식 타동사로 원형부정사가 아닌 to부정사 또는 과거분사를 목적보어로 취한다. 따라서 to go는 올바르게 쓰였다.

선지 해석

① 그 가방은 너무 무거워서 내가 들어 올릴 수 없었다.
② 그녀가 너무 꼴불견이어서 모든 사람들이 갑자기 웃기 시작했다.
③ 그가 집 밖으로 나오는 것이 목격되었다.
④ 나는 저 아이를 재울 수가 없다.

정답 ①

07 다음 빈칸에 들어갈 말로 가장 적절한 것은? 2011. 경찰 2차

Living in the buildings on his construction site, over 1000 workers ______________ in one basement.

① used to sleep
② are used to sleep
③ to be sleeping
④ sleeping

정답 해설

① [출제영역] 챕터 09 부정사
Living으로 시작하는 절은 주절과 같은 주어와 접속사가 생략된 분사구문 형태이다. 빈칸 앞은 주어(over 1000 workers)이고 빈칸 뒤는 전치사구가 나왔으므로 빈칸은 동사 자리이다. 문맥상 과거의 반복된 습관을 나타내는 '~하곤 했다'의 뜻이 자연스러우므로 '사람 주어 + used to 동사원형'으로 써야 한다. 따라서 'used to sleep'로 써야 올바르다.

오답 해설

② [출제영역] 챕터 09 부정사
'be used to부정사'는 '~하기 위해서 사용되다'의 뜻으로 쓰이고, 사람 주어는 올 수 없으므로 올바르지 못하다.

③,④ [출제영역] 챕터 01 문장의 이해
빈칸은 동사 자리이므로 동사 형태가 아닌 'to be slepping', 'slepping'은 올바르지 못하다.

지문 해석

건설 현장의 건물에서 살면서, 1000명 이상의 노동자들이 한 지하실에서 잠을 자곤 했다.

정답 ①

08 밑줄 친 부분 중 어법상 옳은 것은? 2016. 국가직 7급 변형

① Time always takes a little to tune in on a professor's style.
② I'm used to waiting until the last minute and staying up all night.
③ The math question was too tough for the student to answer it.
④ Too many hours of hard work really tired of me.

정답 해설

② [출제영역] 챕터 09 부정사
'~에 익숙하다'의 뜻을 가진 구문으로는 '사람 주어 be used to 명사/동명사'의 표현이 있다. 따라서 전치사 to 뒤에는 동명사를 써야 하고, 등위접속사(and) 기준으로 waiting과 staying은 병렬구조로 올바르게 쓰였다.

오답 해설

① [출제영역] 챕터 09 부정사
'~하는 데 시간이 걸리다'의 뜻을 가진 구문으로는 'It takes + (사람) + 시간 + to부정사 = It takes + 시간 + (for사람) + to부정사'의 표현이 있다. 따라서 Time 대신 It으로 써야 올바르다.

찐Tip 가주어(it) 대신에 that이나 time을 주어로 쓰지 않는다.

③ [출제영역] 챕터 09 부정사
'too 형용사/부사 to부정사'구문에서 to부정사의 목적어와 그 절의 주어가 같을 때 to부정사 뒤의 목적어는 생략한다. 따라서 to answer it 대신 it을 삭제한 to answer로 써야 올바르다.
④ [출제영역] 챕터 03 동사의 유형
tire는 타동사로 전치사 없이 바로 목적어를 취한다. 따라서 tired of me 대신 전치사 of를 삭제한 tired me로 써야 올바르다.

선지 해석

① 어떤 교수의 스타일에 적응하는 데는 항상 시간이 좀 걸린다.
② 나는 마지막 순간까지 기다렸다가 밤을 새우는 데 익숙해있다.
③ 그 수학 문제는 너무 어려워서 그 학생이 답을 할 수 없었다.
④ 나는 너무 많은 시간의 힘든 일로 정말 지쳤다.

정답 ②

09 밑줄 친 부분 중 어법상 옳지 않은 것은? 2011. 국가직 9급 변형

① He is the last person to deceive you.
② He would much rather make a compromise than fight with his fists.
③ Frescoes are so familiar a feature of Italian churches that they are easy to take it for granted.
④ Even though he didn't go to college, he is a very knowledgeable man.

정답 해설

③ [출제영역] 챕터 09 부정사
easy는 난이형용사로서 주어가 it이 아닌 것이 나오면 to부정사의 목적어가 주어 자리로 상승한 구문으로 난이형용사 다음에 나오는 to부정사 뒤에 목적어가 없어야 한다. 따라서 take it for granted 대신 it을 삭제한 take for granted로 써야 올바르다.

오답 해설

① [출제영역] 챕터 09 부정사
'~할 사람이 아니다'의 뜻을 가진 구문으로는 'the last man(person) to부정사 = know better than to부정사 = be above -ing = be far from -ing'의 표현이 있다. 따라서 밑줄 친 부분은 올바르게 쓰였다.
② [출제영역] 챕터 10 조동사
'B하는 것보다 A하는 게 낫다'의 뜻을 가진 구문으로는 'would rather A than B'의 표현이 있다. A, B는 주로 동사원형으로 쓴다. 따라서 make와 fight는 동사원형으로 올바르게 쓰였다.
④ [출제영역] 챕터 13 접속사
Even though는 양보 부사절 접속사로 뒤에 '주어 + 동사'의 완전 구조를 취한다. 따라서 밑줄 친 부분은 올바르게 쓰였다.

찐Tip very는 원급을 수식하는 부사로 형용사의 원급인 knowledgeable을 수식하므로 올바르게 쓰였다.

선지 해석

① 그는 결코 당신을 속일 사람이 아니다.
② 그는 주먹다짐을 할 바에야 타협하는 것이 낫다고 생각한다.
③ 프레스코는 이태리 교회의 익숙한 요소이기 때문에 이것을 당연하게 생각하기 쉽다.
④ 그는 대학에 다니지 않았지만 아는 것이 아주 많은 사람이다.

정답 ③

10 밑줄 친 부분 중 어법상 옳지 않은 것은? 2011. 국가직 9급 변형

① I couldn't finish the exam <u>because</u> I ran out of time.
② It is much more difficult than you'd expect <u>to break</u> a habit.
③ Most people <u>have</u> a strong dislike to excessive violence on TV.
④ Blessed is the man who is too busy to worry in the day and too tired <u>of lying</u> awake at night.

정답 해설

④ [출제영역] 챕터 09 부정사
'너무 ~해서 ~할 수 없다'의 뜻을 가진 구문으로는 'too 형용사/부사 to 부정사 = so 형/부 that 주어 can't 동사원형'의 표현이 있다. 따라서 too tired of lying 대신 too tired to lie로 써야 올바르다.

찐Tip '분사(p.p.) + be동사 + 명사주어'와 '사람 주어 + who + 동사'의 구조일 때는 주어와 동사 수 일치를 확인해야 한다. 따라서 단수 동사 is는 올바르게 쓰였다.

오답 해설

① [출제영역] 챕터 13 접속사
접속사(because)는 동사를 포함한 절을 이끈다. 따라서 because 뒤에 '주어 + 동사'로 올바르게 쓰였다.
② [출제영역] 챕터 09 부정사
difficult와 같은 난이형용사는 'It(가주어) + be동사 + 난이형용사 + (for 목적어) + to부정사(진주어)'의 구조로 쓴다. 따라서 밑줄 친 부분은 올바르게 쓰였다.
③ [출제영역] 챕터 05 주어와 동사 수 일치
주어(people)는 복수명사이므로 복수 동사 have는 올바르게 쓰였다.

선지 해석

① 시간이 부족해서 시험을 끝낼 수 없었다.
② 습관을 깨기란 예상보다 훨씬 어렵다.
③ 대부분의 사람들은 TV에서 지나친 폭력을 매우 싫어한다.
④ 낮에는 너무 바빠 걱정할 틈도 없고, 밤에는 너무 피곤해서 깨어있을 수 없는 사람은 복 받은 사람이다.

정답 ④

11 밑줄 친 부분 중 어법상 옳지 않은 것은? 2013. 국가직 7급

A final way to organize an essay is to ① <u>proceeding</u> from relatively simple concepts to more complex ones. By starting with generally ② <u>accepted</u> evidence, you establish rapport with your readers and assure them that the essay is ③ <u>firmly</u> grounded in shared experience. In contrast, if you open with difficult material, you risk ④ <u>confusing</u> your audience.

정답 해설

① [출제영역] 챕터 09 부정사
to는 be동사의 보어 자리로 to부정사의 명사적 용법이다. 따라서 to는 전치사가 아니므로 뒤에 동명사를 쓰면 안 된다. 따라서 proceeding 대신 proceed로 써야 올바르다.

오답 해설

② [출제영역] 챕터 08 분사
수식받는 명사(evidence) 입장에서 행위를 받는 입장으로 수동의 의미이므로 과거분사 accepted는 올바르게 쓰였다.
③ [출제영역] 챕터 02 단어의 이해
firmly는 과거분사(grounded)를 수식하므로 부사 firmly는 올바르게 쓰였다.
④ [출제영역] 챕터 03 동사의 유형
risk는 동명사를 목적어로 취하는 특정 타동사이다. 따라서 confusing은 올바르게 쓰였다.

지문 해석

에세이를 체계화하는 마지막 방법은 비교적 단순한 개념에서 더 복잡한 개념들로 나아가는 것이다. 일반적으로 받아들여지는 증거로 시작함으로써, 독자와의 유대감을 형성하고 에세이가 공유된 경험에 근거를 두고 있음에 확신을 준다. 그에 반해 어려운 자료로 시작하면, 독자를 혼란스럽게 할 위험이 있다.

정답 ①

조동사와 조동사를 활용한 구문 정답 및 해설

Chapter 10 조동사

ANSWER

01 ②	02 ③	03 ④	04 ②	05 ①
06 ④	07 ①			

01 다음 빈칸에 들어갈 말로 가장 적절한 것은? 2013. 경찰 1차

Because Oriental ideas of woman's subordination to man prevailed in those days, she _________ meet with men on an equal basis.

① did dare not
② dared not
③ dared not to
④ did dare not to

정답 해설

② [출제영역] 챕터 10 조동사
dare은 본동사와 조동사 기능 둘 다 있으며, 특히 부정문에서 조동사 역할이 가능하다. dare은 일반동사로 쓰일 때는 '부정어(not) + dare + to 부정사'의 형태로, 조동사로 쓰일 때는 'dare[dared] + 부정어(not) + 동사원형'의 형태로 써야 한다. 문맥상 부정문으로 조동사의 쓰임을 묻는 것이므로 dared not meet으로 써야 올바르다.

찐Tip not의 위치에 주의해야 하는데 동사원형 앞에 not을 붙여 'dare not 동사원형'의 어순으로 써야 한다.

지문 해석

그 시대에 여성의 남성에 대한 순종의 동양사상이 만연했기 때문에, 그녀는 감히 남성들과 대등하게 만날 수 없었다.

정답 ②

02 밑줄 친 부분 중 어법상 옳은 것은? 2016. 국가직 9급 변형

① Jessica is a <u>much</u> careless person who makes little effort to improve her knowledge.
② <u>But</u> he will come or not is not certain.
③ The police demanded that she <u>not leave</u> the country for the time being.
④ The more <u>a hotel is expensiver</u>, the better its service is.

정답 해설

③ [출제영역] 챕터 10 조동사
요구(demand)동사의 that절의 동사는 '(should) 동사원형'으로 쓴다. 부정어 not은 동사원형 앞에 써야 하므로 밑줄 친 부분은 올바르게 쓰였다.

오답 해설

① [출제영역] 챕터 02 단어의 이해
much는 형용사나 부사의 비교급을 강조하고, very는 형용사나 부사의 원급을 수식하므로 much 대신 very로 써야 올바르다.

찐Tip '사람명사 + who + 동사'일 때는 수 일치를 확인해야 한다. 명사(peson)가 단수 형태이므로 단수 동사 makes는 올바르게 쓰였다.

② [출제영역] 챕터 13 접속사
but은 명사절 접속사 역할을 할 수 없다. 따라서 but 대신 or not과 쓰일 수 있는 명사절 접속사 whether로 써야 올바르다.

④ [출제영역] 챕터 16 비교 구문
the 비교급 표현은 'the 비교급 주어 + 동사~, the 비교급 주어 + 동사'의 구조로 쓴다. expensiver는 올바른 비교급의 형태가 아니므로 a hotel is expensiver 대신 expensive a hotel is로 써야 올바르다.

선지 해석

① Jessica는 자신의 지식을 향상시키려는 노력을 거의 하지 않는 매우 부주의한 사람이다.
② 그러나 그가 올지 안 올지는 확실하지 않다.
③ 경찰은 그녀가 일시적으로 나라를 떠나지 않도록 요청했다.
④ 호텔이 더 비싸면 비쌀수록 그 서비스는 더 좋을 것이다.

정답 ③

03 밑줄 친 부분 중 어법상 옳은 것은? 2012. 국가직 9급 변형

① She felt that she was <u>good swimmer</u> as he was, if not better.
② This phenomenon <u>has described</u> so often as to need no further clichés on the subject.
③ What surprised us most was the fact that he said that he had <u>hardly never arrived</u> at work late.
④ Even before Mr. Kay announced his movement to another company, the manager insisted that we <u>begin</u> advertising for a new accountant.

정답 해설

④ [출제영역] 챕터 10 조동사
주장(insist)동사의 that절의 동사는 '(should) 동사원형'으로 쓴다. 따라서 밑줄 친 부분은 올바르게 쓰였다.

찐Tip before은 부사절 접속사로 동사를 포함을 절을 이끄므로 뒤에 '주어 + 동사' 형태 또한 올바르게 쓰였다.

오답 해설

① [출제영역] 챕터 16 비교 구문
원급 비교 구문으로 'as 형용사 a 명사 as~'로 표현할 수 있다. 따라서 she was good swimmer as he was 대신 she was as good a swimmer as he was로 써야 올바르다.

찐Tip as~as 사이 '형용사 + a + 명사'의 어순이 중요하다

② [출제영역] 챕터 03 동사의 유형
describe는 3형식 타동사이고 뒤에 목적어가 없으므로 수동태(be p.p.)로 써야 한다. 따라서 has described 대신 has been described로 써야 올바르다.

③ [출제영역] 챕터 02 단어의 이해
hardly와 never은 부정부사로 중복해서 쓸 수 없고 단독으로 써야 한다. 문맥상 never(결코 ~않다)이 더 자연스러우므로 hardly never arrived 대신 hardly를 삭제한 never arrived로 써야 올바르다.

찐Tip 명사절 접속사 what은 불완전 구조를 이끌고 주어 자리에 오면 단수 취급해야 하므로 올바르게 쓰였다.

선지 해석

① 더 낫지는 않더라도, 그녀는 그만큼 좋은 수영선수라고 느꼈다.
② 이 현상은 그 주제와 관련해서 부연 설명을 더 하지 않아도 될 정도로 자주 묘사되었다.
③ 우리를 가장 놀라게 한 것은 그가 직장에 결코 지각하지 않았다고 말했다는 사실이다.
④ Mr. Kay가 다른 회사로 이직할 것임을 발표하기도 전에, 매니저는 우리가 새로운 회계사를 뽑기 위한 광고를 해야 한다고 주장했다.

정답 ④

04 밑줄 친 부분 중 어법상 옳은 것은? 2020. 국가직 9급 변형

① Several problems have raised due to the new members.
② The committee commanded that construction of the building cease.
③ They had to fight against winds that will blow over 40 miles an hour.
④ The seeds of most plants are survived by harsh weather.

정답 해설

② [출제영역] 챕터 10 조동사
명령(command)동사의 that절의 동사는 '(should) 동사원형'으로 쓴다. cease는 자동사와 타동사로 둘 다 쓸 수 있는데 '중단되다'의 뜻으로 쓰일 때는 자동사이다. 따라서 cease는 올바르게 쓰였다.

오답 해설

① [출제영역] 챕터 03 동사의 유형
raise는 타동사로 목적어를 취하지 않는 경우에는 수동태 구조로 써야 한다. 따라서 have raised 대신 have been raised로 써야 올바르다. 또는 '생기다'의 뜻인 자동사인 arise는 목적어 없이 능동태로 쓸 수 있다. 따라서 have raised 대신 have arisen으로 써야 올바르다.

찐Tip due to는 이유를 의미하는 전치사로 명사/동명사 목적어를 수반하므로 올바르게 쓰였다.

③ [출제영역] 챕터 04 동사의 시제
주절의 동사가 과거(had)이므로 that절의 동사 또한 과거시제로 써야 한다. 따라서 will blow 대신 blew로 써야 올바르다.

④ [출제영역] 챕터 03 동사의 유형 & 챕터 02 단어의 이해
우리말은 주어는 '거의 모든 식물'이라고 하고 있으므로 most 대신 almost all로 써야 올바르다. 또한 survive는 자동사와 타동사로 둘다 쓸 수 있는데 '~에 살아남다, ~보다 오래 살다'의 뜻으로 쓰일 때는 타동사이다. 따라서 우리말을 보면 '~에도 살아남는다'라고 하고 있으므로 are survived by 대신 survive로 써야 올바르다.

찐Tip 'be survived by'는 '(~을 유족으로 남기고) 먼저 죽다'의 뜻으로 쓰인다.

선지 해석

① 몇 가지 문제가 새로운 회원들 때문에 생겼다.
② 그 위원회는 그 건물의 건설을 중단하라고 명했다.
③ 그들은 한 시간에 40마일이 넘는 바람과 싸워야 했다.
④ 거의 모든 식물의 씨앗은 혹독한 날씨에도 살아남는다.

정답 ②

05 밑줄 친 부분 중 어법상 옳지 않은 것은? 2016. 지방직 9급 변형

① I'd rather relax at home than going to the movies tonight.
② The police are very unwilling to interfere in family problems.
③ It's no use worrying about past events over which you have no control.
④ I misplace my keys so often that my secretary carries spare ones for me.

정답 해설

① [출제영역] 챕터 10 조동사
'B하는 것보다 A하는 게 낫다'의 뜻을 가진 구문으로는 'would rather A than B'의 표현이 있다. A, B는 주로 동사원형으로 쓴다. 따라서 going 대신 go로 써야 올바르다.

오답 해설

② [출제영역] 챕터 02 단어의 이해 & 챕터 09 부정사
police는 보통 정관사 the와 함께 쓰이고 복수 취급해야 하므로 동사 are은 올바르게 쓰였고, 'be unwilling to부정사'는 '~하기를 꺼리다'의 뜻으로 쓰이고, 여기서 to는 to부정사로 뒤에 동사원형이 와야 한다. 따라서 to interfere은 올바르게 쓰였다.

찐Tip interfere에 전치사 in이 붙으면 '~을 간섭하다, ~에 개입하다'의 뜻으로, 전치사 with이 붙으면 '~을 방해하다'의 뜻으로 쓰인다.

③ [출제영역] 챕터 07 동명사
'~해도 소용없다'의 뜻을 가진 구문으로는 'It's no use[good] - ing'의 동명사 관용 표현이 있다. 따라서 밑줄 친 부분은 올바르게 쓰였다.

④ [출제영역] 챕터 02 단어의 이해
'너무 ~해서 ~하다'의 뜻을 가진 구문으로는 'so + 형용사/부사 + that + 주어 동사'의 표현으로 밑줄 친 부부은 올바르게 쓰였다.

찐Tip one/ones는 앞의 셀 수 있는 명사를 대신 받는데 keys가 복수 형태이므로 ones 또한 올바르게 쓰였다.

선지 해석

① 오늘 밤 나는 영화 보러 가기보다는 집에서 쉬고싶다.
② 경찰은 집안 문제에 대해서는 개입하기를 무척 꺼린다.
③ 네가 통제하지 못하는 과거의 일을 걱정해봐야 소용없다.
④ 내가 자주 열쇠를 엉뚱한 곳에 두어서 내 비서가 나를 위해 여분의 열쇠를 갖고 다닌다.

정답 ①

06 밑줄 친 부분 중 어법상 옳지 않은 것은? 2017. 국가직 9급 변형

① Please come to the headquarters as soon as you <u>receive</u> this letter.
② I ought to <u>have formed</u> a habit of reading in my boyhood.
③ <u>Having been</u> abroad for ten years, he can speak English very fluently.
④ Had I given up the project at that time, I <u>should have achieved</u> such a splendid.

정답 해설

④ [출제영역] 챕터 10 조동사
문맥상 '~얻지 못했을 것이다'라고 하고 있으므로 'would not have p.p.~'로 써야 자연스럽다. 따라서 should have achieved 대신 wouldn't have achieved로 써야 올바르다.

찐Tip if가 생략된 도치 가정법으로 'Had + 주어 + p.p.~, 주어 + would/should/could/might + have p.p.'의 형태로 올바르게 쓰였다.

오답 해설

① [출제영역] 챕터 04 동사의 시제
시간 부사절 접속사(as soon as)에서는 미래시제 대신 현재시제로 써야 한다. 따라서 현재동사 receive는 올바르게 쓰였다.

② [출제영역] 챕터 10 조동사
문맥상 '~했었야 했다'라고 하고 있으므로 'should(ought to) have p.p.'로 써야 자연스럽다. 따라서 밑줄 친 부분은 올바르게 쓰였다.

③ [출제영역] 챕터 08 분사
분사구문이 발생한 시제는 시간부사 'for 기간'이 있는 것으로 보아 완료 시제이고, 문장의 동사 시제는 can speak으로 현재시제이기 때문에 분사구문의 시제와 동사의 시제가 차이가 나므로 완료형 having been으로 올바르게 쓰였다.

선지 해석

① 이 편지를 받는 대로 곧 본사로 와 주십시오.
② 나는 소년 시절에 독서하는 버릇을 길러 놓았어야만 했다.
③ 그는 10년 동안 외국에 있었기 때문에 영어를 매우 유창하게 말할 수 있다.
④ 내가 그때 그 계획을 포기했었다면 이렇게 훌륭한 성과를 얻지 못했을 것이다.

정답 ④

07 밑줄 친 부분 중 어법상 옳은 것은? 2021. 경찰 2차 변형

① It is essential that every employee <u>wear</u> protective gear.
② No one would ask him to work late, <u>much more</u> force him to do that.
③ <u>As discussing</u> in the meeting, the new policies will bring significant benefits.
④ A CEO visited the factory <u>which</u> most of the company's products are manufactured.

정답 해설

① [출제영역] 챕터 10 조동사
주관적 판단 형용사(essential)의 that절의 동사는 '(should) 동사원형'으로 써야 하고, 'It is 주관적 판단 형용사 that 주어 (should) 동사원형'의 구조로 쓴다. 따라서 밑줄 친 부분은 올바르게 쓰였다.

찐Tip 이외 주관적 판단 형용사로는 'important, vital, desirable, imperative, natural, necessary'가 있다.

오답 해설

② [출제영역] 챕터 16 비교 구문
much[still] more은 '~는 말할 것도 없이'의 뜻으로 앞 문장이 긍정문일 경우에, much[still] less는 같은 뜻으로 앞 문장이 부정문일 경우에 쓰인다. 위 문장은 앞 문장이 부정문(No one~)이기 때문에 much more 대신 much less로 써야 올바르다.

③ [출제영역] 챕터 08 분사
discuss는 타동사로 영작을 보면 '논의된 바~'의 수동의 의미이고, 뒤에 목적어를 취하고 있지 않으므로 과거분사로 써야 한다. 따라서 discussing 대신 discussed로 써야 올바르다.

④ [출제영역] 챕터 14 관계사
관계대명사 which는 뒤에 불완전 구조를 취한다. 위 문장은 which 뒤에 'S + be p.p.'의 형태인 완전 구조를 취하고 있으므로 관계부사 또는 '전치사 + 관계대명사'를 써야 한다. 따라서 which 대신 in which 또는 where로 써야 올바르다.

선지 해석

① 모든 직원들이 보호 장비를 착용하는 것은 필수적이다.
② 누구도 그에게 늦게까지 일하도록 강요하지 않았고, 그렇게 요청하지도 않을 것이다.
③ 회의에서 논의된 바와 같이, 새로운 정책들은 상당한 이익을 가져다줄 것이다.
④ CEO는 대부분의 회사 제품이 생산되는 공장에 방문했다.

정답 ①

Chapter 11 도치 구문과 강조 구문

ANSWER

01 ①	02 ②	03 ④	04 ①	05 ④
06 ④	07 ②	08 ③		

01 밑줄 친 부분 중 어법상 옳지 않은 것은? 2022. 지방직 9급 변형

① No sooner I have finishing the meal than I started feeling hungry again.
② She will have to pay the bill sooner or later.
③ Reading is to the mind what exercise is to the body.
④ He studied medicine at university but ended up working for an accounting firm.

정답 해설

① [출제영역] 챕터 11 도치 구문과 강조 구문
'~하자마자 ~했다'의 뜻을 가진 구문으로는 'No sooner had + 주어 p.p. + than 주어 + 과거시제 동사'의 도치 표현이 있다. 따라서 No sooner I have finishing 대신 No sooner had I finished로 써야 올바르다.

찐Tip 이와 같은 뜻을 가진 구문으로 '주어 + had no sooner p.p. + than 주어 + 과거시제 동사'의 정치 표현이 있다.

오답 해설

② [출제영역] 챕터 09 부정사
'~해야만 하다'의 뜻을 가진 구문으로는 'will have to부정사'로 표현할 수 있다. 따라서 밑줄 친 부분은 올바르게 쓰였다.

찐Tip 'sooner or later'은 '조만간'의 뜻으로 쓰인다.

③ [출제영역] 챕터 13 접속사
'A is to B what(as) C is to D'는 'A와 B의 관계는 C와 D의 관계와 같다'의 뜻으로 쓰인다. 따라서 밑줄 친 부분은 올바르게 쓰였다.

④ [출제영역] 챕터 07 동명사
'결국 ~하게 되다'의 뜻을 가진 구문으로 'end up -ing'의 표현이 있다. 따라서 밑줄 친 부분은 올바르게 쓰였다.

찐Tip 등위접속사(but)를 기준으로 studied와 ended up은 과거시제가 병렬구조로 올바르게 쓰였다.

선지 해석

① 식사를 마치자마자 나는 다시 배고프기 시작했다.
② 그녀는 조만간 요금을 내야만 할 것이다.
③ 독서와 정신의 관계는 운동과 신체의 관계와 같다.
④ 그는 대학에서 의학을 공부했으나 결국 회계 회사에서 일하게 되었다.

정답 ①

02 밑줄 친 부분 중 어법상 가장 적절하지 않은 것은? 2020. 경찰 1차 변형

① No sooner had he seen me than he ran away.
② Little I dreamed that he had told me a lie.
③ Written in plain English, the book has been read by many people.
④ When I met her for the first time, I couldn't help but fall in love with her.

정답 해설

② [출제영역] 챕터 11 도치 구문과 강조 구문
부정어 little이 문장 처음에 나오면 뒤에 이어지는 문장의 어순은 '조동사 + 주어'로 도치된다. 일반 동사 dreamed는 바로 주어 앞에 위치하는 것이 아니라 '조동사(do, does, did) + 주어 + 동사원형'의 도치된 형태로 쓰인다. 따라서 Little I dreamed 대신 Little did I dream으로 써야 올바르다.

오답 해설

① [출제영역] 챕터 04 동사의 시제 & 챕터 11 도치 구문과 강조 구문
'~하자마자 ~했다'의 뜻을 가진 구문으로는 'No sooner had 주어 p.p. than 주어 + 과거시제 동사'의 도치 표현이 있다. 따라서 had he seen은 올바르게 쓰였다.
③ [출제영역] 챕터 08 분사
문장 처음에 Written in~은 분사구문으로 의미상의 주어가 주절의 주어 book이다. 책이 쓰여졌다는 것으로 수동의 의미이므로 과거분사 written은 올바르게 쓰였다.
④ [출제영역] 챕터 07 동명사
'~하지 않을 수 없다'의 뜻을 가진 구문으로는 'cannot help but 동사원형 = cannot help -ing'의 동명사 관용 표현이 있다. 따라서 but 뒤에 동사원형 fall은 올바르게 쓰였다.

선지 해석

① 그가 나를 보자마자 그는 도망갔다.
② 그가 나에게 거짓말을 했다는 것을 나는 꿈도 꾸지 못했다.
③ 간단한 영어로 쓰여져서, 이 책은 많은 사람들에 읽혀졌다.
④ 처음으로 그녀를 만났을 때, 나는 그녀에게 반하지 않을 수 없었다.

정답 ②

03 밑줄 친 부분 중 어법상 옳은 것은? 2017. 지방직 9급 변형

① The oceans contain many forms of life that has not yet been discovered.
② The rings of Saturn are so distant to be seen from Earth without a telescope.
③ The Aswan High Dam has been protected Egypt from the famines of its neighboring countries.
④ Included in this series is "The Enchanted Horse," among other famous children's stories.

정답 해설

④ [출제영역] 챕터 11 도치 구문과 강조 구문
주격 보어(Included)가 문장 처음에 위치하면 '주격 보어 + be동사 + 주어'의 어순이 된다. 주어는 'The Enchanted Horse'는 작품 이름으로 단수 취급을 한다. 따라서 단수 동사 is는 올바르게 쓰였다.

오답 해설

① [출제영역] 챕터 05 주어와 동사 수 일치
문맥상 주격 관계대명사 that에 대한 선행사는 life가 아닌 many forms로 복수 형태이다. 따라서 단수 동사 has 대신 복수 동사 have로 써야 올바르다.
② [출제영역] 챕터 09 부정사
'너무 ~해서 ~할 수 없다'의 뜻을 가진 구문으로는 'too 형용사/부사 to 부정사 = so 형용사/부사 that 주어 cannot'의 표현이 있다. so와 to부정사는 호응하지 못하므로 so 대신 too로 써야 올바르다.
③ [출제영역] 챕터 06 수동태
수여동사를 제외하고 수동태(be p.p.) 뒤에 목적어는 올 수 없다. 동사 protect 뒤에 목적어(Egypt)가 있는 것을 보아 능동의 의미로 볼 수 있다. 따라서 has been protected 대신 능동의 현재완료 has protected로 써야 올바르다.

선지 해석

① 바다는 아직 발견되지 않은 많은 종류의 생물을 함유하고 있다.
② 토성의 고리는 지구에서 망원경 없이는 볼 수 없을 만큼 아주 멀리 떨어져 있다.
③ Aswan High Dam은 이집트를 이웃 국가들의 기근으로부터 보호해 왔다.
④ "마법의 말"은 다른 유명한 동화들 중 이 시리즈에 포함되어 있다.

정답 ④

04 밑줄 친 부분 중 어법상 옳은 것은? 2017. 국가직 9급 변형

① They didn't believe his story, <u>and neither did I</u>.
② The sport <u>in that</u> I am most interested is soccer.
③ Jamie learned from the book that World War I <u>had broken out</u> in 1914.
④ Two factors have <u>made scientists difficult</u> to determine the number of species on Earth.

정답 해설

① [출제영역] 챕터 11 도치 구문과 강조 구문
neither를 포함한 도치 구문으로 '주어+동사(부정)~, and neither + 조동사 + 주어'의 표현이 있다. 조동사는 앞에 나온 동사의 종류와 시제에 따라 결정되고 뒤에 나온 주어와 수 일치해야 한다. 따라서 앞 동사 believe와 뒤에 주어 I에 맞춰 did로 올바르게 쓰였다.

찐Tip and neither은 nor로 쓸 수 있다.

오답 해설

② [출제영역] 챕터 14 관계사
전치사 in은 관계대명사 앞에 올 수 있지만 관계대명사 that 앞에는 올 수 없다. 따라서 관계대명사 that 대신 which로 써야 올바르다.
③ [출제영역] 챕터 04 동사의 시제
종속절의 내용이 과거에 발생한 역사적 사실(1,2차 세계대전 등등..)이면 항상 과거 시제를 사용한다. 따라서 had broken out 대신 broke out으로 써야 올바르다.
④ [출제영역] 챕터 09 부정사
make는 5형식 동사로 to부정사가 목적어 역할을 할 경우 '가목적어(it)–진목적어(to부정사)' 구문으로 쓸 수 있다. 다음 구문으로 '5형식 동사 + 가목적어(it) + 형용사/명사 + (for목적어) + 진목적어(to부정사)'의 형식이 있다. 따라서 made scientists difficult 대신 made it difficult for scientists으로 써야 올바르다.

찐Tip 위 구조로 쓸 수 있는 5형식은 동사는 make, believe, consider, find, think가 있다.

선지 해석

① 그들은 그의 이야기를 믿지 않았고, 나도 마찬가지였다.
② 내가 가장 관심 있는 스포츠는 축구이다.
③ Jamie는 그 책에서 제1차 세계 대전이 1914년에 발발했다는 것을 배웠다.
④ 두 가지 요인으로 인해 과학자들이 지구 상의 종의 수를 결정하는 것을 어렵게 만들었다.

정답 ①

05 밑줄 친 부분 중 어법상 옳지 않은 것은? 2015. 지방직 9급 변형

① She regrets <u>not having worked</u> harder in her youth.
② He is a man of both experience <u>and knowledge</u>.
③ Anger is a normal <u>and healthy</u> emotion.
④ Under no circumstances <u>you should not leave</u> here.

정답 해설

④ [출제영역] 챕터 11 도치 구문과 강조 구문
부정부사 under no circumstances가 문장 처음에 나오면 뒤에 이어지는 문장의 어순은 '조동사 + 주어'로 도치된다. 따라서 you should 대신 should you로 써야 올바르다. 또한 부정부사는 다른 부정부사와 겹쳐 쓰지 않기 때문에 밑줄 친 부분인 not을 삭제해야 한다.

오답 해설

① [출제영역] 챕터 07 동명사
regret은 동명사 목적어를 수반할 때 '~을 후회한다'의 뜻으로 쓰인다. 동명사의 완료형은 본동사의 시제보다 동명사가 발생한 시제가 더 이전에 일어났을 경우를 의미한다. 밑줄 친 부분인 본동사는 현재 시제(regrets)이고, 동명사는 과거(in her youth)에 발생했고, work는 1형식 자동사이므로 능동 완료형 동명사인 having worked는 올바르게 쓰였다.

② [출제영역] 챕터 13 접속사
'both A and B'는 'A와 B 둘 다' 라는 의미의 상관접속사로 A와 B는 병렬 구조를 이룬다. 따라서 전치사의 목적어로 명사 experience와 knowledge가 병렬구조로 올바르게 쓰였다.
③ [출제영역] 챕터 13 접속사
등위접속사(and) 기준으로 병렬구조를 이룬다. 밑줄 친 부분인 and를 기준으로 형용사 normal과 healthy가 병렬구조로 올바르게 쓰였다.

선지 해석
① 그녀는 젊었을 때 더 열심히 일하지 않았던 것을 후회한다.
② 그는 경험과 지식을 둘 다 겸비한 사람이다.
③ 분노는 정상적이고 건강한 감정이다.
④ 어떤 상황에서도 너는 이곳을 떠나면 안 된다.

정답 ④

06 밑줄 친 부분 중 어법상 옳지 않은 것은? 2021. 국가직 9급 변형

① I look forward to receive your reply as soon as possible.
② He said he would rise my salary because I worked hard.
③ His plan for the smart city was worth considered.
④ Cindy loved playing the piano, and so did her son.

정답 해설
④ [출제영역] 챕터 11 도치 구문과 강조 구문
so를 포함한 도치 구문으로 '주어+동사(긍정)~, and so + 조동사 + 주어'의 표현이 있다. 조동사는 앞에 나온 동사의 종류와 시제에 따라 결정되고 뒤에 나온 주어와 수 일치해야 한다. 따라서 앞 동사 loved와 뒤의 주어 her son에 맞춰 did로 올바르게 쓰였다.
찐Tip and neither는 부정문과 호응한다.

오답 해설
① [출제영역] 챕터 07 동명사
'~을 기대하다'의 뜻을 가진 구문으로는 'look forward to 명사/동명사'의 표현이 있다. 여기서 to는 전치사로 to receive 대신 to receiving으로 써야 올바르다.
② [출제영역] 챕터 03 동사의 유형
rise는 1형식 자동사로 '일어나다, 떠오르다, 상승하다'의 뜻으로 쓰이고, 명사 목적어를 취할 수 없다. raise는 타동사로 '~을 올리다, ~을 일으키다'의 뜻으로 쓰이고, 목적어(명사)를 취할 수 있다. 따라서 목적어(my salary)가 있으므로 rise 대신 raise로 써야 올바르다.
③ [출제영역] 챕터 07 동명사
'~할 가치가 있다'의 뜻을 가진 구문으로는 'be worth -ing = be worthy of -ing'의 동명사 관용 표현이 있다. 따라서 considered 대신 considering으로 써야 올바르다.

선지 해석
① 나는 너의 답장을 가능한 한 빨리 받기를 고대한다.
② 그는 내가 일을 열심히 했기 때문에 월급을 올려주겠다고 말했다.
③ 그의 스마트 도시 계획은 고려할 만했다.
④ Cindy는 피아노 치는 것을 매우 좋아했고 그녀의 아들도 그랬다.

정답 ④

07 밑줄 친 부분 중 어법상 옳지 않은 것은? 2017. 국가직 9급 변형

① A few words caught in passing set me thinking.
② Hardly did she enter the house when someone turned on the light.
③ We drove on to the hotel, from whose balcony we could look down at the town.
④ The homeless usually have great difficulty getting a job, so they are losing their hope.

정답 해설
② [출제영역] 챕터 11 도치 구문과 강조 구문
'~하자마자 ~했다'의 뜻을 가진 구문으로는 'Hardly[Scarcely] + had 주어 p.p. + when[before] 주어 + 과거시제 동사'의 도치 표현이 있다. 따라서 did she enter 대신 had she entered로 써야 올바르다.

오답 해설
① [출제영역] 챕터 08 분사
문장에서 이미 동사 set이 있는데 동사의 p.p.형인 caught가 나와있으므로 분사 문제이다. 과거분사 caught가 앞에 있는 명사(words)를 꾸며주는데 뒤에 목적어가 없고, words가 붙잡혀진 것이므로 과거분사 caught는 올바르게 쓰였다.
찐Tip 'set + 목적어 -ing'는 '~하게 만들다'의 뜻으로 쓰인다.
③ [출제영역] 챕터 14 관계사
관계대명사 whose는 뒤에 완전 구조를 취한다. whose는 뒤에 나오는 명사 balcony를 수식해주고 있고 여기서 balcony는 전치사 from의 목적어 역할을 하므로 'from whose balcony'는 '전치사 + 명사구'의 형태로 쓰였고, 뒤는 완전 구조로 올바르게 쓰였다.
④ [출제영역] 챕터 04 주어와 동사 수 일치
'the 형용사'가 '~인(한) 사람들'이라는 의미로 해석될 때 복수 취급하고 복수 동사와 수 일치한다. 따라서 복수 동사 have는 올바르게 쓰였다.
찐Tip 'have difficulty -ing'는 '~하는 데 어려움을 겪다'의 뜻으로 쓰인다.

선지 해석
① 지나가면서 들린 몇 마디가 나를 생각하게 만들었다.
② 그녀가 집에 들어가자마자 누군가가 불을 켰다.
③ 우리는 호텔로 차를 타고 갔고, 그 호텔의 발코니에서 마을을 내려다볼 수 있었다.
④ 노숙자들은 보통 일자리를 구하는 데 큰 어려움을 겪으므로 그들은 희망을 잃어가고 있다.

정답 ②

08 밑줄 친 부분 중 어법상 옳지 않은 것은? 2011. 국가직 7급 변형

A few weeks earlier I had awoken just after dawn to find the bed beside me ① empty. I got up and found Jenny sitting in her bathrobe at the glass table on the screened porch of our little bungalow, bent over the newspaper with a pen in her hand. There was ② nothing unusual about the scene. Not only ③ were the Palm Beach Post our local paper, it was also the source of half of our household income. We were a two-newspaper-career couple. Jenny worked as a feature writer in the Post's "Accent" section; I was a news reporter at the ④ competing paper in the area, the South Florida Sun-Sentinel, based an hour south in Fort Lauderdale.

정답 해설

③ [출제영역] 챕터 11 도치 구문과 강조 구문
부정부사 not only가 문장 처음에 나오면 '조동사 + 주어' 도치 구조를 확인해야 한다. 'be + 주어 + 명사(동사원형×)'의 도치 구조로는 올바르게 쓰였다. 그러나 도치가 될 때 주어와 동사 수 일치도 확인해야 한다. 따라서 주어(the Palm Beach Post)가 단수 형태이므로 복수 동사 were 대신 단수 동사 was로 써야 올바르다.

오답 해설

① [출제영역] 챕터 03 동사의 유형
find의 목적어와 목적보어의 관계가 상태를 나타낼 때는 형용사를 취할 수 있다. 따라서 형용사 empty는 올바르게 쓰였다.

② [출제영역] 챕터 02 단어의 이해 & 챕터 05 주어와 동사 수 일치
앞에 단수 동사 was가 있는 것으로 보아 주어도 단수 형태로 올바르게 쓰였고, 형용사(unusual)가 명사(nothing)를 후치 수식해주는 한정적 용법으로도 올바르게 쓰였다.

④ [출제영역] 챕터 08 분사
compete는 타동사로 뒤에 목적어(paper)를 취하고 있으므로 현재분사로 수식한다. 따라서 현재분사형 competing은 올바르게 쓰였다.

지문 해석

몇 주 전에 나는 동이 튼 직후에 일어나보니 내 옆 침대가 비어 있는 것을 발견했다. 나는 일어나서 우리의 작은 방갈로의 그물망을 쳐 놓은 베란다의 유리 테이블에 목욕가운을 입은 채로 앉아있는 Jenny를 발견했는데 그녀는 신문 위에 숙인 채로 손에 펜을 들고 있었다. 이 장면에는 특별한 점은 없었다. Palm Beach Post는 우리 지역 신문일 뿐만 아니라, 우리 가계 수입의 절반을 이루는 주요한 수입원이었다. 우리는 신문 기자를 하는 커플이었다. Jenny는 "Accent" 섹션에서 특별기사 전문기고가로서 일하고 있으며, 나는 포트로더데일에서 남쪽으로 한 시간 정도 떨어진 곳에 위치해 있는 'South Florida Sun-Sentinel'의 지역 내 경쟁 신문사에서 뉴스 기자로 일하고 있었다.

정답 ③

Chapter 12 가정법

ANSWER

01 ②	02 ④	03 ④	04 ①	05 ④
06 ①	07 ④			

01 밑줄 친 부분 중 어법상 옳은 것은? 2018. 지방직 9급 변형

① Please contact to me at the email address I gave you last week.
② Were it not for water, all living creatures on earth would be extinct.
③ The laptop allows people who is away from their offices to continue to work.
④ The more they attempted to explain their mistakes, the worst their story sounded.

정답 해설

② [출제영역] 챕터 12 가정법
'명사가 없다면 ~ 할 것이다'의 뜻을 가진 구문으로는 'Were it not for 명사 + 주어 would/shoud/could/might 동사원형'의 가정법 과거 표현이 있다. 따라서 밑줄 친 부분은 올바르게 쓰였다.

오답 해설

① [출제영역] 챕터 03 동사의 유형
contact는 3형식 타동사로 전치사 없이 바로 목적어를 취할 수 있다. 따라서 contact to me 대신 전치사 to를 삭제한 contact me로 써야 올바르다.

③ [출제영역] 챕터 05 주어와 동사 수 일치
'사람명사 + who + 동사' 구조가 나오면 주어와 동사 수 일치를 확인해야 한다. 선행사가 people로 복수 형태이므로 단수 동사 is 대신 복수 동사 are로 써야 올바르다.

찐Tip allow는 목적어와 목적보어가 능동의 의미관계를 갖는 경우에 목적보어를 to부정사로 써야 한다.

④ [출제영역] 챕터 16 비교 구문
'~할수록 더 ~하다'라는 뜻의 비교 구문은 'the 비교급 주어 + 동사~, the 비교급 주어 + 동사'의 구조로 쓴다. 따라서 최상급 the worst 대신 비교급 the worse로 써야 올바르다.

선지 해석

① 저번 주에 제가 드렸던 이메일 주소로 저에게 연락해 주세요.
② 물이 없었다면 지구상의 모든 생물은 멸종했을 것이다.
③ 노트북은 사무실 밖에 있는 사람들이 작업을 계속할 수 있게 해준다.
④ 그들이 실수를 설명하려고 노력할수록, 그들의 이야기는 더욱 나쁘게 들렸다.

정답 ②

02 밑줄 친 부분 중 어법상 옳은 것은? 2011. 국가직 9급 변형

① She objects to <u>be asked</u> out by people at work.
② I have no idea <u>where is the nearest bank</u> around here.
③ Tom, one of my best friends, <u>were born</u> in April 4th, 1985.
④ <u>Had they followed</u> my order, they would not have been punished.

정답 해설

④ [출제영역] 챕터 12 가정법
'Had + 주어'로 시작한다면 if가 생략된 가정법이므로 가정법 공식을 확인해야 한다. 'Had + 주어 + p.p.~, 주어 + would/should/ could/might have p.p.'의 가정법 과거 완료 공식으로 밑줄 친 부분은 올바르게 쓰였다.

오답 해설

① [출제영역] 챕터 07 동명사 & 챕터 06 수동태
object to에서 to는 전치사로 뒤에 동명사를 취한다. ask out 뒤에 목적어가 없으므로 수동태(be p.p.)로 써야 한다. 따라서 objects to be asked 대신 objects to being asked로 써야 올바르다.

② [출제영역] 챕터 01 문장의 이해
주어, 목적어, 보어 자리에 where로 시작하면 간접의문문이다. 간접의문문은 '조동사 + 주어'의 도치 구조가 아닌 평서문의 어순인 '주어 + 동사'의 구조로 써야 한다. 따라서 where is the nearest back 대신 where the nearest bank is로 써야 올바르다.

③ [출제영역] 챕터 05 주어와 동사 수 일치
문장의 주어(Tom)가 단수 형태이므로 복수 동사 were 대신 단수 동사 was로 써야 올바르다.

선지 해석

① 그녀는 직장 동료들에게 데이트 신청을 받는 것을 반대한다.
② 주변에 가장 가까운 은행이 어디에 있는지 모르겠다.
③ 나의 가장 친한 친구 중 한 명인 Tom은 1985년 4월 4일에 태어났다.
④ 그들이 내 지시를 따랐더라면, 그들은 처벌받지 않았을 것이다.

정답 ④

03 밑줄 친 부분 중 어법상 옳지 않은 것은? 2012. 지방직 9급 변형

① He speaks English fluently <u>as if he were</u> an American.
② What if we <u>should fail</u>?
③ If it <u>rains</u> tomorrow, I'll just stay at home.
④ If it had not been for Newton, the law of gravitation would not <u>be discovered</u>.

정답 해설

④ [출제영역] 챕터 12 가정법
'명사가 없었다면, ~했을 것이다'의 뜻을 가진 구문으로는 'if it had not been for 명사 + 주어 + would/should/could/might have p.p.'의 가정법 과거완료 표현이 있다. 따라서 be discovered 대신 have been discovered로 써야 올바르다.

찐Tip 가정법 과거완료는 현재 사실과 반대로 가정해서 현재 결과에 반대로 예측하는 구문이다.

오답 해설

① [출제영역] 챕터 12 가정법
as if 가정법으로 주절의 동사와 같은 시제의 반대로 가정할 때는 '주어 + 동사(현재, 과거) + as if + 주어 + 과거시제 동사'의 구조로 쓸 수 있다. 따라서 과거 동사 were는 올바르게 쓰였다.

찐Tip 'speak + 언어명'은 '~을 구사하다'의 뜻으로 쓰인다.

② [출제영역] 챕터 04 동사의 시제
'what if 주어 + should 동사원형'의 형태로 '만일 ~하면 어떻게 하지'의 뜻으로 쓰인다. 따라서 밑줄 친 부분은 올바르게 쓰였다.

③ [출제영역] 챕터 04 동사의 시제
시간, 조건 부사절에서는 의미상 미래일지라도 현재시제가 미래를 대신한다. 따라서 현재동사 rains는 올바르게 쓰였다.

찐Tip 주절에는 미래면 미래시제를 그대로 쓴다.

선지 해석

① 그는 마치 자신이 미국 사람인 것처럼 유창하게 영어로 말한다.
② 우리 실패하면 어떻게 하지?
③ 만일 내일 비가 온다면, 나는 그냥 집에 있겠다.
④ 뉴턴이 없었다면 중력 법칙은 발견되지 않았을 것이다.

정답 ④

04 밑줄 친 부분 중 어법상 옳은 것은? 2021. 경찰 1차 변형

① Should you have any questions, please feel free to contact me.
② You would rather stay at home than to go with her.
③ The team manager didn't like the plan, so did the rest of the staff.
④ He met many people during his trip, some of them became his friends.

정답 해설

① [출제영역] 챕터 12 가정법
if 생략 후 도치된 가정법 미래의 주절에는 '(please) 명령문'을 쓸 수 있다. 'Should + 주어 + 동사원형, (please) 명령문'의 공식으로 밑줄 친 부분은 올바르게 쓰였다.

오답 해설

② [출제영역] 챕터 10 조동사
'(B보다) A가 낫다'의 뜻을 가진 구문으로는 'would rather A (than B)'의 조동사 관용 표현이 있다. A와 B는 주로 동사원형이 쓰인다. 따라서 to go 대신 go로 써야 올바르다.

③ [출제영역] 챕터 11 도치 구문과 강조 구문
so와 neither를 이용한 도치 구조로 앞 문장이 부정문일 경우에는 앞 문장에 대한 부정 동의는 'and neither 조동사 + 주어'로 써야 한다. neither은 부사이므로 반드시 절과 절을 이어주는 and가 필요하고, 일반동사는 do/does/did로 써야 한다. 따라서 so 대신 and neither로 써야 올바르다.

찐Tip and neither은 nor로 쓸 수 있다.

④ [출제영역] 챕터 14 관계사
문장과 문장을 연결하는 부분에 접속가 없으므로 등위접속사(and)를 추가하거나 일반대명사 them을 접속사 기능이 있는 관계대명사(whom)로 써야 한다. 따라서 some of them 대신 and some of them 또는 some of whom으로 써야 올바르다.

선지 해석

① 만약 질문이 있다면 자유롭게 나에게 연락하세요.
② 너는 그녀와 함께 가느니 차라리 집에 머무는 것이 낫겠다.
③ 팀장은 그 계획을 좋아하지 않았고 나머지 직원들도 마찬가지였다.
④ 그는 여행 중에 많은 사람을 만났고 그들 중 일부는 그의 친구가 되었다.

정답 ①

05 밑줄 친 부분 중 어법상 옳지 않은 것은? 2010. 지방직 9급

Many studies ① have shown the life-saving value of safety belts. When accidents ② occur, most serious injuries and deaths are ③ caused by people being thrown from their seats. About 40 percent of those killed in bygone accidents ④ would be saved if wearing safety belts.

정답 해설

④ [출제영역] 챕터 12 가정법
문맥상 과거 사실에 대한 반대를 가정하는 것으로 가정법 과거완료로 써야 한다. 가정법 과거완료는 'If 주어 had p.p.~, 주어 + would/should/could/might have p.p.'로 would be saved 대신 would have been saved로 써야 올바르다.

찐Tip if wearing safety belts는 if they had been wearing safety belts를 분사구문으로 전환한 표현으로 쓰였다.

오답 해설

① [출제영역] 챕터 04 동사의 시제
과거 어느 시점부터 현재까지 행위와 동작 등의 완료의 의미를 나타내는 현재완료시제(have p.p.)로 쓸 수 있다. 따라서 have shown은 올바르게 쓰였다.

② [출제영역] 챕터 05 주어와 동사 수 일치
문장의 주어(accidens)가 복수 형태이므로 복수 동사 occur은 올바르게 쓰였다.

찐Tip occur은 대표 1형식 자동사로 수동태(be p,p) 구조로 쓸 수 없다.

③ [출제영역] 챕터 06 수동태
cause는 타동사로 사람들에 의해 야기되어지는 것의 수동의 의미로 수동태(be p.p.) 구조로 올바르게 쓰였다.

지문 해석

많은 연구들이 안전벨트의 생명을 구하는 가치를 보여줬다. 사고가 발생할 때, 대부분의 부상과 사망은 안전벨트를 하지 않은 사람들에 의해 발생한다. 지난 사고에서 사망한 사람들 중 약 40%가 안전벨트를 착용했었다면, 살았었을 것이다.

정답 ④

06 밑줄 친 부분 중 어법상 가장 옳은 것은?

2018. 서울시 9급 3월 변형

① If the item should not be delivered tomorrow, they would complain about it.
② He was more skillful than any other baseball players in his class.
③ Hardly has the violinist finished his performance before the audience stood up and applauded.
④ Bakers have been made come out, asking for promoting wheat consumption.

정답 해설

① [출제영역] 챕터 12 가정법
'If+주어+should 동사원형'이 나오면 가정법 미래를 의미하므로 주절의 동사가 올바르게 쓰였는지 확인해야 한다. 불확신한 미래를 가정할 경우 'If+주어+should 동사원형~, 주어 + would/should/could/might 동사원형'의 공식으로 밑줄 친 부분은 올바르게 쓰였다.

오답 해설

② [출제영역] 챕터 16 비교 구문
비교급을 이용한 최상급 구문으로 '비교급 than any other' 뒤에는 단수 명사를 쓴다. 따라서 baseball players 대신 baseball player로 써야 올바르다.

찐Tip '비교급 than all the other' 뒤에는 복수 명사를 쓴다.

③ [출제영역] 챕터 04 동사의 시제
'~하자마자 ~했다'의 뜻을 가진 구문으로는 'Hardly[Scarcely] + had 주어 p.p. + when[before] 주어 + 과거시제 동사'의 도치 표현이 있다. 따라서 has 대신 had로 써야 올바르다.

④ [출제영역] 챕터 06 수동태
사역동사 make는 수동태로 쓰일 경우 'be made to부정사/과거분사'로 써야 하고 'be made 동사원형'로는 쓸 수 없다. 따라서 come 대신 to come으로 써야 올바르다.

선지 해석

① 만약 물건이 내일 배송되지 않는다면, 그들은 그것에 대해 불평할 것이다.
② 그는 반에서 다른 어떤 야구 선수보다 더 능숙하다.
③ 바이올리니스트의 연주가 끝나자마자 관객들은 일어나서 박수갈채를 보냈다.
④ 제빵사들이 밀 소비 증진을 요구하면서 밖으로 나오도록 되어 왔다.

정답 ①

07 밑줄 친 부분 중 어법상 옳은 것은?

2015. 지방직 9급 변형

① She supposed to phone me last night, but she didn't.
② I have been knowing Jose since I was seven.
③ You'd better to go now or you'll be late.
④ Sarah would be offended if I didn't go to her party.

정답 해설

④ [출제영역] 챕터 12 가정법
'if + 주어 + 과거 동사'가 나오면 가정법 과거를 의미하고 주절에 '주어 + would/should/could/might 동사원형'이 올바르게 쓰였는지 확인해야 한다. 따라서 주절에 동사원형 be는 올바르게 쓰였다. offend는 타동사로 뒤에 목적어가 없고 수동의 의미이므로 수동태(be p.p.)형태 또한 올바르게 쓰였다.

오답 해설

① [출제영역] 챕터 06 수동태
suppose는 타동사로 뒤에 목적어 없이 to부정사(to phone)만 있는 것으로 보아 수동태 형태로 되어야 하는 것을 짐작할 수 있다. 따라서 supposed 대신 was supposed로 써야 올바르다.

② [출제영역] 챕터 03 동사의 유형
know는 인식동사로 진행형(be -ing)으로는 쓸 수 없다. 따라서 have been knowing 대신 have known으로 써야 올바르다.

③ [출제영역] 챕터 10 조동사
had better 뒤에는 동사원형을 써야 한다. 따라서 to go 대신 go로 써야 올바르다.

찐Tip '명령문, or 주어 + 동사'의 구조는 '~해라 그렇지 않으면 주어 + 동사할 것이다'의 뜻으로 쓰인다.

선지 해석

① 그녀가 지난밤에 나에게 전화할 예정이었는데, 하지 않았다.
② 일곱 살 이후로 나는 Jose와 알고 지냈다.
③ 너는 지금 가는 편이 좋겠어, 그렇지 않으면 늦을 거야.
④ 내가 파티에 가지 않으면 Sarah는 화낼텐데.

정답 ④

Part 04 연결어 정답 및 해설

Chapter 13 접속사

ANSWER

01 ④	02 ①	03 ③	04 ③	05 ③
06 ①	07 ②	08 ③	09 ②	10 ④
11 ④	12 ②	13 ②	14 ②	15 ②
16 ④	17 ②			

01 밑줄 친 부분 중 어법상 옳지 않은 것은? 2024. 지방직 9급

One of the many ① virtues of the book you are reading ② is that it provides an entry point into Maps of Meaning, ③ which is a highly complex work ④ because of the author was working out his approach to psychology as he wrote it.

정답 해설

④ [출제 영역] 챕터 13 접속사
전치사 because of 뒤에는 명사가 와야 하는데, 동사를 포함한 절을 이끌고 있다. 따라서 전치사 because of 대신 접속사 because로 써야 올바르다.

오답 해설

① [출제 영역] 챕터 02 단어의 이해
수 형용사 many는 복수 명사를 수식해 준다. 따라서 밑줄 친 부분은 올바르게 쓰였다.

② [출제 영역] 챕터 05 주어와 동사 수 일치
문장의 주어(one)가 단수 형태이므로 동사도 단수 동사로 수 일치해야 한다. 따라서 밑줄 친 부분은 올바르게 쓰였다.

③ [출제 영역] 챕터 14 관계사
관계대명사 which는 주어나 목적어가 없는 불완전 구조를 이끈다. 따라서 밑줄 친 부분은 올바르게 쓰였다.

지문 해석

당신이 읽고 있는 책의 많은 미덕 중 하나는, 그 책이 Maps of Meaning이라는 매우 복잡한 작업에 대한 진입점을 제공한다는 것인데, 이 책은 저자가 그 책을 쓰면서 심리학에 대한 접근 방식을 발전시키고 있었기 때문에 매우 복잡한 작품이다.

정답 ④

02 밑줄 친 부분 중 어법상 옳지 않은 것은? 2014. 국가직 7급 변형

① He lowered his voice for fear he should not be overheard.
② She would be the last person to go along with the plan.
③ Top executives are entitled to first class travel.
④ To work is one thing, and to make money is another.

정답 해설

① [출제영역] 챕터 13 접속사
'for fear (that)'은 부사절 접속사로 '~하지 않을까 두려워서, ~할까봐'의 근본적인 의미를 가지고 있으며, '~하지 않도록, ~하지 않기 위해서'로 뜻으로 쓰인다. 그 자체로 부정적인 의미가 포함되어 있으므로 that절에 부정어를 중복하지 않는다. 따라서 'should not be overheard' 대신 not을 삭제한 'should be overheard'로 써야 올바르다.

찐Tip 부정 목적 접속사(lest, for fear)의 that절의 동사는 '(should) 동사원형'으로 쓴다. 여기서 that은 생략이 가능하다.

오답 해설

② [출제영역] 챕터 09 부정사
'결코 ~할 사람이 아니다'의 뜻을 가진 구문으로는 'be the last man(person) to부정사'의 관용 표현이 있다. 따라서 밑줄 친 부분은 올바르게 쓰였다.

찐Tip 같은 뜻을 가진 구문으로는 'know better than to부정사'의 관용 표현이 있다.

③ [출제영역] 챕터 15 전치사
'be entitled to'에서 to는 전치사로 뒤에 명사 또는 동명사를 쓸 수 있다. 따라서 to의 목적어로 명사(first class travel)는 올바르게 쓰였다.

④ [출제영역] 챕터 02 단어의 이해
'A와 B는 별개의 것이다'의 뜻을 가진 구문으로는 'A is one thing, and B is another'의 관용 표현이 있다. 따라서 밑줄 친 부분은 올바르게 쓰였다.

선지 해석

① 누가 엿들을까봐 그는 목소리를 낮추었다.
② 그녀는 그 계획을 계속 따라 갈 사람이 결코 아닐 것이다.
③ 고위 간부들은 일등석으로 여행할 자격이 있다.
④ 일하는 것과 돈 버는 것은 별개의 것이다.

정답 ①

03 밑줄 친 부분 중 어법상 옳지 않은 것은? 2021. 국가직 9급

Urban agriculture (UA) has long been dismissed as a fringe activity that has no place in cities; however, its potential is beginning to ① be realized. In fact, UA is about food self-reliance: it involves ② creating work and is a reaction to food insecurity, particularly for the poor. Contrary to ③ which many believe, UA is found in every city, where it is sometimes hidden, sometimes obvious. If one looks carefully, few spaces in a major city are unused. Valuable vacant land rarely sits idle and is often taken over — either formally, or informally — and made ④ productive.

정답 해설

③ [출제영역] 챕터 13 접속사
전치사 to의 목적어로 명사절이 쓰였다. 뒤에 목적어가 없는 불완전 구조로 명사절 접속사 what이 와야한다. 따라서 which 대신 what으로 써야 올바르다.

오답 해설

① [출제영역] 챕터 06 수동태
realize는 타동사로 뒤에 목적어가 없고 문맥상 '실현되는 것'의 수동의 의미로 수동태(be p.p.) 구조로 쓴다. 따라서 밑줄 친 부분은 올바르게 쓰였다.

② [출제영역] 챕터 07 동명사
involve는 동명사를 목적어로 취하는 특정 타동사이다. 따라서 creating은 올바르게 쓰였다.

④ [출제영역] 챕터 06 수동태
make는 5형식으로 'make + 목적어 + 명사/형용사'의 형태로 쓸 수 있다. 수동태로 전환되면 'be made + 형용사'의 형태가 된다. 따라서 형용사 productive는 올바르게 쓰였다.

지문 해석

도시 농업(UA)은 오랫동안 도시에서 자리가 없는 변두리 활동이라고 일축되어 왔으나, 그 잠재력이 점차 실현되고 있다. 사실, UA는 식량 자립에 관한 것이다. 이것은 일자리 창출을 포함하며, 특히 가난한 이들을 위한 식량 불안정에 대한 대응이다. 많은 사람들이 믿는 것과는 반대로, UA는 모든 도시에서 발견되며, 때로는 숨어있고 때로는 분명하게 나타난다. 주의 깊게 살펴보면, 대도시는 사용되지 않는 공간이 거의 없다. 가치 있는 빈 땅은 거의 방치되지 않으며, 종종 공식적이든 비공식적이든 점유되어 생산적으로 활용되고 있다.

정답 ③

04 밑줄 친 부분 중 어법상 옳지 않은 것은? 2015. 국가직 7급 변형

① It is important that you do it yourself rather than rely on others.
② My car, parked in front of the bank, was towed away for illegal parking.
③ I'll lend you with money provided you will pay me back by Saturday.
④ The game might have been played if the typhoon had not been approaching.

정답 해설

③ [출제영역] 챕터 13 접속사
시간, 조건 부사절에서는 의미상 미래일지라도 현재시제가 미래를 대신한다. provided는 조건 부사절 접속사이므로 will pay 대신 현재시제 pay로 써야 올바르다.

찐Tip lend는 4형식 수여동사로 목적어 2개(간접목적어 + 직접목적어)를 취할 수 있다. 따라서 목적어 사이에 전치사는 불필요하다.

오답 해설

① [출제영역] 챕터 10 조동사
이성적 판단의 형용사(important)의 that절의 동사는 당위의 의미일 때 '(should) 동사원형'으로 쓴다. 따라서 동사원형 do는 올바르게 쓰였다.

찐Tip 이성적 판단 형용사로는 imperative, vital, natural, necessary 등이 있다.

② [출제영역] 챕터 08 분사
분사구문이 (,)콤마사이에 삽입된 형태로 쓰였다. '차는 주차된 것'으로 수동의 의미이므로 과거분사 parked는 올바르게 쓰였다.

④ [출제영역] 챕터 12 가정법
'if + 주어 + had p.p.'가 나오면 가정법 과거 완료를 의미하고 '주어 + would/should/could/might have p.p.'의 형태가 올바르게 쓰였는지 확인해야 한다. 따라서 밑줄 친 부분은 올바르게 쓰였다.

선지 해석

① 남에게 의존하지 말고 너 자신이 직접 그것을 하는 것이 중요하다.
② 은행 앞에 주차된 내 차가 불법 주차로 인해 견인되었다.
③ 토요일까지 돈을 갚을 수 있다면, 돈을 빌려줄게.
④ 만약 태풍이 접근해오지 않았었더라면 그 경기가 열렸을 텐데.

정답 ③

05 밑줄 친 부분 중 어법상 옳은 것은? 2020. 지방직 9급 변형

① Of the billions of stars in the galaxy, how much are able to hatch life?
② The Christmas party was really excited and I totally lost track of time.
③ I must leave right now because I am starting work at noon today.
④ They used to loving books much more when they were younger.

정답 해설

③ [출제영역] 챕터 13 접속사
because는 접속사로 동사를 포함한 절을 이끄므로 올바르게 쓰였다.

찐Tip start는 왕래발착동사로 현재진행형(be -ing)으로 쓰이면 미래 시제를 나타낼 수 있다. 따라서 밑줄 친 부분은 올바르게 쓰였다.

오답 해설

① [출제영역] 챕터 02 단어의 이해
much는 셀 수 없는 명사를 수식하고 단수 동사를 써야 한다. 뒤에 복수 동사 are이 쓰인 것으로 보아 much 대신 many로 써야 올바르다.

찐Tip many는 셀 수 있는 명사를 수식하고 복수 동사를 쓴다.

② [출제영역] 챕터 08 분사
감정동사가 감정을 유발한다는 의미를 전달하고 사물을 수식하는 경우에는 현재분사형으로 쓴다. 따라서 크리스마스 파티가 흥미를 유발하는 것의 의미이므로 과거분사 excited 대신 현재분사 exciting으로 써야 올바르다.

④ [출제영역] 챕터 09 부정사
'~하곤 했다'의 뜻을 가진 구문으로는 'used to 동사원형'의 표현이 있다. 따라서 문맥상 '과거에 ~하곤 했다'의 의미가 자연스러우므로 to loving 대신 to love로 써야 올바르다.

찐Tip '사물 주어 + be used to부정사'는 '~하기 위해서 사용되다'의 뜻으로, '사람 주어 + be used to -ing'는 '~하는 데 익숙하다'의 뜻으로 쓰인다.

선지 해석

① 은하수 안의 수십억 개의 별 중에서 얼마나 많은 별이 생명을 탄생시킬 수 있을까?
② 크리스마스 파티는 정말 재미있어서, 나는 전혀 시간 가는줄 몰랐다.
③ 나는 오늘 정오에 일을 시작해야하기 때문에 지금 바로 떠나야 한다.
④ 그들은 젊었을 때 책을 훨씬 더 사랑했었다.

정답 ③

06 밑줄 친 부분 중 어법상 옳지 않은 것은? 2010. 지방직 9급 변형

① Everything changed <u>afterwards</u> we left home.
② At the moment, <u>she's working</u> as an assistant in a bookstore.
③ I'm going to train hard <u>until</u> the marathon and then I'll relax.
④ This beautiful photo album is the perfect gift for <u>a newly-married couple</u>.

정답 해설

① [출제영역] 챕터 13 접속사
afterwards는 부사로 '나중에, 이후에'의 뜻으로 쓰인다. 부사는 접속사가 아니므로 주어와 동사를 추가할 수 있는 기능이 없다. 따라서 절과 절을 연결시켜주는 접속사가 필요하다. 따라서 부사 afterwards 대신 접속사 after로 써야 올바르다.

오답 해설

② [출제영역] 챕터 04 동사의 시제
'at the moment'는 '바로 지금(= now)'의 뜻으로 현재와 관련된 시제를 나타낸다. 따라서 현재진행형 시제(be -ing)는 올바르게 쓰였다.

찐Tip 'as + 명사'는 '명사로서'의 뜻으로 쓰인다.

③ [출제영역] 챕터 15 전치사
until은 접속사와 전치사 모두 가능하다. 뒤에 명사(the marathon)가 나온 것으로 보아 전치사로 쓰였음을 알 수 있다. 따라서 밑줄 친 부분은 올바르게 쓰였다.

찐Tip until과 같은 의미인 by는 전치사로만 가능하므로 동사를 포함한 절을 이끌 수 없다.

④ [출제영역] 챕터 02 단어의 이해
동사, 형용사, 다른 부사 또는 문장 전체를 수식하는 것은 형용사가 아니라 부사이다. 따라서 형용사 married를 수식하는 부사 newly는 올바르게 쓰였다.

찐Tip 'newly-married couple'은 '신혼부부'의 뜻으로 쓰인다.

선지 해석

① 우리가 집을 떠난 후에 모든 것이 변했다.
② 현재, 그녀는 서점에서 점원으로 일하고 있다.
③ 나는 마라톤하기 전까지 열심히 훈련하고 그 후에 휴식할 것이다.
④ 이 아름다운 사진 앨범은 신혼 부부들을 위한 완벽한 선물이다.

정답 ①

07 밑줄 친 부분 중 어법상 가장 옳지 않은 것은?

2017. 서울시 7급 변형

① What personality studies have shown <u>is that</u> openness to change declines with age.
② A collaborative space program could build greater understanding, promote world peace, and <u>improving</u> scientific knowledge.
③ More people may start <u>buying</u> reusable tote bags if they become cheaper.
④ Today, more people <u>are using</u> smart phones and tablet computers for business.

정답 해설

② [출제영역] 챕터 13 접속사
조동사 could에 이어지는 3개의 동사 원형들(build, promote, improve)이 and에 의해서 병치되는 구조가 되어야 한다. 따라서 improving 대신 improve로 써야 올바르다.

오답 해설

① [출제영역] 챕터 14 관계사
관계대명사 what 다음에 목적어가 없는 불완전한 구조로 올바르게 쓰였고, 명사절 what절은 단수 취급하므로 단수 동사 is 또한 올바르게 쓰였다. 보어자리의 명사절 접속사 that은 완전 구조를 취하므로 밑줄 친 부분은 올바르게 쓰였다.

③ [출제영역] 챕터 03 동사의 유형
start는 목적어로 to부정사 또는 동명사 모두 가능하다. 따라서 동명사(buying) 형태로 올바르게 쓰였다.

찐Tip become의 주격 보어의 자리에 형용사(cheaper) 형태 또한 올바르게 쓰였다.

찐Tip 목적어로 to부정사 또는 동명사 모두 가능한 동사로는 begin, like, love, hate 등이 있다.

④ [출제영역] 챕터 05 주어와 동사 수 일치
주어(People)가 복수 형태이므로 복수 동사 are는 올바르게 쓰였다.

찐Tip 등위접속사(and)를 기준으로 smart phones와 tablet computers가 명사끼리 병렬구조로 올바르게 쓰였다.

선지 해석

① 성격 연구에서 밝혀진 것은 나이가 들면서 변화에 대한 개방성이 감소한다는 것이다.
② 공동 우주 프로그램은 더 큰 이해를 형성하고, 세계 평화를 촉진하며, 과학적 지식을 향상시킬 수 있다.
③ 재사용 가능한 토트백을 더 싸게 한다면 더 많은 사람들이 그 가방을 구입할 가능성이 있다.
④ 오늘날, 더 많은 사람들이 사업상 스마트폰과 태블릿 컴퓨터를 사용하고 있다.

정답 ②

08 밑줄 친 부분 중 어법상 옳지 않은 것은? 2023. 지방직 9급

One reason for upsets in sports — ① in which the team ② predicted to win and supposedly superior to their opponents surprisingly loses the contest — is ③ what the superior team may not have perceived their opponents as ④ threatening to their continued success.

정답 해설

③ [출제영역] 챕터 13 접속사
선행사를 포함한 관계대명사 what 뒤에는 불완전 구조가 와야 하는데 밑줄 친 부분인은 완전한 구조(주어 + 동사 + 목적어)로 쓰였기 때문에 what 대신 접속사 that을 써야 올바르다.

오답 해설

① [출제영역] 챕터 14 관계사
'전치사 + 관계대명사' 뒤에는 완전한 구조와 함께 쓰인다. 밑줄 친 부분인은 완전한 구조(주어 + 동사 + 목적어)로 쓰였기 때문에 in(전치사) + which(관계대명사)는 올바르게 쓰였다.

② [출제영역] 챕터 08 분사
문맥상 동사는 loses가 되어야 하므로 predicted는 the team을 수식하는 분사에 해당한다. 수식받는 명사(the team)가 '행동을 하는' 능동의 의미를 나타낼 경우는 현재분사가 쓰이고, '행동을 당한다' 수동의 의미를 나타낼 경우는 과거분사로 쓰인다. 따라서 수식받는 명사(the team)가 '이길 것으로 예상되는 것'이므로 과거분사 predicted는 올바르게 쓰였다.

④ [출제영역] 챕터 08 분사
감정동사의 현재분사형은 감정을 유발하는 의미를 전달할 경우에 쓰이고, 과거분사형은 감정을 느끼는 의미를 전달할 경우에 쓰인다. 따라서 수식받는 명사(their opponents)가 '위협적'이라는 감정을 유발하는 의미이므로 현재분사 threatening은 올바르게 쓰였다.

지문 해석

스포츠에서 이길 것으로 예상되고 추정상 상대방보다 우세한 팀이 뜻밖에 경기에서 지는 역전이 생기는 한 가지 이유는 우세한 팀이 상대방을 그들의 계속된 성공에 위협이 되는 것이라고 인식하지 않았을 수도 있기 때문이다.

정답 ③

09 밑줄 친 부분 중 어법상 옳은 것은? 2019. 지방직 9급 변형

① The paper charged her with use the company's money for her own purposes.
② The investigation had to be handled with the utmost care lest suspicion be aroused.
③ Another way to speed up the process would be made the shift to a new system.
④ Burning fossil fuels is one of the lead cause of climate change.

정답 해설

② [출제영역] 챕터 13 접속사
lest는 뒤에 '주어 + (should) 동사원형'을 쓴다. lest는 이미 부정의 의미가 있으므로 중복으로 not을 쓰지 않는다. 그리고 문장의 주어 자리에 쓰인 investigation과 suspicion이 행동하는 것이 아닌 동작을 당하는 대상이고, handle과 arouse는 타동사인데 뒤에 목적어가 없으므로 수동의 의미를 전달하는 수동태 구조인 be handled와 be aroused 또한 올바르게 쓰였다.

찐Tip lest는 'for fear (that)'으로 바꿔쓸 수 있고, '~하지 않도록'의 뜻으로 쓰인다.

오답 해설

① [출제영역] 챕터 07 동명사
전치사(with) 뒤에는 명사 또는 동명사를 써야 하므로 use 대신 using으로 써야 올바르다.

찐Tip 'charge A with B'는 'A를 B로 비난하다, 고소하다'의 뜻을 가진 구문 표현으로 특정 전치사 with는 올바르게 쓰였다.

③ [출제영역] 챕터 06 수동태
make가 3형식 타동사로 쓰이고 목적어를 취할 때 수동태가 아닌 능동태로 써야 한다. 따라서 be made 대신 be to make로 써야 올바르다.

④ [출제영역] 챕터 05 주어와 동사 수 일치
lead는 동사로 명사를 수식할 수 없으므로, lead 대신 leading으로 써야 올바르다. 그리고 'one of 복수 명사는 단수 취급한다. 따라서 cause 대신 causes로 써야 올바르다.

찐Tip 동명사구 주어는 단수 취급하므로 단수 동사 is가 올바르게 쓰였다.

선지 해석

① 그 신문은 자신의 목적을 위해 회사의 돈을 사용한 행위로 그녀를 비난했다.
② 조사는 의심을 불러일으키지 않도록 극도로 주의를 기울여야 했다.
③ 공정을 가속화하는 또 다른 방법은 새로운 시스템으로 전환하는 것이다.
④ 화석 연료를 태우는 것은 기후 변화의 주요 원인들 중 하나이다.

정답 ②

10 밑줄 친 부분 중 어법상 옳지 않은 것은? 2013. 국가직 9급

> Noise pollution ① is different from other forms of pollution in ② a number of ways. Noise is transient: once the pollution stops, the environment is free of it. This is not the case with air pollution, for example. We can measure the amount of chemicals ③ introduced into the air, ④ whereas is extremely difficult to monitor cumulative exposure to noise.

정답 해설

④ [출제영역] 챕터 13 접속사
whereas는 부사절 접속사로 완전 구조를 취한다. 완전 구조는 '주어 + 동사'가 필요하므로 whereas is 대신 whereas it is로 써야 올바르다.

찐Tip 난이 형용사 구문은 'It be 난이 형용사 to부정사'로 쓴다.

오답 해설

① [출제영역] 챕터 05 주어와 동사 수 일치
문장의 주어(Noise pollution)가 단수 형태이므로 단수 동사 is는 올바르게 쓰였다.
② [출제영역] 챕터 02 단어의 이해
'a number of' 뒤에 복수 명사를 써야 한다. 따라서 복수 형태인 ways는 올바르게 쓰였다.
③ [출제영역] 챕터 08 분사
문장에 이미 주어 동사가 있고 '동사 + ed'가 나온다면 분사 문제이다. introduce 뒤에 목적어가 없고 앞에 수식받는 명사(chemicals)입장에서 행위를 받는 입장이므로 수동의 의미인 과거분사 introduced는 올바르게 쓰였다.

지문 해석

> 소음 공해는 다른 종류의 공해들과는 여러 가지 면에서 다르다. 소음은 일시적이다. 일단 공해가 멈추면 그 환경은 그로부터 자유로워진다. 예를 들어, 대기 오염의 경우에는 이와 같은 상황이 아니다. 우리는 공기에 투입된 화학 물질의 양을 측정할 수 있는 반면에 소음에 대한 누적된 노출을 감시하는 것은 극도로 어렵다.

정답 ④

11 밑줄 친 부분 중 어법상 옳지 않은 것은? 2016. 지방직 7급 변형

① I made a chart so that you can understand it better.
② In case I'm not in my office, I'll let you know my mobile phone number.
③ Speaking of the election, I haven't decided who I'll vote for yet.
④ It's the same that you come here or I go there.

정답 해설

④ [출제영역] 챕터 13 접속사
'네가 여기에 오나 내가 거기에 가나'의 선택적인 의미로 쓰일 때는 주로 접속사 whether을 쓴다. 접속사 that은 확정적인 사실을 전할 때 사용하는 반면에, 불확정적인 사실이나 의심을 표현하는 경우에는 whether를 사용한다. 따라서 that 대신 whether로 써야 올바르다.

찐Tip whether은 or (not)을 수반하여 함께 쓰일 수 있다.

오답 해설

① [출제영역] 챕터 13 접속사
'~하도록, ~하기 위해서'의 뜻을 가진 부사절 접속사 so that은 올바르게 쓰였다.
② [출제영역] 챕터 03 동사의 유형
사역동사 let은 목적어와 목적보어가 능동의 의미 관계를 갖는 경우에는 원형부정사를 쓴다. 따라서 밑줄 친 부분은 올바르게 쓰였다.

찐Tip let은 목적어와 목적보어가 수동의 의미 관계를 갖는 경우에는 반드시 목적보어를 과거분사가 아닌 'be p.p.'의 형태로 쓴다.

찐Tip In case는 조건 부사절 접속사로 조건 부사절에서는 미래시제가 아닌 현재시제로 대신한다.

③ [출제영역] 챕터 08 분사
'~에 관해서 말하자면'의 뜻을 가진 구문으로는 'speaking of~'의 분사구문 표현이 있다. 따라서 밑줄 친 부분은 올바르게 쓰였다.

선지 해석

① 당신이 그것을 더 잘 이해할 수 있게 제가 도표를 만들었습니다.
② 제가 사무실에 없을지도 모르니까 제 휴대전화 번호를 알려드릴게요.
③ 선거에 대해서 말하자면 아직까지 누구에게 투표할지 못 정했어.
④ 네가 여기에 오나 내가 거기에 가나 마찬가지다.

정답 ④

12 밑줄 친 부분 중 어법상 옳지 않은 것은? 2017. 지방직 9급 변형

① You might think that just eating a lot of vegetables will keep you perfectly healthy.
② Academic knowledge isn't always that leads you to make right decisions.
③ The fear of getting hurt didn't prevent him from engaging in reckless behaviors.
④ Julie's doctor told her to stop eating so many processed foods.

정답 해설

② [출제영역] 챕터 13 접속사
명사절 접속사 that은 앞에 명사가 없으면 뒤에 완전 구조를 취한다. 그러나 that 뒤에 주어가 빠진 불완전한 구조이므로 that 대신 명사절 접속사 what으로 써야 올바르다.

찐Tip 'not always'는 부분부정을 나타내고 '항상 ~하는 것은 아니다'의 뜻으로 쓰인다.

오답 해설

① [출제영역] 챕터 03 동사의 유형 & 챕터 02 단어의 이해
keep은 목적보어로 분사나 형용사를 취할 수 있다. 따라서 목적보어 자리에 형용사 healthy는 올바르게 쓰였다. 형용사 healthy를 수식해주는 부사 perfectly 또한 올바르게 쓰였다.

③ [출제영역] 챕터 03 동사의 유형
'~하는 것을 막다'의 뜻을 가진 구문으로는 'prevent + 목적어 + from -ing'의 특정 전명구를 수반하는 표현이 있다. 따라서 밑줄 친 부분은 올바르게 쓰였다.

찐Tip 금지, 방해동사로는 keep, stop, prohibit, inhibit, deter, dissuade, discourage, protect 등이 있다.

④ [출제영역] 챕터 03 동사의 유형
tell은 목적어와 목적보어가 능동의 의미 관계를 갖는 경우에는 to부정사를 목적보어로 취하는 5형식 타동사이다. 따라서 밑줄 친 부분은 올바르게 쓰였다.

찐Tip 'stop -ing'는 '~하는 것을 멈추다'의 뜻으로 쓰인다.

선지 해석

① 당신은 아마도 많은 채소를 먹는 것만으로도 완벽하게 건강을 유지할 수 있다고 생각할지도 모른다.
② 학문적 지식이 항상 올바른 결정을 하도록 이끌어 주는 것은 아니다.
③ 다칠까하는 두려움이 그가 무모한 행동에 가담하는 것을 막지 못했다.
④ Julie의 의사는 그녀에게 가공식품을 많이 먹는 것을 멈추라고 했다.

정답 ②

13 밑줄 친 부분 중 어법상 옳지 않은 것은? 2021. 국가직 9급 변형

① Rich as if you may be, you can't buy sincere friends.
② It was such a beautiful meteor storm that we watched it all night.
③ Her lack of a degree kept her advancing.
④ He has to write an essay on if or not the death penalty should be abolished.

정답 해설

② [출제영역] 챕터 13 접속사
'너무 ~해서 ~하다'의 뜻을 가진 구문으로는 'such[so] ~ that'의 결과 부사절 접속사 구문 표현이 있다. such는 'such + a + 형용사 + 명사'의 어순으로 밑줄 친 부분은 올바르게 쓰였다.

찐Tip so는 'so + 형용사 + a + 명사'의 어순으로 쓴다.

오답 해설

① [출제영역] 챕터 11 도치 구문과 강조 구문
as if는 가정법 구문에서 쓰이는 접속사로 쓰이고 형용사 주격 보어를 문장 처음으로 두는 도치 구조를 만들 때는 사용되지 않는다. 따라서 as 양보 도치구문으로 써야 하므로 as if 대신 as로 써야 올바르다.

찐Tip 밑줄 친 부분은 '형용사 + as 주어 + 2형식 동사, 주어 + 동사'의 as 양보 도치 구문으로 쓰였다.

③ [출제영역] 챕터 03 동사의 유형
keep은 '~을 방해하다'라는 의미로 쓰이기 위해서는 'keep + 목적어 + from -ing'의 구조로 쓴다. 따라서 advancing 대신 from advancing으로 써야 올바르다.

④ [출제영역] 챕터 13 접속사
밑줄 친 부분인 전치사 뒤에 나온 명사절 접속사 자리에는 if와 같은 의미를 지닌 명사절 접속사 whether을 써야 한다. 따라서 if or not 대신 whether or not으로 써야 올바르다.

찐Tip 명사절 if는 타동사 뒤의 목적어 자리에만 쓸 수 있다.

선지 해석

① 당신이 부자일지라도 당신은 진실한 친구들을 살 수는 없다.
② 그것은 너무나 아름다운 유성 폭풍이어서 우리는 밤새 그것을 보았다.
③ 학위가 없는 것이 그녀의 성공을 방해했다.
④ 그는 사형이 폐지되어야 하는지 아닌지에 대한 에세이를 써야 한다.

정답 ②

14 밑줄 친 부분 중 어법상 옳은 것은? 2021. 지방직 9급 변형

① My sweet-natured daughter suddenly became unpredictably.
② She attempted a new method, and needless to say had different results.
③ Upon arrived, he took full advantage of the new environment.
④ He felt enough comfortable to tell me about something he wanted to do.

정답 해설

② [출제영역] 챕터 13 접속사
등위접속사(and)를 기준으로 attempted와 had는 과거동사로 병렬구조는 올바르게 쓰였다.

찐Tip 'needless to say'는 독립부정사로 '말할 필요도 없이'의 뜻으로 쓰인다.

오답 해설

① [출제영역] 챕터 03 동사의 유형
become은 2형식 동사로 주격 보어 자리에 부사가 아닌 형용사를 써야 한다. 따라서 부사 unpredictably 대신 형용사 unpredictable로 써야 올바르다.

③ [출제영역] 챕터 07 동명사
'~하자마자 ~했다'의 뜻을 가진 구문으로는 'Upon[On] -ing, 주어 + 과거시제 동사'의 동명사 관용 표현이 있다. 따라서 Upon arrived 대신 Upon arriving으로 써야 올바르다.

④ [출제영역] 챕터 02 단어의 이해
부사 enough는 형용사나 부사를 후치 수식한다. 따라서 부사 enough는 형용사 comfortable을 수식하는 것이므로 enough comfortable 대신 comfortable enough로 써야 올바르다.

찐Tip '형용사/부사 enough to부정사'는 '~하기에 충분히 형용사/부사하다'의 뜻으로 쓰인다.

선지 해석
① 내 상냥한 딸이 갑자기 예측할 수 없이 변했다.
② 그녀는 새로운 방법을 시도했고, 말할 필요도 없이 다른 결과를 얻었다.
③ 도착하자마자, 그는 새로운 환경을 충분히 이용했다.
④ 그는 나에게 뭔가 하고 싶은 일에 대해 얘기할 만큼 충분히 편안함을 느꼈다.

정답 ②

15 밑줄 친 부분 중 어법상 옳지 않은 것은? 2022. 지방직 9급 변형

① You can write on <u>both sides</u> of the paper.
② My home offers me a feeling of security, <u>warm</u>, and love.
③ <u>The number of</u> car accidents is on the rise.
④ Had I realized what you were intending to do, I <u>would have stopped</u> you.

정답 해설
② [출제영역] 챕터 13 접속사
전치사 of의 목적어 3개가 명사 'A, B, and C'의 병렬이 된 구조로 형용사 warm 대신 명사 warmth로 써야 올바르다.

오답 해설
① [출제영역] 챕터 02 단어의 이해
both 뒤에 복수 가산 명사를 쓴다. 따라서 sides는 올바르게 쓰였다.
③ [출제영역] 챕터 05 주어와 동사 수 일치
'The number of' 뒤에 복수 명사 + 단수 동사를 쓰고, '명사의 수'의 뜻으로 쓰인다. 따라서 밑줄 친 부분은 올바르게 쓰였다.

찐Tip 'A number of' 뒤에 복수 명사 + 복수 동사를 쓰고, '많은 명사'의 뜻으로 쓰인다.

④ [출제영역] 챕터 12 가정법
'Had + 주어'로 시작한다면 if가 생략된 가정법 과거완료이다. 가정법 과거완료는 'Had + 주어 + 과거분사, 주어 + would/should/could/ might + have p.p.'의 공식으로 쓴다. 따라서 밑줄 친 부분은 올바르게 쓰였다.

선지 해석
① 당신은 종이의 양면에 글을 쓸 수 있다.
② 나의 집은 나에게 안정감, 따뜻함, 그리고 사랑의 느낌을 준다.
③ 자동차 사고의 수가 증가하고 있다.
④ 네가 뭘 하려는지 알았더라면, 내가 너를 말렸을 텐데.

정답 ②

16 밑줄 친 부분 중 어법상 옳지 않은 것은? 2016. 국가직 9급 변형

① My aunt didn't remember <u>meeting</u> her at the party.
② It took <u>me 40 years to write</u> my first book.
③ A strong wind blew my umbrella inside out <u>as I was walking home</u> from school.
④ It is not the strongest of the species, nor the most intelligent, <u>or</u> the one most responsive to change that survives to the end.

정답 해설
④ [출제영역] 챕터 13 접속사
'A가 아니고 B다'의 뜻을 가진 구문으로는 'not A but B'의 표현이 있다. 따라서 not 뒤에 the strongest of the species(가장 강한 생물도), nor 뒤에 the most intelligent(가장 지적인 생물도 아니고), or 뒤에 the one most responsive to change(변화에 가장 잘 반응하는 생물이다)으로 표현하고 있다. 따라서 or 대신 but으로 써야 올바르다.

찐Tip 'not A nor B but C'는 'A도 (아니고) B도 아니고 C이다'의 뜻으로 쓰인다.

오답 해설
① [출제영역] 챕터 03 동사의 유형
remember은 to부정사와 동명사 모두 목적어를 취할 수 있지만 동명사를 쓸 경우에는 '(이미) ~했던 것을 기억하다'의 뜻으로 쓰이므로 밑줄 친 부분은 올바르게 쓰였다.

찐Tip 'remember to부정사'는 '~할 것을 기억하다'의 뜻으로 쓰인다.

② [출제영역] 챕터 09 부정사
'~하는 데 시간이 걸리다'의 뜻을 가진 구문으로는 'It takes + (사람) + 시간 + to부정사 = It takes + 시간 + (for 사람) + to부정사'의 표현이 있다. 따라서 밑줄 친 부분은 올바르게 쓰였다.
③ [출제영역] 챕터 13 접속사 & 챕터 03 동사의 유형
as는 부사절 접속사로 '~할 때'의 뜻으로 쓰인다. walk는 1형식 자동사로 뒤에 부사 home도 올바르게 쓰였다.

찐Tip 'inside out'은 '(안팎을) 뒤집어'의 뜻으로 쓰인다.

선지 해석
① 나의 이모는 파티에서 그녀를 만난 것을 기억하지 못했다.
② 나의 첫 책을 쓰는 데 40년이 걸렸다.
③ 학교에서 집으로 걸어오고 있을 때 강풍에 내 우산이 뒤집혔다.
④ 끝까지 생존하는 생물은 가장 강한 생물도, 가장 지적인 생물도 아니고, 변화에 가장 잘 반응하는 생물이다.

정답 ④

17 밑줄 친 부분 중 어법상 옳지 않은 것은? 2011. 지방직 9급

Yesterday at the swimming pool everything seemed ① to go wrong. Soon after I arrived, I sat on my sunglasses and broke them. But my worst moment came when I decided to climb up to the high diving tower to see ② how the view was like. ③ Once I was up there, I realized that my friends were looking at me because they thought I was going to dive. I decided I was too afraid to dive from that height. So I climbed down the ladder, feeling very ④ embarrassed.

정답 해설

② [출제영역] 챕터 13 접속사
how는 의문부사로 완전 구조를 취한다. how 뒤에 전치사 like의 목적어가 없는 불완전 구조이므로 how 대신 의문대명사 what으로 써야 올바르다.

찐Tip 'what 주어 be 동사'는 주어의 인격을 표현할 때 쓸 수 있다.

오답 해설

① [출제영역] 챕터 03 동사의 유형
seem은 2형식 동사로 주격 보어 자리에 형용사/명사/to부정사를 쓸 수 있다. 따라서 to go는 올바르게 쓰였다.

③ [출제영역] 챕터 13 접속사
Once는 접속사와 부사 모두 가능하다. 접속사로 쓰일 경우 '만약 (일단) ~하면, ~하자마자'의 뜻으로, 동사를 포함한 절을 이끈다. 따라서 밑줄 친 부분은 올바르게 쓰였다.

④ [출제영역] 챕터 08 분사
감정동사가 감정을 느낀다는 의미를 전달하고 주로 사람을 수식할 경우 과거분사형으로 쓴다. 내가 당황스러운 감정을 느끼는 것으로 수동의 의미인 과거분사 embarrassed는 올바르게 쓰였다.

지문 해석

어제 수영장에서 모든 것이 잘못되어가는 것처럼 보였다. 내가 도착하자마자 나는 선글라스 위에 앉아서 그것을 부쉈다. 하지만 나의 가장 최악의 순간은 전경이 어떤지 보기 위해 높은 다이빙 타워로 올라가기로 결정한 때였다. 내가 그곳에 올라가자마자, 내 친구들이 내가 다이빙을 할 것이라고 생각해서 나를 바라보고 있음을 깨달았다. 나는 그 높이에서 다이빙하기에는 너무 두렵다고 생각했다. 그래서 사다리를 타고 내려왔고, 매우 당황스러웠다.

정답 ②

Chapter 14 관계사

ANSWER

01 ④	02 ③	03 ②	04 ③	05 ①
06 ①	07 ②	08 ②	09 ①	10 ④
11 ③				

01 밑줄 친 부분 중 어법상 옳지 않은 것은?

2025. 출제 기조 전환 2차

It seems to me that any international organization ① designed to keep the peace must have the power not merely to talk ② but also to act. Indeed, I see this ③ as the central theme of any progress towards an international community ④ which war is avoided not by chance but by design.

정답 해설

④ [출제 영역] 챕터 14 관계사
which는 관계대명사로, 완전한 절 'war is avoided'를 이끌 수 없다. 완전한 절을 이끌 수 있는 것은 '관계부사' 또는 '전치사 + 관계대명사'이다. 따라서 which 대신 where 또는 in which로 써야 올바르다.

오답 해설

① [출제 영역] 챕터 08 분사
that절 내의 주어 'any international organization'을 수식하는 과거분사구 'designed to keep the peace'는 '평화를 유지하기 위해 설계된'의 뜻으로 쓰였다. 따라서 밑줄 친 부분은 올바르게 쓰였다.

② [출제 영역] 챕터 05 주어와 동사 수 일치
'not merely[only] A but (also) B'의 병렬 구조는 A와 B는 동일한 형태로 써야 한다. 따라서 밑줄 친 부분인 to부정사는 올바르게 쓰였다.

③ [출제 영역] 챕터 03 동사의 유형
see는 5형식 동사로 목적격 보어 자리에 as 명사/형용사를 쓸 수 있다. 따라서 밑줄 친 부분은 올바르게 쓰였다.

지문 해석

나에게는 평화를 유지하기 위해 설계된 모든 국제 조직은 단지 말할 뿐만 아니라 행동할 수 있는 권한을 가지고 있는 것처럼 보인다. 사실, 나는 이것을 전쟁을 우연이 아닌 계획적으로 피하는 국제 사회로의 발전을 위한 중심 주제라고 본다.

정답 ④

02 밑줄 친 부분이 어법상 옳지 않은 것은? 2024. 지방직 9급

① You must plan not to spend too much on the project.
② My dog disappeared last month and hasn't been seen since.
③ I'm sad that the people who daughter I look after are moving away.
④ I bought a book on my trip, and it was twice as expensive as it was at home.

정답 해설

③ [출제 영역] 챕터 14 관계사
관계대명사의 격의 일치에 대한 문제이다. 명사(daughter)를 취하면서, 목적어가 없는 불완전 구조를 이끌 수 있는 것은 주격 관계대명사가 아닌 소유격 관계대명사이다. 따라서 who 대신 whose로 써야 올바르다.

오답 해설

① [출제 영역] 챕터 03 동사의 유형
'not to spend'는 동사 plan의 목적어로, 'spend A on B'의 구조로 'A를 B에 쓰다'의 뜻으로 쓰인다. 따라서 밑줄 친 부분은 올바르게 쓰였다.

② [출제 영역] 챕터 06 수동태
disappear는 '사라지다'의 뜻인 1형식 자동사로 항상 능동태로 써야 하고, 뒤에 'last month'인 과거 시간 부사가 나오므로 과거 동사로 써야 한다. 따라서 밑줄 친 부분은 올바르게 쓰였다.

④ [출제 영역] 챕터 16 비교 구문
배수 비교 구문으로 '배수사 + as 형용사/부사 as'의 구조로, 배수사는 항상 원급 비교 앞에 위치해야 하고, 2형식 자동사 was의 주격 보어는 형용사로 써야 한다. 따라서 밑줄 친 부분은 올바르게 쓰였다.

선지 해석

① 당신은 프로젝트에 너무 많은 돈을 쓰지 않도록 계획해야 한다.
② 내 개가 지난달에 사라졌고 그 이후로 계속 보이지 않는다.
③ 내가 돌보는 딸이 있는 사람들이 이사 가게 되어 슬프다.
④ 여행 중에 책을 샀는데, 그 책이 집에서 사는 것보다 두 배 비쌌다.

정답 ③

03 밑줄 친 부분 중 어법상 옳지 않은 것은? 2020. 지방직 9급 변형

① Since the warranty had expired, the repairs were not free of charge.
② A gift card will be given to whomever completes the questionnaire.
③ If I had asked for a vacation last month, I would be in Hawaii now.
④ His father suddenly passed away last year, and, what was worse, his mother became sick.

정답 해설

② [출제영역] 챕터 14 관계사
복합관계대명사는 뒤에 불완전 구조를 취한다. whomever 뒤에 주어가 없는 불완전한 구조가 나왔으므로 목적격 whomever 대신 주격 whoever로 써야 올바르다.

찐Tip whomever는 목적어가 없는 불완전한 구조를 이끈다.

오답 해설

① [출제영역] 챕터 04 동사의 시제 & 챕터 06 수동태
문맥상 보증이 만료된 것이 먼저 일어난 일로 과거완료(had p.p.)로 써야 하고, expire는 자동사로 수동태가 될 수 없으므로 능동형태로 쓴 had expired는 올바르게 쓰였다.

찐Tip free of charge는 '무료로, 무료의'의 뜻으로 쓰인다.

③ [출제영역] 챕터 12 가정법
if절에 과거 시간 부사와 주절에 현재 시간 부사가 쓰였다면 혼합 가정법 공식을 확인해야 한다. 혼합 가정법은 'If 주어 had p.p. 과거시간부사, 주어 + would/should/could/might 동사원형 now'의 공식으로 쓴다. 따라서 밑줄 친 부분은 올바르게 쓰였다.

④ [출제영역] 챕터 04 동사의 시제
과거 시간 부사(last year)가 나오면 반드시 과거 동사를 확인한다. 과거시제 passed away는 올바르게 쓰였다.

찐Tip what is worse는 '설상가상으로, 엎친 데 덮친 격으로'의 뜻으로 쓰인다.

찐Tip become은 2형식 동사로 주격 보어 자리에 형용사를 취하므로 형용사 sick 또한 올바르게 쓰였다.

선지 해석

① 보증이 만료되어서 수리는 무료가 아니었다.
② 설문지를 완성하는 누구에게나 선물카드가 주어질 예정이다.
③ 지난달 내가 휴가를 요청했더라면 지금 하와이에 있을 텐데.
④ 그의 아버지가 갑자기 작년에 돌아가셨고, 설상가상으로 그의 어머니도 병에 걸리셨다.

정답 ②

04 밑줄 친 부분 중 어법상 옳지 않은 것은? 2019. 지방직 7급 변형

① The woman who lives next door is a doctor.
② Have you ever been to London?
③ Please just do which I ordered.
④ The woman he fell in love with left him after a month.

정답 해설

③ [출제영역] 챕터 14 관계사
관계대명사 which 앞에는 선행사가 있어야 하는데 문장에는 선행사가 없으므로 which 대신 선행사를 포함한 관계대명사 what으로 써야 올바르다.

찐Tip 선행사를 포함한 관계대명사 what은 '~것'의 뜻으로 쓰인다.

오답 해설

① [출제영역] 챕터 14 관계사
관계대명사 who 앞에 선행사(The woman)가 있고 뒤에 주어가 없는 불완전 구조를 취하고 있다. 따라서 밑줄 친 부분은 올바르게 쓰였다.

찐Tip 선행사(The woman)는 단수 형태이므로 단수 동사 lives는 올바르게 쓰였다. woman의 복수형은 women이다.

② [출제영역] 챕터 04 동사의 시제
'have been to 장소'는 '~에 가본 적이 있다'의 뜻으로 쓰인다. 완료시제 동사가 있는 의문문은 'Have/Has/Had S p.p.~' 어순으로 쓴다. 따라서 밑줄 친 부분은 올바르게 쓰였다.

찐Tip 'have gone to 장소'는 '~에 가버렸다'의 뜻으로 쓰인다.

④ [출제영역] 챕터 14 관계사
The woman 다음에 목적격 관계대명사 whom 또는 that이 생략된 형태로 쓰였고, 동사 fell은 시제, 태 또한 올바르게 쓰였다.

찐Tip 'fall in love with'는 '~와 사랑에 빠지다'의 뜻으로 쓰인다.

선지 해석

① 옆집에 사는 여자는 의사이다.
② 당신은 런던에 가본 적이 있나요?
③ 내가 명령한 것만 하시오.
④ 그가 사랑에 빠졌던 여자는 한 달 뒤에 그를 떠났다.

정답 ③

05 밑줄 친 부분 중 어법상 옳지 않은 것은? 2011. 지방직 9급

Chile is a Latin American country ① where throughout most of the twentieth century ② was marked by a relatively advanced liberal democracy on the one hand and only moderate economic growth, ③ which forced it to become a food importer, ④ on the other.

정답 해설

① [출제영역] 챕터 14 관계사
선행사(a Latin American country) 뒤에 주어 없이 동사(was maked)로 불완전 구조를 취하고 있다. 따라서 관계부사 where 대신 주격 관계대명사 which 또는 that으로 써야 올바르다.

찐Tip 관계부사는 선행사에 따라 다르고 뒤에 완전 구조를 취한다.

찐Tip 'throughout most of the twentieth century'는 부사구로 사이에 삽입된 형태로 쓰였다.

오답 해설

② [출제영역] 챕터 05 주어와 동사 수 일치
문장의 주어(a Latin American country)가 단수 형태이므로 단수 동사 was는 올바르게 쓰였다.

③ [출제영역] 챕터 14 관계사
사물 선행사가 있고 뒤에 불완전 구조를 취할 수 있는 것은 관계대명사이다. 따라서 관계대명사 which는 올바르게 쓰였다.

④ [출제영역] 챕터 02 단어의 이해
둘 중에서 하나는 one, 나머지 하나는 the other로 쓴다. 따라서 밑줄 친 부분은 올바르게 쓰였다.

찐Tip 셋 중에서 하나는 one, 다른 하나는 another, 마지막 하나는 the other 또는 the third로 쓴다.

지문 해석

칠레는 20세기 대부분 동안 비교적 진보된 자유 민주주의가 특징이었고 다른 한편으로는 식량을 수입해야 하는 중간정도의 경제 성장을 이룬 남미 국가다.

정답 ①

06 밑줄 친 부분 중 어법상 옳지 않은 것은? 2018. 지방직 7급

Officials in the UAE, responding to an incident ① which an Emirati tourist was arrested in Ohio, cautioned Sunday that travelers from the Arab country should "refrain from ② wearing the national dress" in public places ③ while visiting the West "to ensure their safety" and said that women should abide by bans ④ on face veils in European countries, according to news reports from Dubai.

정답 해설

① [출제영역] 챕터 14 관계사
관계대명사 which는 뒤에 불완전 구조를 취해야 한다. 그러나 which 뒤에 동사가 수동태(be p.p.) 형태로 쓰여 완전 구조를 취하고 있으므로 관계부사를 써야 한다. 따라서 which 대신 장소 선행사에 맞게 where로 써야 올바르다.

오답 해설

② [출제영역] 챕터 07 동명사
전치사(from) 뒤에 명사 또는 동명사를 취할 수 있다. 목적어(the national dress)를 취할 수 있는 것은 동명사이므로 wearing은 올바르게 쓰였다.

③ [출제영역] 챕터 08 분사
시간 접속사(while)가 이끄는 부사절의 주어와 주절의 주어가 같고 부사절의 동사가 be동사인 경우에는 '주어 + be동사'를 생략할 수 있고 생략된 후에는 분사/형용사/전명구가 남게 된다. 따라서 while visiting은 올바르게 쓰였다.

찐Tip 'while -ing'는 '~하는 동안'의 뜻으로 쓰인다.

④ [출제영역] 챕터 15 전치사
명사 ban이 '금지(법)'의 뜻으로 쓰일 때 전치사 on과 함께 쓸 수 있다. 따라서 전치사 on은 올바르게 쓰였다.

지문 해석

오하이오에서 에미리트 관광객이 체포된 사건에 대응하여 UAE 관리자들은 아랍 국가에서 온 여행객들은 "자신들의 안전을 보장하기 위해서" 서양을 방문할 동안 공공장소에서 국가의 옷을 착용하는 것을 자제하는 것이 좋겠다고 일요일에 경고했다. 그리고 두바이 뉴스 보도에 따르면 유럽 국가에서 얼굴 가리는 베일을 착용하는 것을 금지시키는 사항들을 여성들이 준수해야 한다고 말했다.

정답 ①

07 밑줄 친 부분 중 어법상 옳은 것은? 2014. 국가직 9급 변형

① While worked at a hospital, she saw her first air show.
② However weary you may be, you must do the project.
③ One of the exciting games I saw were the World Cup final in 2010.
④ It was the main entrance for that she was looking.

정답 해설

② [출제영역] 챕터 14 관계사
복합관계부사인 however가 형용사와 부사를 수식할 때 'however + 형용사/부사 + 주어 + 동사'의 구조로 쓴다. 따라서 밑줄 친 부분은 올바르게 쓰였다.

오답 해설

① [출제영역] 챕터 08 분사
접속사 while이 쓰인 분사구문으로 문장의 주어(she)가 병원에서 일하는 것으로 능동의 의미이므로 현재분사로 써야 한다. 따라서 과거분사 worked 대신 현재분사 working으로 써야 올바르다.

찐Tip work는 1형식 자동사로 항상 능동의 의미이므로 현재분사로 쓴다.

③ [출제영역] 챕터 05 주어와 동사 수 일치
One of 복수 명사는 단수 동사를 쓴다. 따라서 복수 동사 were 대신 단수 동사 was로 써야 올바르다.

찐Tip games와 I saw 사이에 목적격 관계대명사 that이 생략된 상태로 쓰였다.

④ [출제영역] 챕터 14 관계사
전치사(for) 뒤에는 관계대명사 that을 쓸 수 없다. 따라서 선행사가 사물이므로 전치사 뒤에 관계대명사 that 대신 which로 써야 올바르다.

찐Tip '전치사 + 관계대명사'가 나오면 전치사에 유의하고 뒤는 완전 구조인지 확인해야 한다.

선지 해석

① 병원에서 일하면서, 그녀는 처음으로 비행기 공중 곡예를 보았다.
② 아무리 피곤하더라도, 당신은 그 프로젝트를 수행해야 한다.
③ 내가 본 흥미로운 경기들 중 하나는 2010년 월드컵 결승전이었다.
④ 그녀가 찾고 있던 것은 중앙 출입구였다.

정답 ②

08 밑줄 친 부분 중 어법상 옳지 않은 것은? 2014. 지방직 7급

The United States national debt was relatively small ① until the Second World War, during ② when it grew ③ from $43 billion to $259 billion ④ in just five years.

정답 해설

② [출제영역] 챕터 14 관계사
전치사(during)와 관계부사(when)가 같이 쓰이는 것은 어색하다는 것을 알 수 있다. 따라서 when 대신 앞의 '2차 세계대전'을 가리키는 것으로 판단하고, 이를 선행사로 하는 관계대명사 which로 써야 올바르다.

찐Tip '전치사 + 관계대명사'는 뒤에 완전 구조를 취한다.

오답 해설

① [출제영역] 챕터 13 접속사 & 챕터 15 전치사
until은 접속사와 전치사 모두 가능하다. 뒤에 명사(the Second World War)가 쓰인 것으로 보아 전치사임을 알 수 있다. 시간(상태의 지속, 계속)명사와 어울리는 전치사 until은 올바르게 쓰였다.

③ [출제영역] 챕터 15 전치사
'from A to B'의 구조로 'A부터 B까지'의 뜻으로 쓰인다. 따라서 전치사 from과 to는 올바르게 쓰였다.

④ [출제영역] 챕터 15 전치사
전치사 in은 월, 년, 계절, 세기 등(길거나 일정한 기간)을 나타내는 명사와 어울린다. 따라서 전치사 in은 올바르게 쓰였다.

지문 해석

미국의 국채는 제2차 세계대전까지만 해도 비교적 적었으나, 제2차 세계대전 동안 단지 5년 만에 430억 달러에서 2590억 달러로 증가했다.

정답 ②

09 밑줄 친 부분 중 어법상 가장 적절하지 않은 것은? 2021. 경찰 1차 변형

① They saw a house which windows were all broken.
② What do you say to playing basketball on Sunday morning?
③ Despite her poor health, she tries to live a happy life every day.
④ If it had not rained last night, the road wouldn't be muddy now.

정답 해설

① [출제영역] 챕터 14 관계사
관계대명사 which 뒤에는 불완전 구조를 취해야 한다. 그러나 뒤에 완전 구조(주어 + be동사)를 취하고 있기 때문에 which 대신 소유격 관계대명사 whose를 써야 올바르다.

오답 해설

② [출제영역] 챕터 07 동명사
'~하는 게 어때'의 뜻을 가진 구문으로는 'what do you say to -ing'의 동명사 관용 표현이 있다. 따라서 밑줄 친 부분은 올바르게 쓰였다.
③ [출제영역] 챕터 15 전치사
전치사(despite) 뒤는 항상 명사(her poor health)를 쓴다. 따라서 밑줄 친 부분은 올바르게 쓰였다.
④ [출제영역] 챕터 12 가정법
if절에 과거시간 부사와 주절에 현재시간 부사가 쓰였다면 혼합 가정법 공식을 확인해야 한다. 혼합 가정법은 'If 주어 had p.p. 과거시간부사, 주어 + would/should/could/might 동사원형 now'의 공식으로 쓴다. 따라서 밑줄 친 부분은 올바르게 쓰였다.

선지 해석

① 그들은 창문이 모두 깨진 집을 보았다.
② 일요일 아침에 농구 하는 게 어때?
③ 그녀는 허약한 건강상태에도 불구하고 매일 행복한 삶을 살려고 노력한다.
④ 만약 어젯밤에 비가 오지 않았다면, 지금 도로가 진흙투성이지 않을 텐데.

정답 ①

찐Tip 완료 시제를 나타내는 시간 부사가 쓰이면 꼭 완료시제만 써야 하는 것은 아니고, 과거보다 더 과거에 발생한 일은 had p.p.로 쓰니 주의가 필요하다.

② [출제영역] 챕터 08 분사
문장에 이미 주어 + 동사가 있고 '동사 + ed'가 나온다면 분사 문제이다. mention은 타동사로 뒤에 목적어가 없고, '요구사항이 언급되는 것'으로 수동의 의미인 과거분사 mentioned은 올바르게 쓰였다.
③ [출제영역] 챕터 09 부정사
추상 명사를 to부정사가 수식할 때 to부정사는 동격의 의미를 지닌다. 따라서 reason to doubt는 '의심할 이유'의 뜻으로 올바르게 쓰였다.

찐Tip 위와 같이 쓰이는 추상 명사로는 chance, plan, attempt, effort, opportunity, way, ability 등이 있다.

지문 해석

저는 Ferrer 부인에 대한 추천서를 요청하신 것에 대한 답변으로 글을 쓰고 있습니다. 그녀는 지난 3년 동안 저의 비서로 일해왔으며, 정말 훌륭한 직원이었습니다. 저는 그녀가 귀하의 채용 공고에 언급된 모든 요구 사항을 충족시키며 실제로 여러 측면에서 그것들을 뛰어넘는다고 생각합니다. 저는 그녀의 완전한 정직성을 의심할 이유를 결코 가져 본 적이 없었습니다. 따라서 저는 당신이 광고한 직책에 Ferrer부인을 추천드립니다.

정답 ④

10 밑줄 친 부분 중 어법상 옳지 않은 것은? 2018. 지방직 9급

I am writing in response to your request for a reference for Mrs. Ferrer. She has worked as my secretary ① <u>for the last three years</u> and has been an excellent employee. I believe that she meets all the requirements ② <u>mentioned</u> in your job description and indeed exceeds them in many ways. I have never had reason ③ <u>to doubt</u> her complete integrity. I would, therefore, recommend Mrs. Ferrer for the post ④ <u>what</u> you advertise.

정답 해설

④ [출제영역] 챕터 14 관계사
what은 명사절 접속사로 선행사를 이미 포함하고 있으므로 앞에 선행사를 수식하지 못한다. 선행사(post)를 수식해줄 수 있는 것은 관계대명사이다. 따라서 선행사가 사물이므로 what 대신 which 또는 that으로 써야 올바르다.

찐Tip 관계대명사 which 또는 that 뒤는 불완전 구조를 취한다.

오답 해설

① [출제영역] 챕터 04 동사의 시제
완료시제와 잘 쓰이는 시간 부사는 완료시제 동사를 확인한다. 문장의 동사 시제가 현재완료(has p.p.)로 쓰인 것으로 보아 'for 기간' 시간 부사는 올바르게 쓰였다.

11 다음 글의 (A), (B), (C)에서 어법상 옳은 것을 모두 고른 것은? 2015. 지방직 9급

Pattern books contain stories that make use of repeated phrases, refrains, and sometimes rhymes. In addition, pattern books frequently contain pictures (A) <u>that/what</u> may facilitate story comprehension. The predictable patterns allow beginning second language readers to become involved (B) <u>immediate/ immediately</u> in a literacy event in their second language. Moreover, the use of pattern books (C) <u>meet/meets</u> the criteria for literacy scaffolds by modeling reading, by challenging students' current level of linguistic competence, and by assisting comprehension through the repetition of a simple sentence pattern.

	(A)	(B)	(C)
①	that	immediate	meet
②	what	immediately	meets
③	that	immediately	meets
④	what	immediate	meet

정답 해설

③ [출제영역] 챕터 14 관계사 & 챕터 02 단어의 이해 & 챕터 05 주어와 동사 수 일치

(A) [출제영역] 챕터 14 관계사
앞에 선행사(pictures)가 있는 것으로 보아 선행사를 수식할 수 있는 관계대명사를 써야 한다. 따라서 명사절 접속사 what 대신 관계대명사 that으로 써야 올바르다.

찐Tip 관계대명사 that 뒤는 불완전 구조를 취한다.

(B) [출제영역] 챕터 02 단어의 이해
앞에 과거분사 involved를 수식할 수 있는 것은 형용사가 아닌 부사이다. 따라서 형용사 immediate 대신 부사 immediately로 써야 올바르다.

(C) [출제영역] 챕터 05 주어와 동사 수 일치
문장의 주어('A of B'의 형태인 the use of pattern book)는 단수 형태이므로 단수 동사를 써야 한다. 따라서 복수 동사 meet 대신 단수 동사 meets로 써야 올바르다.

찐Tip 'A of B'가 주어일 경우 'of B'는 A를 수식해주는 역할로 동사는 A와 수 일치한다. 단, 부분을 나타내는 명사가 나오면 of 뒤에 명사를 확인해서 수 일치한다.

지문 해석

패턴 책들은 반복되는 구문, 후렴구 및 때로는 운율을 반복적으로 활용한 이야기들을 포함한다. 게다가, 패턴 책은 스토리 이해를 용이하게 해주는 그림들을 종종 포함한다. 예측 가능한 패턴들은 제2언어 독자들이 그들의 제2언어에서 즉각 글을 읽고 쓰는 것을 시작할 수 있게 허용한다. 게다가, 패턴 책의 사용은 읽기 모형을 만들고, 학생들의 현재 언어 능력의 수준을 도전하고, 단순한 문장 패턴의 반복을 통해 이해를 도와주면서, 읽고 쓰는 것의 비계기준을 충족시킨다.

정답 ③

Chapter 15 전치사

ANSWER

01 ② 02 ① 03 ① 04 ④

01 밑줄 친 부분 중 어법상 옳지 않은 것은? 2023. 국가직 9급 변형

① My cat is three times as old as his.
② We have to finish the work until the end of this month.
③ She washes her hair every other day.
④ You had better take an umbrella in case it rains.

정답 해설

② [출제영역] 챕터 15 전치사
until은 상태의 지속, by는 동작의 완료를 나타내는 동사들과 함께 사용된다. finish는 동작의 완료를 나타내는 동사이므로, until 대신 by로 써야 올바르다.

찐Tip 이외에 by를 써야하는 동사들로는 complete, submit, hand in이 있다.

오답 해설

① [출제영역] 챕터 16 비교 구문
'~보다 몇 배 더 …한'의 의미의 배수 비교 구문은 '배수사 + as + 형용사/부사의 원급 + as'로 쓴다. 특히 배수사 다음에 비교 표현이 나와야 하는 어순에 주의가 필요하다. 그리고 비교되는 대상이 'My cat(내 고양이)'과 '그의 고양이'이므로, his cat을 소유대명사로 쓴 his 또한 올바르게 쓰였다.

③ [출제영역] 챕터 04 동사의 시제
습관을 나타낼 때는 현재시제를 쓴다. 따라서 밑줄 친 부분인 washes는 올바르게 쓰였다.

찐Tip every other day는 '이틀에 한 번, 하루 걸러'라는 뜻으로 쓰인다.

④ [출제영역] 챕터 10 조동사
had better은 '~하는 편이 낫다'의 의미의 구조동사로 뒤에 to 부정사 대신 동사원형이 와야 한다. 따라서 밑줄 친 부분인 take는 올바르게 쓰였다.

찐Tip in case는 '~할 경우에 (대비하여)'라는 의미의 조건 부사절 접속사로 미래시제를 현재시제 동사로 대신하므로 rains 또한 올바르게 쓰였다.

선지 해석

① 내 고양이 나이는 그의 고양이 나이의 세 배이다.
② 우리는 그 일을 이번 달 말까지 끝내야 한다.
③ 그녀는 이틀에 한 번 머리를 감는다.
④ 너는 비가 올 경우에 대비하여 우산을 갖고 가는 게 낫겠다.

정답 ②

02 밑줄 친 부분 중 어법상 옳은 것은? 2015. 국가직 9급 변형

① China's imports of Russian oil skyrocketed by 36 percent in 2014.
② Sleeping has long been tied to improve memory among humans.
③ Last night, she nearly escaped from running over by a car.
④ The failure is reminiscent of the problems surrounded the causes of the fatal space shuttle disasters.

정답 해설

① [출제영역] 챕터 15 전치사
skyrocket는 증가동사로 '~만큼'의 차이를 나타낼 때는 전치사 by와 함께 쓰이므로 올바르게 쓰였다. 과거 시간 부사(in 과거 연도)가 쓰인 것으로 보아 과거시제 skyrocketed 또한 올바르게 쓰였다.

오답 해설

② [출제영역] 챕터 07 동명사
tie가 수동태인 be tied to~형태로 쓰였다. to는 to부정사가 아닌 전치사이므로 to 뒤에는 동명사가 와야 한다. 따라서 to improve 대신 to improving으로 써야 올바르다.

③ [출제영역] 챕터 07 동명사
run over는 타동사이므로 뒤에 목적어가 없으면 being p.p. 구조로 써야 한다. 따라서 running over 대신 being run over로 써야 올바르다.

찐Tip 'escape (from) -ing'는 '~하마터면 (거의) ~할 뻔하다'의 뜻으로 쓰인다.

④ [출제영역] 챕터 08 분사
문장에 이미 동사가 있고 동사 + ed가 나오면 분사를 물어 보는 문제이다. 분사는 뒤에 목적어가 있는 경우에는 능동형인 -ing로 쓰고, 목적어가 없는 경우에는 수동형인 ed로 쓴다. 따라서 목적어가 있으므로 surrounded 대신 surrounding으로 써야 올바르다.

선지 해석

① 2014년에 중국의 러시아산 석유 수입은 36% 급증했다.
② 잠자는 것은 오랫동안 인간들의 기억력 향상과 연관되어 왔다.
③ 지난 밤, 그녀는 거의 자동차에 치일뻔 했다.
④ 이 실패는 치명적인 우주 셔틀 사고의 원인을 둘러싼 문제들과 연상되는 것이다.

정답 ①

03 밑줄 친 부분 중 어법상 옳지 않은 것은? 2010. 국가직 9급

> New York's Christmas is featured in many movies ① <u>while</u> this time of year, ② <u>which</u> means that this holiday is the most romantic and special in the Big Apple. ③ <u>The colder</u> it gets, the brighter the city becomes ④ <u>with</u> colorful lights and decorations.

정답 해설

① [출제영역] 챕터 15 전치사
while은 접속사로 동사를 포함한 절을 이끈다. 그러나 뒤에 명사(this time of year)가 있으므로 앞에 전치사를 써야 한다. 따라서 접속사 while 대신 전치사 during으로 써야 올바르다.

오답 해설

② [출제영역] 챕터 14 관계사
앞에 나온 구, 절, 문장을 대신할 때는 관계대명사 which를 쓴다. 계속적 용법으로 '선행사 + 콤마(,) + 관계대명사'의 형태로 올바르게 쓰였다.

③ [출제영역] 챕터 16 비교 구문
'the 비교급' 구문을 물어보는 문제이다. '~할수록, 더 ~하다'의 뜻을 가진 구문으로는 'the 비교급 주어 + 동사~, the 비교급 주어 + 동사'의 관용 표현이 있다. 따라서 The colder은 올바르게 쓰였다.

④ [출제영역] 챕터 15 전치사
전치사 with는 외적으로 드러나는 '도구, 원인, 이유'의 부사구를 이끈다. 따라서 전치사 with은 올바르게 쓰였다.

지문 해석

> 해마다 이 시기동안 뉴욕의 크리스마스는 많은 영화들에 등장하는데, 이는 이 휴일이 뉴욕시(the Big Apple)에서 가장 로맨틱하고 특별한 것을 의미한다. 날씨가 더 추워질수록 도시는 다채로운 조명과 장식으로 더욱 밝아진다.

정답 ①

04 밑줄 친 부분 중 어법상 옳지 않은 것은? 2012. 국가직 9급 변형

① I am on a tight budget so that I have only fifteen dollars <u>to spend</u>.
② His latest film is far more <u>boring</u> than his previous ones.
③ It's thoughtful <u>of him</u> to remember the names of every member in our firm.
④ I'd lost my front door key, and I had to smash a window <u>by a brick</u> to get in.

정답 해설

④ [출제영역] 챕터 15 전치사
'벽돌로 유리창을 깼다'에서 벽돌이라는 도구, 수단을 나타낼 때는 전치사 by 대신 with으로 써야 올바르다.

오답 해설

① [출제영역] 챕터 09 부정사
to부정사의 수식을 받는 명사가 to부정사의 의미상의 목적어일 때 to부정사 뒤의 목적어는 생략한다. 따라서 밑줄 친 부분은 올바르게 쓰였다.

찐Tip '너무 ~해서 ~하다'의 뜻을 가진 부사절 접속사 so that은 보통 '~, so that'으로 '콤마'표시가 필요하다. 그러나 구어체에서는 '콤마'표시 없이 so that을 결과적인 의미의 부사절 접속사로 사용하기도 한다.

② [출제영역] 챕터 08 분사
감정동사가 감정을 유발하는 의미를 전달하고 사물을 수식할 경우 현재분사형으로 쓴다. film이 지루함을 유발하는 것으로 능동의 의미로 현재분사 boring은 올바르게 쓰였다.

③ [출제영역] 챕터 09 부정사
인성 형용사(thoughtful)는 to부정사 앞에 의미상의 주어를 따로 표시할 때 'of 목적격'으로 표시하고, 'It be + 인성 형용사 + of 목적격 + to부정사'의 구조로 쓴다. 따라서 밑줄 친 부분은 올바르게 쓰였다.

찐Tip 인성 형용사로는 kind, wise, good, considerate, prudent, foolish, stupid, cruel, sensible, careful, generous 등이 있다.

선지 해석

① 예산이 빡빡해서 나는 15달러밖에 쓸 수가 없다.
② 그의 최근 영화는 이전 작품들보다 훨씬 더 지루하다.
③ 우리 회사 모든 구성원의 이름을 기억하다니 그는 생각이 깊군요.
④ 현관 열쇠를 잃어버려서 안으로 들어가기 위해 나는 벽돌로 유리창을 깼다.

정답 ④

Part 05 비교 정답 및 해설

Chapter 16 비교 구문

ANSWER

01 ①	02 ②	03 ②	04 ④	05 ④
06 ②	07 ④	08 ④	09 ③	10 ④
11 ①	12 ③			

01 밑줄 친 부분이 어법상 옳지 않은 것은? 2024. 국가직 9급

① They are not interested in reading poetry, still more in writing.
② Once confirmed, the order will be sent for delivery to your address.
③ Provided that the ferry leaves on time, we should arrive at the harbor by morning.
④ Foreign journalists hope to cover as much news as possible during their short stay in the capital.

정답 해설

① [출제 영역] 챕터 16 비교 구문
비교급을 이용한 표현으로 긍정문에는 much[still] more을 써야 하고, 부정문에는 much[still] less를 써야 한다. 따라서 해당 문장은 부정문이므로 not을 포함한 still more 대신 still less로 써야 올바르다.

오답 해설

② [출제 영역] 챕터 08 분사
접속사 다음에는 분사구문이 사용되므로 분사 판별법에 따라서 올바른 분사의 형태를 확인한다. 분사구문의 주어인 주문(the order)이 확인된다는 수동의 의미이고 타동사 confirm 뒤에 목적어가 없으므로 과거분사를 쓴다. 따라서 밑줄 친 부분은 올바르게 쓰였다.
③ [출제 영역] 챕터 04 동사의 시제
조건 부사절에는 미래의 내용을 현재시제로 써야 한다. 따라서 조건 부사절 접속사 Provided that 뒤에 현재시제(leaves)가 쓰였다. 따라서 밑줄 친 부분은 올바르게 쓰였다.
④ [출제 영역] 챕터 02 단어의 이해
news는 불가산 명사로 much 또는 little의 수식을 받을 수 있다. 따라서 밑줄 친 부분은 올바르게 쓰였다.

선지 해석

① 그들은 시를 읽는 것에 흥미를 느끼지 않으며, 더욱이 쓰는 것에는 더 흥미를 느끼지 않는다.
② 일단 확인되면, 주문이 당신의 주소로 배송될 예정이다.
③ 여객선이 정각에 떠난다면, 우리는 아침에 항구에 도착할 것이다.
④ 외국 기자들은 수도에서의 짧은 체류 중에 최대한 많은 뉴스를 다루기를 희망한다.

정답 ①

02 밑줄 친 부분 중 어법상 옳지 않은 것은? 2022. 국가직 9급 변형

① It is by no means easy for us to learn English in a short time.
② Nothing is more precious as time in our life.
③ Children cannot be too careful when crossing the street.
④ She easily believes what others say.

정답 해설

② [출제영역] 챕터 16 비교 구문
부정주어(nothing) + 비교급 비교 구문에서 more를 as로 쓰거나 than을 as로 쓰면 안된다. 따라서 as 대신 than으로 써야 올바르다.

찐Tip 비교급 비교 구문 앞의 문장 구조가 보어가 없는 불완전한 구조면 형용사를 쓴다.

오답 해설

① [출제영역] 챕터 09 부정사
easy와 같은 난이형용사는 'It(가주어) + be동사 + 난이형용사 + (for 목적어) + to부정사(진주어)'의 구조로 쓴다. 따라서 밑줄 친 부분은 올바르게 쓰였다.

찐Tip 'by no means'는 '결코 ~이 아닌'의 뜻으로 쓰인다.

③ [출제영역] 챕터 10 조동사
'아무리 ~해도 지나치지 않다'의 뜻을 가진 구문으로는 'cannot ~ too 형용사/부사'의 조동사 관용 표현이 있다. 따라서 밑줄 친 부분은 올바르게 쓰였다.

찐Tip 같은 뜻을 가진 구문으로는 'cannot ~ enough = cannot ~ over동사'의 조동사 관용 표현이 있다.

④ [출제영역] 챕터 13 접속사
명사절 접속사 what은 불완전 구조를 취하고, 문장 안에서 주어, 목적어, 보어 역할을 한다. 따라서 밑줄 친 부분인 believe의 목적어로 what은 올바르게 쓰였다.

선지 해석

① 우리가 영어를 단시간에 배우는 것은 결코 쉬운 일이 아니다.
② 우리 인생에서 시간보다 더 소중한 것은 없다.
③ 아이들은 길을 건널 때 아무리 조심해도 지나치지 않다.
④ 그녀는 남들이 말하는 것을 쉽게 믿는다.

정답 ②

03 밑줄 친 부분 중 어법상 옳지 않은 것은? 2014. 서울시 9급

My ① art history professors prefer Michelangelo's painting ② to viewing his sculpture, although Michelangelo ③ himself was ④ more proud of the ⑤ latter.

정답 해설

② [출제영역] 챕터 16 비교 구문
'prefer A to B'의 비교 구문에서 A와 B는 비교대상이 일치가 되어야 한다. 따라서 명사(Michelangelo's painting)와 명사(his sculpture)가 비교되어야 하므로 to viewing his sculpture 대신 viewing을 삭제한 to his sculpture로 써야 올바르다.

오답 해설

① [출제영역] 챕터 05 주어와 동사 수 일치
복수 동사 prefer와 수 일치를 하기 위해서는 복수 주어가 필요하므로 art history professors는 올바르게 쓰였다.

③ [출제영역] 챕터 02 단어의 이해
주어(Michelangelo) 바로 다음에 재귀대명사를 사용하여 강조하는 용법으로 쓸 수 있으므로 재귀대명사 himself는 올바르게 쓰였다.

④ [출제영역] 챕터 16 비교 구문
형용사나 부사 앞에 more을 써서 비교급을 나타내므로 올바르게 쓰였다.

⑤ [출제영역] 챕터 02 단어의 이해
'the latter'은 '후자'의 뜻으로, 문맥상 his sculpture를 가리키는 것으로 올바르게 쓰였다.

지문 해석

미켈란젤로 자신은 후자(자신의 조각품)를 더 자랑스러워했지만, 나의 미술 역사 교수들은 그의 조각품보다 미켈란젤로의 그림을 더 좋아한다.

정답 ②

04 밑줄 친 부분 중 어법상 옳지 않은 것은? 2016. 국가직 7급 변형

① With many people ill, the meeting was cancelled.
② It is not so straightforward a problem as we expected.
③ How many bags are the students carrying on board with them?
④ No explanation was offered, still more an apology.

정답 해설

④ [출제영역] 챕터 16 비교 구문
'~은 말할 것도 없이'의 뜻을 가진 구문으로는 'still[much] more, still[much] less'의 비교급을 이용한 표현이 있다. 두 표현은 의미상은 차이가 없지만 부정문과 어울리는 표현은 'still[much] less'이다. 따라서 still more 대신 still less로 써야 올바르다.

찐Tip 긍정문과 어울리는 표현은 'still[much] more'이다.

오답 해설

① [출제영역] 챕터 08 분사
with 분사구문으로 'with + 명사 목적어 + 형용사'의 구조로 '목적어가 형용사할 때/하면서'의 뜻으로 쓰인다. 따라서 밑줄 친 부분은 올바르게 쓰였다.

② [출제영역] 챕터 02 단어의 이해
so는 어순에 주의해야 할 부사이다. 'so + 형용사 + a + 명사'의 어순으로 써야 한다. 따라서 밑줄 친 부분은 올바르게 쓰였다.

찐Tip 원급 비교 구문 'as ~ as'에서 부정문일때는 앞 부사 as를 so로 대신 쓸 수 있다.

③ [출제영역] 챕터 02 단어의 이해
'How many 명사 + 동사 + 주어~'의 어순으로 밑줄 친 부분은 올바르게 쓰였다.

찐Tip 인칭대명사는 앞에 나온 명사와 성과 수 일치를 확인하고 격에 따라 올바른 형태를 써야 한다.

찐Tip 가산명사(bags)는 How many로 시작하는 의문문을 만들 수 있다.

선지 해석

① 많은 사람들이 아파서 회의가 취소되었다.
② 이것은 우리가 예상했던 것만큼 그렇게 간단한 문제는 아니다.
③ 학생들이 몇 개의 가방을 가지고 탑승할 건가요?
④ 아무런 해명도 없었다. 사과는 말할 것도 없고.

정답 ④

05 밑줄 친 부분 중 어법상 옳지 않은 것은? 2017. 지방직 9급 변형

① I made it a rule to call him two or three times a month.
② He grabbed me by the arm and asked for help.
③ Owing to the heavy rain, the river has risen by 120cm.
④ I prefer to stay home than to going out on a snowy day.

정답 해설

④ [출제영역] 챕터 16 비교 구문
'~보다 ~를 더 좋아하다'의 뜻을 가진 구문으로는 'prefer to부정사 (rather) than to부정사'의 비교 표현이 있다. 따라서 to going 대신 to go로 써야 올바르다.

찐Tip 이와 같은 뜻을 가진 구문으로는 'prefer (동)명사 to (동)명사'의 비교 표현이 있다.

오답 해설

① [출제영역] 챕터 09 부정사
'~하는 것을 규칙으로 삼다'의 뜻을 가진 구문으로는 'make it a rule to 부정사 = make a point of -ing = be in the habit of -ing'의 동명사 관용 표현이 있다. 따라서 밑줄 친 부분은 올바르게 쓰였다.

② [출제영역] 챕터 02 단어의 이해
'붙잡다(grab)동사 + 사람명사 + by the 신체 일부'의 특정 구문으로 정관사 the는 올바르게 쓰였다.
③ [출제영역] 챕터 15 전치사
'owing to'는 전치사로 명사구(the heavy rain)는 올바르게 쓰였다.

찐Tip 차이를 의미하는 전치사 by 또한 올바르게 쓰였다.

선지 해석

① 나는 매달 두세 번 그에게 전화하기로 규칙을 세웠다.
② 그는 나의 팔을 붙잡고 도움을 요청했다.
③ 폭우로 인해 그 강은 120cm 상승했다.
④ 나는 눈 오는 날 밖에 나가는 것보다 집에 있는 것을 더 좋아한다.

정답 ④

06 밑줄 친 부분 중 어법상 옳지 않은 것은? 2016. 지방직 9급 변형

① Can you <u>talk her out of</u> her foolish plan?
② I know no more than <u>you don't</u> about her mother.
③ His army <u>was outnumbered</u> almost two to one.
④ Two girls of an age are <u>not always</u> of a mind.

정답 해설

② [출제영역] 챕터 16 비교 구문
'C가 D가 아니듯 A도 B가 아니다'의 뜻을 가진 구문으로는 'A is no more B than C is D'의 양자 부정 표현이 있다. 양자 부정에서 than 뒤에는 부정의 의미지만 부정어 not을 쓰지 않는다. 따라서 you don't 대신 you do로 써야 올바르다.

오답 해설

① [출제영역] 챕터 03 동사의 유형
'A가 B를 단념하게 하다'의 뜻을 가진 구문으로는 'talk A out of B'의 표현이 있다. 따라서 밑줄 친 부분은 올바르게 쓰였다.

찐Tip 'talk A into B'는 'A를 설득하여 B시키다, A에게 이야기하여 B하게 하다'의 뜻으로 쓰인다.

③ [출제영역] 챕터 06 수동태
outnumber는 완전 타동사로 수동태 형태인 'be outnumbered'로 쓰여 '~보다 열세이다'의 뜻으로 쓰인다. 따라서 밑줄 친 부분은 올바르게 쓰였다.
④ [출제영역] 챕터 02 단어의 이해
'not always'는 부분부정으로 '항상 ~하는 것은 아니다'의 뜻으로 쓰인다. 따라서 밑줄 친 부분은 올바르게 쓰였다.

찐Tip of 뒤에 a(n)는 'the same(같은)'의 의미로 사용될 수 있다.

선지 해석

① 그녀가 어리석은 계획을 포기하도록 설득해 줄래요?
② 그녀의 어머니에 대해서는 나도 너만큼 아는 것이 없다.
③ 그의 군대는 거의 2대 1로 수적 열세였다.
④ 같은 나이의 두 소녀라고 해서 반드시 생각이 같은 것은 아니다.

정답 ②

07 밑줄 친 부분 중 어법상 가장 옳지 않은 것은?

2019. 서울시 9급 6월

> There is a more serious problem than ① <u>maintaining</u> the cities. As people become more comfortable working alone, they may become ② <u>less</u> social. It's ③ <u>easier</u> to stay home in comfortable exercise clothes or a bathrobe than ④ <u>getting</u> dressed for yet another business meeting!

정답 해설

④ [출제영역] 챕터 16 비교 구문
비교 접속사(than)를 기준으로 비교대상을 일치시켜야 한다. 따라서 to stay(to부정사)와의 형태를 맞춰야 하므로 getting 대신 to get으로 써야 올바르다.

오답 해설

① [출제영역] 챕터 07 동명사
비교 접속사(than) 뒤에 비교대상을 동명사(maintaining) 형태로 쓰고 앞 명사(more serious problem)와 비교하고 있으므로 올바르게 쓰였다.
② [출제영역] 챕터 02 단어의 이해
형용사 social의 비교급으로 앞에 '~더 적은[덜한]'을 뜻하는 less는 올바르게 쓰였다.
③ [출제영역] 챕터 16 비교 구문
접속사 than은 비교급과 함께 쓰이므로 easy의 비교급인 easier는 올바르게 쓰였다.

지문 해석

> 도시를 유지하는 것보다 더 심각한 문제가 있다. 사람들이 혼자서 일하는 것이 더 편해질수록, 그들은 덜 사교적이 될 수도 있다. 또 다른 비즈니스 미팅을 위해 옷을 차려입는 것보다 편안한 운동복이나 목욕 가운으로 집에 머무르는 것이 더 쉽다!

정답 ④

08 밑줄 친 부분 중 어법상 옳지 않은 것은? 2015. 지방직 9급 변형

① Jane is not <u>as young as</u> she looks.
② It's easier to make a phone call than <u>to write</u> a letter.
③ You have more money <u>than I</u>.
④ Your son's hair is the same color <u>as you</u>.

정답 해설

④ [출제영역] 챕터 16 비교 구문
비교하는 두 대상이 Your son's hair와 your hair가 되어야 하므로 주격 대명사 you 대신 소유대명사 yours로 써야 올바르다.

오답 해설

① [출제영역] 챕터 16 비교 구문
'as 형용사/부사 원급 as'의 원급 비교 구문에서 원급 비교 구문 앞의 문장 구조가 보어가 없는 불완전한 구조면 형용사를 쓴다. 따라서 밑줄 친 부분은 올바르게 쓰였다.

② [출제영역] 챕터 09 부정사 & 챕터 16 비교 구문
easy와 같은 난이형용사는 'It(가주어) + be동사 + 난이형용사 + (for 목적어) + to부정사(진주어)'의 구조로 밑줄 친 부분은 올바르게 쓰였고, 비교급 than 뒤에 to부정사가 나오면 다른 비교대상도 to 부정사로 나와야 하므로 to write 또한 올바르게 쓰였다.

③ [출제영역] 챕터 16 비교 구문
'more 형용사/부사 than'의 비교급 비교 구문에서 비교급 비교 구문 앞의 문장 구조가 보어가 없는 불완전한 구조면 형용사를 쓴다. 따라서 밑줄 친 부분은 올바르게 쓰였다.

찐Tip 'You have more money than I have much money'에서 주절과 중복된 형태인 have much money가 생략된 구조로 쓰였다.

찐Tip money는 불가산명사로 부정관사 a(n)와 복수를 의미하는 -s를 쓰지 않고, many나 few의 수식을 받을 수 없다.

선지 해석

① 제인은 보기만큼 젊지 않다.
② 전화하는 것이 편지 쓰는 것보다 더 쉽다.
③ 너는 나보다 돈이 많다.
④ 당신 아들 머리는 당신 머리와 같은 색깔이다.

정답 ④

09 밑줄 친 부분 중 어법상 가장 적절하지 않은 것은?

2021. 경찰 1차 변형

① She didn't turn on the light lest she <u>should wake up</u> her baby.
② <u>Convinced that</u> he made a mistake, he apologized to his customers.
③ We hope Mr. Park will run his department <u>as efficient as</u> he can.
④ <u>Statistics show</u> that about 50% of new businesses fail in their first year.

정답 해설

③ [출제영역] 챕터 16 비교 구문
원급 비교 구문 'as 형용사/부사 원급 as'에 형용사를 쓸지 부사를 쓸지는 문장 구조를 통해 확인한다. 비교 구문 앞에 문장 구조(주어 + 동사 + 목적어)가 완전하면 부사를 써야 하므로 형용사 efficient 대신 부사 efficiently로 써야 올바르다.

오답 해설

① [출제영역] 챕터 13 접속사
부정 부사절 접속사 lest는 '주어 + (should) 동사원형'을 수반한다. 따라서 밑줄 친 부분은 올바르게 쓰였다.

찐Tip lest 뒤에 부정어 not을 중복하여 쓰지 않는다.

② [출제영역] 챕터 08 분사
밑줄 친 부분은 분사구문이다. convinced의 주어는 (,)콤마 다음의 주어(he)로 그가 확신을 느낀다(당한다)는 수동의 의미이므로 과거분사 convinced는 올바르게 쓰였다.

④ [출제영역] 챕터 05 주어와 동사 수 일치
Statistics는 '통계학'의 뜻으로 쓰일 때는 단수 취급하고, '통계자료/수치'의 뜻으로 쓰일 때는 복수 취급한다. 문맥상 '통계자료/수치'의 뜻이 자연스러우므로 복수 동사 show도 올바르게 쓰였다.

찐Tip 부분을 나타내는 명사가 나오면 of 뒤에 명사를 확인해서 동사와 수 일치해야 하므로 복수 동사 fail은 올바르게 쓰였다.

선지 해석

① 그녀는 아기를 깨우지 않기 위해 불을 켜지 않았다.
② 그가 실수를 저질렀다고 확신하고, 그는 고객들에게 사과했다.
③ 우리는 Mr. Park이 그가 할 수 있는 만큼 부서를 최대한 효율적으로 운영할 것을 바란다.
④ 통계자료에 따르면 새로운 사업의 약 50%가 첫 해에 실패한다는 것을 보여준다.

정답 ③

10 밑줄 친 부분 중 어법상 옳지 않은 것은? 2018. 국가직 9급 변형

① The speaker <u>was not good at getting</u> his ideas across to the audience.
② The traffic jams in Seoul are more serious than <u>those</u> in any other city in the world.
③ Making eye contact with the person you are speaking to <u>is</u> important in western countries.
④ It turns out that he was not <u>so stingier as</u> he was thought to be.

정답 해설

④ [출제영역] 챕터 16 비교 구문
원급 비교 구문인 'as 원급 as' 구문은 부정문에서는 'so 원급 as'로 쓸 수도 있다. 다만, 'so 원급 as' 구문에서 원급을 비교급으로 쓸 수 없다. 따라서 stingier 대신 stingy로 써야 올바르다.

오답 해설

① [출제영역] 챕터 07 동명사
동사가 전치사(at)의 목적어 역할을 하기 위해서는 동명사로 써야 한다. 따라서 at 뒤에 동명사 getting은 올바르게 쓰였다.

찐Tip 'be good at'는 '~을 잘하다, 능숙하다'의 뜻으로 쓰인다.

② [출제영역] 챕터 02 단어의 이해
비교급 than 뒤에 that과 those가 나온다면 앞에 나온 명사와 수 일치가 중요하다. 주어(traffic jams)가 복수 형태이므로 those는 올바르게 쓰였다.

찐Tip '비교급 than any other + 단수 명사'는 최상급을 나타내는 표현이다.

③ [출제영역] 챕터 05 주어와 동사 수 일치
동명사가 주어로 쓰일 때는 단수 취급하므로 단수 동사 is는 올바르게 쓰였고, 앞에 사람 선행사(person)가 있고 뒤에 전치사 to의 목적어가 없는 불완전 구조를 취하고 있으므로 목적격 관계대명사 whom을 쓸 수 있다.

찐Tip the person과 you are speaking to 사이에 목적격 관계대명사 whom이 생략된 상태로 쓰였다.

선지 해석
① 그 연사는 자기 생각을 청중에게 전달하는 데 능숙하지 않았다.
② 서울의 교통 체증은 세계 어느 도시보다 심각하다.
③ 네가 말하고 있는 사람과 시선을 마주치는 것은 서양 국가에서 중요하다.
④ 그는 사람들이 생각했던 만큼 인색하지 않았다는 것이 드러났다.

정답 ④

11 밑줄 친 부분 중 어법상 옳지 않은 것은?

2017. 지방직 9급 하반기 변형

① The budget is about 25% higher than originally <u>expecting</u>.
② There is a lot of work <u>to be done</u> for the system upgrade.
③ It will take at least a month, maybe longer <u>to complete</u> the project.
④ The head of the department, <u>who receives</u> twice the salary, has to take responsibility.

정답 해설
① [출제영역] 챕터 16 비교 구문
비교 표현(비교급 than) 기준으로 비교대상 일치 여부를 확인하는 문제이다. 처음 기대했던 예산과 지금 25% 더 높은 예산을 서로 비교하는 것으로 than 뒤에 주어(The budget)가 생략된 상태로 쓰였다. 주어(The budget)가 기대되는 것으로 수동의 의미이므로 과거분사로 써야 한다. 따라서 expecting 대신 expected로 써야 올바르다.

오답 해설
② [출제영역] 챕터 09 부정사
to부정사가 work를 수식하고 있는 형태로 to부정사의 형용사적 용법으로 쓰이고 있다. 주어(work)가 '해야 될 일'의 뜻으로 수동태 형태인 'to be done'은 올바르게 쓰였다.
③ [출제영역] 챕터 09 부정사
'~하는 데 ~시간이 걸리다'의 뜻으로 쓰일 때는 'It take + 시간 + (for 사람) + to부정사'의 구문 표현이 있다. 따라서 밑줄 친 부분은 올바르게 쓰였다.

찐Tip 'at least'는 '적어도, 최소한'의 뜻으로 쓰인다.

④ [출제영역] 챕터 14 관계사 & 챕터 05 주어와 동사 수 일치
관계대명사 who는 앞에 나온 The head(부서장)를 선행사로 받고 뒤에 주어가 없는 불완전 구조를 취하고 있으므로 올바르게 쓰였고, who 뒤에 동사도 동작을 하는 주체(The head)가 단수 형태이므로 단수 동사 receives 또한 올바르게 쓰였다.

선지 해석
① 예산은 처음 기대했던 것보다 약 25퍼센트 더 높다.
② 시스템 업그레이드를 위해 해야 될 많은 일이 있다.
③ 그 프로젝트를 완성하는데 최소 한 달, 어쩌면 더 긴 시간이 걸릴 것이다.
④ 월급을 두 배 받는 그 부서장이 책임을 져야 한다.

정답 ①

12 밑줄 친 부분 중 어법상 옳은 것은? 2017. 국가직 9급 하반기 변형

① My father was in the hospital <u>during</u> six weeks.
② The whole family <u>is suffered from</u> the flu.
③ She never so much <u>as mentioned it</u>.
④ She would like to be <u>financial</u> independent

정답 해설
③ [출제영역] 챕터 16 비교 구문
'not so much as 동사'의 원급을 활용한 구문으로 '~조차 없다[않다]'의 뜻으로 쓰인다. 이때 동사의 형태인 mention은 대표 3형식 타동사로 전치사 없이 바로 목적어를 취할 수 있다. 따라서 밑줄 친 부분은 올바르게 쓰였다.

오답 해설
① [출제영역] 챕터 15 전치사
전치사 during은 뒤에 특정한 기간을 명사로 취할 수 있고, 전치사 for은 뒤에 막연한 기간(숫자 + 명사)를 명사로 취할 수 있다. 따라서 during 대신 for로 써야 올바르다.
② [출제영역] 챕터 03 동사의 유형
suffer from은 '자동사 + 전치사'의 형태로 수동태(be p.p) 형태로는 쓸 수 없다. 따라서 수동 형태 is suffered from 대신 능동 형태 suffered form으로 써야 올바르다.
④ [출제영역] 챕터 02 단어의 이해
financial은 형용사(independent)를 수식하고 있는 형태로, 형용사를 수식 할 수 있는 것은 형용사가 아닌 부사이다. 따라서 형용사 financial 대신 부사 financially로 써야 올바르다.

찐Tip 부사는 동사, 형용사, 다른 부사 또는 문장 전체를 수식하는 역할로 쓸 수 있고, 형용사는 명사를 수식하거나 보어 역할로 쓸 수 있다.

선지 해석
① 내 아버지는 6주 동안 병원에 있었다
② 가족 모두가 독감으로 고통받고 있다.
③ 그녀는 그것을 언급조차 하지 않았다.
④ 그녀는 재정적으로 독립하고 싶어한다.

정답 ③

진가영 영어
반한다 기출
기출 문법·어휘 & 생활영어

진가영 영어연구소 | cafe.naver.com/easyenglish7

어휘 &
생활영어
정답 및 해설

어휘 정답 및 해설

Chapter 01 2025 출제 기조 전환 예시 문제

ANSWER

01 ③ 02 ② 03 ① 04 ②

01 밑줄 친 부분에 들어갈 말로 가장 적절한 것은?

2025. 출제 기조 전환 2차

In order to exhibit a large mural, the museum curators had to make sure they had __________ space.

① cozy ② stuffy
③ ample ④ cramped

지문 해석

큰 벽화를 전시하기 위해, 박물관 큐레이터들은 충분한 공간을 확인해야 했다.

선지 해석

① 편안한, 아늑한, 기분 좋은
② 답답한, 통풍이 되지 않는
③ 충분한, 풍만한
④ 비좁은, 갑갑한

정답 해설

대형 벽화를 전시하기 위해서는 충분한 공간이 필요하다는 문맥이 적절하므로 빈칸에는 ③이 적절하다.

지문 어휘

☐ exhibit 전시하다, 보이다, 전시(품)
☐ mural 벽화

정답 ③

02 밑줄 친 부분에 들어갈 말로 가장 적절한 것은?

2025. 출제 기조 전환 2차

Even though there are many problems that have to be solved, I want to emphasize that the safety of our citizens is our top __________.

① secret ② priority
③ solution ④ opportunity

지문 해석

해결해야 할 문제가 많음에도 불구하고, 우리 시민들의 안전이 우선 순위임을 강조하고 싶다.

선지 해석

① 비밀, 비결, 비밀의
② 우선 순위, 우선 사항
③ 해결(책), 해법, 용액
④ 기회

정답 해설

시민의 안전이 가장 중요한 문제라는 문맥이 자연스러우므로 빈칸에는 ②가 적절하다.

지문 어휘

☐ solve 해결하다, 풀다
☐ emphasize 강조하다, 역설하다
☐ citizen 시민, 주민

정답 ②

03 밑줄 친 부분에 들어갈 말로 가장 적절한 것은?

2025. 출제 기조 전환 1차

Recently, increasingly __________ weather patterns, often referred to as "abnormal climate," have been observed around the world.

① irregular ② consistent
③ predictable ④ ineffective

지문 해석

최근, 종종 "이상 기후"라고 불리는 점점 더 불규칙해지는 날씨 패턴이 전 세계에서 관찰되고 있다.

선지 해석

① 불규칙한, 고르지 못한
② 일관된, ~와 일치하는
③ 예측[예견]할 수 있는
④ 효과 없는, 쓸모없는

정답 해설

문맥에 있는 'abnormal(이상한, 비정상적인)'을 통해 날씨 패턴이 정상적이지 못하다는 의미가 필요하므로 빈칸에는 ①이 적절하다.

지문 어휘

☐ refer to A as B A를 B라고 부르다
☐ abnormal 이상한, 비정상적인

핵심 어휘

✱ irregular 고르지 못한 = uneven

정답 ①

04 밑줄 친 부분에 들어갈 말로 가장 적절한 것은?

2025. 출제 기조 전환 1차

Most economic theories assume that people act on a __________ basis; however, this doesn't account for the fact that they often rely on their emotions instead.

① temporary ② rational
③ voluntary ④ commercial

지문 해석

대부분의 경제 이론은 사람들이 이성적으로 행동한다고 가정하지만, 이것은 그들이 종종 감정에 의존한다는 사실을 설명하지 못한다.

선지 해석

① 임시의, 일시적인
② 이성적인, 합리적인
③ 자발적인
④ 상업의, 상업적인

정답 해설

역접(instead)의 단서로 'emotion(감정, 정서)'과 상반된 의미가 필요하므로 빈칸에는 ②가 적절하다.

지문 어휘

☐ assume 가정하다, 추정하다, 맡다
☐ account for 설명하다, 차지하다
☐ emotion 감정, 정서

정답 ②

Chapter 02 국가직 9급 핵심 기출 문제

ANSWER

01 ③	02 ②	03 ①	04 ④	05 ①
06 ②	07 ④	08 ④	09 ①	10 ①
11 ②	12 ④	13 ②	14 ①	15 ①
16 ②	17 ②	18 ④	19 ①	20 ④
21 ③	22 ①	23 ①	24 ②	25 ③
26 ①	27 ②	28 ②	29 ①	30 ③
31 ④	32 ②	33 ③	34 ②	35 ④
36 ①	37 ①	38 ②	39 ①	40 ①
41 ④	42 ②	43 ③	44 ③	45 ③
46 ①	47 ④	48 ④	49 ②	50 ①
51 ④	52 ①			

01 밑줄 친 부분에 들어갈 말로 가장 적절한 것은?

2024. 국가직 9급

Obviously, no aspect of the language arts stands alone either in learning or in teaching. Listening, speaking, reading, writing, viewing, and visually representing are __________.

① distinct ② distorted
③ interrelated ④ independent

지문 해석

분명히, 언어 예술의 어떤 측면도 배움이나 가르침에 있어서 분리되어 있지 않다. 듣기, 말하기, 읽기, 쓰기, 보기, 그리고 시각적 표현은 서로 관계가 있다

선지 해석

① 뚜렷한, 명백한
② 비뚤어진, 왜곡된
③ 서로 관계가 있는
④ 독립적인

정답 해설

앞부분에 '언어 예술의 측면에서 분리되어 있지 않다'고 하는 것으로 보아 빈칸에는 ③이 적절하다.

지문 어휘

☐ aspect 측면, 양상, 면
☐ stand alone 분리되다, 독립하다
☐ representing 표현

핵심 어휘

✱ distinct
= clear, obvious, conspicuous, apparent, evident, manifest, plain, palpable

정답 ③

02 밑줄 친 부분에 들어갈 말로 가장 적절한 것은?

2024. 국가직 9급

The money was so cleverly ________ that we were forced to abandon our search for it.

① spent ② hidden
③ invested ④ delivered

지문 해석

그 돈은 너무 교묘하게 숨겨져 있어 우리는 그것을 찾는 것을 포기할 수밖에 없었다.

선지 해석

① 이미 쓴, 이용한
② 숨겨진, 숨은, 잠재하는
③ 투자된, 부여된
④ 배달된, 전달된

정답 해설

뒷 부분에 '찾는 것을 포기할 수 밖에 없었다'라고 하는 것으로 보아 빈칸에는 ②가 적절하다.

지문 어휘

☐ cleverly 교묘하게, 영리하게
☐ abandon 포기하다, 버리다

핵심 어휘

✱ hidden 잠재하는 = latent

정답 ②

03 밑줄 친 부분에 들어갈 말로 가장 적절한 것은?

2024. 국가직 9급 변형

To __________ the anxiety of the citizens, the mayor announced an increase in police patrols in the affected areas.

① soothe ② counter
③ enlighten ④ assimilate

지문 해석

시민들의 불안을 진정시키기 위해 시장은 해당 지역에서 경찰 순찰을 강화하겠다고 발표했다.

선지 해석

① 진정시키다, 달래다
② 반대하다, 거스르다, 대응하다, 계산대, 판매대
③ 계몽하다, 가르치다, 이해시키다, 깨우치다
④ 동화되다, 완전히 이해하다[소화하다]

정답 해설

해당 지역의 순찰을 강화하는 이유는 시민들의 불안을 해소하기 위한 것으로 빈칸에는 ①이 적절하다.

지문 어휘

☐ anxiety 불안, 염려, 열망
☐ mayor 시장, 군수
☐ patrol 순찰(대), 순찰을 돌다

핵심 어휘

✱ soothe
= allay, appease, assuage, calm (down), conciliate, pacify, placate, mollify, tranquilize

정답 ①

04 밑줄 친 부분에 들어갈 말로 가장 적절한 것은?

2024. 국가직 9급 변형

Many people ________ the dedication and effort required to achieve true mastery in any field, often believing it comes easily to those who succeed.

① discern ② dissatisfy
③ underline ④ underestimate

지문 해석

많은 사람들이 어떤 분야에서 진정한 숙달을 이루기 위해 필요한 헌신과 노력을 과소평가하며, 성공한 사람들에게는 그것이 쉽게 온다고 종종 믿는다.

선지 해석

① 식별하다, 분별하다, 알아보다, 인식하다
② 불만을 느끼게 하다, 불평을 갖게 하다
③ 강조하다, 밑줄을 긋다
④ 과소평가하다, 경시하다, 얕보다

정답 해설

많은 사람들이 성공은 쉽게 온다고 믿는다는 내용으로 보아 헌신과 노력들을 과소평가한다는 내용이 자연스러우므로 빈칸에는 ④가 적절하다.

지문 어휘

☐ dedication 헌신, 전념
☐ mastery 숙달, 통달

정답 ④

05 밑줄 친 부분에 들어갈 말로 가장 적절한 것은?

2024. 국가직 9급 변형

Despite having prepared thoroughly for the presentation, she was still ________ about how her ideas would be received by the audience.

① anxious ② fortunate
③ reputable ④ courageous

지문 해석

발표를 철저히 준비했음에도 불구하고, 그녀는 여전히 청중이 자신의 아이디어를 어떻게 받아들일지에 대해 불안해했다.

선지 해석

① 불안해하는, 염려하는(about), 열망하는(for)
② 운 좋은, 다행한
③ 평판이 좋은, 존경할 만한
④ 용기 있는, 두려움을 모르는

정답 해설

역접(despite)의 단서로 철저하게 발표를 준비한 것의 의미의 상반된 내용이 뒤에 나와야 하므로 빈칸에는 ①이 적절하다.

지문 어휘

☐ thoroughly 철저히, 완전히
☐ presentation 발표, 제출
☐ audience 청중, 관중, 시청자

핵심 어휘

★ courageous
= intrepid, brave, bold, daring, fearless, audacious, valiant, gallant, plucky

정답 ①

06 밑줄 친 부분에 들어갈 말로 가장 적절한 것은?

2023. 국가직 9급 변형

Jane wanted to have a small wedding rather than a fancy one. Thus, she planned to invite her family and a few of her ________ friends to eat delicious food and have some pleasant moments.

① nosy ② intimate
③ outgoing ④ considerate

지문 해석

Jane은 화려한 결혼식보다는 작은 결혼식을 하고 싶었다. 그래서, 그녀는 자신의 가족과 친한 친구 몇 명을 초대해서 맛있는 음식을 먹고 즐거운 시간을 보내려고 계획했다.

선지 해석

① 참견하기 좋아하는, 꼬치꼬치 캐묻는
② 가까운, 친한
③ 외향적인, 사교적인
④ 사려 깊은, 이해심[동정심] 있는

정답 해설

인과(thus)의 단서로 앞부분에 Jane은 작은 결혼식을 하고 싶다고 하고 있으므로 적은 수의 친한 친구들만 초대하고자 하는 표현이 자연스러우므로 빈칸에는 ②가 적절하다.

지문 어휘

☐ fancy 화려한
☐ pleasant 즐거운, 기분 좋은

핵심 어휘

★ outgoing = extrovert, sociable, gregarious
★ nosy = prying, inquisitive, curious
★ considerate = thoughtful

정답 ②

07 밑줄 친 부분에 들어갈 말로 가장 적절한 것은?

2023. 국가직 9급 변형

Due to ________ disruptions in public transportation, the city implemented a plan to provide temporary shuttle services during peak hours.

① rapid ② constant
③ significant ④ intermittent

지문 해석

대중교통의 간간이 일어나는 혼란으로 인해, 도시는 혼잡 시간대에 임시 셔틀 서비스를 제공하는 계획을 시행했다.

선지 해석

① 빠른
② 끊임없는, 지속적인
③ 중요한, 중대한
④ 간헐적인, 간간이 일어나는

정답 해설

인과(due to)의 단서로 혼잡 시간대에 셔틀 서비스가 임시로 시행된다고 하는 것으로 보아 대중교통의 혼란이 일어났다는 표현이 자연스러우므로 빈칸에는 ④가 적절하다.

지문 어휘

☐ disruption 혼란, 분열, 붕괴
☐ temporary 임시의, 일시적인

핵심 어휘

✱ intermittent = sporadic, scattered, occasional, irregular

정답 ④

08 밑줄 친 부분에 들어갈 말로 가장 적절한 것은?

2023. 국가직 9급 변형

Because of the pandemic, the company had to ________ the plan to provide the workers with various training programs.

① elaborate ② release
③ mount ④ suspend

지문 해석

전국적인 유행병으로 인해 회사는 직원들에게 다양한 교육 프로그램을 제공하는 계획을 연기해야 했다.

선지 해석

① 자세히 말하다, 정교하게 만들어 내다, 정교한, 복잡한
② 풀어 주다, 방출하다, 개봉하다, 석방, 개봉
③ 오르다, 증가하다
④ 매달다, 유예[중단]하다, 연기하다

정답 해설

인과(because of)의 단서로 전국적인 유행병의 발병에 따라 교육 프로그램을 연기해야 했다는 표현이 자연스러우므로 빈칸에는 ④가 적절하다.

지문 어휘

☐ pandemic 전국적인 유행병

핵심 어휘

✱ suspend = delay, postpone, defer, shelve, put off, hold over

정답 ④

09 밑줄 친 부분에 들어갈 말로 가장 적절한 것은?

2023. 국가직 9급 변형

The committee will not ________ any late submissions, so it's important to meet the deadline if you want your proposal to be considered.

① accept ② report
③ postpone ④ announce

지문 해석

위원회는 늦게 제출된 것은 받아들이지 않으므로, 제안서가 검토되기를 원한다면 기한을 지키는 것이 중요하다.

선지 해석

① 받아들이다, 수락하다
② 보도하다, 전하다, 보도
③ 연기하다, 미루다
④ 발표하다, 알리다

정답 해설

인과(so)의 단서로 제안서가 검토되려면 기한을 지키는 것이 중요하다고 하는 것으로 보아 기한을 지키지 않으면 위원회는 제안서를 받아들이지 않는다는 표현이 자연스러우므로 빈칸에는 ①이 적절하다.

지문 어휘

☐ submission 제출, 항복
☐ deadline 기한, 마감 시간

핵심 어휘

✱ accept
= obey, observe, stick to, cling to, adhere to, conform to, comply with, abide by

✱ announce
= publicize, broadcast, advertise, inform, notify

정답 ①

10 밑줄 친 부분에 들어갈 말로 가장 적절한 것은?

2022. 국가직 9급 변형

For years, detectives have been trying to _________ the mystery of the sudden disappearance of the twin brothers.

① solve ② create
③ imitate ④ meditate

지문 해석

수년 동안 형사들은 쌍둥이 형제의 갑작스러운 실종에 대한 미스터리를 해결하려고 노력해 왔다.

선지 해석

① 풀다, 해결하다
② 창조하다, 만들다
③ 모방하다, 흉내내다
④ 명상하다, 숙고하다

정답 해설

형사들은 실종 사건을 해결하려고 노력하는 것이 문맥상 자연스러우므로 빈칸에는 ①이 적절하다.

지문 어휘

☐ detective 형사
☐ sudden 갑작스러운
☐ disappearance 실종

핵심 어휘

✱ solve
= resolve, settle, unravel, hammer out, work out, iron out

정답 ①

11 밑줄 친 부분에 들어갈 말로 가장 적절한 것은?

2022. 국가직 9급

Before the couple experienced parenthood, their four-bedroom house seemed unnecessarily _________.

① hidden ② luxurious
③ empty ④ solid

지문 해석

부부가 부모가 되기 전에는, 침실 4개짜리 집은 불필요하게 사치스러워 보였다.

선지 해석

① 숨겨진
② 사치스러운, 호화로운
③ 비어있는
④ 단단한, 고체의

정답 해설

부부 단 둘이서는 침실 4개 짜리의 불필요하게 큰 집이 사치스러워 보인다는 것이 문맥상 자연스러우므로 빈칸에는 ②가 적절하다.

지문 어휘

☐ parenthood 부모임
☐ unnecessarily 불필요하게, 쓸데없이

핵심 어휘

✱ luxurious
= rich, wealthy, affluent, opulent, prosperous, well-to-do, made of money

정답 ②

12 밑줄 친 부분에 들어갈 말로 가장 적절한 것은?

2022. 국가직 9급 변형

The boss hit the _________ when he saw that we had already spent the entire budget in such a short period of time.

① sack ② road
③ book ④ roof

지문 해석

사장님은 우리가 이미 그렇게 짧은 기간에 예산을 다 써버린 것을 보고 화를 냈다.

선지 해석

① 잠자리에 들다, 잠을 자다
② 먼 길을 나서다, 여행 길에 오르다
③ 열심히 공부하다, 벼락치기 공부하다
④ 몹시 화를 내다, 격노하다

정답 해설

짧은 기간에 예산을 다 써버린 것에 화를 냈다는 표현이 문맥상 자연스러우므로 빈칸에는 ④가 적절하다.

지문 어휘

☐ entire 전체의, 전부의
☐ budget 예산

핵심 어휘

✱ hit the roof = hit the ceiling, go through the roof

정답 ④

13 밑줄 친 부분에 들어갈 말로 가장 적절한 것은?

2022. 국가직 9급

A mouse potato is the computer ________ of television's couch potato: someone who tends to spend a great deal of leisure time in front of the computer in much the same way the couch potato does in front of the television.

① technician ② equivalent
③ network ④ simulation

지문 해석

마우스 포테이토는 텔레비전의 카우치 포테이토와 컴퓨터에서 상응하는 것으로, 텔레비전 앞에서 카우치 포테이토가 하는 것과 같은 식으로 컴퓨터 앞에서 많은 여가 시간을 보내는 경향이 있는 사람을 말한다.

선지 해석

① 기술자, 전문가
② 대응물, 동등한 것, 상응하는 것
③ 망, 네트워크
④ 시뮬레이션, 모의실험

정답 해설

텔레비전 앞에서 카우치 포테이토가 하는 것과 같은 방식으로 컴퓨터 앞에서 많은 여가 시간을 보내는 경향이 있는 사람을 마우스 포테이토라고 한다는 내용을 미루어볼 때 빈칸에는 ②가 적절하다.

지문 어휘

☐ mouse potato (일 · 오락을 위해) 컴퓨터 앞에서 시간을 많이 보내는 사람
☐ couch potato 소파에 앉아 TV만 보며 많은 시간을 보내는 사람

핵심 어휘

✱ equivalent 대응물 = counterpart

정답 ②

14 밑줄 친 부분에 들어갈 말로 가장 적절한 것은?

2022. 국가직 9급 변형

Mary decided to ________ her Spanish before going to South America.

① review ② hear
③ defend ④ dismiss

지문 해석

Mary는 남미에 가기 전에 스페인어를 복습하기로 결심했다.

① 복습하다
② 듣다, 들리다
③ 옹호하다, 변호하다
④ 해고하다

정답 해설

남미에 가기 전에 스페인어를 복습했다는 내용이 자연스러우므로 빈칸에 ①이 적절하다.

지문 어휘

☐ Spanish 스페인어

핵심 어휘

✱ dismiss = lay off, discharge, fire, sack

정답 ①

15 밑줄 친 부분에 들어갈 말로 가장 적절한 것은?

2021. 국가직 9급 변형

Cement, the fundamental ingredient in concrete, is made with a ________ of calcium, silicon, aluminum, and iron.

① combination ② comparison
③ place ④ case

지문 해석

콘크리트의 기본 재료인 시멘트는 칼슘, 실리콘, 알루미늄, 철의 조합으로 만들어진다.

선지 해석

① 조합, 결합, 연합
② 비교, 비유
③ 장소, 곳, 놓다, 배치하다
④ 경우, 사례, 사실

정답 해설

시멘트는 여러 가지의 재료들의 조합으로 만들어진다는 내용이 자연스러우므로 빈칸에는 ①이 적절하다.

지문 어휘

☐ fundamental 기본적인, 근본적인
☐ ingredient 재료, 성분, 구성 요소

정답 ①

16 밑줄 친 부분에 들어갈 말로 가장 적절한 것은?

2021. 국가직 9급

The influence of Jazz has been so ________ that most popular music owes its stylistic roots to jazz.

① deceptive ② ubiquitous
③ persuasive ④ disastrous

지문 해석

재즈의 영향력은 매우 어디에나 존재해서 대부분의 대중 음악은 그 양식적인 기원을 재즈에 두고 있다.

선지 해석

① 현혹시키는, 사기의
② 어디에나 존재하는, 도처에 있는
③ 설득력 있는
④ 비참한, 처참한

정답 해설

재즈가 대중 음악의 기원을 둔다고 하고 있으므로 재즈의 영향력은 넓게 퍼져있다는 내용이 자연스러우므로 빈칸에는 ②가 적절하다.

지문 어휘

☐ owe A to B A는 B 덕분이다, A를 B에게 빚지다, A를 B에 돌리다
☐ stylistic 양식의
☐ root 뿌리, 기초

핵심 어휘

✱ disastrous
= terrible, tragic, fatal, ruinous, devastating, calamitous, catastrophic

정답 ②

17 밑줄 친 부분에 들어갈 말로 가장 적절한 것은?

2021. 국가직 9급 변형

This novel is about the ________ parents of an unruly teenager who quits school to start a business.

① callous ② annoyed
③ reputable ④ confident

지문 해석

이 소설은 사업을 시작하기 위해 학교를 그만 두려고 하는 다루기 힘든 한 십대의 화가 난 부모에 대한 것이다.

선지 해석

① 냉담한, 무감각한
② 화가 난, 짜증이 난, 속이 타는
③ 평판이 좋은, 존경할 만한
④ 확신하는, 자신감 있는

정답 해설

학교를 그만두려고 하고 또 다루기 힘들다는 표현으로 보아 부모님이 화가 났다는 내용이 자연스러우므로 빈칸에는 ②가 적절하다.

지문 어휘

☐ unruly 다루기 힘든, 제멋대로 구는

핵심 어휘

✱ callous = indifferent, uninterested, aloof, apathetic, nonchalant

정답 ②

18 밑줄 친 부분에 들어갈 말로 가장 적절한 것은?

2021. 국가직 9급 변형

A group of young demonstrators attempted to ________ into the police station.

① bump ② run
③ turn ④ break

지문 해석

> 한 그룹의 젊은 시위대들이 경찰서에 침입하려고 시도했다.

선지 해석

① (우연히) ~와 마주치다
② ~와 우연히 만나다
③ ~으로 변하다, 바뀌다
④ 침입하다

정답 해설

시위자와 경찰서라는 단어로 미루어 보아 빈칸에는 ④가 적절하다.

지문 어휘

☐ demonstrator 시위자, 시위[데모] 참가[가담]자

핵심 어휘

✶ turn into = convert into, transform into

정답 ④

19 밑줄 친 부분에 들어갈 말로 가장 적절한 것은?

2020. 국가직 9급

> She was very _________ about her concerns during the meeting, not holding anything back.

① frank ② logical
③ implicit ④ passionate

지문 해석

> 그녀는 회의 중에 자신의 우려를 매우 솔직하게 표현했으며, 아무것도 비밀로 하지 않았다.

선지 해석

① 솔직한
② 타당한, 논리적인
③ 암시된, 내포된
④ 열정적인, 열렬한

정답 해설

뒷 부분에 아무것도 비밀로 하지 않았다고 하는 것으로 보아 표현을 숨기지 않고 솔직하게 했다는 내용이 자연스러우므로 빈칸에는 ①이 적절하다.

지문 어휘

☐ concerns 걱정, 염려, 관심사
☐ hold back ~을 비밀로 하다, 저지하다, 방해하다

핵심 어휘

✶ passionate = enthusiastic, eager, ardent, zealous, fervent

정답 ①

20 밑줄 친 부분에 들어갈 말로 가장 적절한 것은?

2020. 국가직 9급 변형

> The very bright neon sign was _________ from a mile away, so everyone looked at it.

① passive ② vaporous
③ dangerous ④ conspicuous

지문 해석

> 아주 밝은 네온 사인이 1마일 떨어진 곳에서 눈에 잘 띄어서 모두들 쳐다보았다.

선지 해석

① 수동적인, 소극적인
② 수증기 같은, 수증기가 가득한
③ 위험한
④ 눈에 잘 띄는, 뚜렷한

정답 해설

문맥상 멀리 떨어진 곳에서도 모두가 쳐다보았다는 하는 것으로 보아 네온 사인이 눈에 잘 띈다는 내용이 자연스러우므로 빈칸에는 ④가 적절하다.

지문 어휘

☐ bright 밝은, 눈부신, 선명한, 명랑한, 쾌활한

핵심 어휘

✶ conspicuous
= obvious, clear, evident, apparent, noticeable, outstanding, salient, striking, remarkable, manifest

정답 ④

21 밑줄 친 부분에 들어갈 말로 가장 적절한 것은?

2020. 국가직 9급

> He's the best person to tell you how to get there because he knows the city _________.

① eventually ② culturally
③ thoroughly ④ tentatively

지문 해석

> 그는 도시를 속속들이 알고 있어서 너에게 어떻게 그곳에 가는지 알려 줄 수 있는 가장 좋은 사람이다.

선지 해석

① 결국, 마침내
② 문화적으로, 교양으로서
③ 속속들이, 철저하게
④ 잠정적으로, 시험적으로

정답 해설

그가 도시의 어디든 어떻게 가는지 알려줄 수 있다는 것으로 보아 도시들을 속속들이 알고 있다는 내용이 자연스러우므로 빈칸에는 ③이 적절하다.

핵심 어휘

✱ eventually = finally, ultimately, after all, in the end, at last

정답 ③

22 밑줄 친 부분에 들어갈 말로 가장 적절한 것은?

2020. 국가직 9급 변형

> The university decided to ________ Dr. Smith by naming the new research facility after him, recognizing his groundbreaking work in the field of medicine.

① honor　② compose
③ discard　④ join

지문 해석

> 대학은 그가 의학 분야에서 획기적인 업적을 이룬 것을 인정하여, 새로운 연구 시설의 이름을 그의 이름을 따서 Smith 박사를 공경하기로 결정했다.

선지 해석

① 존경하다, 공경하다, 명예
② 구성하다
③ 버리다, 폐기하다
④ 가입하다, 연결하다

정답 해설

문맥상 획기적인 업적을 이룬 것을 인정하여 연구 시설의 이름을 그의 이름으로 한다는 것으로 보아 그를 기린다는 내용이 자연스러우므로 빈칸에는 ①이 적절하다.

지문 어휘

☐ research facility 연구 시설, 연구소
☐ groundbreaking 획기적인

핵심 어휘

✱ discard
= abandon, relinquish, dispose of, dispense with, do away with, throw away, get rid of

정답 ①

23 밑줄 친 부분에 들어갈 말로 가장 적절한 것은?

2019. 국가직 9급 변형

> Natural Gas World subscribers will receive accurate and reliable key facts and figures about what is going on in the industry, so they are fully able to __________ what concerns their business.

① discern　② strengthen
③ undermine　④ abandon

지문 해석

> Natural Gas World 구독자는 업계에서 어떤 일이 벌어지고 있는지에 대한 정확하고 신뢰할 수 있는 주요 사실과 수치를 제공받게 될 것이므로, 그들은 그들의 사업에 영향을 미치는 사항을 완전히 식별할 수 있다.

선지 해석

① 식별하다, 분별하다, 알아보다, 인식하다
② 강하게 하다, 강화되다
③ 약화시키다, 손상시키다
④ 버리다, 포기하다

정답 해설

앞 부분에 정확하고 신뢰할 수 있는 사실과 수치를 제공받는 것으로 보아 사업에 영향을 미치는 사항들을 완전히 파악할 수 있다는 내용이 자연스러우므로 빈칸에는 ①이 적절하다.

지문 어휘

☐ subscriber 구독자
☐ accurate 정확한
☐ reliable 신뢰할 수 있는
☐ figure 수치

핵심 어휘

✱ strengthen
= reinforce, consolidate, fortify, intensify, beef up, shore up

정답 ①

24 밑줄 친 부분에 들어갈 말로 가장 적절한 것은?

2019. 국가직 9급 변형

> The film's special effects were incredibly __________, creating a visually stunning experience that captivated the audience.

① overwhelmed　② impressive
③ depressed　④ optimistic

지문 해석

그 영화의 특수 효과는 매우 인상적이었으며, 시각적으로 멋진 경험을 만들어 관객을 사로잡았다.

선지 해석

① 압도된
② 인상적인, 인상 깊은
③ 침체된, 낙담한
④ 낙관적인

정답 해설

뒷부분에 영화가 시각적으로 관객을 사로잡았다고 하는 것으로 보아 영화의 특수 효과가 인상적으로 보인다는 내용이 자연스러우므로 빈칸에는 ②가 적절하다.

지문 어휘

☐ special effect 특수 효과
☐ stunning 멋진, 굉장한, 깜짝 놀랄
☐ captivate ~의 마음을 사로잡다[매혹하다]

핵심 어휘

✱ depressed = dismal, despondent, dejected, discouraged

정답 ②

25 밑줄 친 부분에 들어갈 말로 가장 적절한 것은?

2019. 국가직 9급 변형

Schooling is __________ for all children in the United States, but the age range for which school attendance is required varies from state to state.

① complementary ② enticing
③ mandatory ④ innovative

지문 해석

미국의 모든 아이들에게 학교 교육은 의무적이지만, 학교 출석이 요구되는 연령대는 주마다 다르다.

선지 해석

① 상호보완적인
② 유혹적인, 마음을 끄는
③ 명령의, 의무적인, 강제적인
④ 혁신적인

정답 해설

역접(but)의 단서로 학교 출석이 요구되는 연령대가 주마다 각각 다르다는 내용의 상반되는 학교 교육은 모든 아이들에게 의무적이다라는 내용이 자연스러우므로 빈칸에는 ③이 적절하다.

지문 어휘

☐ schooling 학교 교육
☐ age range 연령대
☐ attendance 출석

핵심 어휘

✱ complementary = reciprocal, interdependent
✱ mandatory
= compulsory, obligatory, required, requisite, imperative, incumbent, necessary, essential

정답 ③

26 밑줄 친 부분에 들어갈 말로 가장 적절한 것은?

2019. 국가직 9급 변형

Although the actress experienced much turmoil in her career, she never __________ to anyone that she was unhappy.

① disclosed ② exploded
③ abated ④ disappointed

지문 해석

비록 그 여배우가 자신의 경력에서 많은 혼란을 겪었지만, 그녀는 자신이 불행하다는 것을 누구에게도 말하지 않았다.

선지 해석

① (비밀을) 말했다, 누설했다
② 폭발했다, 터졌다
③ 약화시켰다, 완화시켰다
④ 실망시켰다

정답 해설

문맥상 많은 혼란을 겪었음에도 불구하고 그녀는 자신의 불행을 말하지 않았다는 내용이 자연스러우므로 빈칸에는 ①이 적절하다.

지문 어휘

☐ turmoil 소란, 소동, 혼란
☐ career 경력, 이력

핵심 어휘

✱ disclose = reveal, divulge, unveil, let on

정답 ①

27 밑줄 친 부분에 들어갈 말로 가장 적절한 것은?

2018. 국가직 9급 변형

> _________ neighborhoods often face challenges such as limited access to healthcare, poor infrastructure, and high unemployment rates.

① Itinerant ② Impoverished
③ Ravenous ④ Indigenous

지문 해석

> 빈곤한 지역 사회는 종종 의료 접근 제한, 열악한 인프라, 높은 실업률 등의 문제에 직면한다.

선지 해석

① 떠돌아다니는, 순회하는
② 빈곤한, 가난해진
③ 몹시 굶주린
④ 원산의, 토착의

정답 해설

문맥상 의료 접근 제한, 열악한 인프라, 높은 실업률의 문제에 직면한다는 것으로 보아 지역 사회가 빈곤하다는 내용이 자연스러우므로 빈칸에는 ②가 적절하다.

지문 어휘

☐ face 직면하다, 마주보다, 얼굴
☐ unemployment rate 실업률

핵심 어휘

✱ impoverished
= poor, penniless, needy, destitute, indigent, impecunious

정답 ②

28 밑줄 친 부분에 들어갈 말로 가장 적절한 것은?

2017. 국가직 9급

> I absolutely ________ the idea of staying up late at night.

① defended ② detested
③ confirmed ④ abandoned

지문 해석

> 나는 밤에 늦게까지 깨어 있어야 한다는 생각이 극도로 싫어했다.

선지 해석

① 방어했다, 수비했다
② 몹시 싫어했다, 혐오했다
③ 확인했다, 확증했다
④ 버렸다, 포기했다

정답 해설

문맥상 밤 늦게까지 깨어 있어야 한다는 내용으로 보아 부정적으로 생각했다는 내용이 자연스러우므로 빈칸에는 ②가 적절하다.

지문 어휘

☐ absolutely 전적으로, 틀림없이
☐ stay up 안 자다[깨어있다]

핵심 어휘

✱ abandon
= renounce, relinquish, discard, dispense with, do away with, forgo, give up
✱ confirm = corroborate, validate, verify, affirm

정답 ②

29 밑줄 친 부분에 들어갈 말로 가장 적절한 것은?

2017. 국가직 9급

> I had an _________ feeling that I had seen this scene somewhere before.

① odd ② ongoing
③ obvious ④ offensive

지문 해석

> 나는 이 장면을 전에 어디에선가 본 적 있다는 이상한 느낌을 받았다.

선지 해석

① 이상한, 특이한
② 계속 진행 중인
③ 분명한[명백한], 확실한
④ 모욕적인, 불쾌한, 공격적인

정답 해설

문맥상 이 장면을 어디선가 본 적이 있다는 의구심이 들고 있으므로 이상한 느낌을 받았다는 내용이 자연스러우므로 빈칸에는 ①이 적절하다.

지문 어휘

☐ feeling 느낌, 기분, 생각
☐ scene 현장, 장면
☐ somewhere 어딘가에

핵심 어휘

✱ odd
= uncanny, strange, weird, bizarre, peculiar, eerie, out in left field

정답 ①

30 밑줄 친 부분에 들어갈 말로 가장 적절한 것은?

2017. 국가직 9급 변형

The plant is able to __________ extreme temperatures, making it suitable for various climates.

① modify ② record
③ tolerate ④ evaluate

지문 해석

그 식물은 극한의 온도를 견딜 수 있어 다양한 기후에 적합하다.

선지 해석

① 수정[변경]하다, 바꾸다
② 기록하다, 기록
③ 참다, 견디다
④ 평가하다, 감정하다

정답 해설

문맥상 다양한 기후에 적합하다는 것으로 보아 그 식물은 극한의 온도에서도 버틸 수 있다는 내용이 자연스러우므로 빈칸에는 ③이 적절하다.

지문 어휘

☐ extreme 극한의, 심각한
☐ temperature 온도, 기온

핵심 어휘

✱ tolerate = put up with, endure, bear, stand
✱ modify = change, alter, adjust, adapt, amend, revise

정답 ③

31 밑줄 친 부분에 들어갈 말로 가장 적절한 것은?

2016. 국가직 9급

The campaign to eliminate pollution will prove __________ unless it has the understanding and full cooperation of the public.

① enticing ② enhanced
③ fertile ④ futile

지문 해석

공해를 제거하고자 하는 캠페인은 그것이 대중의 이해와 전적인 협력을 얻지 못한다면 소용없음이 드러날 것이다.

선지 해석

① 유혹적인, 마음을 끄는
② 높인, 강화한
③ 비옥한, 생산력 있는
④ 헛된, 소용없는, 쓸모없는

정답 해설

unless는 주절과 종속절의 내용을 역접 관계로 만드는 접속사이다. unless 뒤에 나온 내용이 '대중의 이해와 전적인 협력'이라는 긍정적인 내용이므로 주절에는 부정적인 내용이 나와야 하므로 빈칸에는 ④가 적절하다.

지문 어휘

☐ eliminate 제거하다, 배제하다
☐ pollution 공해
☐ unless ~하지 않으면, ~하지 않는 한
☐ cooperation 협력

핵심 어휘

✱ enticing
= attractive, seductive, tempting, alluring, appealing, fascinating

정답 ④

32 밑줄 친 부분에 들어갈 말로 가장 적절한 것은?

2016. 국가직 9급

It was personal. Why did you have to __________?

① hurry ② interfere
③ sniff ④ resign

지문 해석

그것은 개인사였어요. 왜 당신이 간섭을 해야만 했나요?

선지 해석

① 서두르다, 급히 하다
② 간섭하다(in), 방해하다(with)
③ 코를 훌쩍이다, 냄새를 맡다(at)
④ 사직[사임]하다, 체념하다

정답 해설

앞 부분에 그것은 개인사라고 말하고 있고, 뒤에 의문문을 가지는 것으로 보아 개인사에 간섭을 한다는 내용이 자연스러우므로 빈칸에는 ②가 적절하다.

지문 어휘

☐ personal 개인적인

핵심 어휘

✱ resign 사직하다 = step down, quit

정답 ②

33 밑줄 친 부분에 들어갈 말로 가장 적절한 것은?

2016. 국가직 9급

> Newton made _________ contributions to mathematics, optics, and mechanical physics.

① mediocre
② suggestive
③ unprecedented
④ provocative

지문 해석

> Newton은 수학, 광학, 그리고 기계 물리학에 전례 없는 기여를 했다.

선지 해석

① 보통의, 평범한
② 암시[시사]하는, ~을 생각나게 하는(of)
③ 전례 없는, 비길 데 없는
④ 도발적인, 화나게 하는

정답 해설

문맥상 Newton이 여러 분야에 기여를 했다는 것으로 보아 특출난 기여를 했다는 내용이 자연스러우므로 빈칸에는 ③이 적절하다.

지문 어휘

☐ contribution 기여, 공헌, 기부
☐ mathematics 수학
☐ optics 광학

핵심 어휘

✱ unprecedented
= unsurpassed, unmatched, matchless, unrivalled, unparalleled

정답 ③

34 밑줄 친 부분에 들어갈 말로 가장 적절한 것은?

2015. 국가직 9급

> The young knight was so _________ at being called a coward that he charged forward with his sword in hand.

① aloof
② incensed
③ unbiased
④ unpretentious

지문 해석

> 그 젊은 기사는 겁쟁이라고 불린 것에 너무 격분해서 그는 손에 검을 쥐고 앞으로 돌진했다.

선지 해석

① 냉담한, 무관심한
② 몹시 화난, 격분한
③ 선입견이 없는, 편파적이지 않은
④ 가식 없는, 잘난 체하지 않는

정답 해설

'so 형용사/부사 that절' 구문은 원인과 결과를 나타내므로 뒤에 that절의 내용에서 손에 칼을 잡고 돌진했다는 내용을 미루어 볼 때 빈칸에는 ②가 적절하다.

지문 어휘

☐ knight (중세의) 기사
☐ coward 겁쟁이
☐ charge 돌진하다
☐ sword 검

핵심 어휘

✱ unbiased = equitable, impartial, fair

정답 ②

35 밑줄 친 부분에 들어갈 말로 가장 적절한 것은?

2015. 국가직 9급 변형

> Back in the mid-1970s, an American computer scientist called John Holland _________ upon the idea of using the theory of evolution to solve notoriously difficult problems in science.

① look
② depend
③ put
④ hit

지문 해석

> 1970년대 중반에 John Holland라고 불리는 미국인 컴퓨터 과학자는 과학계에서 악명높게 어려운 문제들을 해결하기 위해 진화론을 이용하는 아이디어를 생각해내다.

선지 해석

① ~로 간주하다, 고려하다
② ~에 의존하다
③ ~을 속이다, 학대하다
④ ~을 (우연히) 생각해내다

정답 해설

빈칸 뒤에 the idea의 내용이 나오고, 문맥상 '생각하다'라는 내용이 자연스러우므로 빈칸에는 ④가 적절하다.

지문 어휘

☐ theory 이론
☐ evolution 진화
☐ notoriously 악명높게

핵심 어휘

✱ depend on(upon)
= rely on, count on, hinge on, lean on, rest on, fall back on, turn to, look to, resort to

정답 ④

36 밑줄 친 부분에 들어갈 말로 가장 적절한 것은?

2015. 국가직 9급 변형

> He took out a picture from his drawer and kissed it with deep reverence, folded it ________ in a white silk kerchief, and placed it inside his shirt next to his heart.

① carefully ② hurriedly
③ decisively ④ delightfully

지문 해석

> 그는 서랍에서 사진을 꺼내 깊은 존경심을 담아 키스한 뒤 하얀 비단 손수건에 그것을 조심스럽게 접어 가슴 옆 셔츠 안에 넣었다.

선지 해석

① 조심스럽게, 신중히
② 다급하게, 허둥지둥
③ 결정적으로, 단호히
④ 기뻐서, 기꺼이

정답 해설

빈칸 앞에 접다(fold)라는 내용으로 접다와 어울리는 표현과 존경심을 담는 의미의 내용과 어울리는 표현이 나와야 하므로 빈칸에는 ①이 적절하다.

지문 어휘

☐ drawer 서랍
☐ reverence 존경, 경의
☐ kerchief 손수건

핵심 어휘

✱ hurriedly = hastily

정답 ①

37 밑줄 친 부분에 들어갈 말로 가장 적절한 것은?

2015. 국가직 9급

> After the surgery, the patient began to feel better almost ________, which was a positive sign of recovery.

① immediately ② punctually
③ hesitantly ④ periodically

지문 해석

> 수술 후, 환자는 거의 즉시 나아지기 시작했으며, 이는 회복의 긍정적인 징후였다.

선지 해석

① 즉시
② 시간대로, 정각에
③ 머뭇거리며
④ 정기[주기]적으로

정답 해설

뒷 부분에 회복의 긍정적인 징후라고 하는 것으로 보아 수술 후 회복이 즉시 이루어졌다는 내용이 자연스러우므로 빈칸에는 ①이 적절하다.

지문 어휘

☐ surgery 수술, 진료
☐ recovery 회복

핵심 어휘

✱ immediately = at the drop of a hat, instantly, at once
✱ punctually = on time

정답 ①

38 밑줄 친 부분에 들어갈 말로 가장 적절한 것은?

2014. 국가직 9급

> Before she traveled to Mexico last winter, she needed to ________ her Spanish because she had not practiced it since college.

① make up to ② brush up on
③ shun away from ④ come down with

지문 해석

> 그녀는 지난겨울 멕시코로 여행을 가기 전에, 대학 이후부터 스페인어를 연습하지 않았기 때문에 스페인어를 복습할 필요가 있었다.

선지 해석

① ~에게 아첨하다
② ~을 복습하다
③ ~로부터 피하다
④ (병에) 걸리다

정답 해설

문맥상 멕시코로 여행을 가기 전에 스페인어를 복습해야 한다는 내용이 자연스러우므로 빈칸에는 ②가 적절하다.

지문 어휘

☐ practice 연습하다
☐ college 대학

핵심 어휘

✱ brush up on = review, go over

정답 ②

39 밑줄 친 부분에 들어갈 말로 가장 적절한 것은?

2014. 국가직 9급 변형

> The doctor will __________ the patient thoroughly to determine the cause of their symptoms.

① examine ② distribute
③ discard ④ pursue

지문 해석

> 의사는 증상의 원인을 밝히기 위해 환자를 철저히 검사할 것이다.

선지 해석

① 조사하다, 검사하다
② 나눠주다, 분배하다
③ 버리다, 폐기하다
④ 추구하다, 뒤쫓다

정답 해설

문맥상 환자의 증상의 원인을 밝히기 위해 환자의 상태를 검사한다는 내용이 자연스러우므로 빈칸에는 ①이 적절하다.

지문 어휘

☐ determine 알아내다, 밝히다, 결정하다

핵심 어휘

✱ examine
= inspect, investigate, scrutinize, go over, pore over, look into, delve into, probe into

정답 ①

40 밑줄 친 부분에 들어갈 말로 가장 적절한 것은?

2014. 국가직 9급 변형

> The gymnast's ________ skills during the Olympics led to a new world record.

① faultless ② unreliable
③ gutless ④ unscientific

지문 해석

> 그 체조 선수의 올림픽 대회 중 흠잡을 데 없는 기술은 새로운 세계 기록으로 이어졌다.

선지 해석

① 흠잡을 데 없는, 완벽한, 무결점의
② 믿을[신뢰할] 수 없는
③ 배짱[용기] 없는
④ 비과학적인

정답 해설

문맥상 새로운 세계 기록이 나왔다는 내용으로 보아 체조 선수의 기술이 완벽했다는 내용이 자연스러우므로 빈칸에는 ①이 적절하다.

지문 어휘

☐ gymnast 체조 선수

핵심 어휘

✱ faultless = impeccable, flawless, unblemished, immaculate

정답 ①

41 밑줄 친 부분에 들어갈 말로 가장 적절한 것은?

2013. 국가직 9급

Visa okay assists the Australian travel industry, corporations and government, and individuals by ________ the entire visa advice and visa issuance process. Visa okay minimizes the complexity and time delays associated with applying for and obtaining travel visas.

① appreciating ② aggravating
③ meditating ④ facilitating

지문 해석

Visa okay는 전체 비자 자문 및 비자 발급 과정을 용이하게 함으로써 호주의 여행 산업, 기업 및 정부 그리고 개인들을 돕는다. Visa okay는 여행 비자를 신청하고 발급하는 데 따른 복잡함과 시간 지연을 최소화한다.

선지 해석

① 평가하게 함
② 악화시키게 함
③ 명상하게 함
④ 용이하게 함

정답 해설

빈칸 다음 문장에서 Visa okay는 복잡함과 시간 지연을 최소화해 준다는 긍정적인 내용이 언급되었으므로 빈칸에는 ④가 적절하다.

지문 어휘

☐ assist 원조하다, 돕다
☐ entire 전체의
☐ minimize 최소화하다
☐ delay 지연
☐ corporation 기업
☐ visa issuance 비자 발급
☐ complexity 복잡함
☐ obtain 얻다, 획득하다

핵심 어휘

✱ meditate = contemplate, ponder

정답 ④

42 밑줄 친 부분에 들어갈 말로 가장 적절한 것은?

2013. 국가직 9급

Given our awesome capacities for rationalization and self-deception, most of us are going to measure ourselves ________: I was honest with that blind passenger because I'm a wonder person. I cheated the sighted one because she probably has too much money anyway.

① harshly ② leniently
③ honestly ④ thankfully

지문 해석

우리의 합리화와 자기기만의 굉장한 능력을 고려해 볼 때, 우리 대부분은 우리 자신을 관대하게 평가할 것이다: 나는 훌륭한 사람이기 때문에 그 눈이 먼 승객에게 정직했다. 그녀는 아마 어차피 너무 많은 돈을 가지고 있기 때문에 나는 그 눈이 보이는 사람을 속였다.

선지 해석

① 엄격히, 가혹하게
② 관대하게
③ 솔직히, 정직하게
④ 고맙게도, 감사하게, 다행스럽게도

정답 해설

빈칸 앞부분에서 합리화와 자기기만의 굉장한 능력을 고려해 본다는 내용과 콜론(:) 뒤에 설명에서도 자신을 wonder person이라며 긍정적으로 평가하고 있으므로 빈칸에는 ②가 적절하다.

지문 어휘

☐ awesome 경탄할 만한, 굉장한
☐ rationalization 합리화
☐ self-deception 자기기만
☐ blind 눈이 먼
☐ cheat 기만하다, 속이다

핵심 어휘

✱ lenient = generous, merciful, magnanimous

정답 ②

43 밑줄 친 부분에 들어갈 말로 가장 적절한 것은?

2013. 국가직 9급 변형

In Korea, the eldest son tends to take _____ a lot of responsibility.

① over ② down
③ on ④ off

지문 해석

한국에서는 장남이 많은 책임을 떠맡는 경향이 있다.

선지 해석

① ~을 인계받다, 인수하다, 이어 받다
② 적어두다, (구조물 등을) 치우다
③ 떠맡다, 고용하다, 띠다
④ 이륙하다, 벗다, 쉬다, 빼다

정답 해설

책임의 단어와 어울리는 동사로 떠맡다는 내용이 자연스러우므로 빈칸에는 ③이 적절하다.

지문 어휘

☐ eldest son 장남
☐ responsibility 책임

핵심 어휘

✱ take over = assume

정답 ③

44 밑줄 친 부분에 들어갈 말로 가장 적절한 것은?

2013. 국가직 9급 변형

> In order to ________ the budget shortfall, the company implemented a series of cost-cutting measures.

① conceive ② review
③ solve ④ pose

지문 해석

> 예산 부족을 해결하기 위해 회사는 일련의 비용 절감 조치를 시행했다.

선지 해석

① 상상하다, 생각하다, 임신하다
② 재검토하다, 복습하다
③ 해결하다
④ (문제 등을) 제기하다, 자세

정답 해설

문맥상 회사가 비용 절감 조치를 한 이유로는 예산 부족을 해결하기 위해 시행했다는 내용이 자연스러우므로 빈칸에는 ③이 적절하다.

지문 어휘

☐ shortfall 부족(분)
☐ implement 시행하다, 도구[기구]
☐ cost-cutting 비용[경비] 절감

핵심 어휘

✱ solve = iron out, resolve, settle, unravel, hammer out, work out

정답 ③

45 밑줄 친 부분에 들어갈 말로 가장 적절한 것은?

2012. 국가직 9급 변형

> His ___________ view on his academic performance prevented him from recognizing the need for improvement and achieving better results.

① scornful ② simulated
③ complacent ④ condescending

지문 해석

> 자신의 학업 성적에 대한 현실에 안주하는 시각은 개선의 필요성을 인식하지 못하게 하고 더 나은 결과를 얻지 못하게 했다.

선지 해석

① 경멸[멸시]하는
② 흉내 내는, ~인 체하는
③ 현실에 안주하는, 자기만족적인, 만족한
④ 거만한, 거들먹거리는, 잘난 체하는

정답 해설

뒷부분에 개선의 필요성을 인식하지 못하고 더 나은 결과를 얻지 못했다는 내용으로 보아 자신의 성적에 안주하는 시각을 가졌다는 내용이 자연스러우므로 빈칸에는 ③이 적절하다.

지문 어휘

☐ recognize 인식하다, 인정하다, 알아보다
☐ improvement 개선, 호전, 향상

핵심 어휘

✱ condescending
= pompous, arrogant, pretentious, patronizing, presumptuous, supercilious, haughty

정답 ③

46 밑줄 친 부분에 들어갈 말로 가장 적절한 것은?

2012. 국가직 9급

> The usual way of coping with taboo words and notions is to develop euphemisms and circumlocutions. Hundreds of words and phrases have emerged to express basic biological functions, and talk about __________ has its own linguistic world. English examples include "to pass on," "to snuff the candle," and "to go aloft."

① death ② defeat
③ anxiety ④ frustration

지문 해석

금기어들과 그 단어의 개념을 대응하는 일상적인 방법은 완곡어법이나 에둘러 말하기를 만들어 내는 것이다. 수백 개의 단어와 관용구는 기초적인 생물학적 기능을 표현하기 위해 등장했고, 죽음에 대한 말은 그 자체의 언어 세계를 가지고 있다. 영어의 예로는 "돌아가시다", "촛불을 끄다" 그리고 "높은 곳으로 가다(천당에 가다)" 등이 있다.

선지 해석

① 죽음, 사망
② 타파, 패배
③ 불안, 염려
④ 좌절, 불만

정답 해설

빈칸 다음 문장에 나오는 'pass on(사망하다), to snuff the candle(촛불을 끄다), go aloft(천당에 가다)'라는 죽음과 관련되는 예시들로 미루어 보아 빈칸에는 ①이 적절하다.

지문 어휘

☐ cope with ~에 대처[대응]하다, ~에 대항하다
☐ euphemism 완곡어법, 완곡 어구
☐ circumlocution 에둘러[우회적으로] 말하기
☐ linguistic 언어(학)의
☐ pass on 세상을 떠나다(돌아가시다)
☐ snuff the candle (초의) 심지를 끊다
☐ go aloft 천당에 가다, 죽다

핵심 어휘

✱ anxiety = uneasiness, misgiving, apprehension

정답 ①

47 밑줄 친 부분에 들어갈 말로 가장 적절한 것은?

2012. 국가직 9급 변형

The enjoyment of life, pleasure, is the natural object of all human efforts. Nature, however, also wants us to help one another to enjoy life. She's equally anxious for the welfare of every member of the species. So she tells us to make quite sure that we don't pursue our own interests at the __________ of other people's.

① discretion ② mercy
③ end ④ expense

지문 해석

삶의 즐거움, 즉 기쁨은 모든 인간 노력의 자연스러운 목표이다. 그러나 자연은 또한 우리가 삶을 즐길 수 있도록 서로 돕기를 원한다. 그녀는 모든 종들의 행복을 똑같이 갈망하고 있다. 그래서 그녀는 우리가 다른 사람들의 이익을 희생하여 자신의 이익을 추구하지 않는 것을 확실히 하라고 말한다.

선지 해석

① ~의 재량대로
② ~에 좌우되는, ~에 휘둘리는
③ ~의 말에
④ ~을 희생하여, ~을 잃어가며

정답 해설

빈칸 문장 앞의 모든 인간들은 행복을 똑같이 갈망한다는 내용으로 보아 빈칸에도 다른 사람의 이익을 희생하여 자신의 이익을 추구하지 말라는 내용이 되어야 하므로 빈칸에는 ④가 적절하다.

지문 어휘

☐ one another 서로서로
☐ be anxious for ~을 열망하다
☐ welfare 행복, 복지
☐ make sure 확실하게 하다

핵심 어휘

✱ at the expense of = at the cost of

정답 ④

48 밑줄 친 부분에 들어갈 말로 가장 적절한 것은?

2011. 국가직 9급 변형

The new policy introduced by the government was highly __________, sparking heated debates among politicians and the public.

① manageable ② reconcilable
③ augmentative ④ controversial

지문 해석

정부가 도입한 새로운 정책은 매우 논쟁의 여지가 있었으며, 정치인들과 대중 사이에 격렬한 논쟁을 일으켰다.

선지 해석

① 관리할 수 있는
② 화해[조정]할 수 있는
③ 증가[확대]하는
④ 논란이 많은, 논란[논쟁]의 여지가 있는

정답 해설

뒷부분에 격렬한 논쟁을 일으켰다는 내용으로 보아 새로운 정책이 논쟁이 있었다는 내용이 자연스러우므로 빈칸에는 ④가 적절하다.

지문 어휘

☐ debate 논쟁, 토론, 논의[논쟁]하다
☐ politician 정치인

핵심 어휘

✱ reconcilable = compatible, consistent, congruous, congruent

정답 ④

49 밑줄 친 부분에 들어갈 말로 가장 적절한 것은?

2011. 국가직 9급 변형

> To avoid death duty, the man made ________ the greater part of his property to his only son as soon as he retired.

① up ② over
③ out ④ against

지문 해석

> 상속세를 피하기 위해, 그 남자는 은퇴하자마자 그의 재산의 많은 부분을 그의 외아들에게 양도했다.

선지 해석

① 화장했다, 꾸며냈다, 구성했다, 화해했다
② 양도했다, 고쳤다
③ 이해했다, 알아봤다
④ 불리하게 작용했다

정답 해설

상속세를 피하기 위해서라는 내용으로 미루어 보아 재산을 아들에게 양도했다는 것이 문맥상 자연스러우므로 빈칸에는 ②가 적절하다.

지문 어휘

☐ death duty 상속세
☐ property 재산, 자산
☐ retire 은퇴하다

핵심 어휘

✱ make up 구성하다 = compose, comprise, cinstitute

정답 ②

50 밑줄 친 부분에 들어갈 말로 가장 적절한 것은?

2011. 국가직 9급

> In general terms, tablet PC refers to a slate-shaped mobile computer device, equipped with a touchscreen or stylus to operate the computer. Tablet PCs are often used where normal notebooks are impractical or __________, or do not provide the needed functionality.

① unwieldy ② inconclusive
③ exclusive ④ unprecedented

지문 해석

> 일상적인 말로 태블릿 PC는 컴퓨터를 조작하기 위한 터치스크린이나 스타일러스를 갖춘 석판 같은 모양을 한 이동식 컴퓨터 장치를 지칭한다. 태블릿 PC는 일반 노트북이 실용적이지 않거나 다루기 힘들거나 필요한 기능을 제공하지 않는 경우에 자주 사용된다.

선지 해석

① 다루기 힘든, 부피가 큰
② 결론에 이르지 못하는
③ 독점적인, 배타적인
④ 전례 없는, 비길 데 없는

정답 해설

빈칸 앞의 실용적이지 않다는 말과 빈칸 뒤의 필요한 기능을 제공하지 않는다는 말로 미루어 보아 빈칸에는 ①이 적절하다.

지문 어휘

☐ refer to 언급하다, 가리키다, 지칭하다
☐ slate-shaped 석판 같은 모양을 한
☐ mobile 이동식의, 휴대용의
☐ touch screen 터치스크린(손으로 누르면 작동이 되는 컴퓨터 화면)
☐ stylus 스타일러스(특수 컴퓨터 화면에 글을 쓰거나 그림을 그리는 등의 표시를 할 때 쓰는 펜)
☐ impractical 비실용적인
☐ functionality 기능

핵심 어휘

✱ unprecedented = unsurpassed, unparalleled

정답 ①

51 다음 밑줄 친 부분에 들어갈 말로 가장 적절한 것은?

2010. 국가직 9급

> Sarah frequently hurts others when she criticizes their work because she is so ________.

① reserved ② wordy
③ retrospective ④ outspoken

지문 해석

> Sarah는 너무 솔직해서 다른 사람의 작품을 비평할 때 종종 그들의 마음에 상처를 준다.

선지 해석

① 내성적인, 과묵한, 보류된, 예약된
② 말이 많은, 장황한
③ 회고[회상]하는, 소급 적용되는
④ 솔직한

정답 해설

앞부분에 작품을 비평하면서 그녀의 마음에 상처를 준다고 한 것으로 보아 비평할 때 솔직했다는 내용이 자연스러우므로 빈칸에는 ④가 적절하다.

지문 어휘

☐ frequently 자주, 종종
☐ criticize 비평하다

핵심 어휘

✱ wordy = talkative, verbose, loquacious, garrulous

정답 ④

52 다음 문장의 빈칸에 들어갈 말로 가장 적절한 것은?

2010. 국가직 9급

> The executives should estimate their debt-to-income ratios to see whether they run the risk of becoming ________.

① insolvent ② inverted
③ distracted ④ decoded

지문 해석

> 경영진은 파산할 위험에 처할 수 있는지 아닌지를 알기 위해서 총부채 상환 비율을 평가해야 한다.

선지 해석

① 파산한, 지급불능의
② 역의, 반대의
③ (정신이) 산만해진
④ 해독된

정답 해설

경영진이 총부채 상환 비율을 평가한다는 내용으로 미루어 보아 빈칸에는 ①이 적절하다.

지문 어휘

☐ executive 경영진, 임원, 간부
☐ estimate 평가하다, 추정[추산]하다
☐ ratio 비율
☐ run the risk of ~할 위험에 처하다
☐ debt-to-income 총부채 상환 비율(금융부채 상환능력을 소득으로 따져서 대출한도를 정하는 계산 비율)

핵심 어휘

✱ insolvent = broke, bankrupt

정답 ①

Chapter 03 지방직 9급 핵심 기출 문제

ANSWER

01 ②	02 ②	03 ①	04 ①	05 ③
06 ②	07 ④	08 ①	09 ①	10 ④
11 ②	12 ①	13 ④	14 ③	15 ①
16 ②	17 ④	18 ②	19 ④	20 ②
21 ①	22 ①	23 ④	24 ④	25 ①
26 ①	27 ③	28 ④	29 ①	30 ④
31 ③	32 ③	33 ③	34 ②	35 ①
36 ②	37 ④	38 ④	39 ①	40 ②
41 ①	42 ②	43 ④	44 ①	45 ④
46 ①	47 ②	48 ①		

01 밑줄 친 부분에 들어갈 말로 가장 적절한 것은?

2024. 지방직 9급

> While Shakespeare's comedies share many similarities, they also differ ________ from one another.

① softly ② markedly
③ marginally ④ indiscernibly

지문 해석

세익스피어의 희극은 많은 유사점을 가지고 있지만, 그것들은 또한 서로 현저하게 다르다.

선지 해석

① 부드럽게
② 현저하게, 뚜렷하게
③ 아주 조금, 미미하게
④ 분간하기 어렵게

정답 해설

역접(while)의 단서로 많은 유사점을 가지고 있다는 상반된 내용이 들어가야 하므로 다르다를 수식할 수 있는 부사의 표현이 필요하므로 빈칸에는 ②가 적절하다.

지문 어휘

☐ similarity 유사점, 닮은 점

정답 ②

02 밑줄 친 부분에 들어갈 말로 가장 적절한 것은?

2024. 지방직 9급

Jane poured out the strong, dark tea and ________ it with milk.

① washed ② diluted
③ connected ④ fermented

지문 해석

Jane은 진한 흑차를 부었고 그것을 우유로 희석시켰다.

선지 해석

① 씻었다
② 희석시켰다, 약화시켰다
③ 연결했다, 접속했다
④ 발효시켰다

정답 해설

문맥상 진한 흑차를 우유와 희석시켜서 중화했다는 내용이 자연스러우므로 빈칸에는 ②가 적절하다.

지문 어휘

☐ pour out 붓다, 따르다, 쏟다

핵심 어휘

✱ dilute = water down, weaken

정답 ②

03 밑줄 친 부분에 들어갈 말로 가장 적절한 것은?

2024. 지방직 9급 변형

The survey results were skewed because some responses were accidentally ________ during data collection.

① excluded ② supported
③ submitted ④ authorized

지문 해석

데이터 수집 중 일부 응답이 뜻하지 않게 제외되어 설문 결과가 왜곡되었다.

선지 해석

① 배제했다, 제외했다
② 지원했다, 지지했다
③ 제출했다, 진술했다, 항복했다
④ 승인했다, 권한을 주었다

정답 해설

인과(because)의 단서로 설문 결과가 왜곡되었다고 하는 것으로 보아 일부 응답이 제외되었다는 내용이 자연스러우므로 빈칸에는 ①이 적절하다.

지문 어휘

☐ skew 왜곡하다
☐ accidentally 뜻하지 않게, 잘못하여, 우연히

핵심 어휘

✱ exclude = preclude, rule out, factor out

정답 ①

04 밑줄 친 부분에 들어갈 말로 가장 적절한 것은?

2024. 지방직 9급

If you ________ that we are planning a surprise party, Dad will never stop asking you questions.

① reveal ② observe
③ believe ④ posses

지문 해석

만약 당신이 우리가 깜짝 파티를 계획하고 있는 것을 드러낸다면, 아버지는 결코 당신에게 질문을 멈추지 않을 것이다.

선지 해석

① 드러내다, 폭로하다, 말하다
② 관찰하다, 지키다, 준수하다
③ 믿다
④ 소유하다, 지니다

정답 해설

뒷부분에 아버지가 질문을 계속 한다는 것으로 보아 어떠한 사실(파티 계획)을 드러냈다는 내용이 자연스러우므로 빈칸에는 ①이 적절하다.

지문 어휘

☐ question 질문, 문제, 질문하다, 의문을 갖다

핵심 어휘

✱ reveal
= let on, divulge, expose, reveal, disclose, uncover, betray

정답 ①

05 밑줄 친 부분에 들어갈 말로 가장 적절한 것은?

2024. 지방직 9급

Automatic doors in supermarkets ________ the entry and exit of customers with bags or shopping carts.

① ignore ② forgive
③ facilitate ④ exaggerate

지문 해석

슈퍼마켓의 자동문은 봉투나 쇼핑 카트를 가지고 있는 고객의 출입을 용이하게 한다.

선지 해석

① 무시하다
② 용서하다
③ 용이하게[가능하게] 하다, 촉진[조장]하다
④ 과장하다

정답 해설

문맥상 슈퍼마켓의 자동문이 있어서 손을 못 쓰는 상황에서 고객들이 출입하는 데 도움이 되고 있다는 내용이 자연스러우므로 빈칸에는 ③이 적절하다.

지문 어휘

☐ entry and exit 출입

핵심 어휘

✱ facilitate = expedite, accelerate, precipitate

정답 ③

06 밑줄 친 부분에 들어갈 말로 가장 적절한 것은?

2023. 지방직 9급 변형

After the failure of the first experiment, the team made adjustments and achieved success in the ________ trials.

① required ② subsequent
③ advanced ④ supplementary

지문 해석

첫 번째 실험의 실패 후, 팀은 조정을 하고 그 다음의 실험에서 성공을 거두었다.

선지 해석

① 필수의
② 그 다음의, 이후의
③ 선진의, 진보적인, 고급의
④ 보충의, 추가의

정답 해설

실패한 첫 번째 실험이 끝나고 조정을 거친 후에 성공을 했다라는 내용으로 보아 그 다음의 실험에서 성공을 했다는 내용이 자연스러우므로 빈칸에는 ②가 적절하다.

지문 어휘

☐ failure 실패
☐ adjustment 조정, 수정, 적응

핵심 어휘

✱ supplementary = additional, extra
✱ subsequent = following, ensuing, succeeding, successive

정답 ②

07 밑줄 친 부분에 들어갈 말로 가장 적절한 것은?

2023. 지방직 9급

Folkways are customs that members of a group are expected to follow to show ________ to others. For example, saying "excuse me" when you sneeze is an American folkway.

① charity ② humility
③ boldness ④ courtesy

지문 해석

풍속은 한 집단의 구성원들이 다른 사람들에게 공손함을 보이기 위해 따를 것이라고 기대되는 관습이다. 예를 들어, 당신이 재채기할 때 "실례합니다"라고 말하는 것은 미국의 풍속이다.

선지 해석

① 자선, 구호 단체
② 겸손
③ 대담함, 무모함
④ 공손[정중]함, 우아[고상]함

정답 해설

예시(for example)의 단서로 재채기 하기 전에 "실례합니다"라고 말하는 것이 풍속이라고 하고 있으므로 다른 사람들에게 예의를 표한다는 내용이 자연스러우므로 빈칸에는 ④가 적절하다.

지문 어휘

☐ folkway 풍습, 사회적 관행
☐ custom 관습, 풍습
☐ sneeze 재채기하다

핵심 어휘

✱ humility = modesty

정답 ④

08 밑줄 친 부분에 들어갈 말로 가장 적절한 것은?

2023. 지방직 9급

These children have been ________ on a diet of healthy food.

① raised ② advised
③ observed ④ dumped

지문 해석

이 아이들은 건강에 좋은 음식을 주식으로 하여 길러져 왔다.

선지 해석

① 길렀다, 자랐다, 일으켰다
② 권고했다
③ 관찰했다, 준수했다
④ 버렸다

정답 해설

문맥상 건강한 음식을 먹으면서 자랐다는 내용이 자연스러우므로 빈칸에는 ①이 적절하다.

지문 어휘

☐ on a diet of ~을 주식으로
☐ healthy 건강한, 건강에 좋은

핵심 어휘

✱ observe 준수하다
= obey, abide by, stick to, cling to, adhere to, conform to

정답 ①

09 밑줄 친 부분에 들어갈 말로 가장 적절한 것은?

2023. 지방직 9급 변형

The company chose to ________ its strict dress code, allowing employees to dress more casually.

① abolish ② consent
③ criticize ④ justify

지문 해석

회사는 엄격한 복장 규정을 폐지하고, 직원들이 더 캐주얼하게 옷을 입을 수 있도록 허용했다.

선지 해석

① 폐지하다
② 동의하다, 승낙하다, 동의, 일치
③ 비난하다, 책망하다
④ 정당화하다

정답 해설

뒷부분에 복장을 더 자유롭게 입을 수 있도록 허용했다고 하는 것으로 보아 엄격한 복장 규정은 없어졌다는 내용이 자연스러우므로 빈칸에는 ①이 적절하다.

지문 어휘

☐ strict 엄격한, 엄한
☐ employee 직원, 종업원, 고용인

핵심 어휘

✱ consent = agree, aseent
✱ criticize
= condemn, blame, denounce, rebuke, reprimand, reproach, scold

정답 ①

10 밑줄 친 부분에 들어갈 말로 가장 적절한 것은?

2023. 지방직 9급

Voters demanded that there should be greater ________ in the election process so that they could see and understand it.

① deception ② flexibility
③ competition ④ transparency

지문 해석

유권자들은 그들이 그것을 더 분명히 보고 이해할 수 있도록 선거 과정에서 투명성이 있어야 한다고 요구했다.

선지 해석

① 속임, 기만, 사기
② 유연성, 적응성, 융통성
③ 경쟁, 경기
④ 투명성

정답 해설

문맥상 더 분명히 보고 이해할 수 있기 위해서는 투명성이 필요하므로 빈칸에는 ④가 적절하다.

지문 어휘

☐ voter 유권자, 투표자
☐ election 선거

핵심 어휘

✱ deception = deceit, trickery, fraud
✱ flexibility = pliability

정답 ④

11 밑줄 친 부분에 들어갈 말로 가장 적절한 것은?

2022. 지방직 9급

School teachers have to be ________ to cope with different ability levels of the students.

① strong ② adaptable
③ honest ④ passionate

지문 해석

학교 선생님들은 학생들의 다양한 능력 수준에 대처하기 위해 융통성이 있어야 한다.

선지 해석

① 강한
② 적응할 수 있는, 융통성 있는
③ 정직한, 솔직한
④ 열정적인

정답 해설

문맥상 선생님들이 학생들의 다양한 능력 수준에 대처하기 위해서는 융통성이 필요하다는 내용이 자연스러우므로 빈칸에는 ②가 적절하다.

지문 어휘

☐ cope with 대처하다, 처리하다

핵심 어휘

✱ strong = sturdy, robust

정답 ②

12 밑줄 친 부분에 들어갈 말로 가장 적절한 것은?

2022. 지방직 9급

Crop yields ________, improving in some areas and falling in others.

① vary ② decline
③ expand ④ include

지문 해석

농작물 수확량은 달라지며, 일부 지역에서는 향상되고 다른 지역에서는 감소한다.

선지 해석

① 다르다, 변하다, 변화를 주다
② 줄어들다, 감소하다, 거절하다
③ 확장하다, 팽창하다
④ 포함하다

정답 해설

뒷부분에 일부 지역에서는 향상되고 또 다른 지역에서는 감소한다는 내용으로 보아 수확량은 조금씩 다르다는 내용이 자연스러우므로 빈칸에는 ①이 적절하다.

지문 어휘

☐ crop 농작물

핵심 어휘

✱ decline = refuse, reject, turn down, brush aside

정답 ①

13 밑줄 친 부분에 들어갈 말로 가장 적절한 것은?

2021. 지방직 9급 변형

The _________ he received from helping others was far greater than any financial reward he could have earned.

① liveliness ② confidence
③ tranquility ④ gratification

지문 해석

다른 사람들을 돕는 데서 얻은 만족감은 그가 벌 수 있었던 금전적 보상보다 훨씬 컸다.

선지 해석

① 원기, 활기
② 자신감
③ 고요, 평온, 침착
④ 만족(감)

정답 해설

문맥상 다른 사람들을 돕는 것이 금전적 보상보다 크다고 한 것으로 보아 사람들을 도우면서 얻는 만족감이 있다는 내용이 자연스러우므로 빈칸에는 ④가 적절하다.

지문 어휘

☐ financial reward 금전적[재정적] 보상
☐ earn 벌다, 얻다

핵심 어휘

✱ liveliness = energy, vigor, vitality

정답 ④

14 밑줄 친 부분에 들어갈 말로 가장 적절한 것은?

2021. 지방직 9급

Globalization leads more countries to open their markets, allowing them to trade goods and services freely at a lower cost with greater _________.

① extinction ② depression
③ efficiency ④ caution

지문 해석

세계화는 더 많은 국가들이 그들의 시장을 개방하도록 이끌며, 그들이 더 큰 효율성의 더 낮은 비용으로 상품과 서비스를 자유롭게 거래할 수 있게 한다.

선지 해석

① 멸종, 소화(消火)
② 우울함, 불경기
③ 효율(성), 능률
④ 조심, 주의, 경고

정답 해설

문맥상 세계화의 긍정적인 영향에 관한 내용이므로 빈칸에는 ③이 적절하다.

지문 어휘

☐ globalization 세계화
☐ goods 상품
☐ trade 거래[교역/무역]하다

핵심 어휘

✱ extinction 멸종 = extermination, annihilation

정답 ③

15 밑줄 친 부분에 들어갈 말로 가장 적절한 것은?

2021. 지방직 9급

We're familiar with the costs of burnout: Energy, motivation, productivity, engagement, and commitment can all take a hit, at work and at home. And many of the ___________ are fairly intuitive: Regularly unplug. Reduce unnecessary meetings. Exercise. Schedule small breaks during the day. Take vacations even if you think you can't afford to be away from work, because you can't afford not to be away now and then.

① fixes ② damages
③ prizes ④ complications

지문 해석

우리는 번아웃의 대가에 익숙하다: 에너지, 동기, 생산성, 참여 그리고 헌신이 직장과 가정에서 모두 타격을 입을 수 있다. 그리고 많은 해결책은 상당히 직관적이다: 정기적으로 플러그를 뽑아라. 불필요한 회의를 줄여라. 운동해라. 낮 동안 짧은 휴식 시간을 잡아라. 당신이 이따금씩 멀리 떠날 여유가 없기 때문에, 당신이 생각하기로 당신이 일에서 벗어날 여유가 없다고 하더라도 휴가를 내라.

선지 해석

① 해결책
② 손해배상금
③ 상
④ 문제, 합병증

정답 해설

뒷부분에 번아웃을 예방할 수 있는 예시들이 나오므로 빈칸에는 ①이 적절하다.

지문 어휘

- ☐ burnout 번아웃, 극도의 피로
- ☐ engagement 참여, 개입
- ☐ take a hit 타격을 입다
- ☐ intuitive 직관적인
- ☐ afford ~할 여유가 있다
- ☐ now and then 가끔, 때때로

핵심 어휘

✱ complication 문제 = problem, issue

정답 ①

지문 어휘

- ☐ government 정부
- ☐ seek 찾다, 추구하다
- ☐ soothe 달래다, 완화시키다, 진정시키다
- ☐ burden 부담, 짐
- ☐ tax settlement 세금 정산
- ☐ presidential 대통령의
- ☐ aide 보좌관
- ☐ present 출석한, 현재의

핵심 어휘

✱ call for = require, request, demand

정답 ②

16 밑줄 친 부분에 들어갈 말로 가장 적절한 것은?

2021. 지방직 9급 변형

The government is seeking ways to soothe salaried workers over their increased tax burdens arising from a new tax settlement system. During his meeting with the presidential aides last Monday, the President __________ for those present to open up more communication channels with the public.

① accounted ② called
③ compensated ④ applied

지문 해석

정부는 새로운 세금 정산 제도에서 발생하는 증가되는 세금 부담에 대해 봉급생활자들을 달래기 위한 방법을 찾고 있다. 지난 월요일 대통령의 보좌관들과의 회의 동안, 대통령은 참석한 사람들에게 더 많은 대중과의 소통의 창구를 열 것을 요구했다.

선지 해석

① 설명했다, 차지했다
② 요구했다
③ 보상했다, 보충했다
④ 지원했다, 신청했다

정답 해설

정부가 봉급생활자들을 달래기 위한 방안을 찾고 있다는 내용을 미루어 보아 대통령이 더 많은 소통 채널을 개설할 것을 요구한 것이 문맥상 자연스러우므로 빈칸에는 ②가 적절하다.

17 밑줄 친 부분에 들어갈 말로 가장 적절한 것은?

2021. 지방직 9급 변형

A student who was struggling with math took some time to __________ complex math concepts.

① encompass ② intrude
③ inspect ④ apprehend

지문 해석

수학으로 고심하는 한 학생은 복잡한 수학 개념을 이해하는 데 시간을 좀 걸렸다.

선지 해석

① 포함하다, 에워싸다
② 침입하다, 끼어들다, 방해하다
③ 점검하다, 조사하다
④ 이해하다, 체포하다, 염려하다

정답 해설

문맥상 수학 때문에 고심하고 있다는 것으로 보아 복잡한 개념을 이해하는 데 시간이 걸렸다는 내용이 자연스러우므로 빈칸에는 ④가 적절하다.

지문 어휘

- ☐ struggle with ~로 고심하다

핵심 어휘

✱ encompass 포함하다 = include, involve
에워싸다 = surround, enclose
✱ intrude = encroach, invade, trespass

정답 ④

18 밑줄 친 부분에 들어갈 말로 가장 적절한 것은?

2020. 지방직 9급

> The issue with plastic bottles is that they're not _____, so when the temperatures begin to rise, your water will also heat up.

① sanitary ② insulated
③ recyclable ④ waterproof

지문 해석

> 플라스틱 병의 문제는 그것들이 단열되지 않는다는 것이고 그래서 온도가 상승하기 시작하면, 당신의 물도 뜨거워질 것이다.

선지 해석

① 위생의
② 단열된
③ 재활용할 수 있는
④ 방수의

정답 해설

온도가 올라가기 시작하면 물도 뜨거워진다는 내용을 미루어보아 빈칸에는 ②가 적절하다.

지문 어휘

☐ bottle 병
☐ temperature 온도
☐ heat up 뜨거워지다, 데우다

핵심 어휘

✶ sanitary = hygienic

정답 ②

19 밑줄 친 부분에 들어갈 말로 가장 적절한 것은?

2020. 지방직 9급 변형

> The new green space was designed to _________ the effects of urban heat islands in the city.

① complement ② accelerate
③ calculate ④ alleviate

지문 해석

> 새로운 녹지 공간은 도시의 열섬 현상의 영향을 완화하기 위해 설계되었다.

선지 해석

① 보완하다, 보충하다
② 가속화하다, 속도를 높이다
③ 계산하다, 산출하다
④ 완화시키다, 경감하다

정답 해설

문맥상 녹지 공간은 도시의 열섬 현상의 영향을 줄이는 데 도움이 된다는 내용이 자연스러우므로 빈칸에는 ④가 적절하다.

지문 어휘

☐ green space 녹지 공간
☐ heat island 열섬

핵심 어휘

✶ alleviate
= reduce, ease, relieve, soothe, allay, assuage, pacify, placate, mitigate, mollify

정답 ④

20 밑줄 친 부분에 들어갈 말로 가장 적절한 것은?

2020. 지방직 9급 변형

> The cruel sights _________ off thoughts that otherwise wouldn't have entered her mind.

① gave ② touched
③ made ④ cut

지문 해석

> 그 잔인한 장면들은 그렇지 않았더라면 그녀의 마음속에 떠오르지 않았을 생각들을 유발했다.

선지 해석

① (냄새, 열, 빛 등을) 냈다, 발했다
② 촉발했다, 유발했다
③ 급히 떠났다[달아났다]
④ 잘라냈다, 차단했다, 중단했다

정답 해설

문맥상 생각하지도 않았던 생각들이 잔인한 장면들 때문에 생겼다는 내용이 자연스러우므로 빈칸에는 ②가 적절하다.

지문 어휘

☐ cruel 잔인한, 혹독한
☐ sight 장면, 광경, 시력, 시야
☐ otherwise (만약) 그렇지 않으면[않았다면]

핵심 어휘

✱ touch off = cause, trigger, bring about, lead to, give rise to

정답 ②

21 밑줄 친 부분에 들어갈 말로 가장 적절한 것은?

2020. 지방직 9급 변형

> People with a lot of caution tend to ________ the slightest bit of dangerous behavior.

① shun ② warn
③ punish ④ imitate

지문 해석

> 조심성이 많은 사람들은 조금이라도 위험한 행동은 피하는 경향이 있다.

선지 해석

① 피하다
② 경고하다
③ 처벌하다
④ 모방하다, 흉내 내다

정답 해설

문맥상 조심성 많은 사람들은 위험한 행동을 하지 않는다는 내용이 자연스러우므로 빈칸에는 ①이 적절하다.

지문 어휘

☐ caution 조심, 경고, 주의를 주다

핵심 어휘

✱ shun
= avoid, avert, evade, eschew, dodge, stave off, head off, ward off, steer clear of

정답 ①

22 밑줄 친 부분에 들어갈 말로 가장 적절한 것은?

2019. 지방직 9급 변형

> Archaeologists used special tools to carefully ________ fossils embedded in rocks to study.

① excavate ② pack
③ erase ④ celebrate

지문 해석

> 고고학자들은 연구하기 위해 암석에 박힌 화석을 조심스럽게 발굴하려고 특수 도구를 사용했다.

선지 해석

① 발굴하다, 파다
② (짐을) 싸다, 포장하다
③ 지우다
④ 축하하다

정답 해설

문맥상 연구를 하기 위해 특수 도구를 사용하여 화석을 발굴한다는 내용이 자연스러우므로 빈칸에는 ①이 적절하다.

지문 어휘

☐ archaeologist 고고학자
☐ embed 박다, 끼워 넣다, 파견하다

핵심 어휘

✱ excavate = exhume, unearth, burrow, dig up, dig out
✱ erase
= delete, remove, obliterate, efface, expunge, eliminate, wipe out, cross out, scratch out

정답 ①

23 밑줄 친 부분에 들어갈 말로 가장 적절한 것은?

2019. 지방직 9급 변형

> The new medication helped make her symptoms more ________, allowing her to resume daily activities.

① utter ② scary
③ occasional ④ manageable

지문 해석

> 새로운 약물이 그녀의 증상을 더 관리할 수 있게 도와주어, 그녀가 일상 활동을 재개할 수 있게 되었다.

선지 해석

① 완전한, 순전한, 소리를 내다, 말을 하다
② 무서운, 겁많은
③ 가끔의, 때때로의
④ 관리할 수 있는

정답 해설

뒷 부분에 일상 활동을 재개했다는 것으로 보아 그녀의 증상을 약물을 통해 관리할 수 있다는 내용이 자연스러우므로 빈칸에는 ④가 적절하다.

지문 어휘
- □ medication 약[약물]
- □ symptom 증상, 징후, 조짐
- □ resume 재개하다, 다시 시작하다

핵심 어휘

✱ utter = sheer, pure, downright

정답 ④

24 밑줄 친 부분에 들어갈 말로 가장 적절한 것은?

2019. 지방직 9급 변형

> Time does seem to slow to a trickle during a boring afternoon lecture and race when the brain is ________ in something highly entertaining.

① engaged ② stuck
③ located ④ engrossed

지문 해석

> 지루한 오후 수업 동안 시간은 아주 조금씩 천천히 흐르는 것처럼 느껴지고 뇌가 매우 재밌는 어떤 것에 몰두할 때는 쏜살같이 간다.

선지 해석

① ~을 하다, ~에 종사하다
② ~에 꼼짝 못하게 되다
③ ~에 위치하다
④ ~에 몰두하다, 열중하다

정답 해설

지루한 것을 할 때는 시간이 느리게 간다는 내용과 대조적으로 재밌는 것에 집중할 때는 시간이 빠르게 흘러간다는 내용이 자연스러우므로 빈칸에는 ④가 적절하다.

지문 어휘
- □ slow to a trickle 아주 조금씩 천천히 흐르다
- □ race 쏜살같이 가다
- □ entertaining 재미있는
- □ apathetic 냉담한, 무관심한
- □ stabilize 안정[고정]시키다

핵심 어휘

✱ be engrossed in
= be preoccupied with, be absorbed in, be immersed in, be up to one's eyes in

정답 ④

25 밑줄 친 부분에 들어갈 말로 가장 적절한 것은?

2019. 지방직 9급 변형

> During the orientation, new employees watched the company's internal video to ________ themselves with the office layout.

① acquaint ② inspire
③ endow ④ avoid

지문 해석

> 오리엔테이션 동안, 신입 직원들은 사무실 배치를 숙지하기 위해 회사의 내부 영상을 시청했다.

선지 해석

① 익히다, 숙지하다
② 고무하다, 영감을 주다
③ 부여하다, 주다
④ 피하다

정답 해설

문맥상 처음 온 신입 직원들에게 사무실 배치를 숙지시켜주기 위해 사무실 배치 영상을 보여 주었다는 내용이 자연스러우므로 빈칸에는 ①이 적절하다.

지문 어휘
- □ internal 내부의, 체내의
- □ layout (책·정원·건물 등의) 배치

핵심 어휘

✱ inspire = stimulate, motivate

정답 ①

26 밑줄 친 부분에 들어갈 말로 가장 적절한 것은?

2018. 지방직 9급

> The ________ duty of the physician is to do no harm. Everything else — even healing — must take second place.

① paramount ② sworn
③ successful ④ mysterious

지문 해석

> 내과 의사의 가장 중요한 의무는 어떠한 해로움도 끼치지 않는 것이다. 그 밖의 모든 것은 — 심지어 치료조차도 — 2순위이어야 한다.

선지 해석
① 가장 중요한, 최고의
② 맹세한, 욕을 한
③ 성공한, 성공적인
④ 신비한, 이해하기 힘든

정답 해설
뒷부분에 2순위라는 표현이 나온 것으로 보아 앞 부분에는 가장 중요한 의무에 대한 내용이 자연스러우므로 빈칸에는 ①이 적절하다.

지문 어휘
☐ duty 책임, 의무, 책무
☐ physician 내과 의사
☐ do(be)no harm 아무런 해가 되지 않다, 아무런 손해를 입히지 않다

핵심 어휘
✱ paramount = chief, supreme, prime, principal, foremost

정답 ①

27 밑줄 친 부분에 들어갈 말로 가장 적절한 것은?

2018. 지방직 9급 변형

After completing the marathon, she was completely ________ and could hardly even stand.

① ambitious ② afraid
③ exhausted ④ sad

지문 해석

마라톤을 완주한 후, 그녀는 완전히 <u>지쳐서</u> 거의 서 있을 수조차 없었다.

선지 해석
① 대망을 품은, 야심[야망]을 가진
② 두려워하는, 겁내는, 걱정하는
③ 지친, 기진맥진한, 고갈된
④ 슬픈, 애석한

정답 해설
문맥상 마라톤을 완주하고 거의 서 있을 수조차 없다고 하는 것으로 보아 그녀는 완전히 지쳤다는 내용이 자연스러우므로 빈칸에는 ③이 적절하다.

지문 어휘
☐ complete 완료하다, 끝마치다, 완벽한, 완전한
☐ stand 서다, 일어서다, 태도, 저항

핵심 어휘
✱ exhausted = weary

정답 ③

28 밑줄 친 부분에 들어갈 말로 가장 적절한 것은?

2018. 지방직 9급

The student who finds the state-of-the-art approach _______ learns less than he or she might have learned by the old methods.

① humorous ② friendly
③ convenient ④ intimidating

지문 해석

최신의 접근법이 <u>위협적이라고</u> 생각하는 학생은 오래된 방법으로 배웠을지도 모르는 학생들보다 더 적게 배운다.

선지 해석
① 재미있는, 유머러스한
② 친절한, 상냥한
③ 편리한, 간편한
④ 겁을 주는, 위협적인

정답 해설
비교(less than)의 단서로 오래된 방법보다 최신의 접근법에서 더 적게 배운다고 한 것으로 보아 오래된 방법보다는 최신의 접근법이 더 부정적이라는 내용이 자연스러우므로 빈칸에는 ④가 적절하다.

지문 어휘
☐ state-of-the-art 최신의
☐ approach 접근(법)
☐ might have pp ~했을지도 모른다

핵심 어휘
✱ frightening = scary, terrifying, alarming
✱ friendly = amiable, affable, genial, congenial, cordial

정답 ④

29 밑줄 친 부분에 들어갈 말로 가장 적절한 것은?

2017. 지방직 9급

Our main dish did not have much flavor, but I made it more __________ by adding condiments.

① palatable ② dissolvable
③ potable ④ susceptible

지문 해석

우리의 메인 요리는 맛이 별로 없었지만, 내가 조미료를 더해 그 요리를 더 <u>맛있게</u> 만들었다.

선지 해석

① 맛이 좋은, 입에 맞는
② 분해할 수 있는
③ 마셔도 되는, 음료로 적합한
④ 민감한, ~의 영향을 받기 쉬운

정답 해설

역접(but)의 단서로 빈칸 앞에 '별로 맛이 없다'라는 내용과 반대의 의미가 필요하므로 빈칸에는 ①이 적절하다.

지문 어휘

☐ lavor 맛, 풍미
☐ condiment 조미료

핵심 어휘

✱ potable = drinkable

정답 ①

30 밑줄 친 부분에 들어갈 말로 가장 적절한 것은?

2016. 지방직 9급

> The two cultures were so utterly ________ that she found it hard to adapt from one to the other.

① overlapped　② equivalent
③ associative　④ disparate

지문 해석

> 그 두 문화는 완전히 달랐기 때문에 그녀는 한 문화에서 다른 문화로 적응하는 것이 어렵다는 것을 알았다.

선지 해석

① 겹치는
② 동등한, 상응하는
③ 연합의, 조합하는
④ 다른, 이질적인

정답 해설

'so 형용사/부사 that절' 구문에서 결과인 that절 내용을 미루어 보아 원인의 내용에도 부정적인 내용이 필요하므로 빈칸에는 ④가 적절하다.

지문 어휘

☐ utterly 아주, 전혀, 완전히
☐ adapt 적응시키다, 순응하다, 개조하다

핵심 어휘

✱ disparate = different, dissimilar, unlike, heterogeneous

정답 ④

31 밑줄 친 부분에 들어갈 말로 가장 적절한 것은?

2016. 지방직 9급

> Penicillin can have an ________ effect on a person who is allergic to it.

① affirmative　② aloof
③ adverse　④ allusive

지문 해석

> 페니실린은 그것에 알레르기가 있는 사람에게는 부정적인 효과를 줄 수 있다.

선지 해석

① 긍정적인, 확언적인
② 냉담한, 무관심한
③ 해로운, 부정적인, 불리한
④ 암시적인

정답 해설

빈칸 뒤에 '그것에 알레르기가 있다'는 내용을 미루어 볼 때 빈칸에는 ③이 적절하다.

지문 어휘

☐ penicillin 페니실린
☐ allergic 알레르기(체질)의

핵심 어휘

✱ adverse
= harmful, unfavorable, detrimental, deleterious, pernicious

정답 ③

32 밑줄 친 부분에 들어갈 말로 가장 적절한 것은?

2016. 지방직 9급

> Last year, I had a great opportunity to do this performance with the staff responsible for ________ art events at the theater.

① turning into　② doing without
③ putting on　④ giving up

지문 해석

> 지난해 나는 그 극장에서 예술 행사를 무대에 올리는 데 책임이 있는 스태프들과 이 공연을 할 수 있는 좋은 기회가 있었다.

선지 해석

① ~로 바뀌는
② ~없이 지내는
③ 무대에 올리는
④ 포기하는

정답 해설

목적어로 art event(예술 행사)가 있으므로 문맥상 예술 행사를 무대에 올리는 것이 자연스러우므로 빈칸에는 ③이 적절하다.

지문 어휘

☐ opportunity 기회
☐ performance 공연, 수행
☐ responsible for ~에 책임이 있는

핵심 어휘

✱ turn into = convert into, transform into

정답 ③

33 밑줄 친 부분에 공통으로 들어갈 말로 가장 적절한 것은?

2016. 지방직 9급 변형

> • The psychologist used a new test to ________ for overall personality development of students.
> • Snacks ________ for 25% to 30% of daily energy intake among adolescents.

① stand ② allow
③ account ④ apologize

지문 해석

> • 그 심리학자는 학생들의 종합적인 성격 발달을 설명하기 위해서 새로운 테스트를 사용했다.
> • 간식은 청소년들의 하루 에너지 섭취량의 25~30%를 차지한다.

선지 해석

① 상징하다, 나타내다, 옹호하다
② 고려하다
③ 설명하다, 차지하다
④ ~에 대해 사과하다

정답 해설

해석상 두 가지 빈칸에 '설명하다, 차지하다'의 내용이 자연스러우므로 빈칸에는 ③이 적절하다.

지문 어휘

☐ psychologist 심리학자
☐ overall 종합적인, 전반적인
☐ personality 개성, 성격
☐ intake 섭취(량)

핵심 어휘

✱ account for 설명하다 = explain
차지하다 = take up, occupy

정답 ③

34 밑줄 친 부분에 들어갈 말로 가장 적절한 것은?

2015. 지방직 9급 변형

> You should ________ personal information from the report to protect privacy.

① trace ② exclude
③ instruct ④ examine

지문 해석

> 사생활 보호를 위해 보고서에서 개인 정보를 제외해야 한다.

선지 해석

① 따라가다, 추적하다
② 배제하다, 제외하다
③ 지시하다, 가르치다
④ 조사[검토]하다, 진찰하다, 시험하다

정답 해설

문맥상 사생활 보호를 하기 위해서는 개인 정보를 빼야 한다는 내용이 자연스러우므로 빈칸에는 ②가 적절하다.

지문 어휘

☐ protect 보호하다, 지키다
☐ privacy 사생활

핵심 어휘

✱ exclude = preclude, rule out, factor out
✱ trace = track down

정답 ②

35 밑줄 친 부분에 들어갈 말로 가장 적절한 것은?

2015. 지방직 9급 변형

> The government introduced tax cuts to ________ the economic pressure on citizens.

① relieve ② accumulate
③ provoke ④ accelerate

지문 해석

정부는 시민들의 경제적 압박을 완화하기 위해 세금 감면을 도입했다.

선지 해석

① 완화하다, 줄이다, 덜어 주다
② 모으다, 축적하다
③ 화나게 하다, 유발하다, 선동하다
④ 가속화하다, 속도를 높이다

정답 해설

문맥상 정부가 세금 감면을 도입했다는 것으로 보아 시민들의 경제적 압박을 줄이고자 하는 내용이 자연스러우므로 빈칸에는 ①이 적절하다.

지문 어휘

☐ tax cut 세금 감면, 감세
☐ pressure 압박, 압력

핵심 어휘

✱ relieve
= alleviate, reduce, ease, soothe, allay, assuage, pacify, placate, mitigate, mollify

정답 ①

36 밑줄 친 부분에 들어갈 말로 가장 적절한 것은?

2015. 지방직 9급 변형

She has always been ________, choosing to save money rather than spend it on unnecessary items.

① stray ② thrifty
③ wealthy ④ stingy

지문 해석

그녀는 항상 절약하면서, 불필요한 물건에 돈을 쓰기보다는 저축하는 것을 선택했다.

선지 해석

① 길 잃은, 길을 잃다
② 절약[검약]하는
③ 부유한
④ (특히 돈에 대해) 인색한

정답 해설

문맥상 불필요한 물건을 사기보다는 저축한다는 것으로 보아 그녀는 절약한다는 내용이 자연스러우므로 빈칸에는 ②가 적절하다.

지문 어휘

☐ unnecessary 불필요한, 쓸데없는

핵심 어휘

✱ wealthy
= rich, affluent, opulent, luxurious, prosperous, well-to-do, made of money
✱ thrifty = frugal, economical

정답 ②

37 밑줄 친 부분에 들어갈 말로 가장 적절한 것은?

2015. 지방직 9급 변형

The ________ parents forced their children to participate in all activities, giving them no freedom to choose.

① thrilled ② brave
③ timid ④ pushy

지문 해석

강요하려 드는 부모들은 자녀들이 모든 활동에 참여하도록 강요하여, 그들에게 선택의 자유를 주지 않았다.

선지 해석

① 흥분한, 감격한
② 용감한
③ 소심한, 용기가 없는
④ 지나치게 밀어붙이는, 강요하려 드는

정답 해설

뒷부분에 자녀들에게 선택의 자유를 주지 않았다는 것으로 보아 부모가 강압적이고 강요한다는 내용이 자연스러우므로 빈칸에는 ④가 적절하다.

지문 어휘

☐ force ~를 강요하다, 억지[강제]로 ~하다, 힘

핵심 어휘

✱ brave
= courageous, plucky, intrepid, bold, fearless, daring, audacious, valiant, gallant, confident, undaunted, dauntless, unflinching

정답 ④

38 밑줄 친 부분에 들어갈 말로 가장 적절한 것은?

2014. 지방직 9급 변형

The company often tries exaggerated marketing strategies because of its ________ greed for profits.

① infallible ② aesthetic
③ adolescent ④ insatiable

지문 해석

그 회사는 이익에 대한 만족할 줄 모르는 탐욕 때문에 종종 과장된 마케팅 전략을 시도한다.

선지 해석

① 절대 틀리지[실수하지] 않는
② 심미적인, 미학의, 미적인
③ 사춘[청년]기의, 청춘의
④ 채울[만족시킬] 수 없는, 만족할 줄 모르는

정답 해설

앞부분에 과장된 마케팅 전략을 시도한다는 것으로 보아 지금의 이익에 만족하지를 못한다는 내용이 자연스러우므로 빈칸에는 ④가 적절하다.

지문 어휘

☐ exaggerated 과장된, 지나친
☐ greed 탐욕, 욕심

핵심 어휘

✱ adolescent = juvenile, teenager

정답 ④

39 밑줄 친 부분에 들어갈 말로 가장 적절한 것은?

2014. 지방직 9급

If you are someone who is ________, you tend to keep your feelings hidden and do not like to show other people what you really think.

① reserved ② loquacious
③ eloquent ④ confident

지문 해석

만약 당신이 내성적인 사람이라면, 당신은 자신의 감정을 숨기는 경향이 있고 다른 사람들에게 당신이 실제로 무엇을 생각하는지 드러내는 것을 좋아하지 않는다.

선지 해석

① 내성적인, 말이 없는
② 말이 많은, 수다스러운
③ 웅변의, 유창한
④ 자신감 있는

정답 해설

빈칸 뒤에 자신의 감정을 숨기고, 생각을 드러내는 것을 좋아하지 않는다고 했으므로 빈칸에는 ①이 적절하다.

지문 어휘

☐ feeling 감정
☐ hidden 숨은, 숨겨진
☐ show 드러내다, 보여주다

핵심 어휘

✱ reserved = uncommunicative, mute, taciturn, reticent

정답 ①

40 밑줄 친 부분에 들어갈 말로 가장 적절한 것은?

2014. 지방직 9급 변형

A preliminary meeting will ________ the official conference to finalize the agenda.

① pacify ② precede
③ presume ④ provoke

지문 해석

공식 회의에 앞서 의제를 마무리하기 위해 예비 회의가 선행될 것이다.

선지 해석

① 달래다, 진정시키다
② ~에 앞서다, 선행하다, 우선하다
③ 추정하다, 간주하다
④ 화나게 하다, 유발하다, 선동하다

정답 해설

문맥상 공식 회의 전에 의제를 마무리하기 위해 그 전에 예비 회의를 진행한다는 내용이 자연스러우므로 빈칸에는 ②가 적절하다.

지문 어휘

☐ preliminary 예비의
☐ conference 회의, 학회, 회담
☐ finalize 마무리짓다

핵심 어휘

✱ provoke 화나게 하다 = irritate, infuriate, incense, enrage

정답 ②

41 밑줄 친 부분에 들어갈 말로 가장 적절한 것은?

2013. 지방직 9급

> Every street or every store is now filled with cell phone users, ranging in age from eight to eighty. However, if we consider rapidly developing technology, an alternative apparatus might replace the cell phone soon and make it ________.

① obsolete ② extensive
③ prevalent ④ competent

지문 해석

> 요즘은 모든 거리 혹은 모든 가게가 나이가 8세에서 80세에 이르는 휴대 전화 사용자로 가득차 있다. 하지만 우리가 빠르게 발전하는 기술을 고려한다면, 조만간 대체 장비가 휴대 전화기를 대신해서 그것을 쓸모없는 물건으로 만들지도 모른다.

선지 해석

① 구식의, 쓸모없는
② 넓은, 광범위한
③ 널리 퍼져 있는, 유행하는
④ 유능한, 적임의

정답 해설

문맥상 대체 장비가 휴대 전화기를 대신한다는 말을 미루어 보아 빈칸에는 ①이 적절하다.

지문 어휘

☐ be filled with ~로 가득하다
☐ range from A to B A에서 B에 이르다
☐ apparatus 장치, 기계, 기구

핵심 어휘

✱ obsolete
= outdated, outmoded, old-fashioned, out of fashion, out of date

정답 ①

42 밑줄 친 부분에 들어갈 말로 가장 적절한 것은?

2012. 지방직 9급

> A ____________ gene is one that produces a particular characteristic regardless of whether a person has only one of these genes from one parent, or two of them.

① offensive ② dominant
③ proficient ④ turbulent

지문 해석

> 우성의 유전자는 사람이 유전자를 한쪽 부모로부터 받든, 양쪽 부모로부터 받든지와 상관없이 하나의 특정한 형질을 만들어내는 유전자이다.

선지 해석

① 모욕적인, 불쾌한, 공격적인
② 우성의, 우세한, 지배적인
③ 능숙한, 숙달된
④ 사나운, 소란스러운

정답 해설

빈칸 뒤에 나온 한쪽 부모 유전자든 양쪽 부모 유전자든 상관없이 특정한 형질을 만들어 낸다는 내용으로 미루어 볼 때 빈칸에는 ②가 적절하다.

지문 어휘

☐ gene 유전자
☐ regardless of ~와는 상관없이

핵심 어휘

✱ turbulent = wild, violent, vehement

정답 ②

43 밑줄 친 부분에 들어갈 말로 가장 적절한 것은?

2012. 지방직 9급 변형

> Diligence and __________ are common traits found in successful people.

① concern ② anguish
③ solicitude ④ temperance

지문 해석

> 근면과 절제는 성공한 사람들에서 흔히 볼 수 있는 특성들이다.

선지 해석

① 관계, 관심, 걱정, 우려
② (극심한) 괴로움, 비통
③ 불안, 염려, 의혹
④ 절제, 자제, 금주

정답 해설

문맥상 성공한 사람들에게 보이는 특징으로 근면과 비슷한 의미의 내용이 필요하므로 빈칸에는 ④가 적절하다.

지문 어휘

☐ diligence 근면, 성실
☐ trait (성격상의) 특성

핵심 어휘

✱ anguish = agony, pain, torment

정답 ④

44 밑줄 친 부분에 공통으로 들어갈 표현으로 가장 적절한 것은?

2011. 지방직 9급

- At the funeral, family members gave ________ to their emotions and cried openly.
- The result should in no ________ be seen as a defeat for the government.
- European companies are putting their money into Asia in a big ________.

① way　② hand
③ sense　④ view

지문 해석

- 장례식에서 가족들은 그들의 감정에 못 이겨 드러내놓고 울었다.
- 그 결과는 결코 정부의 승리로 보이지 않는다.
- 유럽의 회사들은 그들의 돈을 아시아에 대규모로 투자했다.

선지 해석

① way
② hand
③ sense
④ view

정답 해설

give way to는 '(감정에) 못 이기다, 무너지다'라는 뜻이고, in no way는 '결코 ~않다'라는 뜻이며 in a big way는 '대규모로'라는 뜻이다. 따라서 빈칸에는 ①이 적절하다.

지문 어휘

☐ funeral 장례식
☐ emotion 감정
☐ defeat 승리, 패배

핵심 어휘

✱ view = regard, consider

정답 ①

45 밑줄 친 부분에 들어갈 말로 가장 적절한 것은?

2011. 지방직 9급 변형

One of the most beguiling aspects of cyberspace is that it offers the ability to connect with others in foreign countries while also providing ________.

① hospitality　② sightseeing
③ disrespect　④ anonymity

지문 해석

사이버공간의 가장 매력적인 측면 중 하나는 익명성을 제공하면서 외국에 있는 다른 사람들과의 연결 능력을 제공한다는 것이다.

선지 해석

① 환대, 후한 대접
② 관광
③ 무례, 결례
④ 익명(성), 무명

정답 해설

문맥상 사이버 공간의 측면[특징] 중의 하나인 내용이 자연스러우므로 빈칸에는 ④가 적절하다.

지문 어휘

☐ beguiling 매력적인, 속이는
☐ aspect 양상, 관점, 면
☐ cyberspace 사이버공간, 가상공간

핵심 어휘

✱ disrespect = contempt, disregard, disdain
✱ anonymity = namelessness

정답 ④

46 밑줄 친 부분에 들어갈 말로 가장 적절한 것은?

2011. 지방직 9급 변형

The monument was decided to be restored and ________ protected to preserve its historical value and continue to show it to future generations.

① permanently　② temporarily
③ comparatively　④ tentatively

지문 해석

그 기념물은 역사적 가치를 보존하고 후손에게 계속 보여주기 위해 복원되고 영구히 보호하기로 결정되었다.

선지 해석

① 영구히, 불변으로
② 일시적으로, 임시로
③ 비교적, 비교하여
④ 시험[실험]적으로, 망설이며

정답 해설

문맥상 기념물을 후손에게 계속 보여주기 위해서 복원하여 영구히 보호하기로 했다는 내용이 자연스러우므로 빈칸에는 ①이 적절하다.

지문 어휘

☐ monument 기념물, 역사적인 건축물
☐ preserve 보존하다, 보호하다, 지키다
☐ future generation 후손, 미래 세대

핵심 어휘

✶ permanently
= for good, everlastingly, endlessly, eternally, forever

정답 ①

47 밑줄 친 부분에 들어갈 말로 가장 적절한 것은?

2010. 지방직 9급 변형

Fast-food franchises have been very successful in the U.S. Part of the appeal is the ________. At the major hamburger or chicken franchises, people know what the food is going to taste like, wherever they buy it.

① profitability ② predictability
③ feasibility ④ sustainability

지문 해석

패스트푸드 체인점들은 미국에서 큰 성공을 거두고 있다. 그 매력 중 하나는 예측 가능성이다. 주요 햄버거나 치킨 체인점에서, 사람들은 어디에서 구입을 하든 그 음식 맛이 어떠할지 안다는 것이다.

선지 해석

① 수익성
② 예측 가능성
③ (실행) 가능성
④ 지속 가능성

정답 해설

문맥상 사람들은 그들이 무엇을 사든지 간에 그 음식이 어떤 맛이 날지 안다고 하였으므로 빈칸에는 ②가 적절하다.

지문 어휘

☐ major 주요한, 중요한
☐ franchise 체인점, 가맹점

정답 ②

48 밑줄 친 곳에 공통으로 들어갈 단어로 가장 적절한 것은?

2010. 지방직 9급

- She thought she just had a ________ of flu.
- At university he wrote a bit, did a ________ of acting, and indulged in internal college politics.
- The dishes he produces all have a personal ________.

① touch ② pain
③ symptom ④ case

지문 해석

- 그녀는 자신이 감기 기운이 있다고 생각했다.
- 대학에서 그는 글도 써보았고 연기도 조금 했었고 학내 정치 활동에도 빠져 있었다.
- 그가 생산하는 모든 그릇들은 개인적인 기법이 있다.

선지 해석

① 기운, 기미, 흔적, 약간, 조금, 기법, 솜씨
② 아픔, 고통
③ 증상, 징후[조짐]
④ 사례, 경우, 사건

정답 해설

기운, 조금, 기법의 뜻이 있는 단어는 touch이므로 빈칸에는 ①이 적절하다.

지문 어휘

☐ flu 감기
☐ a bit 조금, 다소, 약간
☐ be indulged in ~에 빠져 있다

핵심 어휘

✶ symptom 징후 = indication

정답 ①

Chapter 04 국가직 7급 핵심 기출문제

ANSWER

01 ①	02 ①	03 ③	04 ①	05 ②
06 ①	07 ②	08 ④	09 ①	

01 밑줄 친 부분에 들어갈 말로 가장 적절한 것은?

2016. 국가직 7급

> Most people acknowledge that being ethical means being fair and reasonable and not being ________.

① greedy ② altruistic
③ weary ④ skeptical

지문 해석

> 대부분의 사람들은 윤리적인 것이 공정하고 합리적이며 탐욕스럽지 않는 것을 의미한다는 것을 인정한다.

선지 해석

① 탐욕스러운, 욕심 많은
② 이타적인
③ 몹시 지친, 피곤한, 싫증난
④ 의심 많은, 회의적인

정답 해설

문맥상 윤리에 관한 내용이므로 탐욕스럽지 않다는 내용이 자연스러우므로 빈칸에는 ①이 적절하다.

지문 어휘

☐ acknowledge ~을 인정하다
☐ ethical 윤리적인
☐ reasonable 합리적인, 타당한

핵심 어휘

★ weary 지친, 피곤한 = tired, exhausted, drained

정답 ①

02 밑줄 친 부분에 들어갈 말로 가장 적절한 것은?

2016. 국가직 7급

> Reforms enacted in some states have already taken effect, whereas in other states, reforms legislation is ________.

① pending ② hasty
③ precise ④ divisible

지문 해석

> 일부 주에서 제정된 개혁은 이미 발효된 반면, 다른 주에서는 개혁 입법이 계류 중이다.

선지 해석

① 미결[미정]인, 계류 중인, 임박한
② 성급한, 서두르는
③ 정확한
④ 나눌 수 있는

정답 해설

대조(whereas)의 단서로 일부 주에서는 이미 발효됐다고 하는 것으로 보아 또 다른 주에서는 발효되지 못했다는 내용이 자연스러우므로 빈칸에는 ①이 적절하다.

지문 어휘

☐ reform 개혁
☐ enact 제정하다
☐ take effect 시행[발효/적용]되다
☐ whereas 반면에
☐ legislation 법률

핵심 어휘

★ pending 미결의 = undecided, unresolved
임박한 = imminent, upcoming, impending, forthcoming

정답 ①

03 밑줄 친 부분에 들어갈 말로 가장 적절한 것은?

2014. 국가직 7급 변형

> The relationship between a teacher and a student is ________ to that of a coach and an athlete, with both providing guidance and support.

① delicate ② weird
③ analogous ④ novel

지문 해석

교사와 학생 간의 관계는 코치와 선수 간의 관계와 유사하며, 둘 다 지도와 지원을 제공한다.

선지 해석

① 연약한, 섬세한
② 기이한, 이상한
③ 유사한
④ 새로운, 참신한, 소설

정답 해설

문맥상 둘 다 지도와 지원을 제공한다는 것으로 보아 '교사와 학생' 그리고 '코치와 선수'의 관계는 비슷하다는 내용이 자연스러우므로 빈칸에는 ③이 적절하다.

지문 어휘

□ relationship 관계
□ guidance 지도, 안내

핵심 어휘

✱ analogous = similar, comparable, parallel

정답 ③

04 밑줄 친 부분에 공통으로 들어갈 말로 가장 적절한 것은?

2014. 국가직 7급

• Many experts criticized the TV and radio networks as being too biased to _________ the race fairly.
• I got these tires from your guys two months ago. Will the warranty _________ the cost of the repair?

① cover ② cast
③ charge ④ claim

지문 해석

• 많은 전문가들은 텔레비전과 라디오 방송이 너무나 편향적이어서 그 경기를 공정하게 보도할 수 없다고 비판했다.
• 제가 2달 전에 여기서 타이어를 샀어요. 보증서가 수리비를 포함하고 있나요?

선지 해석

① 덮다, 가리다, 숨기다, 감추다, 보도하다, 포함하다
② 던지다
③ 청구하다, 비난하다, 책임을 지다, 충전하다
④ 주장하다, 생명을 앗아가다

정답 해설

두 문장 각각에서 '보도하다'와 '포함하다'라는 뜻의 동사가 필요하다. 이 두 가지 뜻을 모두 가진 동사는 cover이므로 빈칸에는 ①이 적절하다.

지문 어휘

□ bias 편견
□ criticize 비난하다, 비판하다
□ warranty 보증서
□ repair 수리

정답 ①

05 밑줄 친 부분에 들어갈 말로 가장 적절한 것은?

2013. 국가직 7급

United Nations envoys are dispatched to areas of tension around the world to assist in _________ crises and brokering negotiated settlements to conflicts. Civilian-led "political missions" are deployed to the field with mandates to encourage dialogue and cooperation within and between nations, or to promote reconciliation and democratic governance in societies rebuilding after civil wars.

① deluding ② defusing
③ desponding ④ degenerating

지문 해석

유엔 특사들은 위기를 완화시키고 분쟁에 대한 협상 해결을 중재하는 것을 돕기 위해 세계 전역에 있는 분쟁지역으로 보내진다. 민간 주도의 "정치적 임무"는 국가 내 및 국가 간의 대화와 협력을 장려하거나 내전 이후 재건되는 사회에서 화해와 민주적 통치를 촉진하고자 위임을 받고 현장에 배치된다.

선지 해석

① 속이는, 착각하게 하는
② 완화시키는, 진정시키는
③ 낙담하는
④ 악화되는, 퇴화되는

정답 해설

문맥상 유엔 특사들은 분쟁에 대한 협상 해결을 중재하는 것을 돕기 위해 보내진다고 하였으므로 위기를 모면한다는 내용이 자연스러우므로 빈칸에는 ②가 적절하다.

지문 어휘

□ envoy 사절, 특사
□ dispatch 보내다, 파견하다

☐ mandate 위임
☐ reconciliation 조정, 화해

정답 ②

06 밑줄 친 부분에 들어갈 말로 가장 적절한 것은?

2013. 국가직 7급 변형

> There was a ________ light in the sky that no one could explain.

① strange ② challenging
③ depressive ④ demanding

지문 해석

> 하늘에 아무도 설명할 수 없는 이상한 빛이 있었다.

선지 해석

① 이상한, 낯선
② 도전적인
③ 우울증의, 우울한
④ 지나친 요구를 하는, 힘든

정답 해설

뒷부분에 아무도 설명할 수 없는 현상이라고 하는 것으로 보아 빛 현상이 이상하다는 내용이 자연스러우므로 빈칸에는 ①이 적절하다.

지문 어휘

☐ explain 설명하다, 해명하다

핵심 어휘

✱ strange
= odd, bizarre, weird, peculiar, uncanny, eccentric, eerie

정답 ①

07 밑줄 친 부분에 들어갈 말로 가장 적절한 것은?

2012. 국가직 7급 변형

> She always looks for ________ solutions to problems rather than theoretical ones.

① conciliatory ② practical
③ compassionate ④ perverse

지문 해석

> 그녀는 이론적인 해결책보다 실용적인 해결책을 항상 찾는다.

선지 해석

① 달래는, 회유하는
② 현실적인, 실용적인, 타당한
③ 동정하는, 인정 많은
④ 비뚤어진, 삐딱한

정답 해설

대조(rather than)의 단서로 이론적인 것의 상반된 의미가 필요하므로 빈칸에는 ②가 적절하다.

지문 어휘

☐ theoretical 이론의, 이론적인

핵심 어휘

✱ conciliatory = placatory, appeasing

정답 ②

08 밑줄 친 부분에 들어갈 말로 가장 적절한 것은?

2011. 국가직 7급

> By measuring the directions to planets at different parts of their orbits, the Greeks were able to give fair ________ of the ratios of distances to the sun and planets.

① destinations ② maximization
③ multiplication ④ approximations

지문 해석

> 궤도의 다른 부분에서 행성으로 가는 방향을 측정함으로써, 그리스인들은 태양과 행성에 대한 거리의 비율에 대한 올바른 근사치를 제공할 수 있었다.

선지 해석

① 목적지, 도착지
② 극대화
③ 곱셈, 증가, 증식
④ 근사치, 근사

정답 해설

문맥상 궤도의 다른 부분에서 행성으로 가는 방향을 측정한다는 것으로 보아 그리스인들은 올바른 근사치를 줄 수 있다는 내용이 자연스러우므로 빈칸에는 ④가 적절하다.

지문 어휘

☐ ratio 비율

☐ destination 목적지

핵심 어휘

✱ multiplication 증식 = spread, diffusion, expansion, proliferation

정답 ④

09 밑줄 친 부분에 들어갈 말로 가장 적절한 것은?

2010. 국가직 7급 변형

> The pain in his leg was so _________ that he had to be taken to the hospital immediately.

① unbearable ② conscientious
③ loud ④ bizarre

지문 해석

> 그의 다리 통증이 너무 참을 수 없어서 즉시 병원으로 이송되어야 했다.

선지 해석

① 참을 수 없는, 견딜 수 없는
② 양심적인, 성실한
③ 시끄러운
④ 이상한, 기괴한

정답 해설

문맥상 병원으로 즉시 이송됐다는 것으로 보아 다리 통증이 심해 참을 수 없다는 내용이 자연스러우므로 빈칸에는 ①이 적절하다.

지문 어휘

☐ immediately 즉시, 즉각

핵심 어휘

✱ bizarre
= odd, strange, weird, peculiar, uncanny, eccentric, eerie

정답 ①

Chapter 05 지방직 7급 핵심 기출문제

ANSWER

01 ①	02 ④	03 ①	04 ①	05 ③
06 ③	07 ③	08 ③	09 ①	10 ①
11 ①	12 ①	13 ④	14 ②	15 ②
16 ②	17 ③	18 ③	19 ②	

01 밑줄 친 부분에 들어갈 말로 가장 적절한 것은?

2020. 지방직 7급

> A recurring knee injury may have _________ his chance of winning the tournament.

① impaired ② enhanced
③ regulated ④ refurbished

지문 해석

> 재발하는 무릎 부상이 그가 토너먼트에서 우승할 가능성을 손상시켰을 수도 있다.

선지 해석

① 손상시켰다, 악화시켰다
② 높였다, 향상시켰다
③ 규제했다, 조정[조절]했다
④ 새로 꾸몄다, 개장했다

정답 해설

문맥상 무릎 부상으로 인해 토너먼트에서 우승할 가능성이 낮아졌다는 내용이 자연스러우므로 빈칸에는 ①이 적절하다.

지문 어휘

☐ recurring 되풀이하여 발생하는, 재발하는

핵심 어휘

✱ impair = harm, damage, undermine, worsen, make worse

정답 ①

02 밑줄 친 부분에 들어갈 말로 가장 적절한 것은?

2020. 지방직 7급 변형

They organized an ________ dinner at their house when their friends visited unexpectedly.

① informal ② luxurious
③ omnivorous ④ impromptu

지문 해석

친구들이 예기치 않게 방문하자 그들은 집에서 즉흥적으로 저녁 식사를 준비했다.

선지 해석

① 비공식의, 격식을 차리지 않는
② 사치스러운, 호화로운
③ 잡식성의, 무엇이나 먹는
④ 즉흥적인, 즉석의

정답 해설

문맥상 친구들이 예기치 않게 방문했다는 것으로 보아 저녁 준비를 즉흥적으로 했다는 내용이 자연스러우므로 빈칸에는 ④가 적절하다.

지문 어휘

☐ unexpectedly 예기치 못한, 갑자기, 불시에

핵심 어휘

✱ impromptu
= spontaneous, improvised, unrehearsed, unprepared, unscripted, on the spot

정답 ④

03 밑줄 친 부분에 들어갈 말로 가장 적절한 것은?

2019. 지방직 7급

No one is very comfortable making a large investment while the currency values ________ almost daily.

① fluctuate ② linger
③ duplicate ④ depreciate

지문 해석

통화 가치가 거의 매일 변동하는 동안에는 어떤 사람도 대규모 투자를 하는 것이 매우 편하지 않다.

선지 해석

① 변동하다, 오르내리다
② 남다, 꾸물거리다
③ 복사하다, 복제하다
④ 가치를 떨어뜨리다, 얕보다, 경시하다

정답 해설

문맥상 대규모 투자를 편하게 하지 못한다는 것으로 보아 통화 가치는 매일 변동한다는 내용이 자연스러우므로 빈칸에는 ①이 적절하다.

지문 어휘

☐ investment 투자
☐ currency value 통화 가치

핵심 어휘

✱ depreciate = make little of, disparage, degrade, demean

정답 ①

04 밑줄 친 부분에 들어갈 말로 가장 적절한 것은?

2019. 지방직 7급

Knowing the odds of side effects and making sure to get periodic checkups that would pick up an ________ reaction, I chose to focus on the drugs' potential benefits.

① adverse ② favorable
③ addictive ④ mild

지문 해석

부작용의 가능성을 아는 것과 부정적인 반응을 찾아내는 정기 검진을 받는 것을 확실히 하면서, 나는 약의 잠재적인 혜택에 집중하기로 했다.

선지 해석

① 불리한, 부정적인
② 호의적인, 유리한
③ 중독적인
④ 가벼운, 온화한

정답 해설

문맥상 부작용의 가능성을 아는 것과 비슷한 내용의 의미가 필요하므로 빈칸에는 ①이 적절하다.

지문 어휘

☐ the odds 가능성
☐ periodic 정기적인, 주기적인
☐ potential 잠재적인

핵심 어휘

✱ mild = gentle, temperate, amiable

정답 ①

05 밑줄 친 부분에 들어갈 말로 가장 적절한 것은?

2019. 지방직 7급 변형

> The investor has announced that it will now ________ investments from businesses that continue to fail.

① devise ② unfold
③ withdraw ④ reinforce

지문 해석

> 투자자는 계속 실패하는 사업체에서 이제 투자를 철회할 것이라고 발표했다.

선지 해석

① 고안하다
② 펼치다
③ 철수하다, 인출하다, 취소하다, 철회하다
④ 강화하다

정답 해설

문맥상 계속 실패하는 사업체에서 투자하던 것을 철회하겠다는 내용이 자연스러우므로 빈칸에는 ③이 적절하다.

지문 어휘

☐ investor 투자자
☐ announce 발표하다, 알리다

핵심 어휘

✱ reinforce
= strengthen, consolidate, solidify, intensify, bolster, beef up, shore up

정답 ③

06 밑줄 친 부분에 들어갈 말로 가장 적절한 것은?

2018. 지방직 7급 변형

> The valley is too ________ for adults to swim in, but perfect for small children to play.

① complex ② polite
③ shallow ④ inclusive

지문 해석

> 그 계곡은 어른들이 수영하기에는 너무 얕지만, 작은 아이들이 놀기에는 완벽하다.

선지 해석

① 복잡한, 단지, 복합 건물
② 예의 바른, 공손한, 정중한
③ 피상적인, 얕은
④ 포괄적인

정답 해설

역접(but)의 단서로 아이들이 놀기에는 좋다고 한 것으로 보아 어른들이 놀기에는 적합하지 않다는 내용이 자연스러우므로 빈칸에는 ③이 적절하다.

지문 어휘

☐ valley 계곡, 골짜기

정답 ③

07 밑줄 친 부분에 들어갈 말로 가장 적절한 것은?

2018. 지방직 7급 변형

> Unlike those who do it temporarily, her ________ commitment to environmental protection has inspired many to take action.

① temporary ② delicate
③ enduring ④ disgraceful

지문 해석

> 일시적으로 하는 사람들과는 달리, 환경 보호에 대한 그녀의 지속적인 헌신은 많은 사람들이 행동에 옮길 수 있도록 영감을 주었다.

선지 해석

① 임시의, 일시적인
② 섬세한, 연약한, 정교한
③ 지속적인, 영속하는, 참을성 있는
④ 수치스러운, 불명예스러운

정답 해설

역접(unlike)의 단서로 일시적으로 하는 것과는 상반된 의미의 내용이 필요하므로 빈칸에는 ③이 적절하다.

지문 어휘

☐ temporarily 일시적으로, 임시로
☐ commitment 헌신, 약속, 전념
☐ take action 행동에 옮기다, ~에 대해 조치를 취하다

핵심 어휘

✱ enduring
= persistent, permanent, perpetual, perennial, eternal, lasting, everlasting, continuous, continual, ceaseless, unceasing, incessant
✱ disgraceful = shameful

정답 ③

08 밑줄 친 부분에 들어갈 말로 가장 적절한 것은?

2017. 지방직 7급 변형

To ________ the new vehicle from surveillance drones, it was painted in a color similar to the road.

① clone ② detain
③ camouflage ④ domesticate

지문 해석

감시 드론으로부터 새 차량을 위장하기 위해 도로와 유사한 색상으로 칠했습니다.

선지 해석

① 복제하다
② 구금하다, 억류하다
③ 위장하다, 숨기다, 위장
④ 길들이다

정답 해설

문맥상 드론의 감시를 피하기 위해 도로와 비슷한 색깔로 위장했다는 내용이 자연스러우므로 빈칸에는 ③이 적절하다.

지문 어휘

☐ surveillance 감시
☐ similar 유사한, 비슷한, 닮은

정답 ③

09 밑줄 친 부분에 들어갈 말로 가장 적절한 것은?

2017. 지방직 7급 변형

People often enjoy short film summaries that ________ the content of a lengthy movie into just 10 minutes.

① encapsulate ② compare
③ attribute ④ idealize

지문 해석

사람들은 긴 영화의 내용을 단 10분으로 요약한 짧은 영화 소개 영상을 자주 즐겨 본다.

선지 해석

① 요약하다, 압축하다
② 비교하다
③ ~탓으로 하다, 속성, 특질
④ 이상화하다

정답 해설

문맥상 긴 영화를 단 10분으로 짧게 만들었다는 것으로 보아 영화를 요약했다는 내용이 자연스러우므로 빈칸에는 ①이 적절하다.

지문 어휘

☐ summary 요약, 개요
☐ lengthy 너무 긴, 장황한

지문 어휘

☐ encapsulate 요약하다 = epitomize

정답 ①

10 밑줄 친 부분에 들어갈 말로 가장 적절한 것은?

2017. 지방직 7급 변형

The international treaty aims to ________ the production and use of landmines to maintain global peace.

① proscribe ② aggregate
③ interrogate ④ enliven

지문 해석

국제 조약은 지뢰의 생산과 사용을 금지하여 세계 평화를 유지하는 데 목표로 한다.

선지 해석

① 금지하다, 배척하다
② 종합하다, 집합하다, 모으다, 합계, 총액
③ 질문하다, 심문하다
④ 활기를 띠게 하다, 생각을 돋우다

정답 해설

문맥상 세계 평화 유지가 목표라는 것으로 보아 세계 평화를 해치는 지뢰의 생산과 사용을 금지한다는 내용이 자연스러우므로 빈칸에는 ①이 적절하다.

지문 어휘

☐ treaty 조약
☐ landmine 지뢰

핵심 어휘

★ proscribe 금지하다 = prohibit, forbid, ban, bar, embargo, veto

정답 ①

11 밑줄 친 부분에 들어갈 말로 가장 적절한 것은?

2015. 지방직 7급 변형

> The laws of physics are considered ________, as they apply universally and do not change over time.

① immutable ② provisional
③ drastic ④ irresponsible

지문 해석

> 물리 법칙은 보편적으로 적용되고 시간이 지나도 변하지 않기 때문에 불변하는 것으로 간주된다.

선지 해석

① 불변의
② 임시의, 잠정적인, 일시적인
③ 급격한, 격렬한
④ 무책임한

정답 해설

문맥상 물리 법칙은 시간이 지나도 변하지 않는다고 한 것으로 보아 빈칸에는 ①이 적절하다.

지문 어휘

☐ inevitably 필연적으로
☐ cancellation 취소

핵심 어휘

✱ immutable = unchanging, unchangeable, unalterable
✱ provisional = temporary, interim

정답 ①

12 밑줄 친 부분에 들어갈 말로 가장 적절한 것은?

2015. 지방직 7급 변형

> The ________ shopper knew exactly when to discount in order to save as much money as possible.

① canny ② prestigious
③ impudent ④ curious

지문 해석

> 그 영리한 쇼핑객은 돈을 최대한 절약하기 위해 할인 시점을 정확히 알고 있었다.

선지 해석

① 영리한, 민첩한
② 명성 있는
③ 무례한, 버릇없는
④ 호기심 있는

정답 해설

문맥상 돈을 절약하기 위해 할인 시점을 알고 있다는 것으로 보아 쇼핑을 영리하게 한다는 내용이 자연스러우므로 빈칸에는 ①이 적절하다.

지문 어휘

☐ shopper 쇼핑객
☐ discount 할인, 할인하다

핵심 어휘

✱ canny = shrewd, agile, nimble
✱ impudent
= rude, impolite, impertinent, insolent, ill-mannered, disrespectful, discourteous

정답 ①

13 밑줄 친 부분에 들어갈 말로 가장 적절한 것은?

2013. 지방직 7급 변형

> She felt that lying to her friends was ________, even if it was meant to protect their feelings.

① impeccable ② drastic
③ scrupulous ④ immoral

지문 해석

> 그녀는 친구들의 감정을 보호하려는 의도일지라도 거짓말하는 것은 부도덕하다고 느꼈다.

선지 해석

① 완벽한, 무결점의
② 급격한, 격렬한
③ 양심적인, 꼼꼼한
④ 부도덕한

정답 해설

역접(even if)의 단서로 감정을 보호하려는 선한 의도와는 상반된 의미로 느꼈다는 내용이 자연스러우므로 빈칸에는 ④가 적절하다.

지문 어휘

☐ lying 거짓말 하다(lie)의 현재분사
☐ even if (비록) ~일지라도, ~이라고 할지라도

핵심 어휘

✱ scrupulous 양심적인 = conscientious
꼼꼼한 = meticulous, punctilious, fastidious
✱ immoral = wicked, unscrupulous, unprincipled, corrupt

정답 ④

14 밑줄 친 부분에 들어갈 말로 가장 적절한 것은?

2013. 지방직 7급 변형

The hotel staff made sure to ________ essential supplies, including towels and toiletries, for the guests every day.

① erect ② replenish
③ draft ④ drain

지문 해석

호텔 직원들은 수건과 세면도구를 포함하여 손님에게 필수적인 기본적인 용품을 매일 <u>보충하도록</u> 했다.

선지 해석

① 세우다, 건립하다, 똑바로 선
② 다시 채우다, 보충하다
③ (초안을) 작성하다, 징집하다, 원고, 초안, 징집
④ 고갈시키다, 물을 빼다, 배수관

정답 해설

문맥상 호텔에서는 수건과 세면도구를 매일 보충한다는 내용이 자연스러우므로 빈칸에는 ②가 적절하다.

지문 어휘

☐ essential 필수적인, 중요한
☐ toiletries 세면도구

핵심 어휘

✱ replenish = fill up again, top up
✱ drain 고갈시키다 = deplete, exhaust, use up

정답 ②

15 밑줄 친 부분에 들어갈 말로 가장 적절한 것은?

2010. 지방직 7급 변형

She tried to stay awake, but the ________ effect of the medication was too strong.

① creaky ② drowsy
③ husky ④ rough

지문 해석

그녀는 깨어 있으려고 했지만 약의 <u>졸리게 하는</u> 효과가 너무 강했다.

선지 해석

① 삐걱거리는
② 졸린, 졸리게 하는
③ 목소리가 쉰, 허스키한
④ 거친, 울퉁불퉁한, 사나운

정답 해설

역접(but)의 단서로 깨어 있으려고 했다는 것의 상반된 의미의 약의 효과로 졸린다는 내용이 자연스러우므로 빈칸에는 ②가 적절하다.

지문 어휘

☐ awake 깨어 있는, 잠들지 않은
☐ medication 약, 약물

핵심 어휘

✱ drowsy = sleepy, dozy, somnolent
✱ rough = violent, turbulent

정답 ②

16 밑줄 친 부분에 들어갈 말로 가장 적절한 것은?

2010. 지방직 7급

In recent years, the US Environmental Protection Agency (EPA) has argued that many carcinogens that are known to have a one-in-a-million chance of inducing cancer may be categorized as "chemicals that pose a minimal hazard." In other words, their risk is considered ________.

① colossal ② negligible
③ consequential ④ malignant

지문 해석

최근에 미국 환경보건국(EPA)은 100만분의 1의 확률로 암을 초래할 수 있다고 알려진 많은 발암물질이 '최소한의 위험을 내포하는 화학물질'로 분류될 수 있다고 주장해 왔다. 다시 말해서, 그들의 위험은 무시해도 될 정도로 여겨진다.

선지 해석

① 거대한, 엄청난
② 무시해도 될 정도의, 사소한, 하찮은
③ 결과로서 일어나는, 중대한
④ 악성의, 악의 있는

정답 해설

in other words(다른 말로 하자면)는 앞의 내용을 다른 단어를 이용해서 새롭게 적을 때 사용할 수 있는 표현이다. 앞의 문장에서 '최소의 피해'라는 뜻의 'minimal hazard'가 사용되었으므로, '무시할 만하다'라는 내용이 자연스러우므로 빈칸에는 ②가 적절하다.

지문 어휘

☐ Environmental Protection Agency 환경보건국
☐ carcinogen 발암물질

핵심 어휘

✱ negligible
= insignificant, unimportant, inconsequential, minor, petty, trivial, trifling

정답 ②

17 밑줄 친 부분에 들어갈 말로 가장 적절한 것은?

2010. 지방직 7급

Recently, a businessman in our community was convicted of ________ large sums of money from his clients many of whom had lost their entire savings.

① yielding ② abhorring
③ embezzling ④ expounding

지문 해석

최근에 우리 사회의 한 사업가가 고객들로부터 거액의 돈을 횡령한 것으로 유죄판결을 받았는데 그 고객들 중 상당수가 저축한 돈을 모두 잃었다.

선지 해석

① 산출하다, 양보하다, 항복하다, 산출(량), 수확(량)
② 혐오하다, 몹시 싫어하다
③ 횡령하다
④ 자세히 설명하다

정답 해설

문맥상 사업가가 유죄판결을 받았고 고객들이 돈을 잃었다는 내용으로 보아 빈칸에는 ③이 적절하다.

지문 어휘

☐ convict 유죄 판결을 내리다, 재소자
☐ saving 저축한 돈, 저금, 절약

핵심 어휘

✱ embezzle = peculate

정답 ③

18 밑줄 친 부분에 들어갈 말로 가장 적절한 것은?

2009. 지방직 7급

Isabel's cancer has been in ________ for several years now – long enough for most people to have trouble remembering the dark period when she was gravely ill.

① recession ② concession
③ remission ④ predicament

지문 해석

Isabel의 암은 몇 년 동안 완화되어 왔으나, 대부분의 사람들이 그녀가 심각하게 아팠던 암흑기를 기억하는 데 어려움을 겪을 만큼 충분히 오래되었다.

선지 해석

① 물러남, 후퇴, 불경기
② 양보, 양해
③ 감면, 면제, 차도, 완화
④ 곤경, 궁지

정답 해설

뒷부분에 앞뒤로 사람들이 그녀가 암으로 아팠던 암흑기를 기억하는 데 어려움을 겪는다고 하는 것으로 보아 긴 시간 동안 암이 호전되는 내용이 자연스러우므로 빈칸에는 ③이 적절하다.

지문 어휘

☐ have trouble ~ing ~하는 데 어려움을 겪다
☐ gravely 심각하게

핵심 어휘

✱ recession 불경기 = stagnation, depression

정답 ③

19 밑줄 친 부분에 들어갈 말로 가장 적절한 것은?

2008. 지방직 7급 변형

Lovejoy, the hero of Jonathan Gash's mystery novels is an antiques dealer who gives the reader advice on how to tell ________ antiques from the real thing.

① priceless ② spurious
③ ingenuous ④ versatile

지문 해석

Jonathan Gash의 추리 소설의 주인공인 Lovejoy는 가짜 골동품과 진짜 물건을 구별하는 방법에 대해 독자들에게 조언을 해주는 골동품 상인이다.

선지 해석

① 값을 매길 수 없는, 대단히 귀중한
② 가짜의, 위조의
③ 솔직한, 순진한, 천진한
④ 다재다능한, 다방면의

정답 해설

문맥상 골동품 상인이 독자들에게 진짜와 가짜를 구별하는 방법에 대해 조언을 해준다는 내용이 자연스러우므로 빈칸에는 ②가 적절하다.

지문 어휘

☐ mystery novel 추리 소설
☐ antique 골동품

핵심 어휘

✱ priceless = valuable, invaluable, precious
✱ spurious
= fake, false, forged, fraudulent, fabricated, counterfeit, bogus

정답 ②

Part 02 생활영어 정답 및 해설

Chapter 01 2025 출제 기조 전환 예시 문제

ANSWER

01 ② 02 ③ 03 ④ 04 ③

01 밑줄 친 부분에 들어갈 말로 가장 적절한 것은?

2025. 출제 기조 전환 2차

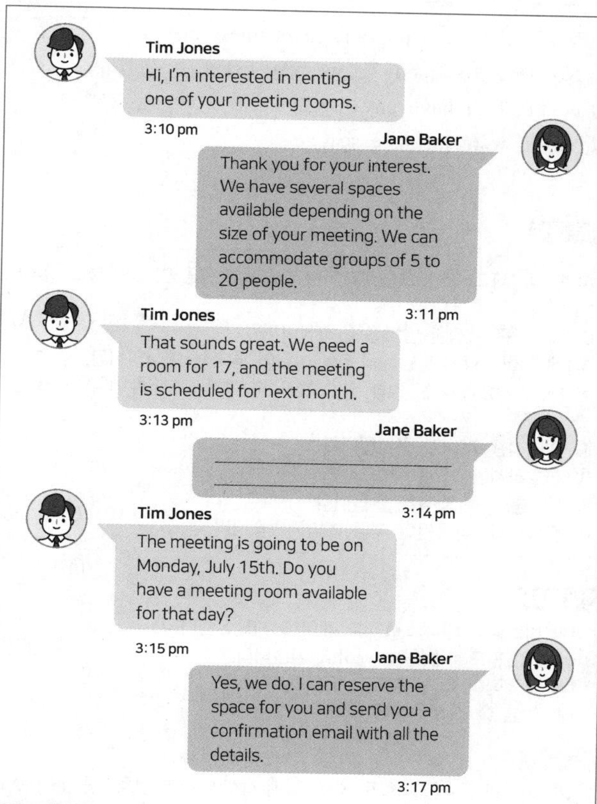

Tim Jones
Hi, I'm interested in renting one of your meeting rooms.
3:10 pm
Jane Baker
Thank you for your interest. We have several spaces available depending on the size of your meeting. We can accommodate groups of 5 to 20 people.
3:11 pm
Tim Jones
That sounds great. We need a room for 17, and the meeting is scheduled for next month.
3:13 pm
Jane Baker
3:14 pm
Tim Jones
The meeting is going to be on Monday, July 15th. Do you have a meeting room available for that day?
3:15 pm
Jane Baker
Yes, we do. I can reserve the space for you and send you a confirmation email with all the details.
3:17 pm

① Could I have your contact information?
② Can you tell me the exact date of your meeting?
③ Do you need a beam projector or a copy machine?
④ How many people are going to attend the meeting?

지문 해석

Tim Jones: 안녕하세요, 회의실 중 하나를 임대하고 싶습니다.
Jane Baker: 관심 가져주셔서 감사합니다. 회의 규모에 따라 이용할 수 있는 여러 공간들이 있습니다. 저희는 5명에서 20명까지 수용이 가능합니다.
Tim Jones: 좋습니다. 17명을 위한 방이 필요하며, 회의는 다음 달에 예정되어 있습니다.
Jane Baker: 회의의 정확한 날짜를 말씀해 주실 수 있나요?
Tim Jones: 회의는 7월 15일 월요일에 열릴 예정입니다. 그날에 회의실이 있나요?
Jane Baker: 네, 있습니다. 당신을 위한 장소를 예약해 드리고 모든 세부 사항이 포함된 확인 전자 우편을 보내드리겠습니다.

선지 해석

① 연락처 정보를 알려주실 수 있나요?
② 회의의 정확한 날짜를 말씀해 주실 수 있나요?
③ 빔 프로젝터나 복사기가 필요하신가요?
④ 몇 명이 회의에 참석할 예정이신가요?

정답 해설

회의실 임대 문의와 관련된 대화로, 빈칸 앞에 회의는 다음 달에 예정되어 있다고 말하고 있고, 빈칸 뒤에는 회의의 날짜를 구체적으로 답하고 있으므로 회의 날짜를 물어봤음을 짐작할 수 있다. 따라서 밑줄 친 부분에 들어갈 말로 가장 적절한 것은 ②이다.

어휘 및 표현

- ☐ rent 임대하다, 임차하다, 집세, 임차료
- ☐ meeting room 회의실
- ☐ interest 관심, 흥미, 관심[흥미]을 끌다
- ☐ several 여러 가지의, 몇몇의, 각각[각자]의
- ☐ available 구할[이용할] 수 있는, 시간이 있는
- ☐ depending on ~에 따라
- ☐ accommodate 수용하다, 공간을 제공하다
- ☐ reserve 예약하다, 보류하다, 따로 남겨 두다
- ☐ confirmation 확인, 확증

정답 ②

02 밑줄 친 부분에 들어갈 말로 가장 적절한 것은?

2025. 출제 기조 전환 2차

A: What do you think of this bicycle?
B: Wow, it looks very nice! Did you just get it?
A: No, this is a shared bike. The city launched a bike sharing service.
B: Really? How does it work? I mean, how do I use that service?
A: It's easy. ________________.
B: It doesn't sound complicated. Maybe I'll try it this weekend.
A: By the way, it's an electric bicycle.
B: Yes, I can tell. It looks cool.

① You can save energy because it's electric
② Just apply for a permit to park your own bike
③ Just download the bike sharing app and pay online
④ You must wear a helmet at all times for your safety

지문 해석

A: 이 자전거에 대해 어떻게 생각해?
B: 와, 정말 멋져 보이네! 방금 산 거야?
A: 아니, 이건 공유 자전거야. 시에서 자전거 공유 서비스를 시작했어.
B: 정말? 어떻게 작동하는 거야? 내 말은, 그 서비스를 어떻게 이용하는 거야?
A: 쉬워. 자전거 공유 앱을 다운로드하고 온라인으로 결제하면 돼.
B: 복잡하지 않은 것 같네. 아마 이번 주말에 시도해 볼 수 있을 거 같아.
A: 그런데, 이건 전기 자전거야.
B: 응, 딱 보니 알겠어. 멋져 보여.

선지 해석

① 전기 자전거라서 에너지를 절약할 수 있어
② 자전거를 주차할 수 있는 허가증을 신청하기만 하면 돼
③ 자전거 공유 앱을 다운로드하고 온라인으로 결제하면 돼
④ 안전을 위해 항상 헬멧을 착용해야 해

정답 해설

자전거 공유 서비스와 관련된 대화로, 빈칸 앞에 서비스를 어떻게 사용하는 건지 물어보고 있으므로 자전거 공유 서비스의 이용 방법에 대해 대답했음을 짐작할 수 있다. 따라서 밑줄 친 부분에 들어갈 말로 가장 적절한 것은 ③이다.

어휘 및 표현

- ☐ shared 공유의
- ☐ launch 시작[착수]하다, 출시[출간]하다, 개시, 출시
- ☐ complicated 복잡한
- ☐ I can tell 딱 보니 알겠다

정답 ③

03 밑줄 친 부분에 들어갈 말로 가장 적절한 것은?

2025. 출제 기조 전환 1차

A: Hello. I'd like to book a flight from Seoul to Oakland.
B: Okay. Do you have any specific dates in mind?
A: Yes. I am planning to leave on May 2nd and return on May 14th.
B: Okay, I found one that fits your schedule. What class would you like to book?
A: Economy class is good enough for me.
B: Any preference on your seating?
A: ________________
B: Great. Your flight is now booked.

① Yes. I'd like to upgrade to business class.
② No. I'd like to buy a one-way ticket.
③ No. I don't have any luggage.
④ Yes. I want an aisle seat.

지문 해석

A: 안녕하세요. 저는 오클랜드에서 오클랜드 항공편을 예약하고 싶습니다.
B: 네. 어떤 특정한 날짜를 원하십니까?
A: 네. 5월 2일에 출발해서 5월 14일에 돌아올 예정입니다.
B: 네. 스케줄에 맞는 것을 발견했습니다. 어떤 좌석을 예약하시겠습니까?
A: 일반석은 저에게 충분합니다.
B: 선호하시는 좌석이 있으신가요?
A: 네. 통로 쪽 좌석을 원합니다.
B: 좋습니다. 항공편이 지금 예약되었습니다.

선지 해석

① 네. 비즈니스 클래스로 업그레이드하고 싶습니다.
② 아니요. 편도 티켓을 구매하고 싶습니다.
③ 아니요. 짐이 없습니다.
④ 네. 통로 쪽 좌석을 원합니다.

정답 해설

항공편 예약과 관련된 대화로, 빈칸 앞에 좌석에 대한 선호도를 물어 보고 있으므로 좌석과 관련하여 대답했음을 짐작할 수 있다. 따라서 밑줄 친 부분에 들어갈 말로 가장 적절한 것은 ④이다.

어휘 및 표현

- ☐ book a flight 항공기를 예약하다
- ☐ specific 특정한
- ☐ economy class (여객기의) 일반석, 보통석
- ☐ aisle 통로, 복도

정답 ④

04 밑줄 친 부분에 들어갈 말로 가장 적절한 것은?

2025. 출제 기조 전환 1차

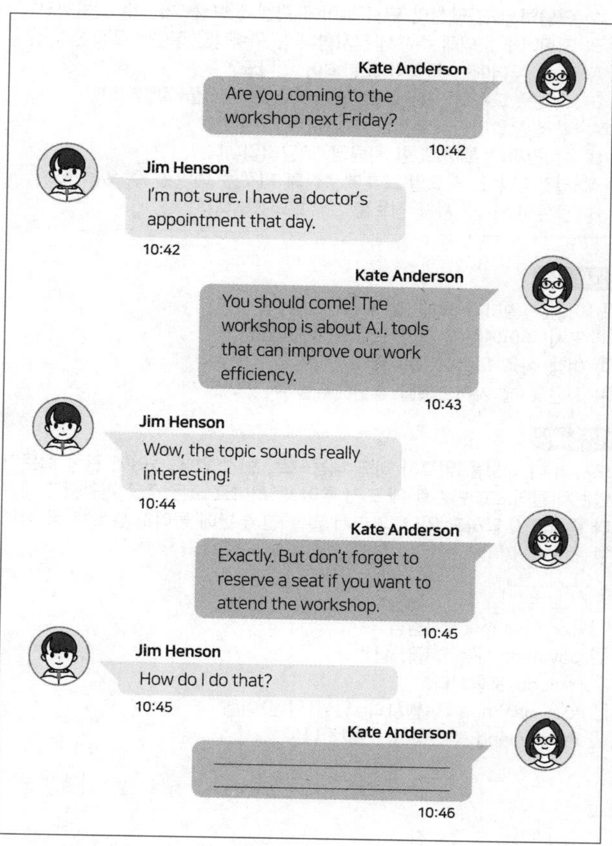
Kate Anderson
Are you coming to the workshop next Friday?
10:42
Jim Henson
I'm not sure. I have a doctor's appointment that day.
10:42
Kate Anderson
You should come! The workshop is about A.I. tools that can improve our work efficiency.
10:43
Jim Henson
Wow, the topic sounds really interesting!
10:44
Kate Anderson
Exactly. But don't forget to reserve a seat if you want to attend the workshop.
10:45
Jim Henson
How do I do that?
10:45
Kate Anderson
10:46

① You need to bring your own laptop.
② I already have a reservation.
③ Follow the instructions on the bulletin board.
④ You should call the doctor's office for an appointment.

지문 해석

Kate Anderson: 다음 주 금요일에 워크숍에 오시는 건가요?
Jim Henson: 글쎄요. 그날은 병원 예약이 되어 있어서요.
Kate Anderson: 꼭 오셔야 합니다! 워크숍은 우리의 업무 효율성을 향상시킬 수 있는 인공지능 도구에 관한 것입니다.
Jim Henson: 와, 주제가 정말 흥미롭게 들리네요!
Kate Anderson: 맞아요. 하지만 워크숍에 참석하려면 자리 예약하는 것을 잊지 마세요.
Jim Henson: 어떻게 하면 되나요?
Kate Anderson: 게시판에 적힌 설명을 따르세요.

선지 해석

① 자신의 노트북을 가져와야 합니다.
② 이미 예약했습니다.
③ 게시판에 적힌 설명을 따르세요.
④ 진료 예약을 위해 병원에 전화해야 합니다.

정답 해설

워크숍의 참석과 관련된 대화로, 빈칸 앞에 워크숍에 참석하려면 자리를 예약해야 하는데 예약을 어떻게 해야하는지 방법에 대해 물어보고 있다. 따라서 밑줄 친 부분에 들어갈 말로 가장 적절한 것은 ③이다.

어휘 및 표현

☐ reserve a seat 좌석을 예약하다
☐ instruction 설명, 지시
☐ bulletin board 게시판

정답 ③

Chapter 02 국가직 및 지방직 최신 3개년 9급 핵심 기출 문제

ANSWER

01 ②	02 ④	03 ③	04 ④	05 ④
06 ②	07 ②	08 ④	09 ③	10 ③
11 ④				

01 밑줄 친 부분에 들어갈 말로 적절한 것은?

2024. 국가직 9급

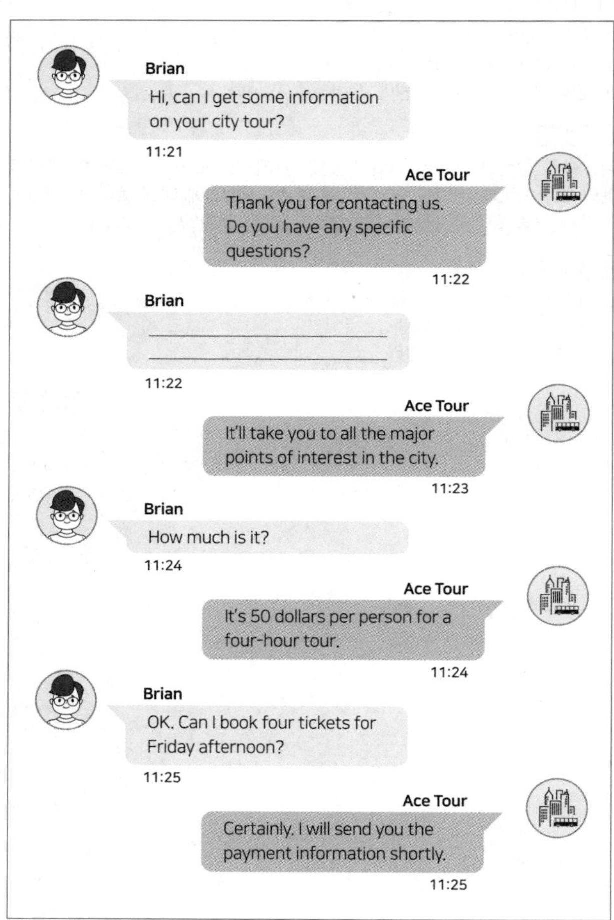
Brian
Hi, can I get some information on your city tour?
11:21
Ace Tour
Thank you for contacting us. Do you have any specific questions?
11:22
Brian
11:22
Ace Tour
It'll take you to all the major points of interest in the city.
11:23
Brian
How much is it?
11:24
Ace Tour
It's 50 dollars per person for a four-hour tour.
11:24
Brian
OK. Can I book four tickets for Friday afternoon?
11:25
Ace Tour
Certainly. I will send you the payment information shortly.
11:25

① How long is the tour?
② What does the city tour include?
③ Do you have a list of tour packages?
④ Can you recommend a good tour guide book?

지문 해석

A: 안녕하세요. 당신의 도시 투어에 관한 정보를 얻을 수 있을까요?
B: 저희에게 문의해 주셔서 감사합니다. 구체적인 질문이 있으신가요?
A: <u>도시 투어에는 무엇이 포함되어 있나요?</u>
B: 그것은 도시의 모든 주요 관광지로 데려다 줄 것입니다.
A: 가격은 얼마인가요?
B: 4시간짜리 투어로 한 사람당 50달러입니다.
A: 알겠습니다. 금요일 오후에 4장의 티켓을 예약할 수 있을까요?
B: 물론이죠. 곧 지불 정보를 보내드리겠습니다.

선지 해석

① 여행은 얼마나 오래 걸리나요?
② 도시 투어에는 무엇이 포함되어 있나요?
③ 여행 상품 목록이 있나요?
④ 좋은 여행 가이드북을 추천해주실 수 있나요?

정답 해설

도시 투어 정보를 얻고자 하고 내용으로, 빈칸 앞에 투어에 관한 질문이 있는지 물어보고 빈칸 뒤에 도시 투어 중 하나로 모든 주요 관광지로 데려다 준다고 대답하고 있다. 따라서 밑줄 친 부분에 들어갈 말로 가장 적절한 것은 ②이다.

어휘 및 표현

- ☐ per person 한 사람당
- ☐ payment 지불, 지급, 납입
- ☐ include 포함하다
- ☐ tour package (여행사의) 일괄 알선 여행
- ☐ recommend 추천하다, 권고하다

정답 ②

02 밑줄 친 부분에 들어갈 말로 적절한 것은? 2024. 국가직 9급

A: Thank you. We appreciate your order.
B: You are welcome. Could you send the goods by air freight? We need them fast.
A: Sure. We'll send them to your department right away.
B: Okay. I hope we can get the goods early next week.
A: If everything goes as planned, you'll get them by Monday.
B: Monday sounds good.
A: Please pay within 2 weeks. Air freight costs will be added on the invoice.
B: ______________________
A: I am afraid the free delivery service is no longer available

① I see. When will we be getting the invoice from you?
② Our department may not be able to pay within two weeks.
③ Can we send the payment to your business account on Monday?
④ Wait a minute. I thought the delivery costs were at your expense.

지문 해석

A: 감사합니다. 귀하의 주문에 감사드립니다.
B: 천만에요. 제품을 항공화물로 보내주실 수 있을까요? 우리는 그것이 빨리 필요해요.
A: 물론이죠. 제품을 귀하의 부서로 바로 보내드리겠습니다.
B: 알겠습니다. 다음 주 초에 제품을 받을 수 있기를 바랍니다.
A: 모든 게 계획대로 진행되면, 월요일에 받으실 수 있습니다.
B: 월요일이라고 하니 좋습니다.
A: 2주 안에 지불해 주시기 바랍니다. 항공화물 비용은 송장에 추가될 것입니다.
B: <u>잠깐만요. 배송 비용은 그쪽에서 부담하는 거라고 생각했습니다.</u>
A: 유감스럽지만, 더 이상 무료 배송 서비스는 제공되지 않습니다.

선지 해석

① 알겠습니다. 당신으로부터 송장을 언제 받게 될까요?
② 저희 부서는 2주 안에 지불하지 못할 수도 있습니다.
③ 월요일에 당신의 사업 계좌로 보내면 될까요?
④ 잠깐만요. 배송 비용은 그쪽에서 부담하는 거라고 생각했습니다.

정답 해설

항공화물의 배송 서비스에 관한 내용으로, 빈칸 앞에 항공화물 비용은 송장에 추가될 것이라고 안내하고 있고, 빈칸 뒤에 유감스럽다고 말하면서 더 이상 무료 배송 서비스는 제공되지 않는다고 안내하고 있다. 따라서 밑줄 친 부분에 들어갈 말로 가장 적절한 것은 ④이다.

어휘 및 표현

- ☐ department 부서, 부처, 학과
- ☐ goods 상품, 제품, 재산, 소유물
- ☐ invoice 송장, 청구서

정답 ④

03 밑줄 친 부분에 들어갈 말로 적절한 것은? 2024. 국가직 9급

A: Have you found your phone?
B: Unfortunately, no. I'm still looking for it.
A: Have you contacted the subway's lost and found office?
B: ______________________
A: If I were you, I would do that first.
B: Yeah, you are right. I'll check with the lost and found before buying a new phone.

① I went there to ask about the phone
② I stopped by the office this morning
③ I haven't done that yet, actually
④ I tried searching everywhere

지문 해석

A: 전화기를 찾으셨나요?
B: 아쉽게도, 아직 찾지 못했어요. 여전히 찾고 있어요.
A: 지하철의 분실물 보관소에 연락해보셨나요?
B: <u>사실은 그것을 아직 안 해봤어요.</u>
A: 저라면 그걸 먼저 해보겠어요.
B: 네, 당신 말이 맞아요. 새로운 전화기를 사기 전에 분실물 센터에 확인해볼게요.

선지 해석

① 전화기에 관해 물어보러 거기에 갔어요.
② 오늘 아침에 사무실에 잠시 들렀어요.
③ 사실은 그것을 아직 안 해봤어요.
④ 모든 곳을 찾아보려고 노력했어요.

정답 해설

지하철을 이용하다가 전화기를 잃어버린 상황으로, 빈칸 앞에 지하철의 분실소 보관소에 연락했는지 물어보고 있고, 빈칸 뒤에 본인이라면 연락을 먼저 해보겠다고 말하고 있다. 따라서 밑줄 친 부분에 들어갈 말로 가장 적절한 것은 ③이다.

어휘 및 표현

- ☐ lost and found office 분실물 보관소
- ☐ stop by 가는 길에 들르다, 잠시 들르다

정답 ③

04 밑줄 친 부분에 들어갈 말로 적절한 것은? 2024. 지방직 9급

A: Charles, I think we need more chairs for our upcoming event.
B: Really? I thought we already had enough chairs.
A: My manager told me that more than 350 people are coming.
B: ____________________
A: I agree. I am also a bit surprised.
B: Looks like I'll have to order more then. Thanks.

① I wonder if the manager is going to attend the event.
② I thought more than 350 people would be coming.
③ That's actually not a large number.
④ That's a lot more than I expected.

지문 해석

A: Charles, 우리 다가오는 행사에 더 많은 의자가 필요할 것 같아요.
B: 정말요? 저는 이미 의자들이 충분히 있다고 생각했어요.
A: 제 매니저가 350명 이상의 사람들이 온다고 하더라고요.
B: <u>그건 제가 예상했던 것보다 훨씬 많네요.</u>
A: 저도 동의해요. 저도 조금 놀랐어요.
B: 그럼 의자를 더 주문해야 할 것 같네요. 감사합니다.

선지 해석

① 매니저가 그 행사에 참석할지 궁금하네요.
② 350명 이상이 올 것이라고 생각했어요
③ 그건 실제로 많은 숫자가 아니에요.
④ 그건 제가 예상했던 것보다 훨씬 많네요.

정답 해설

행사에 필요한 의자 준비와 관련된 대화로, 빈칸 앞에 350명 이상의 사람들이 올 거라고 하고 있고 빈칸 뒤에 B의 말에 공감하며 놀랐다고 말하고 있으므로 예상보다 많았다고 말했음을 짐작할 수 있다. 따라서 밑줄 친 부분에 들어갈 말로 가장 적절한 것은 ④이다.

어휘 및 표현

☐ upcoming 다가오는
☐ a bit 약간

정답 ④

05 밑줄 친 부분에 들어갈 말로 적절한 것은? 2024. 지방직 9급

A: Can I get the document you referred to at the meeting yesterday?
B: Sure. What's the title of the document?
A: I can't remember its title, but it was about the community festival.
B: Oh, I know what you're talking about.
A: Great. Can you send it to me via email?
B: I don't have it with me. Mr. Park is in charge of the project, so he should have it.
A: ____________________
B: Good luck. Hope you get the document you want.

① Can you check if he is in the office?
② Mr. Park has sent the email to you again.
③ Are you coming to the community festival?
④ Thank you for letting me know. I'll contact him.

지문 해석

A: 어제 회의에서 언급하신 문서를 받을 수 있을까요?
B: 물론이죠. 그 문서의 제목이 뭐죠?
A: 제목이 기억나지 않지만, 커뮤니티 축제에 관한 것이었습니다.
B: 아, 무슨 말씀하시는지 알겠습니다.
A: 좋습니다. 이메일로 보내주실 수 있을까요?
B: 제가 그것을 가지고 있지 않습니다. 박 씨가 그 프로젝트를 담당하고 있으니, 아마 그가 그것을 가지고 있을 겁니다.
A: <u>알려주셔서 감사합니다. 제가 그에게 연락하겠습니다.</u>
B: 행운을 빕니다. 원하는 문서를 받으시길 바랍니다.

선지 해석

① 그가 사무실에 있는지 확인해 주시겠어요?
② 박 씨가 이메일을 다시 보내셨습니다.
③ 커뮤니티 축제에 오실 건가요?
④ 알려주셔서 감사합니다. 제가 그에게 연락하겠습니다.

정답 해설

회의에서 언급한 문서 요청과 관련된 대화로, 빈칸 앞에 필요한 문서는 본인이 가지고 있지 않고 담당했던 박 씨를 알려주고 있다. 빈칸 뒤에 원하는 문서를 받기를 바란다고 말하고 있으므로 담당했던 박 씨에게 직접 연락하겠다고 말했음을 짐작할 수 있다. 따라서 밑줄 친 부분에 들어갈 말로 가장 적절한 것은 ④이다.

어휘 및 표현

☐ document 서류, 문서
☐ refer to 지칭하다, 언급하다
☐ festival 축제
☐ via 통해
☐ in charge of 책임을 지는, 담당하고 있는

정답 ④

06 밑줄 친 부분에 들어갈 말로 적절한 것은? 2024. 지방직 9급

A: Hello, can I ask you a question about the presentation next Tuesday?
B: Do you mean the presentation about promoting the volunteer program?
A: Yes. Where is the presentation going to be?
B: Let me check. It is room 201.
A: I see. Can I use my laptop in the room?
B: Sure. We have a PC in the room, but you can use yours if you want.
A: ______________________________
B: We can meet in the room two hours before the presentation. Would that work for you?
A: Yes. Thank you very much!

① A computer technician was here an hour ago.
② When can I have a rehearsal for my presentation?
③ Should we recruit more volunteers for our program?
④ I don't feel comfortable leaving my laptop in the room.

지문 해석

A: 안녕하세요, 다음 주 화요일 발표에 대해 질문 하나 해도 될까요?
B: 자원봉사 프로그램 홍보 발표를 말씀하시는 건가요?
A: 네. 발표는 어디서 진행되나요?
B: 확인해 보겠습니다. 201호입니다.
A: 알겠습니다. 그 방에서 제 노트북을 사용할 수 있나요?
B: 네, 물론입니다. 방에 PC가 있지만, 원하시면 본인 노트북을 사용하셔도 됩니다.
A: 제 발표 리허설은 언제 할 수 있나요?
B: 발표 두 시간 전에 그 방에서 만날 수 있습니다. 괜찮으신가요?
A: 네, 정말 감사합니다!

선지 해석

① 한 시간 전에 컴퓨터 기술자가 여기에 있었습니다.
② 제 발표 리허설은 언제 할 수 있나요?
③ 우리 프로그램에 자원봉사자를 더 모집해야 할까요?
④ 제 노트북을 방에 두고 가는 것이 불안합니다.

정답 해설

홍보 발표의 준비 사항에 대해 질문하는 내용으로, 빈칸 뒤에 발표 두 시간 전에 그 방에서 할 수 있다고 대답하고 있으므로 발표 리허설 시간에 대해 물어봤음을 짐작할 수 있다. 따라서 밑줄 친 부분에 들어갈 말로 가장 적절한 것은 ②이다.

어휘 및 표현

☐ presentation 발표
☐ volunteer 자원봉사
☐ promoting 홍보, 선전

정답 ②

07 밑줄 친 부분에 들어갈 말로 알맞은 것은? 2023. 국가직 9급

A: I'd like to go sightseeing downtown. Where do you think I should go?
B: I strongly suggest you visit the national art gallery.
A: Oh, that's a great idea. What else should I check out?
B: ______________________________
A: I don't have time for that. I need to meet a client at three.
B: Oh, I see. Why don't you visit the national park, then?
A: That sounds good. Thank you!

① This is the map that your client needs. Here you go.
② A guided tour to the river park. It takes all afternoon.
③ You should check it out as soon as possible.
④ The checkout time is three o'clock.

지문 해석

A: 시내 관광여행을 하고 싶어요. 제가 어디로 가야 할까요?
B: 국립 미술관에 가보시기를 강력히 추천드려요.
A: 오, 좋은 생각이네요. 또 어떤 곳을 봐야 할까요?
B: 강 공원 안내 투어요. 오후 내내 걸릴 거예요.
A: 저는 그럴 시간이 없어요. 3시에 고객을 만나야 하거든요.
B: 아, 그렇군요. 그럼 국립 공원에 가보시는 건 어때요?
A: 좋네요. 고마워요!

선지 해석

① 이것이 당신의 고객이 필요로 하는 지도예요. 자 여기 있어요.
② 강 공원 안내 투어요. 오후 내내 걸릴 거예요.
③ 가능한 한 빨리 확인해 보셔야 해요.
④ 체크아웃 시간은 3시예요.

정답 해설

시내 관광여행 추천을 받고 있는 상황이다. 빈칸 앞에 국립 미술관 외에 또 어떤 곳을 봐야 하는지 물어보고 있다. 빈칸 뒤에 그럴 시간이 충분하지 않다고 말하고 있으므로 시간 소요가 있는 새로운 투어를 알려줬음을 짐작할 수 있다. 따라서 밑줄 친 부분에 들어갈 말로 가장 적절한 것은 ②이다.

어휘 및 표현

☐ go sightseeing downtown 시내 관광여행을 하다
☐ Why don't you ~? ~하는 게 어때요?
☐ I see. 알겠어요., 그렇군요.
☐ Here you go. (상대방에게 무엇을 주면서) 여기 있어요
☐ national art gallery 국립 미술관
☐ check out ~을 확인[조사]하다, (흥미로운 것을) 살펴보다[보다], (호텔 등에서 비용을 지불하고) 나가다[체크아웃하다]
☐ guided tour 안내 투어
☐ it takes 시간 시간이 걸리다
☐ as soon as possible 가능한 한 빨리

정답 ②

08 밑줄 친 부분에 들어갈 말로 가장 적절한 것은?

2023. 지방직 9급

A: Pardon me, but could you give me a hand, please?
B: ______________________________
A: I'm trying to find the Personnel Department. I have an appointment at 10.
B: It's on the third floor.
A: How can I get up there?
B: Take the elevator around the corner.

① We have no idea how to handle this situation.
② Would you mind telling us who is in charge?
③ Yes. I could use some help around here.
④ Sure. Can I help you with anything?

지문 해석

A: 실례합니다, 혹시 저를 도와주실 수 있으세요?
B: <u>물론이죠. 무엇을 도와드릴까요?</u>
A: 인사과를 찾고 있는데요. 10시에 약속이 있어서요.
B: 3층에 있습니다.
A: 그곳에는 어떻게 올라가야 하나요?
B: 모퉁이를 돌아 엘리베이터를 타세요.

선지 해석

① 우리는 이 상황을 어떻게 처리해야 할지 전혀 모르겠습니다.
② 누가 담당자인지 우리에게 말해주시겠습니까?
③ 네. 저는 이 근처에서 도움이 좀 필요합니다.
④ 물론이죠. 무엇을 도와드릴까요?

정답 해설

빈칸 앞에 A가 본인을 도와 줄 수 있냐고 물어보고 있다. 빈칸 뒤에 필요한 도움이 무엇인지 설명하고 있으므로 도와주겠다고 말했음을 짐작할 수 있다. 따라서 밑줄 친 부분에 들어갈 말로 가장 적절한 것은 ④이다.

어휘 및 표현

- ☐ pardon me 뭐라고요(상대방의 말을 알아듣지 못했을 때 다시 말해 달라는 뜻으로 하는 말) 실례합니다, 죄송합니다
- ☐ give a hand 도와주다, 거들어주다
- ☐ personnel department 인사과, 인사 담당 부서
- ☐ appointment 약속, 임명, 직책
- ☐ around the corner 모퉁이를 돌아서, 코앞에, 임박하여, 위기를 넘겨
- ☐ handle 다루다, 처리하다
- ☐ have no idea 전혀[하나도] 모르다
- ☐ Would you mind ~ing? ~해도 괜찮으세요?
- ☐ be in charge 담당하다, 맡다
- ☐ Can I help you with anything? 무엇을 도와드릴까요?

정답 ④

09 밑줄 친 부분에 들어갈 말로 가장 적절한 것은?

2023. 지방직 9급

A: You were the last one who left the office, weren't you?
B: Yes. Is there any problem?
A: I found the office lights and air conditioners on this morning.
B: Really? Oh, no. Maybe I forgot to turn them off last night.
A: Probably they were on all night.
B: ______________________________

① Don't worry. This machine is working fine.
② That's right. Everyone likes to work with you.
③ I'm sorry. I promise I'll be more careful from now on.
④ Too bad. You must be tired because you get off work too late.

지문 해석

A: 당신이 마지막으로 퇴근하셨죠, 그렇죠?
B: 네. 무슨 문제라도 있으신가요?
A: 오늘 아침 사무실 전등과 에어컨이 켜져 있는 것을 발견했어요.
B: 정말요? 이런. 아마도 제가 어젯밤에 전원 끄는 것을 깜빡한 것 같아요.
A: 아마 밤새 켜져 있었을 거예요.
B: <u>죄송합니다. 앞으로는 더 조심할게요.</u>

선지 해석

① 걱정하지 마세요. 이 기계는 잘 작동해요.
② 맞아요. 다들 당신과 같이 일하는 걸 좋아해요.
③ 죄송합니다. 앞으로는 더 조심할게요.
④ 안타깝네요. 퇴근이 너무 늦게 퇴근해서 피곤하겠어요.

정답 해설

퇴근할 때 사무실 수칙을 지키지 못한 상황에 B가 실수한 부분을 A가 언급하고 있다. 빈칸 앞에 사무실 에어컨이 밤새 켜져 있었음을 말하고 있으므로 앞으로 주의하겠다고 말하면서 사과했음을 짐작할 수 있다. 따라서 밑줄 친 부분에 들어갈 말로 가장 적절한 것은 ③이다.

어휘 및 표현

- ☐ be on 켜져 있다
- ☐ get off work 퇴근하다
- ☐ air conditioner 에어컨
- ☐ turn off (전기·가스·수도 등을) 끄다
- ☐ work 일하다, 작동하다, 효과가 있다
- ☐ from now on 앞으로는, 이제부터

정답 ③

10 밑줄 친 부분에 들어갈 말로 가장 적절한 것은? 2022. 국가직 9급

A: Hi there. May I help you?
B: Yes, I'm looking for a sweater.
A: Well, this one is the latest style from the fall collection. What do you think?
B: It's gorgeous. How much is it?
A: Let me check the price for you. It's $120.
B: ______________________________.
A: Then how about this sweater? It's from the last season, but it's on sale for $50.
B: Perfect! Let me try it on.

① I also need a pair of pants to go with it
② That jacket is the perfect gift for me
③ It's a little out of my price range
④ We are open until 7 p.m. on Saturdays

지문 해석

A: 안녕하세요. 무엇을 도와드릴까요?
B: 네, 스웨터를 찾는 중이에요.
A: 음, 이것은 이번 가을 컬렉션으로 나온 최신 스타일이에요. 어떠세요?
B: 아주 멋진데요. 얼마예요?
A: 가격을 확인해드릴게요. 120달러예요.
B: 제 가격대를 좀 벗어났어요.
A: 그럼 이 스웨터는 어떠세요? 지난 시즌에 나온 건데, 50달러로 할인 중이에요.
B: 완벽해요! 한 번 입어볼게요.

선지 해석

① 나는 그것에 어울리는 바지도 필요해요
② 그 자켓은 나에게 완벽한 선물이에요
③ 제 가격대를 좀 벗어났어요
④ 토요일은 저녁 7시까지 영업합니다

정답 해설

옷 가게에서 스웨터를 구매하는 상황이다. 빈칸 앞에 120달러의 옷을 보여주고 있고, 빈칸 뒤에 50달러로 할인하고 있는 옷을 다시 보여주고 있는 것으로 보아 B는 120달러의 가격의 옷은 사기 힘들다고 말했음을 짐작할 수 있다. 따라서 밑줄 친 부분에 들어갈 말로 가장 적절한 것은 ③이다.

어휘 및 표현

☐ Let me try it on. 한 번 입어볼게요.
☐ look for 찾다
☐ latest 최신의
☐ on sale 할인 중인
☐ try on 옷 따위를 입어[신어] 보다
☐ go with 어울리다
☐ a little 다소의, 약간의, 조금 있는
☐ price range 가격대, 가격폭

정답 ③

11 밑줄 친 부분에 들어갈 말로 가장 적절한 것은?

2022. 지방직 9급

A: Hey! How did your geography test go?
B: Not bad, thanks. I'm just glad that it's over! How about you? How did your science exam go?
A: Oh, it went really well. ______________________ ______________. I owe you a treat for that.
B: It's my pleasure. So, do you feel like preparing for the math exam scheduled for next week?
A: Sure. Let's study together.
B: It sounds good. See you later.

① There's no sense in beating yourself up over this
② I never thought I would see you here
③ Actually, we were very disappointed
④ I can't thank you enough for helping me with it

지문 해석

A: 이봐! 지리학 시험은 어땠어?
B: 나쁘지 않았어, 고마워. 난 그냥 끝났다는 게 기뻐! 너는 어때? 과학 시험은 어땠어?
A: 오, 그건 정말 잘 됐어. 그것을 도와줘서 너에게 정말 고마워. 그것 때문에 너한테 신세를 졌어.
B: 도움이 되어 나도 기뻐. 그래서 다음 주에 있을 수학 시험을 준비하고 싶어?
A: 물론이지. 같이 공부하자.
B: 좋아. 나중에 봐.

선지 해석

① 이 일에 자책하는 건 의미가 없어
② 너를 여기서 보게 될 줄은 꿈에도 몰랐어
③ 사실, 우리가 매우 실망했어
④ 그것을 도와줘서 너에게 정말 고마워

정답 해설

지리학 시험과 관련된 대화로, 빈칸 뒤에 시험과 관련하여 신세를 졌다고 말하고 있으므로 시험 준비하는 데 도움을 줘서 고맙다고 감사를 표했음을 짐작할 수 있다. 따라서 밑줄 친 부분에 들어갈 말로 가장 적절한 것은 ④이다.

어휘 및 표현

☐ owe you a treat for ~에 대해 신세를 지다
☐ (It's) my pleasure. (감사의 말에 대하여) 도움이 되어[도와드릴 수 있어서] 저도 기뻐요.
☐ beat oneself up 자책하다
☐ can't thank you enough 대단히 감사합니다, 뭐라 감사의 말씀을 드려야 할지 모르겠어요
☐ go well 잘 되다
☐ feel like ~ing ~하고 싶다

정답 ④

Chapter 03 국가직 및 지방직 기타 핵심 기출 문제

ANSWER

01 ①	02 ②	03 ①	04 ③	05 ②
06 ②	07 ③	08 ②	09 ①	10 ①
11 ②	12 ④	13 ②	14 ②	15 ③

01 밑줄 친 부분에 들어갈 말로 가장 적절한 것은?

2021. 국가직 9급

A: Were you here last night?
B: Yes. I worked the closing shift. Why?
A: The kitchen was a mess this morning. There was food spattered on the stove, and the ice trays were not in the freezer.
B: I guess I forgot to go over the cleaning checklist.
A: You know how important a clean kitchen is.
B: I'm sorry. ____________________

① I won't let it happen again.
② Would you like your bill now?
③ That's why I forgot it yesterday.
④ I'll make sure you get the right order.

지문 해석

A: 당신이 어젯밤에 여기에 있었나요?
B: 네. 마감 교대조로 일했어요. 왜요?
A: 오늘 아침에 주방이 엉망이었어요. 음식이 가스레인지 위에 튀어 있었고, 제빙 그릇도 냉동실 안에 없었습니다.
B: 제가 청소 체크리스트 점검하는 것을 잊은 거 같아요.
A: 깨끗한 주방이 얼마나 중요한지 알잖아요.
B: 죄송해요. 다시는 이런 일이 일어나지 않도록 할게요.

선지 해석

① 다시는 이런 일이 일어나지 않도록 할게요.
② 지금 당신의 계산서를 원하시나요?
③ 그것이 내가 그것을 어제 깜빡한 이유입니다.
④ 당신의 주문 내용이 맞는지 확인해드리겠습니다.

정답 해설

식당에서 같이 일하는 동료들과의 대화로, B가 마감하면서 청소 체크리스트대로 점검을 하지 않아서 A가 그 부분에 대해 지적하고 있다. 빈칸 앞에 B는 사과하고 있으므로 앞으로 주의하겠다고 반성했음을 짐작할 수 있다. 따라서 밑줄 친 부분에 들어갈 말로 가장 적절한 것은 ①이다.

어휘 및 표현

☐ closing shift 마감 교대조
☐ mess 엉망(진창)인 상태
☐ spatter 튀기다, 흩뿌리다
☐ ice tray 제빙 그릇
☐ go over 점검[검토]하다
☐ make sure (~임을) 확인하다, 확실하게 하다
☐ that's why 그래서 ~하다, 그것이 ~하는 이유이다

정답 ①

02 밑줄 친 부분에 들어갈 말로 가장 적절한 것은?

2021. 국가직 9급

A: Have you taken anything for your cold?
B: No, I just blow my nose a lot.
A: Have you tried nose spray?
B: ____________________
A: It works great.
B: No, thanks. I don't like to put anything in my nose, so I've never used it.

① Yes, but it didn't help.
② No, I don't like nose spray.
③ No, the pharmacy was closed.
④ Yeah, how much should I use?

지문 해석

A: 감기에 대한 약을 먹은 게 있나요?
B: 아니요, 그냥 코만 많이 풀었어요.
A: 혹시 비강 스프레이를 사용해봤나요?
B: 아니요, 저는 비강 스프레이를 좋아하지 않아요.
A: 그거 정말 효과가 좋아요.
B: 아니요, 괜찮아요. 난 코에 무언가를 넣는 것을 좋아하지 않아서 그것을 한 번도 사용해 본 적이 없어요.

선지 해석

① 네, 하지만 그것은 도움이 되지 않았어요.
② 아니요, 저는 비강 스프레이를 좋아하지 않아요.
③ 아니요, 약국이 문을 닫았어요.
④ 네, 얼마나 많이 사용해야 하나요?

정답 해설

감기 걸린 친구와의 대화로, 빈칸 앞에 비강 스프레이를 사용해봤는지 물어보고 있다. 빈칸 뒤에 B는 코에 무언가를 넣는 것이 싫고 한 번도 사용해 본 적이 없다고 말하고 있으므로 비강 스프레이를 사용하지 않는다거나 싫어한다고 말했음을 짐작할 수 있다. 따라서 밑줄 친 부분에 들어갈 말로 가장 적절한 것은 ②이다.

어휘 및 표현

- ☐ blow one's nose 코를 풀다
- ☐ work great 효과가 좋다
- ☐ cold 감기
- ☐ nose spray 비강 스프레이
- ☐ pharmacy 약국

정답 ②

어휘 및 표현

- ☐ go to the movies 영화 보러 가다
- ☐ What did you like the most about it? 어떤 점이 가장 좋았어?
- ☐ wouldn't mind ~ing ~하면 좋겠다, 상관없다
- ☐ special effect 특수 효과
- ☐ fantastic 환상적인, 굉장한
- ☐ promote 홍보하다, 촉진하다
- ☐ internationally 국제적으로
- ☐ costly 값이 비싼

정답 ①

03 밑줄 친 부분에 들어갈 말로 가장 적절한 것은?

2021. 지방직 9급

A: Did you have a nice weekend?
B: Yes, it was pretty good. We went to the movies.
A: Oh! What did you see?
B: Interstellar. It was really good.
A: Really? ____________________
B: The special effects. They were fantastic. I wouldn't mind seeing it again.

① What did you like the most about it?
② What's your favorite movie genre?
③ Was the film promoted internationally?
④ Was the movie very costly?

지문 해석

A: 주말 잘 보냈어?
B: 응, 정말 좋았어. 우리는 영화 보러 갔었어.
A: 오! 뭐 봤어?
B: 인터스텔라. 그건 매우 좋았어.
A: 정말? 어떤 점이 가장 좋았어?
B: 특수 효과야. 정말 환상적이었어. 난 그걸 다시 봐도 괜찮을 것 같아.

선지 해석

① 어떤 점이 가장 좋았어?
② 네가 가장 좋아하는 영화 장르가 뭐야?
③ 그 영화가 국제적으로 홍보되었어?
④ 그 영화가 매우 비쌌어?

정답 해설

친구와의 가벼운 대화로, 빈칸 앞에 주말에 본 인터스텔라 영화가 매우 좋았다고 말하고 있다. 빈칸 뒤에 영화에 대한 좋았던 부분을 말하고 있으므로 어떤 점이 좋았는지 물어봤음을 짐작할 수 있다. 따라서 밑줄 친 부분에 들어갈 말로 가장 적절한 것은 ①이다.

04 밑줄 친 부분에 들어갈 말로 가장 적절한 것은?

2020. 국가직 9급

A: Thank you for calling the Royal Point Hotel Reservations Department. My name is Sam. How may I help you?
B: Hello, I'd like to book a room.
A: We offer two room types: the deluxe room and the luxury suite.
B: ____________________?
A: For one, the suite is very large. In addition to a bedroom, it has a kitchen, living room and dining room.
B: It sounds expensive.
A: Well, it's $ 200 more per night.
B: In that case, I'll go with the deluxe room.

① Do you need anything else
② May I have the room number
③ What's the difference between them
④ Are pets allowed in the rooms

지문 해석

A: Royal Point 호텔 예약부에 전화해주셔서 감사합니다. 제 이름은 Sam입니다. 무엇을 도와드릴까요?
B: 안녕하세요, 방을 예약하고 싶습니다.
A: 저희는 두 종류의 방을 제공합니다: 디럭스 룸과 럭셔리 스위트룸이 있습니다.
B: 둘의 차이점이 무엇인가요?
A: 우선, 스위트룸은 매우 큽니다. 침실 외에도, 부엌, 거실 그리고 식당이 있습니다.
B: 그거 비싸겠네요.
A: 음, 하룻밤에 200달러가 더 비쌉니다.
B: 그렇다면 저는 디럭스 룸으로 하겠습니다.

선지 해석

① 다른 거 필요한 게 있으신가요
② 방 번호를 알려 주시겠어요
③ 둘의 차이점이 무엇인가요
④ 애완동물이 방에 들어올 수 있나요

정답 해설

호텔 예약과 관련된 대화로, 빈칸 앞에 두 종류의 방을 설명하고 있다. 빈칸 뒤에 두 종류의 방들의 차이점을 설명하고 있으므로 두 종류의 방의 차이점이 무엇인지 물어봤음을 짐작할 수 있다. 따라서 밑줄 친 부분에 들어갈 말로 가장 적절한 것은 ③이다.

어휘 및 표현

☐ book 예약하다

정답 ③

선지 해석

① 이메일을 자주 쓰니
② 우리가 할 수 있는 다른 방법이 없을까
③ 이 훌륭한 차단 프로그램을 어떻게 만들었어
④ 이메일 계정 만드는 것 좀 도와줄래

정답 해설

스팸 메일에 대한 불평을 토로하는 상황이다. 빈칸 앞에 완전히 차단하는 것은 불가능할 거라고 말하고 있다. 빈칸 뒤에 차단하는 방법 중 하나를 말하고 있으므로 차단하는 방법에 대해 물어봤음을 짐작할 수 있다. 따라서 밑줄 친 부분에 들어갈 말로 가장 적절한 것은 ②이다.

어휘 및 표현

☐ junk email 스팸 메일
☐ weed out 제거하다, 뽑아버리다

정답 ②

05 밑줄 친 부분에 들어갈 말로 가장 적절한 것은?

2020. 지방직 9급

A: Oh, another one! So many junk emails!
B: I know. I receive more than ten junk emails a day.
A: Can we stop them from coming in?
B: I don't think it's possible to block them completely.
A: ______________________________?
B: Well, you can set up a filter on the settings.
A: A filter?
B: Yeah. The filter can weed out some of the spam emails.

① Do you write emails often
② Isn't there anything we can do
③ How did you make this great filter
④ Can you help me set up an email account

지문 해석

A: 아, 또 왔어! 스팸 메일이 너무 많이 와!
B: 나도 알아. 하루에 열 통 이상은 받아.
A: 우리가 그것(스팸 메일)들이 오는 것을 막을 수 있을까?
B: 그것들을 완전히 차단하는 것은 가능하지 않을 것 같아.
A: 우리가 할 수 있는 다른 방법이 없을까?
B: 음, 설정에서 차단 프로그램을 설치할 수 있어.
A: 차단 프로그램?
B: 응. 차단 프로그램이 스팸 메일 일부를 제거할 수 있어.

06 밑줄 친 부분에 들어갈 말로 가장 적절한 것은?

2019. 국가직 9급

A: Would you like to try some dim sum?
B: Yes, thank you. They look delicious. What's inside?
A: These have pork and chopped vegetables, and those have shrimps.
B: And, um, ______________________________?
A: You pick one up with your chopsticks like this and dip it into the sauce. It's easy.
B: Okay. I'll give it a try.

① how much are they
② how do I eat them
③ how spicy are they
④ how do you cook them

지문 해석

A: 딤섬 좀 드셔보시겠어요?
B: 네, 감사합니다. 맛있어 보이네요. 안에 뭐가 들었죠?
A: 이것에는 돼지고기와 다진 야채들이 들어 있고, 새우들도 들어 있어요.
B: 그리고, 음, 그것들은 어떻게 먹나요?
A: 젓가락으로 이렇게 한 개를 집어서 소스에 찍어 먹으면 돼요. 쉬워요.
B: 알겠습니다. 한번 해 볼게요.

선지 해석

① 그것들은 얼마죠
② 그것들을 어떻게 먹나요
③ 그것들은 얼마나 맵죠
④ 그것들을 어떻게 만드나요

정답 해설

딤섬을 먹으면서 나누는 대화로, 빈칸 뒤에 딤섬을 먹는 방법을 설명하고 있으므로 딤섬을 어떻게 먹는지 물어봤음을 짐작할 수 있다. 따라서 밑줄 친 부분에 들어갈 말로 가장 적절한 것은 ②이다.

어휘 및 표현

☐ chop 썰다(다지다), (장작 같은 것을)패다
☐ pick up ~을 집다(들어 올리다)
☐ dip into ~에 담갔다 꺼내다, 적시다

정답 ②

선지 해석

① 이것의 가격은 얼마입니까
② 제가 어떻게 결제하면 됩니까
③ 재판매 방침은 어떻게 되나요
④ 당신은 신용카드를 받습니까

정답 해설

환전을 하고 있는 상황이다. 빈칸 뒤에 영수증만 있다면 무료로 다시 바꿔 드린다고 말하고 있으므로 재환전하게 될 경우는 어떻게 되는지 물어봤음을 짐작할 수 있다. 따라서 밑줄 친 부분에 들어갈 말로 가장 적절한 것은 ③이다.

어휘 및 표현

☐ exchange 환전하다, 교환하다
☐ currency 통화, 통용
☐ take a commission 수수료를 떼다
☐ for free 무료로, 공짜로
☐ receipt 영수증

정답 ③

07 밑줄 친 부분에 들어갈 말로 가장 적절한 것은?

2019. 지방직 9급

A: Hello. I need to exchange some money.
B: Okay. What currency do you need?
A: I need to convert dollars into pounds. What's the exchange rate?
B: The exchange rate is 0.73 pounds for every dollar.
A: Fine. Do you take a commission?
B: Yes, we take a small commission of 4 dollars.
A: ______________________?
B: We convert your currency back for free. Just bring your receipt with you.

① How much does this cost
② How should I pay for that
③ What's your buy-back policy
④ Do you take credit cards

지문 해석

A: 안녕하세요. 제가 환전을 좀 해야 합니다.
B: 네. 어떤 통화가 필요하신가요?
A: 달러를 파운드로 환산해야 해요. 환율이 어떻게 되죠?
B: 환율은 달러 당 0.73 파운드입니다.
A: 좋아요. 수수료를 받습니까?
B: 네, 우리는 4달러 정도의 소액의 수수료를 받습니다.
A: <u>재판매 방침은 어떻게 되나요</u>?
B: 우리는 당신의 통화를 무료로 다시 바꿔드립니다. 그냥 영수증만 가져오세요.

08 밑줄 친 부분에 들어갈 말로 가장 적절한 것은?

2018. 지방직 9급

A: My computer just shut down for no reason. I can't even turn it back on again.
B: Did you try charging it? It might just be out of battery.
A: Of course, I tried charging it.
B: ______________________________
A: I should do that, but I'm so lazy.

① I don't know how to fix your computer.
② Try visiting the nearest service center then.
③ Well, stop thinking about your problems and go to sleep.
④ My brother will try to fix your computer because he's a technician.

지문 해석

A: 내 컴퓨터가 이유 없이 그냥 꺼져. 난 다시 켤 수도 없어.
B: 너 충전은 해봤어? 그냥 배터리가 나간 것일지도 몰라.
A: 당연하지, 충전해봤어.
B: <u>그러면 가장 가까운 서비스 센터를 찾아가봐.</u>
A: 그래야 하는데 내가 너무 게을러.

선지 해석

① 난 네 컴퓨터를 고치는 법을 몰라.
② 그러면 가장 가까운 서비스 센터를 찾아가봐.
③ 음, 네 문제에 대해 그만 생각하고 잠이나 자.
④ 우리 오빠가 네 컴퓨터를 고쳐주려고 할거야, 왜냐하면 오빠는 기술자거든.

정답 해설

컴퓨터 켜지지 않는 상황이다. 빈칸 앞에 켜지지 않는 이유가 배터리 부족은 아님을 언급하고 있다. 빈칸 뒤에 수긍하면서 자기가 게을러서 귀찮다고 말하고 있으므로 A에게 약간은 귀찮은 새로운 해결할 방법을 말했음을 짐작할 수 있다. 따라서 밑줄 친 부분에 들어갈 말로 가장 적절한 것은 ②이다.

어휘 및 표현

☐ charge 충전하다
☐ be out of ~을 다 써서 없다, 바닥나다
☐ lazy 게으른, 느긋한
☐ fix 수리하다, 바로잡다

정답 ②

09 밑줄 친 부분에 들어갈 말로 가장 적절한 것은?

2018. 지방직 9급

A: Where do you want to go for our honeymoon?
B: Let's go to a place that neither of us has been to.
A: Then, why don't we go to Hawaii?
B: ______________________________

① I've always wanted to go there.
② Isn't Korea a great place to live?
③ Great! My last trip there was amazing!
④ Oh, you must've been to Hawaii already.

지문 해석

A: 우리 신혼여행은 어디로 가고 싶어?
B: 우리 둘 다 가보지 않은 곳으로 가보자.
A: 그러면 하와이로 가는 거 어때?
B: 난 늘 그곳에 가고 싶었어.

선지 해석

① 난 늘 그곳에 가고 싶었어.
② 한국은 살기 좋은 곳 아니니?
③ 잘됐다! 그곳에서의 내 마지막 여행은 좋았어.
④ 오, 넌 하와이에 벌써 가본 게 틀림없구나.

정답 해설

신혼여행을 어디로 갈 것인지 상의하고 있는 상황이다. 둘 다 가지 않는 곳으로 가고 싶어하고 있고 빈칸 앞에 하와이가 어떤지 물어보고 있으므로 하와이로 선택하는 것에 동의했음을 짐작할 수 있다. 따라서 밑줄 친 부분에 들어갈 말로 가장 적절한 것은 ①이다.

어휘 및 표현

☐ honeymoon 신혼여행
☐ have been to ~에 가본 적이 있다
☐ why don't you ~? ~하는 게 어때?, ~하지 않겠니?

정답 ①

10 밑줄 친 부분에 들어갈 말로 가장 적절한 것은?

2017 국가직 9급

A: May I help you?
B: I bought this dress two days ago, but it's a bit big for me.
A: ______________________________
B: Then I'd like to get a refund.
A: May I see your receipt, please?
B: Here you are.

① I'm sorry, but there's no smaller size.
② I feel like it fits you perfectly, though.
③ That dress sells really well in our store.
④ I'm sorry, but this purchase can't be refunded.

지문 해석

A: 제가 도와 드릴까요?
B: 제가 이틀 전에 이 옷을 샀는데, 이게 저에게 약간 커서요.
A: 죄송합니다만 더 작은 사이즈는 없습니다.
B: 그러면 환불을 받고 싶어요.
A: 영수증 좀 보여주시겠습니까?
B: 여기 있어요.

선지 해석

① 죄송합니다만 더 작은 사이즈는 없습니다.
② 제 생각엔 손님에게 완벽하게 맞는 것 같은데요.
③ 그 옷은 우리 매장에서 엄청 잘 팔려요.
④ 죄송합니다만, 이 상품은 환불 받으실 수 없습니다.

정답 해설

구매한 옷의 환불을 원하는 상황이다. 빈칸 앞에 구매한 옷이 본인에게 좀 크다고 말하고 있다. 빈칸 뒤에 그렇다면 환불을 받고 싶다고 말하고 있으므로 구매한 옷보다 작은 사이즈는 없다고 알려줬음을 짐작할 수 있다. 따라서 밑줄 친 부분에 들어갈 말로 가장 적절한 것은 ①이다.

어휘 및 표현

- ☐ refund 환불하다
- ☐ receipt 영수증
- ☐ purchase 구입(품), 구매(품), 매입(품)

정답 ①

11 밑줄 친 부분에 들어갈 말로 가장 적절한 것은?

2017. 국가직 9급

A: Every time I use this home blood pressure monitor, I get a different reading. I think I'm doing it wrong. Can you show me how to use it correctly?
B: Yes, of course. First, you have to put the strap around your arm.
A: Like this? Am I doing this correctly?
B: That looks a little too tight.
A: Oh, how about now?
B: Now it looks a bit too loose. If it's too tight or too loose, you'll get an incorrect reading.
A: ______________________
B: Press the button now. You shouldn't move or speak.
A: I get it.
B: You should see your blood pressure on the screen in a few moments.

① I didn't see anything today.
② Oh, okay. What do I do next?
③ Right, I need to read the book.
④ Should I check out their website?

지문 해석

A: 제가 이 가정용 혈압계를 사용할 때마다 다른 수치가 나옵니다. 제 생각엔 제가 뭔가 잘못하고 있는 것 같아요. 정확하게 그것을 사용하는 방법을 알려주시겠어요?
B: 네, 물론이죠. 먼저 이 조절 끈을 팔에 둘러야 합니다.
A: 이렇게요? 제가 정확하게 하고 있는 건가요?
B: 그건 좀 너무 꽉 조이는 것 같아요.
A: 아, 지금은 어떤가요?
B: 지금은 너무 헐렁해 보여요. 너무 꽉 조이거나 너무 헐렁하면, 부정확한 수치가 나올 겁니다.
A: <u>오, 알겠습니다. 다음엔 뭘 해야 하나요?</u>
B: 이제 그 버튼을 누르세요. 움직이거나 말씀하시면 안 됩니다.
A: 알겠습니다.
B: 잠시 후 화면에서 혈압(수치)을 보실 수 있을 겁니다.

선지 해석

① 저는 오늘 아무것도 못 봤어요.
② 오, 알겠습니다. 다음에 뭘 해야 하나요?
③ 맞아요, 저는 책을 읽어야 해요.
④ 제가 그 웹사이트를 확인해야 합니까?

정답 해설

가정용 혈압계 사용 방법 안내와 관련된 대화로, 빈칸 앞에 사용하는 절차를 안내해 주고 있다. 빈칸 뒤에 그 다음 과정의 절차를 알려주고 있으므로 그 다음은 무엇을 해야 하는지 물어봤음을 짐작할 수 있다. 따라서 밑줄 친 부분에 들어갈 말로 가장 적절한 것은 ②이다.

어휘 및 표현

- ☐ blood pressure 혈압
- ☐ reading 수치, 표시 눈금값[측정값]
- ☐ correctly 정확하게, 올바르게

정답 ②

12 밑줄 친 부분에 들어갈 말로 가장 적절한 것은?

2017. 국가직 9급 하반기

Mary: Hi, James. How's it going?
James: Hello, Mary. What can I do for you today?
Mary: How can I arrange for this package to be delivered?
James: Why don't you talk to Bob in Customer Service?
Mary: ______________________

① Sure. I will deliver this package for you.
② OK. Let me take care of Bob's customers.
③ I will see you at the Customs office.
④ I tried calling his number, but no one is answering.

지문 해석

Mary: 안녕하세요, James. 어떻게 지내세요?
James: 안녕하세요, Mary. 오늘은 무엇을 도와드릴까요?
Mary: 이 소포를 배송하려면 어떻게 해야 하나요?
James: 고객 서비스 센터에 있는 Bob과 이야기해 보는 게 어때요?
Mary: <u>그의 번호로 전화를 해봤지만, 아무도 받지 않았어요.</u>

선지 해석

① 물론이죠. 내일 당신을 위해 이 소포를 전달할 거예요.
② 알겠습니다. 제가 Bob의 고객을 상대하겠습니다.
③ 내일 세관 사무소에서 뵐게요.
④ 그의 번호로 전화를 해봤지만, 아무도 받지 않았어요.

정답 해설

소포 배송하는 방법을 물어보는 상황이다. 빈칸 앞에 고객 서비스 센터의 Bob에게 물어 보는 방법을 제안하고 있으므로 Bob과의 연결 방법이 어떻게 됐는지를 말했음을 짐작할 수 있다. 따라서 밑줄 친 부분에 들어갈 말로 가장 적절한 것은 ④이다.

어휘 및 표현

☐ package 소포, 꾸러미, (포장용) 상자, 포장물
☐ Custom office 세관 (사무소)

정답 ④

정답 해설

놀이공원에 놀러 간 상황이다. 빈칸 앞에 지금 기다리고 있는 놀이 기구를 타려면 적어도 30분은 기다려야 할 거 같다고 말하고 있다. 빈칸 뒤에 동의하면서 다른 놀이 기구를 타자고 제안하고 있으므로 다른 놀이 기구를 찾아보자고 말했음을 짐작할 수 있다. 따라서 밑줄 친 부분에 들어갈 말로 가장 적절한 것은 ②이다.

어휘 및 표현

☐ at least 적어도, 최소한
☐ ride 타다, 놀이 기구
☐ not my cup of tea 내 취향이 아닌
☐ the lost and found 분실물 보관소

정답 ②

13 밑줄 친 부분에 들어갈 말로 가장 적절한 것은?

2017. 국가직 9급 하반기

A: Wow! Look at the long line. I'm sure we have to wait at least 30 minutes.
B: You're right. ______________________
A: That's a good idea. I want to ride the roller coaster.
B: It's not my cup of tea.
A: How about the Flume Ride then? It's fun and the line is not so long.
B: That sounds great! Let's go!

① Let's find seats for the magic show.
② Let's look for another ride.
③ Let's buy costumes for the parade.
④ Let's go to the lost and found.

지문 해석

A: 우와! 저 긴 줄을 봐. 우린 적어도 30분은 기다려야 할 거야.
B: 네 말이 맞아. 다른 놀이 기구를 찾아보자.
A: 그거 좋은 생각이다. 나는 롤러코스터를 타고 싶어.
B: 그건 내 취향이 아니야.
A: 그럼 후룸라이드는 어때? 재미도 있고 줄도 별로 안 길어.
B: 그거 괜찮다! 가자!

선지 해석

① 마술쇼 자리를 찾아보자.
② 다른 놀이 기구를 찾아보자.
③ 퍼레이드 의상을 사자.
④ 분실물 보관소로 가보자.

14 밑줄 친 부분에 들어갈 말로 가장 적절한 것은?

2017. 지방직 9급

A: I just received a letter from one of my old high school buddies.
B: That's nice!
A: Well, actually it's been a long time since I heard from him.
B: To be honest, I've been out of touch with most of my old friends.
A: I know. It's really hard to maintain contact when people move around so much.
B: You're right. ______________________. But you're lucky to be back in touch with your buddy again.

① The days are getting longer
② People just drift apart
③ That's the funniest thing I've ever heard of
④ I start fuming whenever I hear his name

지문 해석

A: 나는 방금 오랜 고등학교 친구들 중 한 명에게 편지를 한 통 받았어.
B: 잘 됐네!
A: 글쎄, 사실 그 친구 소식을 못 들은 지 오래 됐어.
B: 솔직히, 나도 오랜 친구들 대부분과 더이상 연락하지 않고 지내.
A: 나도 알아. 사람들이 돌아다닐 때 연락을 계속하기가 참 어렵지.
B: 맞아. 사람들은 그냥 멀어지는 거야. 그런데도 넌 친구와 다시 연락이 되다니 참 행운이야.

선지 해석

① 해가 길어지고 있어
② 사람들은 그냥 멀어지는 거야
③ 내가 들은 것 중에 가장 웃긴 일이야
④ 그의 이름을 들을 때마다 화가 나기 시작해

정답 해설

오랫동안 연락이 끊긴 친구에게 편지를 받은 상황이다. 빈칸 앞에 A가 사람들이 돌아다니게 되면서 연락을 계속 유지하기가 힘들다고 하고 있고 B가 수긍하고 있으므로 연락을 계속 유지하기 어렵다거나 사람들이랑 자연스레 멀어질 수밖에 없다고 말했음을 짐작할 수 있다. 따라서 밑줄 친 부분에 들어갈 말로 가장 적절한 것은 ②이다.

어휘 및 표현

☐ be out of touch with ~와 더 이상 연락하지 않다
☐ move around 돌아다니다
☐ drift apart 사이가 멀어지다
☐ fume 화내다, (화가 나서) 씩씩대다

정답 ②

15 밑줄 친 부분에 들어갈 말로 가장 적절한 것은?

2017. 지방직 9급 하반기

A: How do you like your new neighborhood?
B: It's great for the most part. I love the clean air and the green environment.
A: Sounds like a lovely place to live.
B: Yes, but it's not without its drawbacks.
A: Like what?
B: For one, it doesn't have many different stores. For example, there's only one supermarket, so food is very expensive.
A: ______________________________
B: You're telling me. But thank goodness. The city is building a new shopping center now. Next year, we'll have more options.

① How many supermarkets are there?
② Are there a lot of places to shop there?
③ It looks like you have a problem.
④ I want to move to your neighborhood.

지문 해석

A: 새로 이사한 곳 근처는 어때요?
B: 대부분 좋아요. 저는 깨끗한 공기와 녹지 환경이 좋아요.
A: 살기 좋은 곳인 것 같네요.
B: 네, 하지만 문제점이 없는 건 아니에요.
A: 어떤 것들이요?
B: 하나는, 다양한 가게들이 많이 없어요. 예를 들어, 슈퍼마켓이 하나밖에 없어서 식료품이 매우 비싸요.
A: 문제가 좀 있는 것 같아 보여요.
B: 내 말이 바로 그 말이에요. 하지만, 정말 다행이에요. 도시에 지금 새로운 쇼핑센터를 짓고 있어요. 내년에는 더 많은 선택지가 생길 거예요.

선지 해석

① 마트가 몇 개 있어요?
② 거기 쇼핑할 데 많아요?
③ 문제가 좀 있는 것 같아 보여요.
④ 저는 당신 동네로 이사 가고 싶어요.

정답 해설

새로 이사 간 곳이 어떤지 물어보고 있다. 빈칸 앞에 이사 온 곳의 주변의 단점들을 말하고 있다. 빈칸 뒤에 A의 말을 동조하고 있으므로 A가 말한 단점들이 문제가 있다고 언급했음을 짐작할 수 있다. 따라서 밑줄 친 부분에 들어갈 말로 가장 적절한 것은 ③이다.

어휘 및 표현

☐ neighborhood 근처, 이웃, 인근
☐ drawback 결점, 문제점
☐ thank goodness 정말 다행이다

정답 ③

MEMO

MEMO

박문각

진가영 영어

박문각 공무원
진가영 영어 온라인강의
www.pmg.co.kr

박문각 공무원
진가영 영어 연구소
cafe.naver.com/easyenglish7

박문각 북스파
수험교재 및 교양서 전문
온라인 서점

충남 교행 수석 영어 100점 – 김**

가영쌤의 커리는 기본적으로 반복을 거듭해서 확실하게 기억하고 또 여러 방향으로 적용하면서 어떤 식으로 문제로 변형되어 나와도 확실하게 캐치할 수 있게 만드는 방향으로 진행됩니다. 특히 여러 번 강조해서 배우는, 자주 출제되는 중요한 내용들은 계속 따로 자료를 만들고, 또 특강으로도 계속 또 반복해서 빠짐없이 떠 먹여 주기까지 합니다. 따라가려고 노력만 하면 보상을 받을 수 있는 그런 시간을 보낼 수 있는 강의라고 생각합니다. 가영쌤은 또, 더 재밌는 강의를 위해 매번 좀 웃긴 거를 많이 준비해 오시는 것 같은 모습이 보이는데 많은 정성과 노력을 기울이고 계시다는 걸 느낄 수 있는 시간들이었습니다.

우정직 수석 합격 영어 85점 – 박*태

영어 선생님을 고를 때 가영쌤을 추천하는 이유는 먼저 탄탄한 커리큘럼과 숙제 관리, 그리고 문법 교재가 너무너무 좋습니다! 콤팩트한 책에 있을 내용 다 있고, 문판왕이나 동형모의고사 등 문풀 수업과의 연계도 잘 되어있습니다. 그리고 매주 실강 수업 때 나오는 ox 숙제를 계속 반복해야 문법 출제 포인트가 무엇인지 익숙해집니다. 또한, 가영쌤의 어휘책 구성도 좋았고, 매 수업 전에 테스트를 하기 때문에 미리 공부해가야 하는 게 실력 향상에 도움이 되었습니다. 덕분에 이번 문제 풀이 소요시간, 24분, 동형 때는 달성해보지 못했던 최고기록입니다. 가영쌤 I cannot thank you enough!!

2024 일반행정직 영어 100점 – **선

영어 100점은 진짜 운이라고 생각했는데 선생님 만나고 나서 이게 진짜 실력으로 된다는 걸 알았어요. 단어 미친 반복으로 겨우 다 외우고 문법도 단판승 3시간 너무 좋았고 독해는 그 200제가 정말 좋았어요. 제가 국가직 영어 35분 걸려서 정말 선생님도 찾아뵈고 걱정 많이 했는데 이번 지방직은 20분 컷해서 정말 좋았어요. 언제나 감사합니다!!

2024 일반행정직 영어 95점 – **경

공시 시작하고 가영쌤을 만나서 영어 공부도 즐겁게 할 수 있었고 95점이라는 고득점도 해볼 수 있었고 항상 최선을 다하시는 모습을 보면서 많이 본받아야겠다 생각했습니다. 나태해질 때마다 쌤을 보면서 힘을 얻었고 앞으로도 제가 많이 존경하고 진심으로 응원할 영원한 제 1타 강사 가영쌤♥ 건강 잘 챙기시고 곧 태어날 아이와 가족들 또 주변 사람들과 행복한 순간만 앞으로 더 가득하시면 좋겠어요♥ 서울 가게 되면 인사드리러 꼭 갈게요!! 쌤이랑 함께한 시간들 항상 소중했어요♥ I cannot thank you enough♥

2024년 사회복지직 영어 95점 – **화

I cannot thank you enough♥ 시험을 준비하면서 나름의 소소한 목표 중 하나가 영어 시험을 잘 봐서 가영쌤한테 제가 먼저 올해 영어 잘 봤다고 연락드리는 거였는데, 드디어 그 목표를 이룰 수 있게 되어서 너무 기뻐요! 처음 박문각 와서 하프 들었을 때 3,4개 맞기도 하고 그랬던 적이 있었는데~ 쌤과 열심히 함께 달렸더니 95점이라는 이런 좋은 점수를 받았습니다. 영어는 제 발목을 잡는 과목 중 하나여서 처음부터 끝까지 긴장을 놓지 않고 제일 큰 비중을 두고 공부한 과목이었습니다. 이번 지방직에서 단어, 문법, 생활영어까지 쌤과 함께 공부했던 범위 내에서 계속 반복하며 공부했던 부분들이라 신속하고 정확하게 풀 수 있어시간 절약을 했던 것 같아요! 다 가영쌤과 함께한 덕분이에요!

2024 고객선호브랜드지수 1위
교육서비스 부문

2023 고객선호브랜드지수 1위
교육서비스 부문

2022 한국 브랜드 만족지수 1위
교육(교육서비스)부문 1위

2021 조선일보 국가브랜드 대상
에듀테크 부문 수상

2021 대한민국 소비자 선호도 1위
교육부문 1위 선정

2020 한국 산업의 1등
브랜드 대상 수상

2019 한국 우수브랜드평가대상
교육브랜드 부문 수상

2018 대한민국 교육산업 대상
교육서비스 부문 수상

2년 연속 수석 합격자 배출 2023~2024년 박문각 공무원 온/오프 수강생 기준

정가 20,000원

13740

9 791172 622091

ISBN 979-11-7262-209-1

www.pmg.co.kr **교재문의** 02-6466-7202 **동영상강의 문의** 02-6466-7201

2025년
신경향(New Trend)
보완 커리큘럼

합격을 위한 선택 과정

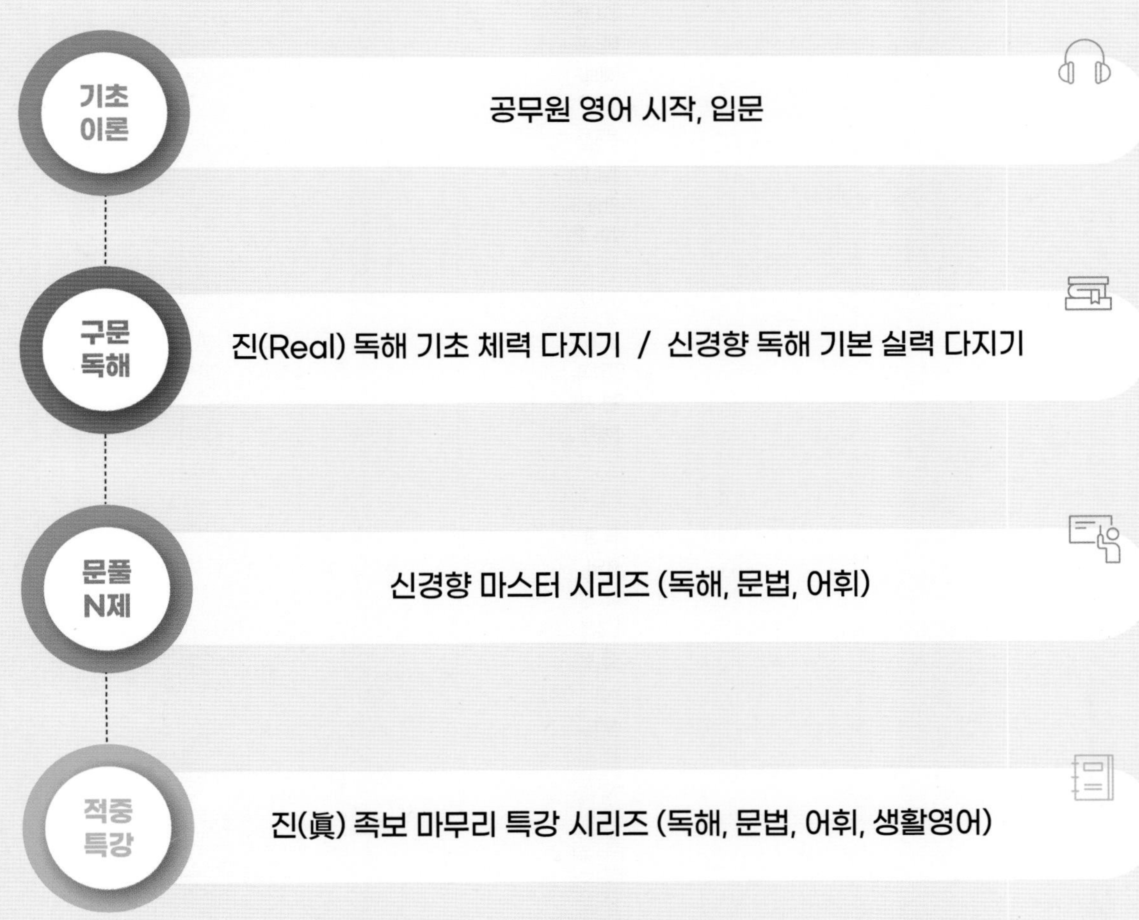

★★★★★ 2024년 사회복지직 영어 95점 **화

I can not thank you enough♡♡♡

시험을 준비하면서 나름의 소소한 목표 중 하나가 영어 시험을 잘 봐서 가영쌤한테 제가 먼저 올해 영어 잘 봤다고 연락드리는 거였는데, 드디어 그 목표를 이룰 수 있게 되어서 너무 기뻐요! 처음 박문각 와서 하프 들었을 때 3,4개 맞기도 하고 그랬던 적이 있었는데~ **쌤과 열심히 함께 달렸더니 95점이라는 이런 좋은 점수를 받았습니다. 영어는 제 발목을 잡는 과목 중 하나여서 처음부터 끝까지 긴장을 놓지 않고 제일 큰 비중을 두고 공부한 과목이었습니다. 이번 지방직에서 단어, 문법, 생활영어까지 쌤과 함께 공부했던 범위 내에서 계속 반복하며 공부했던 부분들이라 신속하고 정확하게 풀 수 있어 시간 절약을 했던 것 같아요!** 다 가영쌤과 함께한 덕분이에요!

★★★★★ 2024 일방행정직 영어 95점 **경

공시 시작하고 가영쌤을 만나서 영어 공부도 즐겁게 할 수 있었고 95점이라는 고득점도 해볼 수 있었고 항상 최선을 다하시는 모습을 보면서 많이 본받아야겠다 생각했습니다. 나태해질 때마다 쌤을 보면서 힘을 얻었고 앞으로도 제가 많이 존경하고 진심으로 응원할 영원한 제 1타 강사 가영쌤♡ 건강 잘 챙기시고 곧 태어날 아이와 가족들 또 주변 사람들과 행복한 순간만 앞으로 더 가득하시면 좋겠어요♡서울 가게 되면 인사드리러 꼭 갈게요!! 쌤이랑 함께한 시간들 항상 소중했어요♡

I cannot thank you enough♡♡

★★★★★ 2024년 일반농업직 영어 100점 **주

3번 도전 끝에 마지막이라고 생각한 시험에서 다행히도 최종합격이라는 좋은 결과를 얻을 수 있었습니다. 제가 이번 **국가직에서 최종합격 할 수 있었던 이유는 진가영 선생님 덕분입니다!** 이번 국가직 영어가 어렵게 출제가 되었지만 **가영쌤을 믿고 따른 결과 100점이라는 성적을 거둘 수 있었습니다.** 혹시라도 영어 강의 선택을 앞두고 계신 분들이 있다면 무.조.건. 진.가.영. 영.어.를 선택하시길 바랍니다! 내년에 바뀌는 시험에서도 안전하게 여러분들을 합격까지 인도해주실 것입니다.

★★★★★ 2024 일방행정직 영어 95점 **선

영어 100점은 진짜 운이라고 생각했는데 선생님 만나고 나서 이게 진짜 실력으로 된다는 걸 알았어요. 단어 미친 반복으로 겨우 다 외우고 문법도 단판승 3시간 너무 좋았고 독해는 그 200제가 정말 좋았어요. 제가 국가직 영어 35분 걸려서 정말 선생님도 찾아뵈고 걱정 많이 했는데 이번 지방직은 20분 컷해서 정말 좋았어요. 언제나 감사합니다!!